全面预算管理

陈国庆　黄　志　◎　著

上海财经大学出版社

图书在版编目(CIP)数据

全面预算管理/陈国庆,黄志著. 一上海:上海财经大学出版社,2021.5

ISBN 978-7-5642-3291-7/F·3291

Ⅰ.①全… Ⅱ.①陈…②黄… Ⅲ.①企业管理-预算管理 Ⅳ.①F275

中国版本图书馆 CIP 数据核字(2021)第 040067 号

□ 策划编辑 王永长

□ 责任编辑 石兴凤

□ 封面设计 贺加贝

全面预算管理

陈国庆 黄 志 著

上海财经大学出版社出版发行

(上海市中山北一路 369 号 邮编 200083)

网 址:http://www.sufep.com

电子邮箱:webmaster @ sufep.com

全国新华书店经销

上海锦佳印刷有限公司印刷装订

2021 年 5 月第 1 版 2021 年 5 月第 1 次印刷

710mm×1000mm 1/16 24.25 印张(插页:2) 371 千字

定价:78.00 元

提高全面预算管理的有效性

（代前言）

陈国庆博士将其新作《全面预算管理》清样送来，请我作序，我欣然为之。其原因有二：第一，其在上海财经大学会计学院博士后流动站工作期间，我是其合作导师。我们在2010年以其60个管理会计案例为支撑，成功申请立项国家自然科学基金重点课题“以价值为基础、以战略为导向的中国企业管理会计研究”（项目编号：71032005）。第二，我们将课题成果转化为全面预算管理咨询软件产品且在实践中广泛应用，为企业家广泛认可与接受，是产学研合作典范，这非常值得宣传和鼓励。

细读其新作，我发现有三个显著特点：第一，有理论高度。全面预算管理看似实操性很强，但有深刻的内在逻辑。如果没有认清这些内在逻辑，全面预算管理很容易成为财务部门的日常工具，而不是企业管理决策的指南者、决策者手中的有力工具。陈国庆博士本科主修应用经济学，硕士研究管理学，博士攻读理论经济学，因此，他既能够以其深厚的经济学功底审视管理学，又能够从管理学的角度研究全面预算管理。这是其思考路径，也是其能够深刻揭示全面预算管理内在逻辑的基础。第二，有实践深度。陈国庆博士长期从事企业一线服务，二十多年来，其为200多家工商企业、金融企业、非营利性组织提供全面预算管理咨询服务，又开发了全面预算管理软件，且被广泛应用，可见其对全面预算管理的理解非常深刻。这种深刻是大量实践的结果。在其新作中，我看到处是实操性的分析、感想、措施和建议。第三，数字化新思维能够提高全面预算管理与新环境变化相适应的水平。全面预算管理发展很多年，其中还经历“从预算桎梏中解放出来”的阶段，究其原因主要是预算管理和环境的适应性问题。其从新经济特征出发，发现市场竞争加剧，加大了环境的不确定性，影响了全面预算管理工作；又从企业信息化出发，发现信息化能够解决全面预算管理的数据限制问题；最后的发现是借助信息化的手段，运用新思维，完全能够解决全面预算管理与环境的适应性问题。

本书的主要内容看似按照中规中矩的实践操作程序展开，实际上是围绕提高企业全面预算管理的有效性展开的。其具体表现如下：第一，建议采用新一代全面预算管理。传统的全面预算管理是从资金出发，从财务部门开始；新一代全面预算管理是从战略出发，从业务部门开展。这种变化就是将传统的全面预算管理向两头延伸：一是向年度经营计划延伸，与发展战略联结；一是向绩效考核延伸，与绩效薪酬联结，打通“战略目标管理→年度计划管理→全面预算管理→全面绩效管理”之间的关系，构建战略落地的工具体系。我认为这个工具体系是真正意义上的全面预算管理。第二，补计划管理的课。企业内部是计划经济，外部是市场经济，这是理论界的共识，也是经济的基本规律。只有加强计划管理，预算管理和业务管理两张皮的“顽疾”才能有效解决；只有加强计划管理，预算管理才能寻找到编制依据；只有加强计划管理，零基预算才能成为现实，真正提高全面预算管理的有效性。第三，支持全面绩效管理。预算管理和绩效管理有三种联结：一是预算考核（工作考核、结果考核）在绩效考核中要有一个维度，而且几项指标的比重不能低于 25%；二是绩效考核中定量的维度和指标数据来源均出自预算管理，尤其是预算考核；三是绩效考核等同于预算考核，即二者完全融为一体。这三种联结，只有至少达到一种，预算管理才能“触动”预算主体利益和真正发挥作用。第四，高度重视经营环境的不确定性以及对策研究，高度重视预算假设在预算管理中的重要作用，高度重视预算管理的总量控制作用和结构控制作用的关系处理。第五，把内部责任中心划分与内部市场化运作结合起来，搭载全面预算管理体系，实现精细化管理，提高资源配置效率。第六，使用全面预算管理软件，利用中央数据库技术，解决信息孤岛问题和预算管理的数据支持问题等。另外，还有很多内容，这里就不一一赘述。

我相信，依托理论指导，追根溯源于实践又高于实践的著作，一定会给广大读者带来启迪、指导，直至能够具体操作。我也更希望陈国庆博士继续用理论联系实际，不断地为大家贡献社会科学产学研方面的研究成果。

潘　飞

2021 年 2 月于上海财经大学

目　录

第一章

提高认识:搞清全面预算管理的内在逻辑

很多人认为,全面预算管理是企业财务部门的事情,是财务管理条线重要的工作内容。但是,这种观点不太完整,应该说,全面预算管理是由企业财务部门牵头、企业全员共同完成的事情。我们应该把全面预算管理放到企业管理的大背景下考虑,而不能仅仅局限于财务管理条线。

第一节　从企业资源配置认识管理会计

大家都知道,企业是一个资源配置的场所。通过对资源的优化配置,解决资源有限和需求无限的矛盾,形成增值的产出,为企业、股东、企业的利益相关者创造价值。

可是企业资源到底如何配置,众说纷纭。哈佛大学罗伯特·安东尼教授的解释比较通俗浅显。他认为企业是一个系统,首先通过战略制定,引导资源配置方向;其次,管理者需要通过一系列的手段控制资源配置不偏离方向,最终达成战略目标,这就是管理控制。管理控制作用于任务控制,而任务控制是既保证效率又保证效益地完成具体任务的过程。事实上,企业是先有任务控制的。

从获取第一张订单开始，任务控制就沿着物的运动被动地开展，即为了完成订单，必须去采购、去生产、去研发、去筹钱、去招人，这就是传统所言的企业管理就是“人财物产供销”。由于订单具有不确定性，因此导致任务控制出现资源浪费现象，加剧资源有限和需求无限的矛盾。为此，管理者又想出新的办法：一是通过战略制定，引导资源配置，减少资源浪费，把有限的资源用在刀刃上。二是通过管理控制手段，约束资源配置，主动地、最大限度地减少资源浪费，提高资源的配置效率。这些手段主要有战略计划、预算管理、业绩计量与评价、绩效薪酬以及管理控制环境，如内部责任中心划分、信息化等。总之，新的办法就是价值运动，即通过主动管理（管理控制），引导被动管理（任务控制），在目标一致的前提下共同提高资源配置效率。

一、管理会计的产生

在资源配置三大手段中，管理控制是核心。可是，开展管理控制活动的第一困难是信息来源。首先，战略制定的信息来源很有限；其次，即使有限，战略制定所需信息也是从任务控制中来的，所以管理控制必须借用任务控制的信息，因为从第一张订单开始，任务控制就产生了大量的信息。任务控制的信息是大量的，但是零星的、孤立的信息，不好使用。此时，企业依据财务会计制度和准则，通过编制资产负债表、损益表、现金流量表来满足其外部利益相关者对其内部经营情况的了解，因为其不仅有勾稽关系，还有逻辑关系；不但是企业最为全面的信息，而且被企业外部利益相关者广泛认可。因此，开展管理控制活动、使用财务会计信息就达成了共识，并推广开来。

开展管理控制活动、使用财务会计信息使财务会计工作者倍感重要，因为财务会计信息从对外变成既对外又对内，这就是通常所说的业财融合。财务会计工作者在提供财务会计信息的同时很快发现，可以依据掌握财务会计信息的优势开展很多管理控制活动。于是财务会计工作者主动请缨，在财务会计工作之余干了很多管理控制活动，这就是所谓的财业融合。为了区别于财务会计，财务会计工作者把主导部分管理控制活动和提供财务会计信息、参与管理控制活动统称为管理会计。财务会计是干会计，干出财务会计信息；管理会计是用会计，用财务会计信息解决管理控制问题，总之，两者是业务与财务的融合。

二、管理会计的边界

从管理控制角度看，我们将管理会计的边界分为三类：第一类是小口径，即财务会计工作者主导的管理控制活动；第二类是中口径，即财务会计工作者主导的和参与的管理控制活动；第三类是大口径，即管理会计和管理控制活动边界重合，管理会计就是管理控制活动。管理会计的边界也是动态的，因为每个企业行业不同、管理模式不同、领导者的管理习惯不同、管理人才数量与素质不同，都会影响管理会计的边界。我们从管理控制角度看管理会计的边界，既清晰又容易；若从任务控制中的财务会计看管理会计的边界，就会很困惑，甚至觉得企业设一个财务管理部就够了，因为财务管理部能干除销售、生产、采购、技术以外的一切工作。

被动的资源配置，物的运动就是任务控制；主动的资源配置，价值的运动就是管理控制。企业需搞清楚企业内的各类活动，判别哪些是任务控制、哪些是管理控制。在搞清楚管理控制活动后，企业再分析哪些是财务管理部门主导的、哪些是财务管理部门参与的、哪些与财务管理部门没有关系。

三、从管理会计到管理控制系统

起初，因为管理会计是借用财务会计信息作为其信息来源的，所以存在“财务会计是干会计”（即把财务会计披露出来）、“管理会计是用会计”（即用财务会计信息解决管理控制中存在的问题）的说法。2014 年 11 月，英国皇家特许管理会计师公会（The Chartered Institute of Management Accountants，CIMA）与美国注册会计师协会（American Institute of Certified Public Accountants，AICPA）携手，正式发布《全球管理会计原则》（*Global Management Accounting Principles*）一书。英国皇家特许管理会计师公会（CIMA）联合中国注册会计师协会（China Institute of Certified Public Accountants，CICPA）共同发布的中文版《管理会计师的基本工具——支持企业取得可持续成功的工具和技术》就是此思路。

为此，管理会计工具被分为六大类二十二个：第一类，治理和风险管理，包括 CIMA 战略计分卡、企业风险管理（Enterprise Risk Management，ERM）、风险热度图、全球特许管理会计师(Charted Global Management Account, CGMA)职业道德管理反思清单。第二类,战略规划与执行,包括战略规划工具[包括使命和愿景声明、各类目标、SWOT(Strengths,Weaknesses,Opportunities,Threats)以及 PEST(Political,Economic,Social,Technological)]和平衡计分卡(包括营运仪表板、战略地图、波特的竞争力五力分析)。第三类,绩效管理与计量,包括 KPI(Key Performance Indication)指标(财务与非财务)、标杆管理、绩效棱柱。第四类,规划与预测,包括滚动计划与预测、作业基础预算(Activity Based Budget,ABB)、情景和应急规划、现金流模型。第五类,产品和服务交付,包括作业成本法(Activity Based Costing,ABC)、精益管理、质量管理工具(全面质量管理)、6σ、质量成本、欧洲质量管理基金会模型(European Foundation for Quality Management,EFQM)。第六类,价值认同,包括价值链分析、客户关系管理(Customer Relationship Management,CRM)。中国财政部也是这个思路,2016 年,其颁布《管理会计基本指引》和《管理会计应用指引》,把管理会计工具分为七大类二十多个。

管理会计使用财务会计信息是通过财务会计增加会计核算科目的级别实现的。在没有会计电算化和信息化的前提下,会计核算科目级别难以追加,这也是管理会计发展受到限制的主要原因。随着会计信息化的发展,我们可以不断地增加财务会计核算科目的级别。目前,有的企业已经增加到十级。会计核算科目就是颗粒度,级别越多,颗粒度越细,支持维度越多,管理会计信息就越丰富。此时,信息化解决管理会计的数据限制问题,再加上市场竞争激烈,导致产生管理会计的责任。

但是,新的问题又发生了。从技术角度看,财务核算科目级别不能无限制地增加,其会受到技术的约束和限制。再者,财务会计信息是提供给企业外部利益相关者的,其与企业内部管理者的需要经常会发生冲突。更重要的是信息化的发展,任务控制的信息越来越多、越来越系统化,例如,ERP(Enterprise Resource Planning)、MIS(Management Information System)等产生了海量信息,完全可以满足管理控制的信息需求。于是管理控制获取的信息来源越来越多样化,财务会计信息也仅仅是其来源之一。管理者还可以根据自身的重大决策、日常决策和日常管理需要提出信息需要,对任务控制系统的维度和颗粒度

(含财务会计)进行优化。从此,管理会计信息来源于全部的任务控制信息,摆脱单一的财务会计信息,“财务会计干会计,管理会计用会计”成为过去。

在欧美国家或地区,随着财务共享中心的建立,企业财务会计完全外包,管理会计或管理控制主要使用任务控制信息源成为趋势。从管理会计到管理控制系统,从小口径管理会计到大口径管理会计,就是因为信息化水平的不断提高和企业管理海量信息的产生。

第二节 管理会计的核心就是全面预算管理

企业战略管理包括战略规划、战略执行和战略评价三个部分。战略执行包括组织结构、管理控制、人力资源管理和文化四个要素。其中,管理控制就是战略执行工具子系统,即“战略规划(目标管理)→年度计划管理→全面预算管理→绩效与薪酬管理”的闭环系统。可见,全面预算管理在整个管理控制系统中处于中心位置,是管理控制系统的基础。

一、年度计划是预算编制的依据,是解决事的问题

企业战略规划是利用有限的资源推动企业达到预定的目标,并使企业向有利于可持续发展的方向运作而做出的整体谋划。战略规划形成后要分解落实到年度规划,这就形成了年度目标即年度经营计划。年度经营计划是企业为落实中长期发展战略,在科学分析计划年度内、外部条件的基础上将战略目标和战略措施转化为当年的生产经营活动的方针、任务、目标和要求,并落实所需资源的年度总体性经营安排。年度计划包括年度经营规划、业务开展计划、部门工作计划三个层次。年度计划主要用于确定年度目标和工作方向,是战略规划的年度分解结果,是预算编制的基础。实行预算管理不能没有年度计划,但并不是年度计划拿过来就可以编制预算。年度计划要经过分析评审后才能作为编制预算的依据。

二、全面预算管理是资源配置过程,是解决钱的问题

全面预算管理是围绕企业目标所进行的企业战略实施(落地)、计划延伸和

细化过程中优化资源配置、集中管控资金、降低成本费用的综合管理活动，是全员、全方位、全过程的精细化价值管理，是一项系统工程。预算从计划而来，是对计划的数量表现和价值表现，是将计划中的各项行动方略通过数量化和货币化的形式呈现出来，使参与计划实施的各责任主体的工作目标有明确的衡量标准。

企业预算编制是实施年度计划的起点和关键环节。全面预算是由业务预算、资本预算、财务预算和资金预算组成。全面预算管理包括确定预算主题和预算目标两项因素。这两大因素承接年度经营计划中的关键成功因素。预算目标应与战略规划相衔接，缺乏战略牵引的预算是没有灵魂的预算，难以提升企业的核心竞争力和价值；而没有预算支撑的战略是不具备可操作性的空洞战略。企业战略与预算是一种互动关系，战略决定预算，预算支持和修正战略。

三、全面预算管理支持开展绩效管理

绩效评价包括评价主体、评价对象、评价标准、评价方式。评价主体包括管理上层和流程下游。评价对象包括经营者的单位、职能部门和个人。评价标准即绩效评价指标体系，包括评价维度、绩效指标、指标权重和目标值。评价方式包括客观数据计分、主观判断打分。企业运用经营业绩和综合素质双维度考核办法，对权属单位的领导班子和管理人员进行综合考核。企业在对经营业绩和综合素质考核结束后，将两项考核结果按照一定的比例计算综合考核得分，目的是达到公司、部门、个人考核并重，当期与周期考核并重，过程与结果考核并重。

全面预算管理为绩效考核提供了依据。预算考核是全面预算管理的重要组成部分，也是绩效考核的基础，但预算考核又不能完全代替绩效考核，只有将二者有机融合起来，才能发挥其应有的作用。预算考核是围绕企业下达的预算目标所进行的考核，一般通过主要经济指标以定量的形式对预算执行情况及结果进行评价。预算考核指标的设置主要围绕预算目标展开，由预算考核办公室对经营者预算单位的预算执行情况进行绩效评价。

四、基于业绩管理开展薪酬管理

运用业绩考核结果包括晋升、绩效薪酬和其他方式，主要是用来激励经营

单位、职能部门和个人。薪酬激励包括长期激励和短期激励,长期激励可以通过发行股票期权或延期支付等长效激励机制实现。我们认为企业可以从评价指标和奖惩两方面实现预算考评和薪酬计划的融合,将预算考评指标融入薪酬计量依据中。预算考评指标包含企业整体发展战略在不同层级的具体要求和企业关键成功因素在各个组织中的具体表现。企业将预算考评指标融入薪酬计划,可以更好地关注和了解薪酬激励给企业整体带来的价值和竞争优势。但是,企业实施指标融合时应该注意:第一,预算考评指标不能取代薪酬中的评价指标,因为薪酬毕竟是针对个人的,个人业绩与组织业绩虽不可分,却不等同;第二,考评指标的融合可以是不同层级间对接式的融合,也可以是各层面相互渗透式的融合。无论何种融合方式,均应以其权责及作业内容和范围为依据。

第三节　全面预算管理的含义

一、对预算概念的理解

(一)西方学者的观点

关于预算概念,人们从不同的角度加以界定,形成了各种不同的认识。西方市场经济发达国家比较典型的观点有:

(1)克里斯·阿吉里斯(Chris Argyris)把预算定义为一种由人来控制成本的会计技术。

(2)哈罗德·比尔克曼(Harold Bierman)则认为有两类预算:一类为预测,告诉经理人员其在未来将可能处于何种地位;另一类为标准,告诉经理人员预定的效率水准是否维持或已经达成。

(3)弗雷姆根(Fremgen)认为预算是一种广泛而协调的计划,用财务条件来表达。

(4)查尔斯·T. 霍恩格里(Charles T. Horngren)认为预算是行动计划的数量表达。

(5)格伦·A. 韦尔什(Glenn A. Welsh)认为企业预算是一种涵盖未来一定

期间内所有营运活动过程的计划，是企业最高管理者为整个企业及其各部门预先设定的目标、策略及方案的正式表达。

(二)中国学者的观点

1. 王化成等人编著的《全面预算管理》

预算是在预测的基础上为了实现特定的目标，以一定的方式对企业未来的生产经营活动所做的数量说明。为理解上述概念，以下问题应注意：(1)预算是包括财务预算在内的全面预算；(2)预算既可以用价值形式来反映，也可以用其他数量形式来反映；(3)预算应该有明确的目标；(4)预算以预测为前提。

2. 杜胜利著的《CFO管理前沿：价值管理系统框架模型》

预算是企业经营活动的数量计划，确定企业在预算期内为实现企业目标所需的资源和应进行的活动。预算一定涉及未来，是在对未来科学预测的基础上确定的未来的行动方案。预算一定涉及行动，通过公司全体的行动实现设定的目标。预算过程始终贯穿价值和行为的双重管理。预算必须具备关于个人或团体行动原因的要素，预测和规划必须同行为动因激励相连接，才能有效实施。预算是通过货币计量形式表现的数量计划。

3. 史习民主编的《全面预算管理》

预算是以货币或现金流量的形式对企业未来一定时期内的经营活动及对财务的影响所做的计划。

4. 侯龙文、侯岩、何瑛编著的《现代全面预算管理》

预算就是企业经营计划以及预期经济活动的一种货币数量表现，是指企业在科学地对内、外部各因素进行分析和预测的基础上用价值量和实物量等多种形式将决策的目标具体地、系统地反映出来的，企业未来一定时期经济活动的一系列目标和规划。它既是经营决策的具体化，又是企业控制生产经营活动的重要依据。

(三)本书的观点

综上所述，企业预算可以定义为：预算是企业未来一定时期内经营(管理)计划的数量表现和价值表现。它是一种管理工具，也是一套系统的方法。它通过合理地分配人力、物力和财力等资源，协助企业实现战略目标，监控战略目标实施进度，控制费用支出，并预测资产负债、现金流量和利润状况。

二、对全面预算管理的理解

(一)表述

全面预算管理的核心体现在“全”上,具有全面、全程、全方位的特点。

1. 全面

预算目标层层分解,人人有指标,每个人都应具有先算后干的成本效益意识,这也是企业资源在企业各部门之间的一个协调和科学配置的过程。

2. 全程

预算不能停留在预算指标的设定、预算编制和下达上,更重要的是要通过预算执行和监控、预算分析和调整、预算考核和评价,真正发挥预算管理的权威性和对经营活动的指导作用。预算管理和会计核算要结合,会计核算过程也是预算的执行过程。

3. 全方位

预算包括财务预算、业务预算、作业预算、资本预算以及现金流量预算等。预算内容涵盖生产经营、作业基础、成本费用、资本投资、现金流量、目标利润和战略等各个方面,涉及财务与非财务、货币与非货币等方方面面。

(二)要点

(1)全面预算管理是一种工具,是一种分配企业资源的工具,是明确责权利关系的工具;

(2)全面预算通过对资源优化配置,实现企业的战略目标;

(3)全面预算管理通过资源控制作用,平衡企业各方的利益;

(4)全面预算通过对资源的数量和价值的计量,表达企业经营管理的效果。

三、与全面预算管理相关的概念

(一)财务预算

2002 年 4 月 10 日,财政部颁布的《关于企业实行财务预算管理的指导意见》(财企〔2002〕102 号)指出,企业财务预算是在预测和决策的基础上围绕企业战略目标,对一定时期内企业资金的取得和投放、各项收入和支出、企业经营成果及分配等资金运作所做的具体安排。

国资委颁布的《中央企业财务预算管理暂行办法》(国务院国有资产监督管理委员会令第 18 号)指出,财务预算是企业在预测和决策的基础上围绕战略规划,对预算年度内企业的各类经济资源和经营行为合理预计、测算并进行财务控制和监督的活动。

(二)年度经营计划

年度经营计划是指在企业战略的指导下按照企业的经营方针,结合企业内、外部环境,分析企业如何支配企业资源达到预期的经营目标而制定的一系列行动方案。

企业制订年度经营计划不仅要关注计划的目标,更需要格外关注实现计划的路径。因此,企业不仅要告诉各个执行部门当年完成的目标是什么,还要告诉它们如何完成,需要多少资源,怎样控制和管理完成计划的过程,以及完成目标的各个关键点等。

所以说,年度经营计划的制订过程是从目标到措施的分解与细化过程,是从措施到资源匹配的过程,是从资源匹配到资源获取、资源保障的过程,也是企业管理职能支持、过程检查、控制和调整的过程。这个过程同时涉及组织的设置、人员的安排、流程的梳理以及内部考核的激励等各个业务环节。

(三)预算管理与内部控制

1. 预算控制是一种目标控制

预算管理通过战略规划和分析来确定年度可实现的经营计划与目标,通过目标分解,强化内部各责任预算单位的目标责任,并以此为依据强化对内部预算的监控与考核来达到全面控制的目的。

2. 预算控制是一种程序控制

作为一种程序控制手段,预算控制根据预算管理决策权限的划分和授权控制、预算组织不相容职务分离控制、预算审核、预算监控与内部审计等特征来全面落实控制事宜,诸如:

(1)预算管理决策权限的划分是以公司治理为背景的,其目标确定、预算审核、预算执行和预算监督与考核等要体现决策—执行—监督三权分立的治理规则,这是公司治理的根本要求。

(2)预算控制很好地处理了决策与管理两者间的关系,强调预算范围内的决策经营事项由预算责任单位人自行处理。而对于超出预算范围或者根本就没有列入预算范围的经营活动与事项,必须通过预算调整或预算追加来处理,需要履行预算调整与预算追加的正规程序。

(3)预算监控与考核体现独立性,以充分反映监督在控制中的作用。

(4)预算管理是通过一系列控制制度来落实的,是公司内部控制的主要方面。

(5)预算管理体现内部控制的本质要求。预算政策和程序被视为"预算纪律"(discipline of budgeting)的基础,内部控制部分地依赖这些纪律。

①作为控制要素的预算目标,其设定直接与组织的规模和复杂程度相关;

②为实现预算业绩目标而进行责任分配;

③预算单位和责任人的上一级管理者是通过报告系统来维持对下一级责任单位和责任人的评估的,因此需要借助于管理与报告体系。

可见,预算管理与内部控制之间存在高度的相关性,或者说,预算管理是内部控制的有机组成部分。

(四)预算重视、预算参与和预算松弛

1. 预算重视

预算管理的一个重要作用就是用于评估企业的经营业绩。然而,一种刚性的业绩评价方式会导致经理人普遍感到有较大的工作压力、担心工作的满意度以及对高层的考核管理心存不满等问题。企业经理人有可能通过操纵会计数据来提升他们报告的业绩水平,或者做出有损于企业长期利益的决策,这样就降低了其无法完成预算目标的风险,提高了经理人的效用,但同时侵害了所有者的利益,降低了企业价值。

2. 预算参与

当企业选择刚性预算作为评价经理人的绩效水平的重要标准时,经理人有动力通过干扰考核者的预算制定来提高自身的效用。在预算制定过程中,如果部门经理拥有较多的局部信息,那么管理者所需支付的预期报酬可能会增加,因为部门经理拥有更多的、更准确的信息决定预算的制定。而通过使用预算参与的方式,企业可以为管理者提供获取局部信息的机会。但是,部门经理也可能在预算参与的过程中提供虚假的信息,导致管理者做出错误的预算决定。所以，当部门经理参与预算的制定时，管理者得到了获取私有信息的机会，但信息不对称同样也为部门经理干扰预算制定提供了机会。

3. 预算松弛

企业管理者在评价部门经理的绩效水平时如果非常重视预算的评价作用，就会使得部门经理有较强的动机干扰预算制定并导致预算松弛。信息不对称严重或者部门经理能够有效参与预算制定，都会导致预算松弛发生的可能性增大。然而，如果企业重视预算而信息不对称程度相对较低，虽然代理人具有较强的动机建立预算松弛，但是缺乏实现预算松弛的条件。同样，如果评价部门经理绩效的预算只是高层管理者下达的一个任务指标而不允许部门经理参与预算的具体制定，那么即使存在预算松弛，也并非是由部门经理的意愿所造成的，而只能归咎于严重的信息不对称而导致高层管理者的错误判断。所以，只有当预算重视、信息不对称和预算参与同时存在的时候，企业才会产生较严重的预算松弛。

4. 三者之间的关系

预算重视、预算参与和预算松弛三因素建立了一个三角关系，如图 1—1 所示。如果我们同时强调其中任意两个角，第三个角就可能“失去平衡”，导致企业预算管理无效。比如，如果我们在预算管理中坚持采用预算重视的方式，那么就可以尽可能地避免预算松弛的发生；反之，如果预算程序客观需要采取预算参与的方式，那么，只有放弃预算重视的业绩评价方式，才能避免预算松弛现象的产生，否则，预算松弛将是一个必然结果。

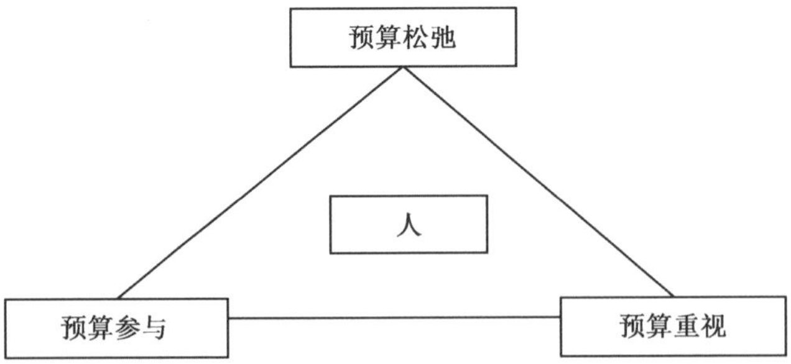

图 1—1　预算参与、预算重视和预算松弛的三角关系

四、从战略落地出发，构建新一代全面预算管理

预算管理作为管理会计中的一种方法，是从最初的计划、协调生产发展到兼具控制、激励、评价等功能的一种综合贯彻企业战略方针的经营机制，处于企业管理控制系统的核心位置。著名管理学教授戴维·奥特利认为，全面预算管理是为数不多的能把组织的所有关键问题融合于个体中的管理控制方法之一。实施以预算管理为导向的企业管理控制系统整合，会更容易实现企业的使命。

（一）企业战略执行工具

企业战略管理包括战略规划、战略执行和战略评价三个部分。战略规划和战略评价属于战略决策层，是企业中少数人关注和思考的问题；而战略执行属于企业执行层，参与人数多、体系庞杂、关联密切，涉及企业所有的经营管理活动，因此，在企业战略管理中至关重要。战略执行的过程就是在企业发展战略引导下建立战略执行组织，培育战略执行人才，依据企业的管理环境，尤其是企业文化，通过管理控制活动，提高企业战略的执行力，实现企业业绩倍增的目的。在管理控制活动中，手段（工具）使用非常多，如果诸多手段（工具）之间缺少灵魂，也没有清晰的路径，更难形成合力，则会大大降低企业的战略执行力，影响企业战略目标的实现。因此，整合诸多管理控制工具，形成合力，以提高企业的战略执行力，促进企业战略目标的实现，至关重要。

一个成功的企业战略有着明显的共同因素，即简单的、一致的长期目标，深刻了解竞争环境，对资源的客观评估以及战略的有效执行。为此，企业战略就是在具体的环境中构建合适的组织体系，充分利用已经拥有的资源去实现企业的长期目标。由此，在企业战略执行中管理控制路径的相关内容应该是资源配置、价值管理、人力资源、组织架构、权责安排与信息对称等。

1. 管理控制路径应该以资源配置为主线

企业是资源配置的场所。企业战略引导资源配置，无论是战略规划，还是战略执行和战略评价都应该围绕资源配置，战略执行中的管理控制也不例外。管理控制的目的是使战略得以执行，从而实现组织的目标。管理控制强调的是战略执行的控制，就是对企业管理者的决策和员工的行为进行控制，从而实现对资源配置的控制，使得管理者的决策和员工的行为与企业战略目标相一致、

企业资源的配置与企业战略目标相一致。战略执行的过程是一个复杂的过程，牵涉高层管理者到基层各个层级的人员、多个方面的资源配置，因此对战略执行的控制不是一个简单、机械的控制，而是系统的控制。

2. 管理控制路径应该是资源配置中的价值运动

资源具有二重属性，即价值和使用价值。在资源配置过程中资源的使用价值运动表现为物的运动及其伴生的信息运动，主要体现在销售、生产、采购等基本交易循环中。而资源的价值运动表现为资金的运动及其伴生的信息运动，主要体现在战略管理、财务管理等辅助活动中。由于资源的使用价值具有不可比性以及资源价值具有可比性，因此管理控制自然关注资源价值运动，从而引导资源使用价值运动，这也就解决了企业价值最大化与企业可持续发展、企业资源结构配置与制度安排、利益关系设定与调整问题。

3. 管理控制路径不能离开人的因素

由于管理控制是人的行为，因此必须重点关注对人的行为控制。事实上，企业组织借助于一定的行政权力分配所形成的层级结构，引导并激励组织成员的行为方式，以不断适应组织内外环境的变化，并通过控制系统各部分的有机配合与努力，达到组织的既定目标。管理控制系统的运行是通过一定的权力安排与行使来实现经济资源的合理配置的，就是把企业组织资源的决策权分配给相应的代理人，从而由代理人个体承担责任。为此，在委托代理关系中，企业需要解决好管理者和员工的“逆向选择”和“道德风险”问题。因此，评价管理者和员工的业绩、给予合理的薪酬、建立激励与约束机制不可缺少。

4. 管理控制路径更要关注信息沟通

由于资源的使用价值运动和价值运动都伴随着信息、由于管理者的决策和员工的行动需要信息、由于上下层级和各个部门之间协调需要信息，因此管理控制路径更要关注信息沟通，实现信息对称，以提高资源的配置效率。如果没有处理好，则信息的阻塞也会造成决策失误，束缚员工的职业发展，令各自为政的结构弊病愈发严重。正如马歇尔罗和科尔比认为，管理控制系统就是一组相互关联的信息沟通的框架系统，为信息处理过程提供便利。Horngen 和 Foster 也强调恰当的信息的重要性，他们认为管理控制系统是一种通过组织来收集数据，从而为计划和控制决策流程提供帮助和协作的方式。

信息沟通不仅应该包括财务信息,还应该包括非财务信息。相应地,控制手段也应该包括会计手段和非会计手段。管理会计手段如成本控制、预算管理、业绩评价等,提供了较多的、正式的、财务性的定量信息,以帮助管理层决策。但随着信息渠道的多元化、生产过程的复杂化,非财务信息对管理层的决策显得越来越重要,比如与市场、顾客、竞争者相关的外部信息,与生产过程相关的非财务信息、预测信息等。在这种情况下,单纯依靠会计控制手段已经不能满足管理控制的需要,需要引入非会计控制手段。

战略执行中的管理控制系统整合了多种管理控制工具,各种工具依据管理控制路径有序排列,形成一个有机系统,而预算管理是其中重要的工具。企业战略管理系统如图 1—2 所示。

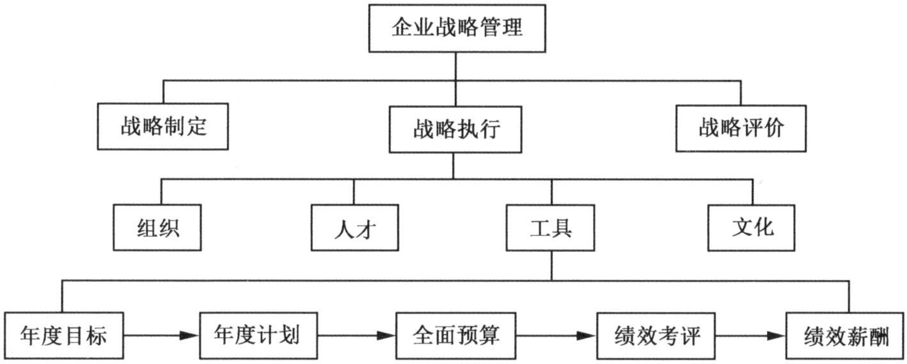

图 1—2　企业战略管理系统

(二)构建以预算管理为核心的战略执行系统

管理控制路径把诸多管理工具联结起来,形成"战略规划→全面预算管理→绩效管理→薪酬管理及反馈"的战略执行工具系统,是一个战略引导下的目标传导管理体系,是从企业战略到经营计划、全面预算、绩效评价、薪酬激励、绩效动态反馈的一个环环相扣的管理循环。各项管理工具紧密衔接,保证企业战略的有效实现。其主要内容是:在梳理、总结和分解企业战略规划的基础上,以解决企业年度主要矛盾和矛盾的主要方面为核心,制订具备可操作性、指导企业资源配置的年度经营计划;再利用会计语言,把年度经营计划落实到资金上,实现企业资源的精细化配置,形成全面预算管理;最后把企业绩效评价和全面预算管理挂钩、员工薪酬和企业绩效评价挂钩，实现企业战略引导下的全面绩效管理；让企业战略引导不同层面员工的行为，充分调动不同层面员工的积极性，精细化地配置企业的有限资源，为实现企业战略而努力，最大限度地提高企业的战略执行能力。该系统以企业发展战略为牵引，以企业价值为主线，建立激励约束机制，在信息充分对称的基础上提高资源配置效率，实现企业发展目标。由于该系统是动态的，具有很强的环境适应性，因此是有效的。

预算本身并不是最终目的，更多的是充当一种在公司战略与经营绩效之间联系的工具。预算体系在分配资源的基础上主要用于衡量与监控企业及各部门的经营绩效，以确保最终实现公司的战略目标。预算管理作为企业组织管理的重要组成部分。在战略执行工具系统中，预算由企业战略引导，是经营计划的进一步量化和细化。预算和企业年度经营计划，共同构成公司战略规划细化及量化的具体表现，也从真正意义上实现与战略规划的紧密联系。预算也是形成公司及部门关键绩效指标的重要来源，是整个绩效管理的重要基础和依据。企业通过把预算与绩效管理相结合，使部门和员工的绩效考核真正拥有明确、可行的目标，促进企业的各项经营活动更好地符合战略规划的要求。预算管理连着绩效考评、激励管理，预算本身也为企业内部的协调、控制管理提供了良好的机制。作为一种在企业战略与经营绩效之间联系的工具，预算可以将既定战略通过预算的形式加以固化与量化，以确保最终实现企业的战略目标。

（三）预算管理在战略执行系统中的定位

1. 预算管理以战略为先导

企业管理的战略目标和经营思想是企业最高权力机构对企业未来一定期间经营思想、经营目标、经营决策的财务数量说明和经济责任约束依据，是企业的整体作战方案。战略执行的一个关键成功因素就是要将战略与日常的经营活动有机连接起来。企业预算与计划系统应该成为连接二者的桥梁，预算与计划过程更多的应该是明晰战略、衡量战略、将战略化为行动的过程。预算目标应当来自发展战略，并与企业当期的经营目标一致（但不一定完全等同）。没有战略导向性的预算管理就没有灵魂。预算目标应当以企业战略为出发点，并作为企业发展战略的分解和体现，有效保证企业战略目标的具体落实。预算目标与公司战略的关系见表1—1。

表 1—1　　预算目标与公司战略的关系

		预算目标与公司战略的差异性		预算目标与公司战略的相互关系
		预算目标	公司战略	
比较因素	时间	1 年	3—5 年	预算目标必须体现公司战略的要求,企业不同发展时期的战略趋向不同,则预算目标的定位也不同
	范围	中、短期特定任务的完成	企业长远目标的实施	
	环境	企业内、外部环境中长期发展规划和资源配置	主要为企业经营战略计划实施提供支持和保证	
	指标	侧重于财务指标及其细化,以便于对经营状况、经营成果的具体规划、控制和考评	更侧重宏观指标,不仅具有指导意义	

预算管理作为企业目标管理、计划与控制管理的重要实现途径,始终应当服从企业战略的要求。一般情况下,企业首先需要明确企业目标,在确定了企业目标的基础上分析企业环境中的各种影响因素及企业自身的条件,制定总体战略、经营单位战略、职能部门战略;企业在确定战略后,通过对组织结构的调整和资源、人员的配置,形成企业的中长期计划,再通过预算的方式实现企业目标及战略。可以看出,企业战略总体上应当是预算管理的目标,而预算管理是企业战略实现的重要方式。由于企业战略的制定需要企业对自身的条件和环境进行准确的评价,而在制定年度预算工作中,需要对外在环境进行理性分析,并对企业资源进行有效配置,实际上包含短期的内、外部环境的分析评价工作,同时由于预算是通过量化理性的方式进行的,因此有的企业在制定战略的时候也将既有的预算作为制定企业战略的重要依据。

企业战略与预算的具体联系体现在:(1)通过预算,公司战略、年度经营计划都可以得到具体落实,因此预算是公司战略规划重要的组成部分;(2)通过预算,各部门对经营目标拥有统一的认识,以产生战略协同效应;(3)通过预算实施、分析差距、反馈调整,公司能够不断地强化自身特有的竞争优势,以达成既定的战略。表 1—2 为不同周期下预算与战略的重点。表 1—3 为不同竞争战略下的预算模式。

表 1—2　　不同周期下预算与战略的重点

		市场特点	战略重点	预算管理目的	预算重点
周期特点	成长期	市场不确定因素较多；技术产品标准化程度低；市场障碍较少；潜在的市场需求大	迅速占领市场，成为行业领导者	开拓市场，增加销售收入	销售预算
	成熟期	顾客相对比较成熟，市场开拓空间较小，利润率低	技术创新和产品创新降低经营成本	最大限度地实现利润	利润预算
	衰退期	销售额持续下降，竞争激烈，利润率很低	调整企业的投资方向，实现战略转移	投资薪酬率	投资预算和日常经营预算

表 1—3　　不同竞争战略下的预算模式

		特　点	预算模式
竞争战略	成本领先战略	具有规模经济、专业技术、生产制造成本低的竞争优势	采取以成本为核心的预算模式
	差异化战略	具有品牌形象、产品性能、服务特色等方面的竞争优势	采取以销售额和利润为核心的全面预算模式

战略导向性的预算管理，是实施战略以及控制战略执行的一个好工具。预算管理以战略为先导，就是要将战略计划、经营计划与预算有机联系，以有效地推动战略的执行，将战略经营单位、各职能部门的优先执行项目与组织整体的战略目标相连。

2. 预算管理以计划为基础

我国长期实行计划经济。企业计划可谓由来已久，但由于这种计划不是以市场为导向，没有建立在预测与决策的基础上，因此不属于全面预算管理的范畴。随着改革开放的逐渐深入和市场经济体制的逐步建立，企业管理控制的目标从完成生产的品种、产量计划逐渐转移到追求企业经济效益、实现企业价值最大化。

预算管理是在市场经济条件下充分体现计划与市场两种机制的有机结合，是“市场中的计划”，也是“计划中的市场”。“市场中的计划”是指市场的竞争性和风险性使得管理者必须借助于市场预测进行预测管理。预测管理的市场导向性表明，预测管理是反风险的，即当企业面临市场瞬息万变的状况时，企业应对风险的态度是以预算管理方式来以变制变、以动制动，而不是被动地接受风险，受制于风险。因此，“市场中的计划”的意义就是降低风险、减少交易成本的一种内在机制；“计划中的市场”是指企业预算管理不是任意主观的，必须以客观存在的市场为前提，离开市场的计划将是无本之木、无源之水。表1—4为计划管理与预算管理的区别。

表1—4　　计划管理与预算管理的区别

	传统计划管理	现代预算管理
形式	复杂而广泛	简明扼要
内容	数量化的资料	评价、估计、假设、判断
组织	大量的预测	少量的预测，以提出优劣方案的方式进行预测
时间选择	时间跨度长	时间跨度短，经常审查滚动式周期，采取时间上的滚动预算
主要动力	来自计划员	来自公司最高管理层
管理方式	计划员收集、加工资料并将计划印发给各管理部门	目的是使各级管理部门参与，不是为计划而计划

预算并不是要完全取代计划，实施预算管理后并不是不要计划，而是要把预算管理与企业原有的计划结合起来。企业首先有战略目标，根据战略目标制订战略计划和经营计划，而预算目标反映战略目标。预算就是战略计划和经营计划的进一步延伸，从而把计划转化为可执行的行动计划，并反映在资源的配置过程中。

战略计划与预算将战略转化为可执行的行动计划，并通过及时的报告和监控确保战略的执行。首先，要明确组织创造价值的方式，即战略及其逻辑性，清楚地显示创造价值的关键内部流程目标以及支持关键流程所需的无形资产。其次，战略目标要转化为指标和目标值。当然，指标和目标值并不会自动实现，企业必须推出一套行动计划，促使所有指标的目标值得以实现。最后，企业必须为每个行动计划提供资源保障（包括人力、资金和能力），进行规划和预算，由此战略就转化成具有资源保障和明确责任归属的可执行的行动计划。

经营计划与预算主要是对维持企业生存的现有产品、业务和客户的预算，其主要目标是为核心经营业务和战略支持行动提供资源保障，监控、管理经营业绩，提高经营效率和效果。经营计划与预算以动因模型为基础来预测财务结果、分配资源。企业的动因模型反映了动因、作业、资源及财务结果之间的因果关系。

战略和经营计划与预算流程最终需要联系起来，整合在一个统一的企业计划框架内，形成基于战略集成的计划与预算系统。两个计划流程的联系包括：(1)通过组织内部对战略地图和动因模型的沟通和理解，将自上而下的战略性目标与自下而上的经营计划联系起来；(2)通过动因模型将战略性和经营性行动计划对财务收益和成本的影响反映到财务计划中；(3)根据对计划和预算定期的回顾和分析，结合内外变动因素，对战略行动和日常经营活动提出改进和调整方案。

3. 预算管理以绩效考评为保障

预算管理作为一种工具要有效地发挥作用，还必须有绩效考评作为保障。一个管理完善的企业一般会进行绩效管理，而绩效管理中很重要的一个环节就是绩效考评。预算管理为绩效管理提供了基础，而绩效考评为预算的有效执行提供了激励约束机制，可以说绩效考评是预算管理发挥作用的保障。预算管理与绩效管理的关系可以用以下三个方面来描述：(1)在公司中，预算管理与绩效管理都有不同的层次相对应；(2)预算管理是绩效管理的基础，是公司各部门绩效考核的比较标杆；(3)预算的实现又需要通过绩效管理进行调整与控制，缺乏相应的绩效考核的预算，会造成实际的经营结果与战略目标相脱节。基于预算管理与绩效管理或者说绩效考评存在着密切的联系，企业在实施全面预算管理时不能脱离绩效管理系统，而应该把预算管理和绩效管理实行整合，比如，可以把预算考核的指标作为部分绩效考核的指标。

企业通过对市场进行分析，对内、外部资源配置进行合理规划，在遵循战略的前提下形成年度预算，并实施企业资源计划即 ERP(Enterprise Resource Planning)，通过业务体系和财务总账体系形成预算报表，通过对预算的考评，将企业可以量化的部分进行绩效考评(财务绩效考评)，将此部分可以量化的预算绩效考评作为企业激励管理的基础。对于企业中无法进行量化考评的事项，则不能通过预算管理体系进行绩效管理，而是根据企业战略、使命、年度目标进行定性的分析考评，通常通过企业员工、管理层、外界专家打分的方式进行考评。

在全面预算管理运行中，预算目标确定、预算编制、预算执行、预算考评组成了一个完整的系统，它们相互作用，周而复始地循环，以实现对整个企业经营活动的最终控制。其中，预算考评作为一个承上启下的关键环节，在全面预算管理中发挥着重要作用。整体看，预算考评是对企业调配资源适应市场变化能力的评价和检验；局部而言，它就是对企业内部各分组织在企业整体目标实现过程中所作贡献的评价和检验。我们既需要通过预算考评动态地分析企业生产经营过程中各种资源和环境的变化，及时调整行为、修正偏差，从而实现预算执行过程中的控制，保证预算目标的顺利实现；又需要借助预算考评综合分析各个组织成员的行为结果、各种资源的效益状况以及各种环境对结果与状况的影响程度等，对所有组织成员的预算执行结果及其工作业绩进行客观的考察和评价，并按其优劣给予奖惩，进而完善并优化企业预算目标。

4. 预算管理优化配置企业资源过程

(1)预算管理与战略、计划相衔接，使企业资源围绕战略目标进行配置。企业应当将战略规划作为资源配置的起始输入，将资源配置与战略规划紧密联系，并通过计划和预算为战略规划提供年度计划细化与实施接口。企业首先应具备明确的战略规划，即公司发展战略与年度战略行动计划。根据战略规划，公司和部门编制各自的年度计划和实施方案，基于详细的计划和行动方案，开展预算管理，优化和配置企业资源，从而使资源配置与战略规划有效衔接，并实现战略目标对资源配置的指引。

(2)通过预算过程控制，保证资源配置围绕目标进行，不发生偏离。企业预算执行的过程，也是资源实际消耗和配置的过程。是否按照预先设定的预算消耗资源，无疑会影响资源配置的效率，也影响期望目标的实现。企业通过预算的过程控制手段和预测修正机制，可以约束资源的实际配置，防止其偏离目标。

(3)通过预算激励约束机制，保证资源的优化配置。企业中存在许多冲突和矛盾。这些冲突的存在不可避免地会影响企业资源的配置效率：第一，全局利益与局部利益的冲突，表现在母公司与分、子公司之间，公司与职能部门之间以及集体与员工个人之间等；第二，资源约束与资源需求的冲突，集中表现在对资源的争夺上，在目标导向和利益导向的情况下，这种冲突表现得尤为明显；第三，权力分割的冲突造成部门之间不配合，横向联系困难，企业缺乏整体效率。

导致企业存在冲突的一个重要原因在于企业缺乏科学的授权制度，企业及内部"责、权、利"不对等，各利益主体围绕自身利益最大化而忽视企业整体利益最大化。依托预算管理的授权管理可以实现预算执行者的"责、权、利"相结合，为权力下放提供基础保证，尤其是决策权力下移可以缩短决策时间，使企业可以适应市场变化、把握市场机遇。

企业员工(包括企业高管至普通员工)是企业资源的直接支配者。科学的预算考评体系能够对管理者、员工产生较强的激励作用，使员工的利益目标与企业的利益目标从总体上保持一致，使其在支配企业资源时从实现企业价值最大化角度出发，将资源投放到最有利于创造价值的环节。另外，科学的预算激励可以调动全体员工的积极性和能动性，促使其采用创新的管理手段，改进现有工艺、技术、流程、消耗定额等，提高资源的利用率，提升资源的配置效率。

第四节　全面预算管理的作用

一、基础作用

(一)战略支撑功能

战略管理是指企业从整体出发，根据企业所处的内、外部环境进行有效分析和决策，并将这些谋划和决策付诸实践，以实现企业总体经营目标的动态过程。企业战略管理是以企业整体为对象的，它所管理的是企业的整体活动，所追求的是企业的总体效果。战略管理关注长远利益和企业的可持续发展。全面预算管理是以战略管理为起点，其本身就体现了战略管理的思想。全面预算管理正是以公司战略为出发点，通过规划未来的发展来指导现在的实践，是对公司战略目标的具体落实与进一步量化，从而更加具有可接受、可实现、可检验和可挑战的特性。首先，全面预算管理在分析企业内、外部环境变化因素的基础上通过预测未来，以指导现在的生产经营。全面预算管理的目标与企业战略总目标保持高度的一致性。科学的预算方案蕴含着企业总体战略效应的目标及指导思想，体现企业最高决策机关对未来一定期间的经营思想，是企业的整体“作战方案”。其次，由于预算目标是以企业战略为出发点，为了推动企业总目标的实现，全面预算管理的过程必须是一个围绕企业总体目标并包括预算的编制、执行、控制、评估的一系列措施的全过程。在这个过程中，全面预算管理体现了战略管理的整体性、长期性、相对稳定性和实用性的特征。最后，全面预算管理的战略性还体现为它是沟通企业战略与日常经营活动的桥梁。企业总体战略往往具有长期性，比较抽象。全面预算管理通过长、短期预算的衔接，形成战略管理大系统中的一个子系统，使战略目标与日常的生产经营活动联系起来。

一般来说，企业战略是经营的总括方针，应该体现在长期预算中，而短期预算作为一种行动安排，使日常的经营活动和企业的战略部署得以沟通，形成了具有良好循环的预算系统。可以说，没有预算支撑的公司战略是不具备操作性的，是空洞的公司战略；而没有以战略引导为基础的公司预算，是没有目标的预算，也难以提升公司的竞争能力和公司价值。预算对于战略的支持功能如图1—3所示：

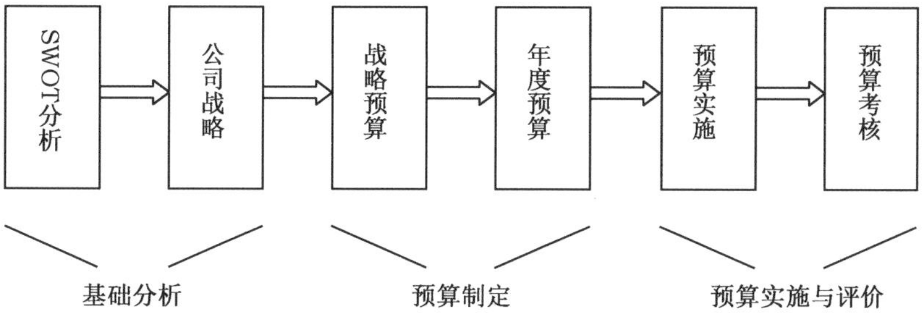

图1—3　预算对于战略的支持功能

（二）资源配置功能

企业的需求是无限的，但资源是有限的。因此，规划是一种选择过程，在各种替代方案中，选择最有利于付诸实施，使企业可以最小的资源获得最大满足的程度。企业在经营活动中存在着两次资源配置过程：(1)初次配置过程，投资者和债权人将资源投入企业，以期获得满意的投资收益的过程；(2)二次资源配置即企业获得相关资源后如何将其运用到适当的业务领域和管理环节，从而以最小的资源占用获得最大的产出，以满足客户的需求，实现企业的价值增值。而全面预算管理对于二次资源配置起着重要作用。

从全面预算管理的资源整合功能角度看，资源整合主要应考虑增量资源配置及存量资源管理这两个方面的问题。增量资源配置主要包括对外投资、固定资产投资、研发投入、营销投入等行为，主要考虑将有限的资源配置到哪些领域、哪些环节的问题；存量资源管理指如何对配置后的资源进行管理以提升资源的运作效率和使用效果，如营运资本管理、固定资产管理、成本费用控制、对外投资管理等行为。

预算目标是根据公司的战略并结合年度经营计划形成的，其是资源配置和管理的前提和依据。传统计划管理配置资源的思路是"我有多少资源，所以能办多少事，达到什么目标"，这是一种现状驱动型的封闭的思路。而全面预算管理配置资源的思路则是："战略需要我达到什么目标，我应采取哪些行动，如何获取和分配资源"，这是一种战略和目标驱动型的开放的思路。两种思路有着本质的差异。全面预算管理配置资源会促使高目标多配置资源，低目标少配置资源，目标驱动资源配置有助于激励团队挑战高绩效。

而预算编制的过程实质上就是围绕战略和预算目标，形成一系列行动计划并配置相应资源的过程。因此，一套预算方案的完成就是一套资源配置方案的形成，同时围绕预算总目标分解，形成一系列资源管理的目标。

二、延伸作用

(一)过程控制

战略规划与资源配置均是事前规划行为，而规划和控制是相辅相成的。如果只有规划而没有控制，则规划容易流于形式；如果只有控制而没有规划，则控制没有依据。因此，规划与控制必须前后对应，密不可分。预算在控制方面的功能如下：

1. 依既定的目标执行

控制的标准在于目标的制定。因此，在预算执行过程中，管理人员应随时注意一切经营活动是否背离目标，背离的行动是否允许，如何采取必要的措施加以纠正，使行动继续朝原定的目标进行等。

2. 通过信息反馈，了解在执行中遇到的困难

通过绩效评估及信息的有效反馈，企业可以了解差异发生的原因，根据问

题所在，对症下药，采取纠正措施，这样有利于目标达成。

3. 可避免浪费与无效率的生产

由于绩效考核的实施，因此每一个部门与员工对所分配的资源必须善加使用，可使资源浪费或经营不利降到最低限度。

4. 作为今后规划的依据

今日的偏差是明日改正的依据。管理层应定期检讨过去，以便于未来决策。

（二）沟通协调

1. 减少预算执行中的障碍，便于目标的达成

经过对参与预算员工的编制，管理层与执行层可相互沟通，达成共识，以减少预算执行中的障碍。通过预算编制，管理层可了解员工的需求与意见，员工也可以体会管理层对其的期望与态度。因此，经过沟通，相互了解，企业可促使员工努力达成目标。

2. 协调企业的资源利用

为达到既定目标，企业各部门必须同心协力、团结合作，摒除门户之见及本位主义，以企业总体利益为核心。如果各部门各自为政，各持己见，难免造成计划与目标的脱节或各部门步调的不一致。只有通过预算，才能加强各部门之间的联系，并系统地运用企业的有限资源，获得最大的经济效益。

3. 调整经营活动，使其与预期环境相适应

在竞争激烈的环境中，企业为了生存并谋求最大利益，必须不断地观察并适应外界变动的环境。预算可迫使各阶层主管不断地对外界环境加以审视及分析，从而拟定最佳决策，以适应瞬息万变的环境。

三、核心作用

（一）绩效考评功能

业绩评价标准是指判断评价对象业绩优劣的基准。评价标准的选择取决于评价的目的。企业业绩评价系统中常用的标准是年度预算标准、企业历史（如上年）实际和竞争对手标准。标准的选用与评价对象密切联系，也直接影响评价的功能。企业为全面发挥业绩评价的战略导向功能，最好是充分利用预算

标准。预算标准为考核、评价各部门及员工的工作业绩提供了依据。定期或不定期地检查和考评各职能部门所承担的经济责任和工作任务的完成情况，确保企业总目标的实现，是企业管理工作的重要组成部分。所以，预算是考核、评价各责任层次与单位的工作成绩和经营成果的重要“标杆”。

预算是全体员工精心规划的产物，而非主管领导的单一命令。因此，企业编制预算时应该扩大参与层面，积极鼓动员工提供意见，将员工目标与企业目标相结合，并促使组织目标顺利达成。预算目标应合理且具有可实现性，才能有效激发员工的潜力，并且预算执行应配合奖惩制度的实施，如加薪、升级、满足员工的自我实现等，促使员工全力以赴，在追求个人利益最大化的同时达成企业目标。

（二）公司治理

全面预算管理通过对企业进行适当的分权、授权，把企业内部的所有事项进行权利划分，形成从董事会、经理层、部门经理到基层执行者的权责管理体系。通过全面预算管理，企业可以规范各个利益主体对企业具体的约定投入、约定效果及相应的约定利益；通过对预算过程的监控，可真实地反馈各个利益主体的实际投入及其对企业的影响；最终通过预算执行结果考评，检查契约的履行情况并实施相应的奖惩，从而使企业在公司治理结构内细化治理，提高公司治理的有效性。全面预算管理以公司战略为出发点，通过规划未来的发展来指导现在的实践，是对公司战略目标的具体落实与进一步量化。同时，全面预算管理运用价值管理的手段，使企业内部资源达到高度整合，同时将企业价值与各级组织的具体目标、岗位职责相联系，使业绩计量和业绩评价的战略导向性更强。全面预算管理又是战略实施的重要保障，对企业战略起着全方位的支持作用。

第五节　全面预算管理的发展趋势

一、全面预算管理的过去和现在

20 世纪早期，以通用汽车、杜邦、通用电器等大公司为首，发展了一套能够按照预测而得到需求量来规划、调整其产品流量的方法和分配资源的程序，以成本控制为核心的预算管理由此产生。预算管理在财务计划基础上向业务领域延伸，逐步发展为全面预算管理系统。至此，企业预算管理从开始的协调生产功能发展为兼具控制、激励、评价等功能的综合机制，处于企业管理机制的核心。至20世纪60年代，全面预算几乎成为美国所有大公司内部固定的“绩效合同”。

(一)成本预算管理阶段

最早将预算作为管理手段应用于企业的是美国。19世纪末20世纪初，特别是第一次世界大战后，美国经济得到迅速发展，企业规模不断地扩大，企业内部的组织层次也相应地增加，如何使管理分权而又不失控制成为一个突出问题。与此同时，企业所面临的市场环境也发生了变化。由于生产规模的急剧扩大，导致某些产品过剩，卖方市场转化为买方市场，这些都对企业的内部管理提出了更高的要求。企业管理的重心在扩大规模、提高生产效率以增加产量的同时，不得不更加关注降低产品成本，以提高产品竞争力、增加利润。1911年，泰罗出版了《科学管理原理》一书，主张以科学管理代替个人经验管理。泰罗的科学管理的核心思想是通过管理的专业分工和作业标准化，提高生产效率，降低产品成本。借鉴泰罗的科学管理思想，一些企业采用了“标准成本”差异分析等专门的方法，运用于产品成本控制，这就是预算管理思想和方法在美国企业运用的最初形态。

1921年，美国政府颁布了《预算与会计法案》。该法案实施后，促进了企业界对预算管理方法的推广，使预算管理的功能被更多的人所了解，成本预算因此在私营企业也得到更广泛的推行。英国、德国、日本的一些企业也开始效仿采用。同时，一些学者开始对预算管理理论进行研究。1922年，麦金内(McKinney)出版了《预算控制》一书，将成本预算管理理论和方法从控制角度进行了详细的介绍。该书的出版标志着成本预算管理理论开始形成。1925年，德国的 Lehmaun，M. R. 在其所著的《工业成本计算》一书中论述了企业经营计划的内容。1930年，他又出版了《企业经济计划——商业预算》一书，进一步丰富了成本预算管理理论。在预算管理的产生期，成本预算主要作为产品成本和费用控制的管理手段，并从属于企业的会计体系。但由于成本预算包含的内容狭窄，难以承担企业内部各管理部门各方面主要业务活动之间的协调功能，因此在这个阶段预算的功能不能得到充分发挥。

(二)财务计划阶段

在企业成本管理中,成本预算起到了重要作用。此后,采用预算制度的企业逐步增多,一些经济管理学者和会计学者开始对预算制度进行进一步的探讨和研究。自20世纪20年代,企业预算管理先后受到会计理论及其他管理思想发展的影响,在内容、方法上都得到进一步的发展。预算管理采用了自20世纪20年代发展起来的一些用来提高企业内部管理水平和经济效益的专门方法,建立起许多量化的财务管理模式,如变动成本计算法、盈亏平衡分析、弹性计划等。这些方法的产生,促进了预算制度的发展与完善,并提高了管理当局进行预测、决策、组织和控制生产经营的能力,增强了企业的竞争力。特别是盈亏平衡点分析理论的形成,使企业对成本、业务量、利润指标的分析被逐渐用在各因素的变化对企业利润影响的事前预测。企业管理者开始对影响企业利润的各因素的变化及其对利润的影响程度进行分析和预测,以勾勒企业未来的财务成果和资金占用情况,作为对企业经济活动进行协调和控制的依据。

此阶段的预算管理在内容上大大超出了成本预算的范围,其理论和方法进一步成熟。此阶段可称为"财务计划"预算管理阶段。

从动态讲,财务计划不仅包括成本预算,而且包括影响企业利润的其他诸多关联表象因素的事前规划;从静态讲,财务计划特别关注现金、存货、固定资产等各项资金占用的事前规划,以及资金运用效果对企业效益产生的影响。财务计划相对于成本预算,大大强化了其协调功能,这是全面预算管理的雏形。

(三)以目标利润为导向的全面预算管理阶段

财务计划相对于单纯的成本预算,使预算管理大大地向前推进了一步,但随着财务计划在企业管理实践中的进一步应用,财务计划本身的局限性也逐渐暴露出来。从内容上讲,财务计划只涉及影响企业当期利润的表象因素,而非企业全方位的规划;从形式上讲,财务计划只能以货币形态表现,不含非货币形态。

从组织和执行过程看,财务计划主要由企业财务部门组织编制并执行和控制,而非企业内部最具权威性的管理部门推动,这些都影响了预算在环境适应、目标分解、资源配置、控制标准等方面作用的发挥。出于管理实践的需要,在财务预算的基础上，预算内容逐渐延伸至销售、生产、采购、资本支出等业务领域。同时，人们对预算管理的实质、财务预算与业务预算之间的关系有了全面、准确的认识，财务预算最终发展为全面预算这一综合性的管理系统。

早在20世纪20年代，第一次世界大战导致的经济衰退给美国的许多工商企业带来了毁灭性的影响，导致需求量持续下降。当时几乎没有一家公司具有当需求发生变化时能迅速调整其产品流量的能力，但一些大公司如通用汽车公司、杜邦公司、通用电气公司对这一次危机有了反应：基于发展了一套能够按照仔细预测而得到的需求量来规划和调整其产品流量的方法和分配资源的程序。在财务计划基础上，预算管理的内容向业务领域延伸，财务预算逐步发展演变为全面预算这一综合性的管理系统。以目标利润为导向、以销售为起点的预算管理制度在美国的杜邦公司、通用汽车公司得到成功应用后，很快成为现代大型工商企业的标准作业程序。预算管理从最初的计划、协调生产，发展为兼具控制、激励、评价等功能的一种综合贯彻企业经营方针的经营机制，从而处于企业内部控制系统的核心位置。钱德勒在其《看得见的手——美国企业的管理革命》一书中对全面预算管理在美国企业最初运用的功能以及在西方现代工商企业的成熟与发展中起到的至关重要的作用进行了全面的阐述。著名管理学教授戴维·奥利特认为，全面预算管理是为数不多的能把组织的所有关键问题融合于一个体系之中的管理控制方法之一。

（四）以战略为导向的全面预算管理阶段

全面预算自20世纪20年代运用于西方少数大型工业企业，取得了辉煌的成绩，至60年代，则几乎成为西方所有大公司内部固定的绩效合同。70年代初，接受了更精细的财务训练的新一代企业领导人更是依赖于财务预算目标和激励来驱动绩效的提高，从而取代诸如生产效率和营销效率之类的指标。但是，80年代和90年代，情况发生了很大的改变，很多企业领导人开始意识到：如果利用得当，预算能为组织中各层次相互了解提供基础，能帮助高级管理层对多个事业和业务单位保持控制；但如果利用不得当，固定的年度计划和预算将阻碍企业对外部环境作出及时的反映，从而窒息创新。随着巴林银行等一批有着严密的预算控制程序的大型企业的倒闭，一些公司意识到传统预算程序带来的负面作用：它忽视企业保持持续成长的关键绩效指标，并且命令控制式的文化会形成并强化阻碍一线员工承担绩效责任的文化规范，从而可能产生破坏性的后果。瑞典商业银行是西方企业中率先放弃预算制度而采用平衡计分卡(Balance Score Card，BSC)等新兴管理工具的企业之一，并取得了一流的业绩。1990 年至 2001 年期间，该银行的年均资本回报率为 24%，并以每年 10.9%的速度递增，比最接近的对手高出 33%，成为世界上成本效益最高的银行之一。瑞典商业银行等一批企业的成功管理实践，促使人们对传统的以目标利润为导向的全面预算管理体系的反思，加深了对预算管理的认识。人们意识到，预算管理必须突破片面追求短期利润的短期思维，以战略为导向，将信息技术网络、流程再造、平衡计分卡、作业成本法等新兴的管理工具有效地结合，才能重新焕发其生命力。因此，在西方的预算管理理论和实践中，以战略为导向的预算管理思想逐渐取代传统的以目标利润为导向的预算管理思想，正如英国 GKN (Guest Keen and Nettlefolds)集团给预算重新所下的定义：预算不是会计师为会计目的而准备的会计工具，而是为确保集团战略目标实现的组织手段。

二、全面预算管理的未来：发挥体制与机制作用为主

全面预算管理是一种集系统化、战略化、人本化理念为一体的现代企业管理模式，通过对业务、资金、信息、人员的整合，明确、适度的分权和授权，战略驱动的业绩评价等，实现资源合理配置、作业高度协同、战略有效贯彻、经营持续改善、价值稳步增加的目标。全面预算管理通过交互式的有效沟通和预算管理的预测、协调及控制作用，使企业的预算目标更明确，并能以更高的管理效率、更优的发展质量、更有效的资源配置来实现企业的战略发展目标。全面预算管理充分体现了“权力共享前提下的分权”的哲学思想。预算本身并不是最终目的，更多的是充当一种在公司战略与经营绩效之间联系的工具，将企业的战略、预算和绩效三者真正形成闭环，形成一个密不可分的有机整体。可以看出，预算的终极功能是发挥体制与机制作用。

(一)合理划分预算责任中心，优化体制与机制基础

1. 责任中心是全面预算管理的中心环节

从组织机构角度说，企业以及各个部门就是各个责任中心；从实施预算管理的角度说，各个责任中心集合了企业经营计划的各项任务和全面预算管理的

各项目标。责任中心在全面预算管理中起着承上启下的作用。

2. 责任中心是承载责任的主体

设置责任中心的目的,不是追究预算责任,而更多的是以责任为机制,调动责任主体对于过程管理的主观能动性。因此,承载责任的本身就是集聚管理能量,变压力为动力的过程。它是接受责任的主体,同时也是考核的客体。

3. 责任中心是进一步分解责任的中心

责任中心不是责任的终点,在一定程度上可以说是责任的起点。责任中心通过进一步的分解预算目标,把预算管理的任务落实到每一个部门和个人,从而做到人人有目标、人人有责任,真正做到全员参与管理。

(二)预算目标的分解和平衡,为合理授权提供保障

为保证预算的贯彻执行和预算目标的最终实现,企业必须把总预算中确定的目标和任务按照责任中心逐层进行指标分解和平衡,形成责任预算,以此对各责任中心的预算执行情况进行监督、检查和考评,由此建立起的目标责任体系和过程控制机制为合理授权提供保障,使决策权力下移成为可能,为缩短决策时间、适应市场变化、把握市场机遇创造充分的条件。

(三)法人治理载体,激励机制基础

公司治理结构与全面预算管理的内在联系源于所有权与经营权分离的委托代理契约安排。完善的公司治理结构,包括建立规范的股东大会、董事会、监事会和高级管理层,通过对企业决策权、执行权和监督权的合理分配,形成各方独立运作、有效制衡的机制。在这一制衡机制下,各级委托人与代理人之间责任明确、权力相互制衡,各司其职,各负其责,使公司达到有效的资源配置。全面预算管理从董事会、经营者、各部门乃至每个员工的责、权、利关系角度出发,通过对企业各部门和成员在预算编制、执行与控制、考评与激励等过程中责、权、利关系的全面规范,将公司管理机制具体化、数量化、明晰化,从而科学地管理和可靠地执行,使预算决策、预算行为与预算结果得到高度的协调和统一。可以说,全面预算管理是分解和细化公司治理结构中各层权责关系的载体,能够把各级目标层分解,把代理契约的监控落到实处。

法人治理的目标是建立有效的激励机制。科学的预算目标值可以成为企业与部门业绩考核指标的比较标杆。在预算管理为绩效考核提供参照值的同时，管理者也可以根据预算的实际执行结果不断地修正、优化绩效考核体系，确保考核结果更加符合实际，真正发挥评价与激励的作用。例如，美孚石油公司(Mobil)通过实施 EVA(Economic Value Added)管理，利用平衡计分卡进行绩效测评等方式，将奖金、利润分享及股票期权计划同业绩目标的达成紧密联系，其业绩目标正是来自公司及部门预算中的数据。

三、全面预算管理和其他管理会计工具组合使用

构建以战略为导向的全面预算管理，其实施关键是将预算放到企业管理控制系统的核心位置。管理控制路径把诸多管理工具联结起来，从企业战略到经营计划、全面预算、绩效评价、薪酬激励、绩效动态反馈，形成一个战略引导下的目标传导管理体系。各项管理工具紧密衔接，保证企业战略的有效实现。

(一)与计划管理相结合

年度经营计划是全面预算管理的基础。全面预算管理是年度经营计划的进一步细化和量化工具，具有精细化资源配置的功能。年度经营计划与预算管理之间主要通过关键成功因素来衔接，预算主题是年度经营计划中经营领域、经营策略以及关键成功因素的具体反映。而预算目标应与战略要求的年度经营目标相一致。企业应确定关键成功因素，建立公司战略与全面预算之间的目标衔接桥梁，引导组织的经营行为。

(二)与绩效管理相结合

绩效评价是年度经营计划、全面预算管理实现的保障工具，并最终决定企业战略的实现。年度经营计划也为绩效考核提供了依据，主要是为绩效考核指标体系提供了非量化的指标。预算目标带到绩效管理中，形成公司及部门关键绩效指标的主要来源，为绩效管理提供制订组织业绩计划的基础和依据。预算管理中的预算考评为绩效评价提供财务类关键考评指标，侧重经营业绩成果的反映。预算考评是绩效评价的基础和重要组成部分，但不是全部。

(三)与作业成本管理相结合

首先，标准作业成本法与全面预算管理结合的核心就是根据作业编制预算，为作业设立标准，形成基于标准作业成本的全面预算管理。由于这种方法在一些方面克服了传统预算编制方法的缺点，因此更加科学、合理。其次，预算

执行反映标准作业成本管理的执行情况。当月度或者年度的预算执行完毕时，企业可以根据作业的实际发生额和标准作业成本进行比较，评价标准作业成本管理的执行情况、制定得是否合理，并且根据需要调整标准作业成本。同时全面预算管理可以对标准作业成本管理进行约束，把最重要的和急需的作业纳入预算管理，合理地分配企业资源，灵活地安排预算。

（四）与资金集中管理相结合

资金是企业的核心资源之一，是预算管理的重点。集团企业普遍实行资金集中管理，但实施过程中存在着很多困难，通过与预算管理相结合，可以很好地解决以下问题：第一，建立资金预算逐级上报、分级审批的预算制度。第二，结合企业资金业务系统与预算系统，提高数据信息的共享性。第三，结合预算管理，设立资金收支计划，可实现总量与分量、整体与局部、长期与短期的资金平衡。第四，结合预算控制手段，提升资金的统筹能力。在对资金进行动态监控的同时，大额资金支付审批前移到审预算、审计划，严控预算外项目，合理判断预算内资金支付事项的实效性。第五，以预算责任为基础，完善资金考核。

第二章

准备行动:全面预算管理准备工作

全面预算管理是一个系统工程。由于开展全面预算管理必然涉及企业的方方面面,因此企业在开展全面预算管理之前需要做大量的准备工作。

第一节　建立健全全面预算管理组织

一、公司治理与全面预算管理权责

从《公司法》视角来看,全面预算管理权责安排(见表 2—1)受公司治理约束。

表 2—1　　全面预算管理权责安排

股东大会	董事会及 下属授权的专业委员会	经营者及 下属授权的经营单位
审批权	决策管理权	决策控制权
(1)预算最终审批权 (2)预算监督权	(1)战略、预算目标最终决策权 (2)决算权与监督权等	(1)预算提议权 (2)预算执行权 (3)预算监控权

(一)股东大会

股东大会作为公司权力机构,至少对预算拥有以下权责:

(1)决定公司的经营方针和投资计划;

(2)审议批准公司的年度财务预算方案、决策方案;

(3)审议批准公司的利润分配方案和弥补亏损议案。

(二)董事会

董事会作为公司内部最高决策机构,至少拥有对公司预算的以下决策权力(不限于此):

(1)公司资本性投资预算;

(2)公司年度整体经营目标;

(3)公司年度全面预算方案;

(4)公司年度财务决算;

(5)整体预算考评与奖惩方案等。

(三)经营层

经营层作为公司执行机构至少对预算拥有以下权责:

(1)组织实施公司年度经营计划和投资方案;

(2)组织编制与执行年度财务预算;

(3)检查预算执行效果并完善。

二、建立全面预算管理专职机构

开展预算管理需要一套相对完整的组织体系来推动。全面预算管理组织体系一般由三级机构构成,各级机构在预算管理过程中担任不同的角色,发挥着不同的作用。三级预算管理组织结构如图 2—1 所示。

(一)决策机构:预算管理委员会

根据企业治理的具体情况不同,预算管理委员会有着不同的设置方法。

1. 预算管理委员会是董事会下设的专业委员会

作为董事会预算决策的参谋议事机构,没有预算决策职权,最终决策由董事会制定、股东大会审批,其权责一般包括:

(1)审议通过有关利润管理的政策、规定、制度等;

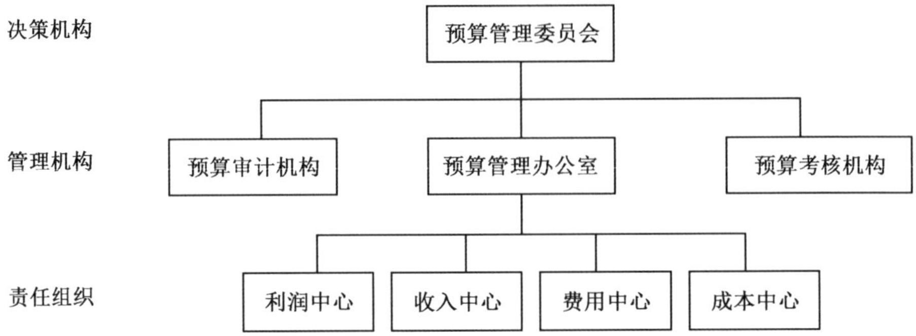

图 2—1　预算管理组织结构

(2)组织企业有关部门或聘请有关专家对目标利润的确定进行预测；

(3)审议通过制定目标利润、预算编制的方针和程序；

(4)审议整体预算方案及各部门编制的预算草案，并就必要的改善对策提出建议；

(5)在预算编制和执行过程中对分厂与部门、部门与部门之间可能发生或已经发生的分歧进行必要的协调；

(6)将经过审查的预算提交董事会审批，董事会通过后下达正式预算；

(7)接受预算与实际比较的定期预算报告并予以审查、分析，提出改善措施；

(8)根据需要就预算的修正进行审议并做出决定；

(9)对利润全面预算管理过程中出现的矛盾或问题进行调解或仲裁。

2. 预算管理委员会的权责

在授权充分的治理结构下，预算管理委员会可由总经理办公会担任，代替董事会授权，拥有一定的决策权和预算的组织实施权力，以提高全面预算工作效率，其权责一般包括：

(1)提出公司资本性投资与项目预算；

(2)审查公司资本性投资与项目预算；

(3)审议公司(含子公司)的年度总预算，报董事会批准；

(4)提出预算组织、规划、控制工作的改进意见；

(5)协调、裁定公司预算重大冲突；批准预算工作组审议提交的预算调整、

修正方案;

(6)听取预算工作组关于预算的执行情况及分析报告,并发表意见;

(7)审议财务部提交的公司年度决算;

(8)审议预算工作组提出的预算奖惩办法和方案,报董事会批准。

(二)管理机构:预算管理办公室

预算管理办公室作为预算管理委员会的办事机构,一般由财务部门或计划部门牵头,各职能部门负责人共同参与的协调性机构,也可以由企业单设预算管理部,其职责一般包括:

(1)设计预算指标体系,将预算委员会提出的预算总目标分解、下达至各区域分公司和总部职能部门;

(2)共同审议总部各部门、各区域分公司申报的年度预算草案,审核这些方案中的指标、目标是否符合公司总部的方针、目标,是否充分展示发展前景和管理潜力,对各责任单位之间的冲突进行协调,讨论通过各单位预算草案或驳回重编,在此基础上形成初步确定的方案,上报预算委员会审议;

(3)在预算执行过程中,及时搜集信息,提供预算推进中的各种动态分析报告,在规定的权责范围内处理相关问题;

(4)预算期结束后,配合相关部门进行预算考评,向预算委员会提交本年度预算工作的分析报告;

(5)对有关部门提出的预算修改、调整方案做出初步判断并提出意见;

(6)组织预算的培训工作;

(7)向预算编制、执行单位提供技术支持,提出改进预算工作的意见。

(三)责任组织

预算管理责任组织以企业的组织结构为基础,本着高效、经济、权责分明的原则建立。预算管理责任组织由各种责任中心构成。划分责任中心,可以将企业的整体经营责任目标和具体的责任预算目标按照组织结构的层级关系逐级分解,使各责任中心明确各自的预算目标,通过各层责任目标及考核目标的实现,保证企业整体目标的实现。根据控制区域和责任范围的大小和下放给各级管理人员决策责任的性质和层次,责任中心可分为四类:利润中心、收入中心、费用中心、成本中心。责任中心的划分标准:责任中心是一个责权相结合的统一体;责任中心必须能够划清责任,单独核算;责任中心所行使的权力和所承担的责任是可控的。责任中心不同,其权责也不同。各个责任中心的管理责任人是该中心的正式代表人。

1. 利润中心

利润中心是指负有利润责任的单位,包括企业整体、事业整体、子企业、企业部门等。其权责是:利润中心对本单位的产供销经营活动负责,其有一定的经营自主权和决策权,以经营利润为决策准则。

2. 收入中心

收入中心是指负有销售收入和销售费用责任的部门,包括销售部门、销售企业、销售单位等。其责任是对本单位的产品销售活动负责;其有决策权,包括销售量、销售折扣、销售回款、销售员佣金等;以销售收入和销售费用为决策准则。

3. 费用中心

费用中心是指负有期间费用(管理费用、财务费用)控制责任的职能部门或单位。其权责是对本单位涉及的有关期间费用负责;其有决策权,包括各项管理费用、财务费用的明细项,以管理费用、财务费用为决策准则。

4. 成本中心

成本中心是指对产品生产的可控成本和经费负有责任的单位,包括工厂或车间。其责任是对产品生产的可控成本和经费负责。其有决策权,包括单位产品生产材料和单位消耗、可控经费明细项目等,以产品生产的可控成本和经费为决策准则。

(四)预算监控单位

负责公司预算监控任务的组织,大体包括两大类:一是预算执行组织自身。它既是执行部门,也是负责对部门内部的预算执行情况进行分析、控制的组织,尤其当部门责任预算再细分到岗位预算时,预算执行单位的第一责任人要完全负起对下属岗位预算的执行监督责任。二是公司财务、审计部门以及负责部门和岗位业绩考核的人力资源管理部门。其中,公司财务部门要负责预算执行的过程监控;审计部门要负责预算执行的结果审查与监控;人力资源管理部门要负责对各个岗位、各部门的预算责任落实情况的评估,从而为激励计划设计提供基础。

三、出资人预算与经营者预算

企业全面预算管理可分为两个层级:一是出资人预算,即围绕保护出资人的利益,约束经营者行为的预算;二是经营者预算,即围绕经营者效率提高,满足出资人目标的预算。

(一)出资人与经营者的概念

1. 产权派生出出资人和经营者

产权即财产权利,包括所有权、占有使用权、收益权、处置权等。现代企业制度的主要特征之一就是所有权与经营权分离,就是说在现代企业中对产权进行分解,拥有财产所有权和收益权的一方称为出资人,拥有财产使用权的一方称为经营者。

2. 出资人与经营者主体

从一般意义上来说,出资人就是股东,但从履行出资人职责的角度来讲,履行出资人职责的主体不一定是股东,例如,国有企业的出资人是国家和国家公民,但履行出资人职责的机构是各级政府。

出资人与经营者主体具有多层性。企业的终极出资人或者是国家,或者是自然人,当股东是国家或自然人时,这种只有一层的委托代理关系较简单,上级政府或自然人股东是出资人主体,出资形成的企业是经营者主体;当股东是法人时,即在形成了母子公司关系的企业中,则表现出从自然人股东到法人股东的多层委托代理关系,出资人与经营者主体表现出复杂性,对于自然人股东,其出资形成的母公司是经营者主体,而相对于其所属子公司,母公司又是出资人主体。当集团型企业中存在多层委托代理关系时,这种多层性表现得更为复杂。

(二)出资人全面预算管理的重点

出资人全面预算管理在集团型企业中普遍开展,是出资方(母公司)对受资方(子公司)开展的预算管理。因此,出资人预算是企业全面预算管理的“灵魂”,发挥着统领经营者预算管理的作用。出资人全面预算管理应结合集团企业的管理特点,满足集团企业的管理需要。出资人全面预算管理的重点包括:

1. 出资人预算是关注目标的预算

从出资人履行职责的角度，出资人是企业战略制定层需要将企业的战略目标向企业基层下达，而企业的战略是宏观的和抽象的。出资人必须通过预算对战略目标进行分解，形成具备可操作性的预算目标，向企业内部各业务单元下达。

从法人治理的角度，出资人不能直接参与下属企业的生产经营，而是委托经营者进行管理、创造效益。为了实现预期的经营目标、获取投资回报，出资人需将总目标分解成各经营者的阶段性经营目标，以责任目标的形式落实到各经营者，并根据实际完成情况实施评价和奖惩。

出资人预算关注目标主要体现在预算目标的制定和分解、预算主题的确定、预算编制方案的审核等方面。

2. 出资人预算是关注结果的预算

出资人预算对结果的关注主要体现在对经营者阶段性的经营结果进行评价，分析产生预算偏差的客观性影响，判断经营者的努力程度，并最终给出判定结果，作为对经营者考评的依据。在这一过程中，出资人还应对经营者预算纠偏的措施提供辅导，适时地对因环境变化产生的预算目标差异进行调整，充分调动经营者完成目标的积极性。

出资人预算关注结果主要包括组织阶段性的预算分析、出资人预算考评、预算目标调整等预算管理环节。

3. 出资人预算应充分结合企业的管控模式

企业管控模式的不同，导致内部组织结构、权责划分、管理方法、业务流程都不相同。出资人预算作为企业配套资源、实施管控的工具，必须结合企业的管控模式。

通常的企业管控模式与出资人预算管理特征存在以下关系，见表2—2。

表2—2　企业管控模式与出资人预算管理特征

企业管控模式	出资人预算管理特征
战略规划型	(1)高度介入各分部年度预算的制定 (2)对预算内容详细地、逐项地进行控制 (3)资本分配及资本预算以支持公司总部决策战略为标准 (4)详细的程序与编制、执行规划手册 (5)强调总部的基本设施和集中服务

续表

企业管控模式	出资人预算管理特征
财务控制型	(1)总部只关注分部的年度预算和财务指标 (2)预算自下而上 (3)评估各分部的业绩 (4)评估各分部的资本竞价条件
战略控制型	(1)制定预算的基本政策 (2)在各分部业务计划与总部资源协调的基础上按照企业整体最优化原则确定其各自的预算方案 (3)评估各分部的业绩 (4)预算自上而下和自下而上，成为管理协调与控制的主要工具

4. 出资人预算应与经营者预算有效衔接

出资人预算与经营者预算虽功能不同、所处层级不同，但都属于全面预算管理的一部分，其总体目标相同，即都强调企业的整体资源配置，落实企业战略。在集团型企业中开展预算管理，由于子企业数量众多，各自行业不同、规模不同、文化不同等差异，造成经营者预算的环境存在较大差异，因此，出资人预算如何与经营者预算进行有效衔接，是全面预算管理体系建设的关键。

出资人预算通常在组织、制度、流程等方面采取一系列措施，既要保持战略意图的贯彻下达，又要符合经营者预算的环境特点。

(三)经营者预算管理的重点

相对于出资人预算，经营者预算的功能主要体现在实现企业发展战略、约束企业资源配置、解决资源配置“短板”、理顺委托代理关系等方面，是出资人预算管理目标实现的载体。因此，企业在开展经营者全面预算管理活动中应注重以下几个方面：

1. 以开放的思维理解经营者预算

传统的经营者预算思维是：拥有多少资源—如何充分利用资源—应该达到什么目标。而现代的经营者预算思维是：应该达到什么目标—需要多少资源—拥有多少资源—怎么获取更多的资源。两种思维虽然只是顺序不同，但前者是保守的资源配置，后者是开放的资源配置。开放是资源配置的基本要求，因为只有开放，才能获取更多的资源，才能提高资源配置效率。

2. 各责任中心为经营者预算主体

经营者预算是分析资源状况、达到资源配置目标和实现企业发展战略的过程。这个过程由各责任中心来完成，因为各责任中心能更清楚地分析自身的资源状况、离目标有多少距离，以及达到目标应该采取什么手段、方法，这是任何部门都不能代替的。以财务部门作为经营者预算主体的结果是财务部门对各责任中心的资源状况、目标差距以及如何实现目标了解甚少，最终只能导致预算和交易循环活动“两张皮”。

3. 经营者预算是一把手工程

资源配置效率的提高，要求资源配置过程信息全面和信息对称。代理人重视表现在三个方面：一是代理人相互“博弈”才能产生最佳的经营者预算目标，没有“博弈”，或“博弈”一方拥有的信息不对称，都不可能达到最佳的经营者预算目标。二是各级代理平衡资源配置过程中的利益矛盾，促进经营者预算“合适”，其他人无法解决这样的矛盾。三是各级代理人的行动是经营者预算实现的重要保证。

4. 经营者考核至关重要

企业管理者应认真检讨自身的考核体系是否有助于实现企业的战略目标，不符合的，应及时修正和调整。对资源配置的考核，主要是考核资源管理部门是否按预算方案和有关预算程序给各责任中心配置资源，资源使用过程中是否进行了有效的监控。企业通过将资源管理效率的评价指标、资源管理效果的评价指标与企业历史水平及同行业先进水平进行比较，以此来评估其资源管理的效率和效果是否有所改善和提高。没有考核，也就无法衡量资源配置效果。

第二节　优化全面预算管理流程

全面预算管理流程见图 2—2。

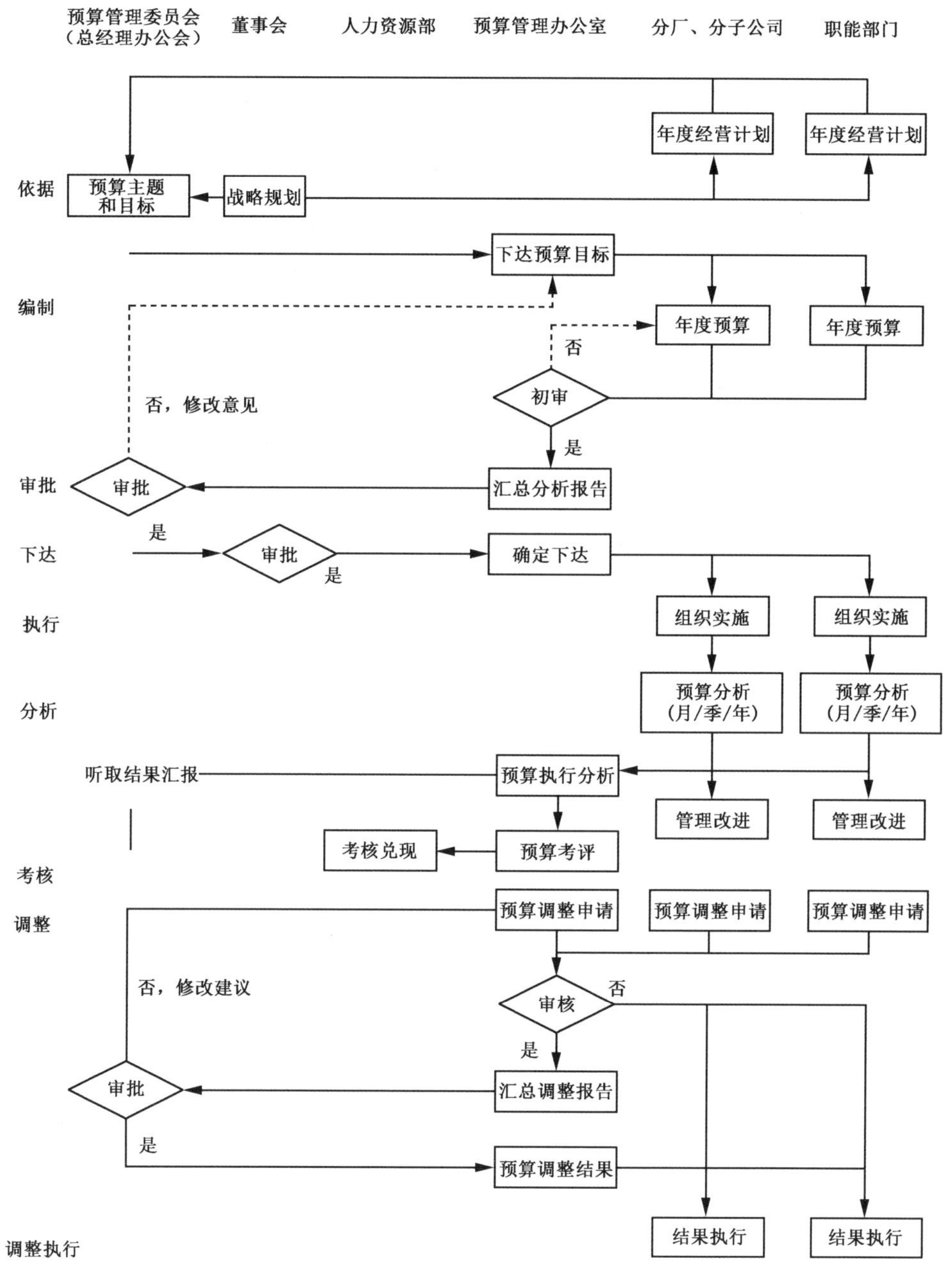

图 2—2　全面预算管理流程

一、战略与目标制定

(一)自上而下的目标制定流程(见图 2—3)

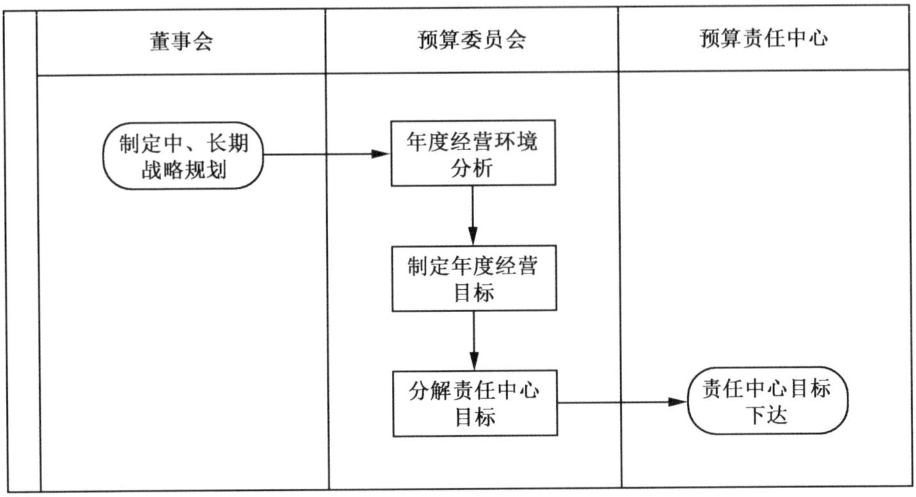

图 2—3　自上而下的目标制定流程

(二)自下而上的目标制定流程(见图 2—4)

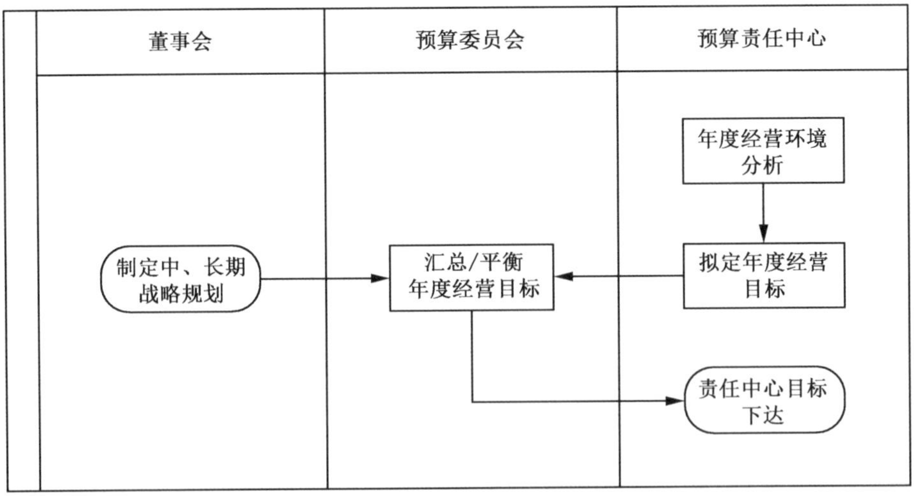

图 2—4　自下而上的目标制定流程

(三)上下结合的目标制定流程(见图 2—5)

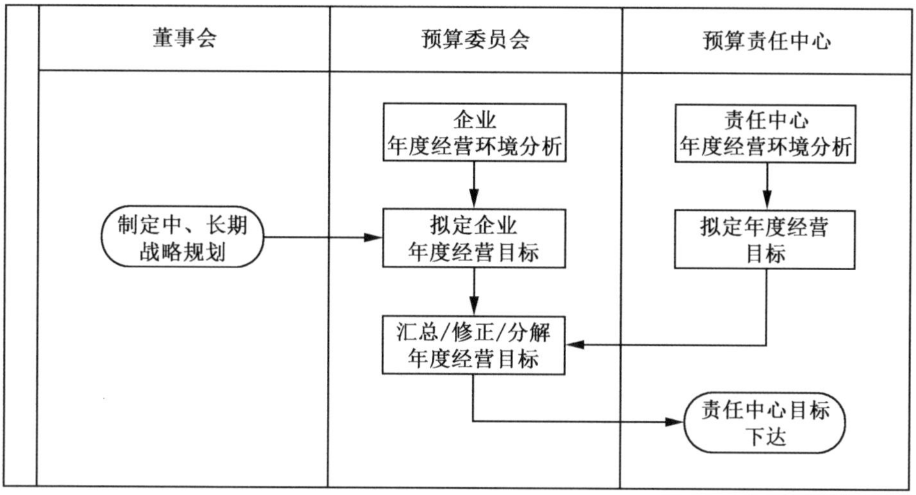

图 2—5　上下结合的目标制定流程

二、计划与预算编制

(一)总体流程(见图 2—6)

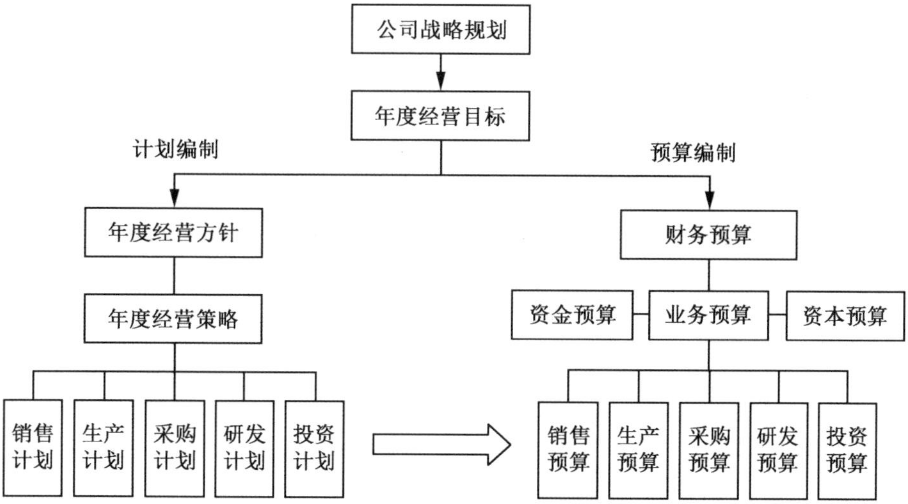

图 2—6　计划与预算编制总体流程

（二）核心步骤

（1）结合年度目标和环境分析，制定公司和部门年度经营基本策略，即实现目标的主要经营措施、经营战术等，包括：

①总体策略；

②产品策略；

③职能策略：销售策略、市场策略、生产策略、研发策略、采购策略、人力资源策略等。

（2）根据各类经营策略编写具体的经营/管理计划，即分解的计划指标值和具体行动方案。

（3）各责任中心应开展计划评审。评审应采用听证会的形式，以确保目标合理、方案严谨、信息共享。

（4）业务预算以计划为依据，形成经营预算、资本预算、资金预算，最终汇总为财务预算。

三、预算审批下达

预算审批的核心步骤包括审查平衡、审议批准和下达执行。

（一）审查平衡

预算管理办公室对各预算编制单位上报的预算方案进行审查、汇总，提出综合平衡的建议。在审查、平衡过程中，预算管理委员会应当进行充分协调，对发现的问题提出初步的调整意见，并反馈给有关预算编制单位予以修正。

（二）审议批准

预算管理办公室在预算编制单位修正、调整的基础上汇总编制出企业财务预算方案，报预算管理委员会讨论。对于不符合企业发展战略或者预算目标的事项，预算管理委员会应当责成预算编制单位进一步修订、调整。在讨论、调整的基础上，预算管理办公室正式编制企业年度财务预算草案，提交董事会或经理办公会审议批准。

（三）下达执行

预算管理办公室依据董事会或经理办公会审议批准的年度总预算，一般在次年 1 月底以前与各预算编制单位签订预算目标责任书，由预算管理委员会逐级下达各预算单位执行。

四、预算控制调整

(一)预算总量控制与预算调整

1. 总量控制

年度预算方案执行控制的首要目标是总量控制,即在年度预算完成资源平衡配置的总框架下对各项预算目标进行总额度控制,避免出现结构性失衡。

2. 预算调整

当环境发生重大变化且已对预算目标产生重大影响时,为保证预算的可持续执行,企业可对原定的预算目标进行必要的调整。

由于预算调整的对象是预算目标的总量,因此为保证预算目标的严肃性,预算目标轻易不做调整,当发生重大调整事项时,方可进行中期调整。预算中期调整对年度预算方案进行全盘调整,其程序与预算编制类似,必须建立严格的预算调整评审制度,建立评审听证会制度,最终由董事会审批。

(二)预算结构控制与预算追加

1. 结构控制

预算结构控制是在总量控制框架下对分目标的执行进行的控制。相对于总量控制,结构控制的手段更加丰富和灵活,以增强预算对不确定性的适应能力。

2. 预算追加

预算追加是结构化控制的主要手段,包括预算调增和调减,其原则体现为内部消化,不对预算目标产生影响。

预算追加通常由预算执行责任单位申请,董事会授权预算管理机构审批。在不影响预算总目标的前提下,预算追加通过指标间调剂、部门间调剂和预算准备等渠道解决。

五、预算分析与考核

预算执行的结果通过预算分析和业绩考核进行体现,其活动贯穿整个预算管理工作。

预算分析的核心和重点在于反馈预算责任指标的履行情况，包括预算额、实际额、差异额及差异原因分析说明，这是预算控制和结果评价职能赖以发挥的基本方法。预算分析的主要形式包括预算分析报告和预算分析会议，是业绩反馈、业绩预警、问题剖析、改善策略等重要管理活动的主要载体。

预算考核既是对预算管理工作质量的评价，同时又是企业绩效考核的重要组成部分。其内容包括预算工作考核、预算偏差考核和预算执行考核。预算分析考核的主要步骤包括：

第一步，定期收集数据。采集量化指标的月度/季度完成数据，检查经营举措完成程度，对各业务单元的经营举措进行跟踪。

第二步，分析及统计结果。完成情况与目标值进行比较，与责任单位的实际计划进行比较，由责任单位自我分析，由职能部门进行统计。

第三步，公布结果业绩后续管理。通报本期业绩完成情况，分指标表扬超额完成单位和鞭策未达标单位，跟进后续改进措施的落实情况和业绩效果。

第四步，与绩效考核挂钩，与责任单位的薪酬挂钩。

第三节 完善全面预算管理制度

企业预算管理机制的运行必须有与之相应的管理制度，以使企业自上而下都能按统一的行为规则开展预算活动。完善的制度系统既是企业预算管理的一种标志，又是企业利润预算管理实施的重要前提和有效保障。

预算管理制度系统有广义和狭义之分。广义的预算管理制度系统是由会计财务制度、全员参与制度、生产管理制度、质量管理制度、企业激励制度等一系列制度体系构成，这些制度体系构成为企业实施全面预算管理创建了基础条件和可运行环境；狭义的预算管理制度系统是企业全面预算设计思路的表述载体，是为规范企业在全面预算管理过程中的各种相关行为，为预算管理者和预算责任人提供指导标准，包括企业全面预算管理制度、预算目标管理办法、预算编制管理办法、预算调整管理办法、预算追加管理办法、预算仲裁管理办法、预算分析管理办法和预算考评管理办法等。

本书列示主要的全面预算管理制度，供读者参考。

一、全面预算管理制度大纲

1　总则

1.1　为推动公司及下属单位全面预算管理的实施，提升企业管理水平，特制订本制度。

1.2　全面预算管理是企业进行资源优化配置，实现企业战略目标的有效管理方法和支撑工具，服务于企业的战略规划和发展目标。它具有以下重要作用：

1.2.1　落实战略规划，有效保证经营目标的实现；

1.2.2　优化资源配置，提升运营效率；

1.2.3　促进沟通和协调，保证整体目标和分部目标的协同实现；

1.2.4　提供业绩评估的客观基准，促进责任落实。

1.3　预算方法采用滚动预算和零基预算，"三年滚动，逐年落实"，年度预算期间为每年的1月1日至12月31日。

2　预算管理对象

2.1　公司及下属各单位是个多层级的管理系统。公司预算包括以本部为对象的经营者预算和以下属各单位为对象的出资人（或管理者）预算。公司同时承担经营者预算和出资人（或管理者）预算职责。

2.2　经营者的预算职责包括：

2.2.1　围绕目标，拟定本部预算方案；

2.2.2　重大预算、决算事项（含预算方案）申报；

2.2.3　预算执行控制；

2.2.4　经营者绩效评价；

2.2.5　预算持续改进。

2.3　出资人（或管理者）的预算职责包括：

2.3.1　确定、下达整体（公司及下属各单位）预算目标；

2.3.2　重大预、决算事项（含预算方案）审定；

2.3.3　投资及收益预算；

2.3.4 出资人(或管理者)考评监督;

2.3.5 下属各单位预算运行跟踪;

2.3.6 督促、指导下属各单位预算开展与持续改进。

3 预算机构设置

3.1 公司本部设立四级预算责任体系:

3.1.1 预算决策机构——预算委员会;

3.1.2 预算专职机构——包括预算管理办公室、预算执行监控机构、预算考评机构和预算审计机构;

3.1.3 预算执行机构——各责任中心,包括投资中心、利润中心、成本中心和费用中心。

3.1.4 预算信息网络——预算员,承担预算信息的收集、整理及传递。

3.2 各预算机构的定位和预算职责具体见《预算机构设置办法》。

4 预算管理模式

4.1 公司及下属各单位采用以战略为导向的、零基的、动态的过程控制型预算模式。

4.2 预算模式的内涵及特点。

4.2.1 以战略为导向。

4.2.1.1 基于战略规划确定预算目标;

4.2.1.2 过程控制围绕预算目标进行。

4.2.2 采用零基预算。

4.2.2.1 充分考虑未来应当做的事,在此基础上确定预算;

4.2.2.2 预算支出均以零为基础,从实际需要与可能出发。

4.2.3 动态调整。

4.2.3.1 定期评估环境和资源变化;

4.2.3.2 主动优化行动方案和调整预算配置。

4.2.4 加强过程控制。

4.2.4.1 遵循好的过程必然带来好的结果,加强过程控制;

4.2.4.2 关注预算过程与关注结果并重。

5 预算管理流程

5.1　目标设定流程。

5.1.1　预算目标设定采用“下—上—下”的流程。预算目标由战略规划分解确定。

5.1.2　预算委员会根据公司及各单位三年滚动战略规划分解的年度规划指标，结合当期的实际情况，综合确定年度经营目标和财务目标，作为公司及各单位制订业务计划和编制预算的基本依据。

5.1.3　预算目标设定具体见《预算目标设定办法》。

5.2　预算编制。

5.2.1　各单位/责任中心围绕预算目标，根据主要业务计划和细化的行动方案编制业务预算。业务部门应当首先细化和优化行动方案，在此基础上确定所需的资源，即业务预算。

5.2.2　在业务预算的基础上，预算管理机构进行评估，确定所需资源，并与企业的资源能力进行匹配，在资源约束的条件下，寻求最优的行动方案组合，形成企业的年度预算方案。

5.2.3　预算管理机构对通过的预算方案，应当以《预算责任书》的形式分解、下发各单位/责任中心执行。

5.2.4　具体预算编制可参考《预算编制管理办法》。

5.3　预算执行控制。

5.3.1　公司通过对业务计划（细化的行动方案）和资金计划进行双重控制，使预算运行有序、可控。

5.3.2　各责任中心每月定期向预算管理机构提交下期预算执行方案（业务计划和资金计划），并按标准进行分类。

5.3.3　预算管理办公室进行初审和初步平衡，提出建议，提交预算委员会审议。预算委员会次月平衡后下发执行，预算执行可根据不同授权简化流程，提高效率。

5.3.4　对计划提交期间发生的业务以及业务计划和资金计划之外的业务，属于重要、紧急的例外事项可按授权审批程序处理，事后补列入下月计划，其他业务事项原则上先有计划后执行。

5.3.5　具体预算执行控制可参考《预算执行控制办法》等。

5.4 预算分析。

5.4.1 预算分析是一种非常重要的反馈及监督机制，各责任中心应围绕业务计划和资金计划的落实情况进行深入分析，揭示影响预算目标达成的深刻原因。

5.4.2 预算委员会(财务审核委员会)应定期/不定期组织召开预算分析会(经营例会)，讨论预算情况，提出改进意见和建议。

5.4.3 具体预算分析可参考《预算分析管理办法》。

5.5 预算调整。

5.5.1 预算调整是一种重要的修正机制，使预算方案能够更加适应内外部环境的变化。

5.5.2 每年6—7月份，公司及各单位进行一次中期评估和调整。

5.5.3 预算管理办公室负责组织相关部门对预算调整的必要性和调整方向进行评估和论证，提出预算调整建议方案；预算委员会对预算调整建议方案进行审议，确定调整方案，下发执行。

5.5.4 具体预算调整可参考《预算调整管理办法》。

5.6 预算考评。

5.6.1 公司及下属各单位应当建立预算考评体系，激励各责任中心完成预算目标。

5.6.2 每个考评期末，预算考评机构应当会同其他预算管理机构对各单位/责任中心预算执行情况进行评估，并进行考核兑现。

5.6.3 具体预算考评可参考《预算考评管理办法》。

5.7 预算仲裁。

5.7.1 公司及下属各单位应当建立仲裁机制，有效化解预算开展过程中出现的各类矛盾。

5.7.2 预算管理办公室承担一般争议的协调处理，重大争议事项由预算委员会仲裁。

5.7.3 具体预算仲裁可参考《预算仲裁管理办法》。

6 附则

6.1 本制度适用于公司本部及其下属各单位。

6.2　本制度由公司预算委员会制定、解释，并组织实施、检查与考核，同时可根据实际情况予以修订。

6.3　本制度自20××年10月1日起执行。

二、预算管理机构设置办法

1　总则

1.1　为推动全面预算管理的顺利实施，提升企业管理水平，根据全面预算管理制度的要求，特制订本办法。

1.2　公司设立预算委员会和预算管理办公室等专职机构作为预算管理机构，推动预算工作的开展。

2　预算委员会

2.1　预算委员会是公司及其下属各单位统一的预算管理决策机构。它是全公司实施全面预算管理的最高管理机构，对董事会负责，以预算会议的形式审议各预算事项。

2.2　预算委员会的职责由公司财务审核委员会完全承担。

2.3　人员构成。

2.3.1　预算委员会的人员组成应坚持权威原则、全面代表原则和效率原则。

2.3.2　具体构成：主任、副主任和成员。

2.4　具体预算职责见附表列示。

3　预算专职机构

3.1　公司设立预算管理办公室、预算执行监控机构、预算审计机构和预算考评机构等专职预算管理机构。

3.2　预算管理办公室。

3.2.1　预算管理办公室虚拟设置，联合办公，成员包括企业发展部、经营投资部、财务部、人力资源部，由经营投资部担任召集人和协调人。

3.2.2　各成员部门指定专人组成联合工作组开展工作，具体构成：组长、副组长和成员。

3.2.3　具体预算职责见附表列示。

3.3 预算执行监控机构。

3.3.1 财务部为预算执行监控机构，负责监控业务计划和资金计划的执行，对计划之外的和超越授权的资金开支予以监督和控制。

3.3.2 具体预算职责见附表列示。

3.4 预算审计机构

3.4.1 审计中心为预算审计机构，负责监督预算制度的落实、审计预算执行结果等。

3.4.2 具体预算职责见附表列示。

3.5 预算考评机构

3.5.1 人力资源部为预算考评机构，负责制订预算考评方案，组织执考单位对各责任中心预算执行结果进行考评，并根据考评审批意见兑现考评结果。

3.5.2 具体预算职责见附表列示。

4 附则

4.1 本制度由董事会制定、解释，并组织实施、检查与考核，同时可根据实际情况予以修订。

4.2 本制度自20××年10月1日起执行。

附表：预算机构的定位及职责

部　门	定　位	预算职责
预算委员会 （财务审核委员会）	公司预算决策机构	• 确定公司整体年度预算目标 • 确定预算边界，修订责任中心 • 审议、综合平衡年度预算（草案） • 分解落实年度预算（方案） • 预算调整和仲裁 • 制定预算管理制度等
预算管理办公室 （企业发展部、经营投资部、财务部、人力资源部等）	公司本部预算专职机构	• 拟订和修订预算管理制度 • 拟订预算项目推进计划 • 协助分解落实年度预算（方案） • 预算项目推进与指导 • 预算汇总分析 • 预算矛盾协调 • 下属各单位预算指导等
预算执行监控机构 （财务部）	公司本部预算执行监控机构	• 部门及公司预算编制 • 预算执行控制 • 本部门及公司预算分析等

续表

部　门	定　位	预算职责
预算审计机构（审计中心）	公司的预算审计机构	·预算执行结果审计 ·预算执行与分析等
预算考评机构（人力资源部）	公司本部预算兑现机构	·预算考核结果兑现等
各责任中心（各部门）	公司本部预算责任主体	·本部门及归口预算编制 ·预算执行及分析 ·预算改进等

三、预算目标管理办法

1　总则

1.1　为推动全面预算管理的顺利实施，规范年度目标制定、分解和考评的流程，牵引企业合理配置资源，引导、激励公司每一位员工向公司战略目标方向努力，结合全面预算管理制度的要求，特制订本管理制度。

1.2　预算管理委员会根据集团分解的年度目标开展预算工作，并分解年度目标；预算管理办公室负责年度目标测算和与集团预算管理办公室的沟通，并协助预算管理委员会分解年度目标。

1.3　预算管理委员会负责组织年度目标考评工作；各数据提供部门负责考评数据的提供；预算管理办公室负责组织对责任中心的业绩考评，负责预算结果与过程的审计工作；人力资源部门负责年度目标考评的兑现。

2　年度目标制定

2.1　公司级年度目标按照以下四个角度制定：

2.1.1　发展规模类指标：主要用于衡量企业的成长能力。此类指标主要包括产销量和销售收入等。

2.1.2　盈利能力类指标：主要用于衡量企业的当前盈利能力，为保障生存和未来发展提供现金流。此类指标包括净利润总额、净资产收益率等。

2.1.3　可持续发展类指标：主要用于衡量企业的可持续发展能力，为未来发展创造盈利能力，是衡量企业核心竞争力的重要指标。此类指标包括行业竞争力排名、总投资额、资产负债率、研发投入占比等。

2.1.4　运营管理类指标：主要用于衡量企业的管理能力，是前三类指标的基础保障。

2.2 公司级的年度目标体系制定流程。

2.2.1 每年10月中旬，预算管理办公室组织各单位对目标体系中的各项指标进行测算，并进行汇总；

2.2.2 将年度目标报预算委员会审核后，上报集团预算管理办公室，由集团预算管理办公室汇总后报集团预算管理委员会审批，审批后形成集团级的年度目标；

2.2.3 集团预算管理委员会和集团预算管理办公室将集团级年度目标进行分解，形成子公司的年度目标并下发到各子公司；

2.2.4 预算管理委员会将下发的年度目标上报子公司董事会批准，在董事长/总经理的年度工作报告中体现年度目标体系，同时以文件的形式将年度目标体系在子公司范围内发布。

3 年度目标分解

3.1 公司级的年度目标体系确定后，预算管理办公室组织对预算目标进行分解，形成各责任中心的年度目标体系后，报预算管理委员会审批。一般分解方式包括：

3.1.1 按时间维度分解——由年度分解至季度；

3.1.2 横向分解——在各责任中心之间进行分解；

3.1.3 纵向分解——在各责任中心内部逐级分解。

3.2 年度目标分解流程。

3.2.1 集团确定公司级年度目标体系（从四个角度分解）；

3.2.2 将公司级指标与公司经营层绩效挂钩；

3.2.3 将考评指标分解至各车间、各部门，形成部门级考评指标，建立相关部门责任人的绩效考评表。

4 年度目标考评

4.1 年度目标考评是发挥预算约束与激励作用的必要措施，是保证年度目标完成的有效方法。通过年度目标的细化分解与激励措施的付诸实施，达到引导公司每一位员工向公司战略目标方向努力的效果。

4.2 年度目标考评应遵循的原则。

4.2.1　目标原则:以年度目标为基准,按目标完成情况评价目标执行者的业绩;

4.2.2　激励原则:年度目标是对目标执行者业绩评价的主要依据,考评必须与激励制度相配合;

4.2.3　时效原则:年度目标考评应采取动态机制,每期目标执行完毕立即进行;

4.2.4　例外原则:对一些阻碍目标执行的重大因素,如产业环境的变化、市场的变化、重大意外灾害等,考评时应作为特殊情况处理;

4.2.5　分级考评原则:年度目标考评要根据组织结构层次或年度目标的分解层次进行。

4.3　年度目标考评的时间分为季度考评和年度考评。

4.3.1　季度考评。

季度考评是对预算过程的业绩评价,即每季度对年度目标执行情况及季度目标完成情况进行分析、考评并兑现季度奖励部分。部门级目标应采取季度考评,并将考评结果与目标责任人季度绩效工资挂钩,当季发放考评工资的60%。

4.3.2　年度考评。

年度考评是对预算执行结果的业绩评价,即年度终了对该年度累计预算执行情况及年度目标完成情况进行总结和考评兑现。

公司级目标考评与部门级目标考评均应采取年度考评方式,根据年度考评结果计算年度绩效工资总额;部门级目标考评结果以扣除每季度预先发放的绩效工资后的余额进行发放。

4.4　年度目标考评内容和方法。

4.4.1　年度目标考评采取关键业绩(KPI)指标、工作目标(GS)指标和一票否决指标的方法。依据各责任中心的职责定位及年度目标分解结果确定其KPI指标、GS指标和一票否决指标,并对前两者进行量化并设定权重。期末,计算各责任中心的KPI和GS评价得分,并与绩效工资挂钩。各考评指标的选择来源如下:

(1)KPI指标。

经济类量化指标来源于年度目标及其分解;

管理类量化指标来源于部门职责或岗位职责；

来自与其他部门或岗位的关联性指标。

(2)GS 指标。

来源于公司或部门当期重要工作计划目标分解。

(3)一票否决指标。

重大事故类指标，如重大经济事故、质量事故、安全事故等，与相关责任部门挂钩。

4.4.2 考评方法。

(1)KPI 指标和 GS 指标采取打分制，满分为 100 分；

(2)KPI 指标和 GS 指标的权重之和为 100%；

(3)KPI 指标和 GS 指标加权得分＝该项指标评分×该项指标权重；

(4)当 KPI 指标和 GS 指标加权得分≤0.6 时，本期考评得分为 0 分；当 KPI 指标和 GS 指标加权得分≥1.5 时，本期考评得分为 1.5 分；

(5)如果没有发生一票否决指标：本期考评得分＝KPI 得分＋GS 得分；

(6)如果发生一票否决指标：本期考评得分为 0 分，由董事会讨论确定；

(7)各项权重根据实际指标情况酌情调整。

4.4.3 公司级年度目标评价由集团预算管理办公室组织考评，评价结果报预算管理委员会审批后由子公司董事会负责执行，并将执行结果报集团预算管理办公室备案。

4.4.4 部门级年度目标评价由子公司预算管理办公室组织考评。评价结果报子公司预算管理委员会审批，人力资源部门负责执行并将执行结果报子公司预算管理办公室备案。

4.5 绩效沟通要贯穿于整个考评过程之中，确定考评目标时，要经过考评双方的充分沟通交流，并以签字确认的形式予以固定，考评双方均留存一份绩效考评表；目标执行过程中，考评者要对被考评者进行有效的绩效辅导，督促落实目标的执行；目标的执行情况要及时告知被考评者，考评双方共同分析制定改进措施并落实，考评结果要得到考评双方的确认签字。

4.6 年度目标考评程序。

4.6.1 年度目标考评由预算管理办公室统一组织，各职能归口单位负责执行考评。

4.6.2 每季度终了后5日内或年度终了后10日内,各执考部门将考评数据报预算管理办公室,由预算管理办公室汇总、分析,编制"预算分析报告"。

4.6.3 每季度终了后10日内或年度终了后30日内,审计部门对各责任中心的年度目标执行结果以及"预算分析报告"进行审计。审计发现异常情况,应与被考评单位和数据提供部门进行沟通、协调。协调不成,报预算委员会仲裁。

4.6.4 审计部门将审计结果报预算管理办公室汇算评价得分后,交人力资源部门制定奖惩结果,同时上报集团预算管理办公室备案。季度奖励计算3日内完成,年度奖励计算5日内完成。

4.6.5 奖惩结果经预算管理办公室审核后,报预算委员会审批。

4.6.6 人力资源部门根据考评审批结果完成奖励兑现,预算管理办公室监督协调预算考评的兑现。

4.6.7 各责任中心负责人负责将预算奖惩在责任中心内部进行分配,落实到具体责任人,并报人力资源部门备案。

4.6.8 每年度终了后30日内,集团审计部门对各子公司的年度目标执行结果进行审计,集团预算管理委员会审批后交各子公司董事会执行奖惩方案,由各公司董事会落实对经营者的考核。

4.7 年度目标考评结果的运用。

4.7.1 可作为季度绩效工资发放的依据。

4.7.2 可作为年终奖金发放的依据。

4.7.3 可作为职务上升或者下降调整的依据。

5 附则

5.1 本指引由集团预算管理办公室拟定,经各子公司预算委员会批准后实施。

5.2 本指引由预算管理办公室负责修订、解释。

四、预算编制管理办法

1 总则

1.1 为完善全面预算管理体系,科学、合理地配置预算资源,根据全面预算管理制度的要求，特制订本办法。

1.2　预算编制原则。

(1)一致性原则；

(2)分级预算原则；

(3)全面预算原则；

(4)实事求是原则。

1.3　预算编制期间为每年的11—12月份。

2　预算编制内容

2.1　业务预算，反映预算期内各责任中心围绕预算目标所开展的一切业务活动及其所需资源的方案，通常由业务部门编制。

2.2　资金预算，反映预算期内资金缺口及其如何平衡的方案，包括筹资安排、资本运作方案等，通常由财务部门编制。

2.3　预算准备，为应对内外部不确定性而保留的一部分资源，包括预算内资源准备(实质保留资源，预算方案内体现)和预算外资源准备(保留可获得资源的能力，预算方案内不体现，如银行授信额度)，通常由预算委员会确定准备额度，并从严控制使用。

2.4　财务预算，基于业务预算、资金预算以及预算准备而确定的年度财务预算方案，包括预计现金流量表、预计资产负债表和预计损益表。

3　预算编制程序

3.1　业务计划与行动方案确定。

每年9至10月，各责任中心应当根据分解的预算目标拟定年度计划，细化为行动方案并进行优化，经计划管理机构评审后，确定业务计划与行动方案，作为预算编制的基础。

3.2　业务预算编制。

基于计划与行动方案，各责任中心确定各项资源需求，评估预期效果和测算财务收益，形成业务预算，并按要求上报预算管理办公室。业务预算的编制要求采用零基预算方法。

3.3　财务资源测算。

预算管理办公室组织相关部门(以财务部为主)对公司的现有资源及分布

情况进行测算,并评估可获取的资源水平(包括未来业务活动流入、新增融资能力等),确定总体资源及分布状况。

3.4　资源匹配与平衡。

3.4.1　预算管理办公室需要对业务部门提交的业务预算(含底稿资料)进行评估(按重要性排序,可组织相关部门参与评估),对业务计划方案建议优化的,返回责任中心完善。

3.4.2　预算管理办公室将各责任中心业务预算方案与企业所拥有的资源进行匹配,在资源许可范围内选择和确定业务预算方案(草案),对业务预算超出内部可支配资源的缺口,可通过外部渠道进行筹集。企业原则上应保留部分资源以应对不确定性所带来的挑战。

3.5　预算方案确定。

每年的12月份,预算委员会对预算管理办公室提交的年度预算方案(草案)进行审定。需要修改的,返回预算管理办公室组织修改。

3.6　预算分解下发。

次年1月底前,由预算管理办公室协助预算委员会对批准后的年度预算进行分解,并以《预算责任书》的形式下发各单位/责任中心执行。

4　附则

4.1　本办法由预算委员会制定、解释,并组织实施、检查与考核,同时可根据实际情况予以修订。

4.2　本办法自20××年10月1日起执行。

五、预算分析管理办法

1　总则

1.1　为完善全面预算管理体系,全面监控预算的执行情况,提高预算资源配置效率,根据全面预算管理制度的要求,特制订本办法。

1.2　各单位/责任中心应设立兼职预算机构/人员来负责预算的执行分析。

2　预算分析思路与内容

2.1　可以按照以下思路和内容进行预算分析。

2.2　对预算运行中存在的问题，还可以抽调专业人员组成专题小组，进行深入的调研和分析，作为常规分析的补充。

3　预算分析流程

3.1　各单位/责任中心是预算分析的责任单位，每月应对预算执行情况进行跟踪、分析，并在下月8日前向预算管理办公室报送月度预算执行情况分析报告(季度、半年度和全年度的预算分析同时纳入此管理办法)。

3.2　预算管理办公室是公司预算汇总分析的责任单位，每月10日前完成预算汇总分析，并向预算委员会报送月度预算执行情况分析报告(季度、半年度和全年度的预算分析同时纳入此管理办法)。

3.3　预算委员会(财务审核委员会)每月12日左右组织召开预算分析会(可与经营例会合并)，讨论预算情况，提出改进意见和建议。各责任中心根据会议要求落实改进措施。

4　预算分析会

4.1　会议组织。

(1)参加人员：总经理、各责任中心负责人

(2)时间：每月12日

4.2　会议议程。

4.2.1　总体运营情况讨论，重点放在：

(1)目标达成了吗？

(2)为什么没有达成目标？

(3)影响目标达成的主要因素是什么？

(4)对下一步运营有何影响？

4.2.2　各责任中心运营情况讨论，重点放在：

(1)问题在哪里？

(2)关键影响因素有哪些？

(3)问题可以解决吗？

(4)有何改进举措？如何保证实施到位？

4.2.3　总结与改进，重点放在：

(1)主要改进举措；

(2)任务内容；

(3)责任人；

(4)时间节点；

(5)预期效果。

4.3　跟踪反馈。

预算管理办公室参与预算分析会议，负责跟踪预算分析会议提出的预算改进措施的落实情况，并及时反馈给预算委员会。

5　附则

5.1　本办法由预算委员会制定、解释，并组织实施、检查与考核，同时可根据实际情况予以修订。

5.2　本办法自20××年10月1日起执行。

六、责任中心预算考核办法

1　总则

1.1　为了完善全面预算管理体系，建立预算激励与约束机制，有效保证预算目标的实现，根据全面预算管理制度的要求，特制订本办法。

1.2　预算考评原则：

1.2.1　公正原则；

1.2.2　可控性原则；

1.2.3　适度激励原则；

1.2.4　时效原则。

2　预算考评时间

2.1　季考核。

预算过程考核，即每季对预算执行情况进行分析、考核并兑现季度奖励部分。

2.2　年考核。

预算执行结果考核，即年度终了对该年度预算执行情况进行总结、考核兑现并进行决算。

3　预算考评内容及方法

3.1　公司考评采用关键绩效指标法(KPI),依据各责任中心的职责定位及预算责任确定其关键绩效指标,进行量化并设定权重,期末,计算各责任中心的KPIi值及对应系数,确定绩效系数并与绩效收入挂钩。

3.2　各单位/责任中心的预算考核指标应当包括:

(1)财务类指标+非财务类量化指标+全面预算管理项目指标;

(2)过程类指标+结果类指标;

(3)绝对额指标+相对额指标。

3.3　具体指标及计算方法参见各单位/责任中心《2008年全面预算管理考核指标》(待设计)。

3.4　考核方法。

3.4.1　各单位/责任中心预算考评各指标的基准分值为100分,根据考评结果确定综合考核系数K1。

3.4.2　根据考评结果确定奖励系数K2,其中:

K1≥1.2,优秀,K2=1.2;

1.2>K1≥1.1,良好,K2=K1;

1.1>K1≥1.0,好,K2=K1;

1.0>K1≥0.90,差,K2= K1;

0.9>K1≥0.80,较差,K2= K1;

K1<0.80,很差,K2=0.8。

3.4.3　预算绩效收入挂钩公式。

责任中心绩效收入=G0×K2,其中,G0是经公司核定的责任中心绩效收入基数。

3.4.4　激励标准。

季度考核激励系数K2限定在0.8~1.2,超过部分纳入年度激励,年终决算兑现。年度考核激励系数K2限定在0.8~1.2,特别激励由人力资源部另行制定办法。

4　预算考评程序

4.1　每季度终了后15日内或年度终了后20日内,各执考单位对责任中心的执行结果进行评价,并将结果报送预算管理办公室。

4.2　审计中心定期/不定期地对预算执行结果进行审计，并将审计结果报送预算管理办公室。年度审计，审计中心可根据实际需要进行重点审计，被审计单位应向审计中心提供预算分析等资料。

4.3　预算管理办公室根据预算执行结果汇总计算奖惩激励，并报送预算委员会审批。

4.4　人力资源部根据考核审批结果完成奖励兑现。季度奖励计算3日内完成，年度奖励计算5日内完成。

4.5　责任中心负责人负责将预算奖惩在责任中心内部进行分解，落实到具体责任人，并报人力资源部备案。

5　附则

5.1　本办法由预算委员会制定、解释，并组织实施、检查与考核，同时可根据实际情况予以修订。

5.2　本办法自20××年10月1日起执行。

七、预算调整管理办法

1　总则

1.1　为了完善全面预算管理体系，增加预算对环境变化的适应性，更好地配置企业资源，根据全面预算管理制度的要求，特制订本办法。

1.2　预算调整应坚持下列原则：

1.2.1　不能偏离企业发展战略和年度预算目标。

1.2.2　应当在经济上能够实现优化。

1.2.3　应当放在预算执行中出现的重要的、非正常的、不符合常规的关键性差异方面。

1.2.4　预算目标轻易不做调整。

2　预算调整周期

2.1　每年6—7月份，公司及各单位进行一次中期评估和调整。

2.2　对预算基础出现重大差异的，应当对预算进行修正和调整。

3　预算调整内容

3.1　预算目标调整。

3.1.1　出现以下情况，可以调高预算目标：

(1)期初低估目标，偏差10%以上的；

(2)获得额外资源，幅度达到10%以上的。

3.1.2　出现以下情况，可以调低预算目标：

(1)期初高估目标，偏差10%以上的；

(2)出现重大意外事件导致资源过度消耗，幅度达到10%以上的。

3.1.3　预算目标一般不轻易调整。

3.2　预算资源配置调整。

3.2.1　当出现以下情况时，应当调整预算资源配置：

(1)重大业务计划调整，影响幅度10%以上的；

(2)内外部因素导致资源出现重大变化10%以上的；

(3)其他应当调整预算方案的情形。

3.2.2　预算管理机构应当定期/不定期评估内外部环境的变化，主动加强对预算环境的评估和自适应调整，提升预算资源的配置效率。

4　预算调整程序

4.1　申请。

4.1.1　各单位/责任中心申请调整的，应经主管领导审核后向预算管理办公室提出书面申请，二级单位可向公司提交预算调整申请。

4.1.2　预算管理办公室可以基于对上半年预算整体运行情况的分析，提出调整申请。

4.1.3　预算调整申请报告应详细说明调整原因，阐述预算执行的具体情况、客观因素变化情况及其对预算执行造成的影响程度，并提出预算修正、调整(幅度/结构)的建议。

4.2　评估。

预算管理办公室对各单位/责任中心预算调整申请进行初步审核，并组织相关部门对预算调整的必要性和调整方向进行评估和论证，提出预算调整建议方案，报预算委员会审批。

4.3　审批。

4.3.1　对预算目标的调整，必须经预算委员会审批。

4.3.2　对预算资源配置调整,调整幅度在10%以内的,由预算委员会主任直接审批;调整幅度在10%以上的,必须由预算委员会集体审批。

5　附则

5.1　本办法由预算委员会制定、解释,并组织实施、检查与考核,同时可根据实际情况予以修订。

5.2　本办法自20××年10月1日起执行。

第四节　设计全面预算管理报表

一、各级领导决策和对管理需求的分析

企业应根据自身的管理需要选择或设计预算表格。企业在选择或设计预算表格时应把握以下几个原则:

(一)突出管理重点

一般来说,收入、成本、费用、固定资产投资、资金是各企业管理的重点,因此预算表格中这些方面都较为详细;而累计折旧、资产减值准备、其他应收款、其他应付款等并不是管理的重点,因此预算表格中这些方面较为粗放,有些情况下企业甚至可以不用单独的预算表格。

另外,不同的企业其管理重点也不相同,即使同一企业在不同的发展时期也有不同的管理重点,这一点从每年的预算主题就可以看出。因此,针对不同的企业,或者同一企业的不同时期,预算表格的设计也应该有所侧重。比如,生产型企业由于其管理重点一般是成本费用,因此往往会根据需要增加相关的生产成本预算明细表。表格的重点应放在生产成本及管理费用方面。再比如,由于企业正处于投资建设期,长期资产投资是其管理重点,因此固定资产投资、无形资产投资方面的表格应该更加详细一些,企业甚至可以根据需要增加一些分项目的预算明细表。

(二)体现管理会计的思想

全面预算管理是为企业经营管理提供服务的,而管理会计的思想可以很好

地解决核算会计与经营管理之间的矛盾。管理会计中有很多的思想对经营管理很有帮助，比如“变动成本法”“本量利分析法”“责任会计”等。

“变动成本法”是实际中应用较多的一种方法。通过“变动成本法”，企业以将成本费用中的固定成本与变动成本区分开，同时可以与“本量利分析法”结合，计算企业的边际贡献率、盈亏平衡点、经营杠杆系数等，从而更直观地判断企业的盈利能力以及财务风险，这对企业的经营决策、财务预测及财务分析都有很大的帮助。这个方法在“利润预算表”中有很好的体现。

（三）表格的设计不要局限在对外报送的会计报表的格式上

会计准则对企业对外报送的报表格式规定了一定的要求。这些报表的格式主要是为了满足外部报表使用者，比如股东、银行、税务部门等的需求，跟企业的管理需求还是有一定差距的。全面预算主要是为企业内部管理服务的，因此表格的格式应以满足企业内部管理需求为主，从形式上不应局限于对外报表的格式。本书中涉及的预算表格除了一级预算表中三张主表是按照会计准则的要求设计的，其余表格都是根据企业管理需求进行设计的。

（四）表格层次清晰，数据关系清楚

预算表格大致分为三级：一级表格是预算表格的总表，数据基本上来源于二级预算表格。二级表格是分项预算表，相关业务数据基本上来源于三级预算表格。三级表格是部门预算表，主要提供各个责任中心的业务预算数据，是预算编制的基础数据，也是各个责任中心预算考核数据的主要来源。三级的关系基本上是层层细化，下级为上级表格提供数据支撑。当然有些非重点的预算数据可以直接在上级数据表中反映或者根据勾稽关系计算得出，例如，累计折旧、无形资产摊销等。

（五）填报取数方便

在预算表格的格式设计完后，企业还要根据数据的勾稽关系设置好相应的取数公式。当一个数据发生变动的时候，其他数据也会跟着变动，即做到数据之间的联动。这对 Excel 的应用水平提出一定的要求，应用水平高的，可以达到很好的联动效果，形成一个小型的数据库系统，减少预算编制的工作量，同时提高数据的准确性；应用水平差的，不但会增加编制的工作量，而且会产生一些不必要的错误。

二、全面预算管理报表体系设计

全面预算管理报表是全面预算管理区别于年度经营计划等资源配置方式的重要表现，其是利用法定会计信息和非法定会计信息表达企业资源过程，是全面预算管理思想的重要载体。

（一）以法定会计信息为基础的预算报表

一级报表是在预测和决策的基础上围绕企业战略目标，对企业预算期的资金取得与投放、各项收入与支出、经营成果与分配等资金活动和财务状况所做的总体安排，包括利润预算、现金流量预算和资产负债预算。表格结构基本与会计报表格式一致。企业也可以根据各公司的管理实际调整或者增加相关的预算表格。

二级报表反映经营预算、资本预算、资金预算的编制内容，按会计科目展开，包括收支预算、职工薪酬预算、生产成本预算（含制造费用预算）、物资采购预算等。这部分是预算编制的主体，也是预算数据的主要载体。具体内容如下：

1. 经营预算

它是预算期内企业日常生产经营活动的具体安排，通常是指与利润指标相关的预算以及除长期资产以外的资产负债表类项目预算，包括主营业务收入及成本预算、其他业务及营业、期间费用预算（包括营业费用预算、管理费用预算、财务费用预算）、研发支出预算、税费预算、投资收益预算、应收及应付账款预算（包括应收账款预算、其他应收款预算、应付账款预算、其他应付款预算）、折旧摊销及减值准备预算（包括固定资产折旧预算、无形资产摊销预算、资产减值准备预算）。

经营预算中有些预算可以视企业的具体情况决定是否设置预算表格，例如，其他应收款预算、其他应付款预算可以在预算时设定为余额不变或者按某一规律变动或者用其他科目的余额倒算，就可以直接在资产负债预算中反映，而不用单独编制预算表；固定资产折旧预算、无形资产摊销预算、资产减值准备预算因为变动的幅度不会很大，所以也可以根据以往的经验数据直接在费用预算以及资产负债预算中反映，而不用单独编制预算表格。

2. 资本预算

资本预算是预算期内企业进行长期资产投资活动的总体安排，涉及企业进行规划、评价、选择、决策、实施长期资产投资活动的全过程。内容包括固定资产投资预算、无形资产投资预算、长期对外投资预算。

3. 资金预算

它是预算期内企业对资金筹集活动的总体安排，指现金（含应收票据、应付票据）流量及资金平衡预算，包括销售回款及经营现金流入预算、采购付款及经营现金流出预算、投资性现金流量预算、资金平衡预算、筹资预算。

（二）以非法定会计信息为基础的预算报表

非法定会计信息主要指统计信息、ERP 信息或者说法定会计信息的延伸（即法定会计信息与统计信息、ERP 信息的柔和）。此类信息支持各预算执行主体预算执行细化到哪级，预算报表就细化到哪级。因此，预算报表会出现三级、四级、五级乃至六级预算报表（多元化产业集团）。此类报表描述预算执行主体的资源配置状态，服从于预算执行主体的管理需要，这是全面预算管理和财务预算的重要差别所在，也是解决预算管理和经营活动相关联的关键所在。

以法定会计信息为基础的预算报表内容非常丰富，表 2—3 以某机械制造企业预算报表目录为例，供参考。

表 2—3　　某机械制造企业预算报表目录

序号	预算类别	编号	表格名称	表格级次
1	财务预算	No. 101	主要财务指标表	一级表格
2		No. 102	利润及利润分配预算表	
3		No. 103	内控利润预算表	
4		No. 104	内控利润预算表（分部）	
5		No. 105	现金流量预算表	
6		No. 106	现金流量预算表（分部）	
7		No. 107	资产负债预算表	
8	经营预算	No. 2A01	主营业务收入预算表	二级表格
9		No. 2A02	主营业务成本预算表	
10		No. 2A03	其他业务收支预算表	

续表

序号	预算类别	编号	表格名称	表格级次
11	经营预算	No. 2A04	营业外收支预算表	二级表格
12		No. 2A05	职工薪酬预算表	
13		No. 2A06	生产成本预算汇总表	
14		No. 2A07	物资采购及库存预算表	
15		No. 2A08	制造费用预算表	
16		No. 2A09	设备维修预算表	
17		No. 2A10	营业费用预算表	
18		No. 2A11	管理费用预算表	
19		No. 2A12	研发支出预算表	
20		No. 2A13	财务费用预算表	
21		No. 2A14	投资收益预算表	
22		No. 2A15	税费预算表	
23		No. 2A16	应收账款预算表	
24		No. 2A17	应收票据预算表	
25		No. 2A18	其他应收款预算表	
26		No. 2A19	应付账款预算表	
27		No. 2A20	应付票据预算表	
28		No. 2A21	其他应付账款预算表	
29		No. 2A22	累计折旧预算表	
30		No. 2A23	资产减值准备预算表	
31		No. 2A24	无形资产摊销预算表	
32	资本预算	No. 2B01	资本预算汇总表	二级表格
33		No. 2B02	资本预算汇总表(分部)	
34		No. 2B03	固定资产投资预算表	
35		No. 2B04	固定资产处置预算表	
36		No. 2B05	在建工程投资预算表	
37		No. 2B06	无形资产投资预算表	
38		No. 2B07	对外投资预算表	

续表

序号	预算类别	编号	表格名称	表格级次
39	资金预算	No. 2C01	资金收支平衡预算表	二级表格
40		No. 2C02	资金收支平衡预算表(分部)	
41		No. 2C03	融资明细预算表	
42		No. 2C04	投资性现金净流量预算表	
43	制造业	No. 3A01	主营业务毛利明细预算表	三级表格
44		No. 3A02	主营业务收入预算表(按品种)	
45		No. 3A03	主营业务收入预算表(按客户)	
46		No. 3A04	销售回款及经营性现金流入预算表	
47		No. 3A05	主营业务成本预算表(按品种)	
48		No. 3A06	产品进销存预算表	
49		No. 3A07	采购付款及经营性现金流出预算表	
50		No. 3A08	生产成本明细预算表	
51		No. 3A09	研发支出预算表(分项目)	

(三)预算报表设计原则

预算编制表格是预算编制的载体,预算编制质量如何与预算编制表格的设计息息相关。通过软件编制预算表格,要考虑以下因素:

1. 找出预算管理的关键因素

编制预算的关键因素是指与行业或企业经营特点密切相关的,直接影响企业的财务状况和经营成果的关键因素或指标。

设计企业预算编制表格体系,首先要找准影响企业经营活动的关键因素,并将这些关键因素转化成指标或其他的量化方式,以制度或规则的形式落实到企业的实际业务活动中,作为设计预算编制体系的依据。这些关键因素也是企业重要的预算指标。

预算关键因素,因行业和企业而异。关键因素的确定要灵活、合理,充分考虑企业的经营环境、业务性质、组织结构等。如,航空业的预算编制关键因素可以是客座率、飞行小时、每小时油耗等;而制造企业的关键因素通常可选择销售量、贡献毛益、税前利润等。

2. 理顺业务关系

企业根据所处行业及自身的业务特点,设计合适的预算编制表样,设计之前一定要理顺业务数据间的关系,如图 2—7 所示:

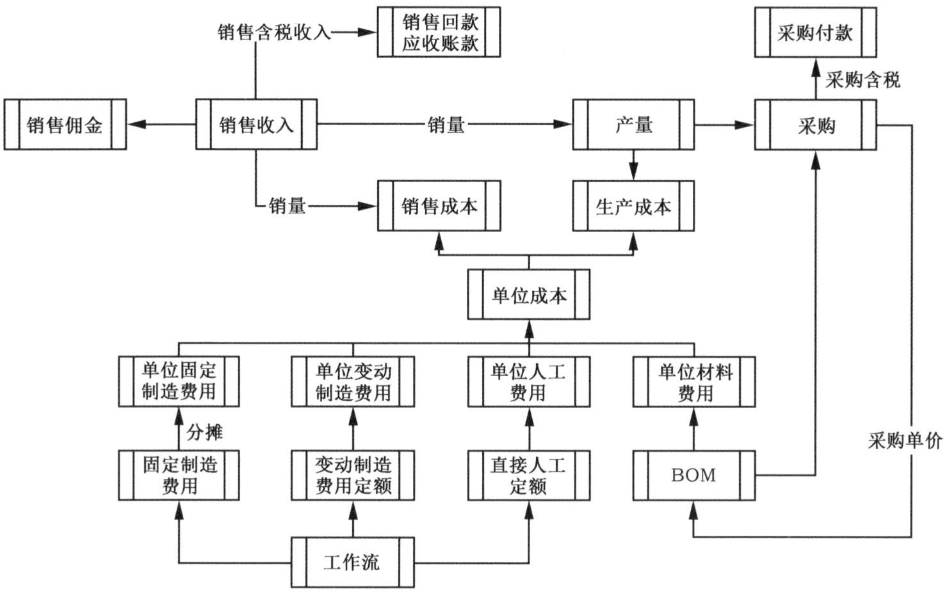

图 2—7　业务关系逻辑示例

3. 多维度细化预算的编制

预算的编制要从多维度进行。预算管理维度,是指与企业业务特点紧密联系的,用于细化企业预算编制的多个角度,也是预算执行、监督考评的切入点,有助于企业管理层从多角度了解企业的资源配置和运营情况,也有利于管理者从多个角度了解企业预算执行过程和结果,提高预算管理对企业决策的影响度。

比如,欲通过销售预算体现销售部门未来的销售计划和实现销售目标的策略,只从产品角度是不够的,还应该从时间、客户区域、销售员等多角度去考察预算分解和实现的过程,这样更有助于管理层深入地了解预算细化的过程和实现预算的相关措施。

4. 建立由业务预算、投资预算驱动财务预算的完整模型

企业的全部预算是由一系列小的专门预算按照经济业务发生的顺序排列

组成的有机整体。其中,由企业各部门广泛参与的业务预算和投资预算是编制财务预算的基础。只有业务预算和投资预算正确,才能保证财务预算编制准确、合理,最终保证全部预算完整无误。

从事生产经营活动是企业的主要任务,因此,业务预算是企业全部预算的主体,也是预算编制的基础和起点。按照“以销定产”的原则,销售预算是企业业务预算编制的起点,这样销售预算就是整个预算编制体系的源头,企业必须保证销售预算正确无误,这就要求企业销售部门做好科学、先进的销售预测,因此企业的销售预测也是预算编制体系的一个重要环节。

投资预算是对企业投资活动的计划,主要包括对内的固定资产投资和对外的有价证券投资预算,要在可行性研究的基础上编制。因此,可行性研究也是预算编制的一个环节。

财务预算是对企业财务活动结果实现情况的预计,主要内容是现金预算和预计财务报表的匡算。财务预算的数据来自业务预算和投资预算。财务预算的很多指标是业务预算和投资预算数据的计算结果,是一种总预算。企业需要在业务预算和投资预算数据的基础上进行汇总、分析、计算,编制现金预算,最后编制综合性的财务预算。

5. 考虑现有的会计核算基础

预算管理的一部分数据来自会计核算资料,所以设计预算编制体系需要结合企业现有的会计核算基础,尽可能使二者紧密关联、口径一致。

(1)预算编制体系中的部分预算科目可以较会计核算科目口径宽泛,但应该是多个会计核算科目对应一个预算科目。

(2)如果企业预算科目与会计科目口径不一致,即对于同一个科目,会计核算的内容可能与预算科目的内容不一致,那么在设计预算编制体系和科目时要进行调整或科目映射,保持二者统一或对应。但是企业在设计预算编制体系时预算明细程度可以比会计核算科目细化,这样可以通过管理账解决预算执行核算问题。

6. 坚持责权利清晰的原则

在预算编制体系中,要权责清晰、权责相当。权责清晰是企业要根据预算编制体系中每个人的具体业务或工作,明确规定其应承担的编制责任,同时赋予其履行职务所必需的权力。

预算编制必须坚持责权利清晰的原则，这是保障预算能够正确编制和顺利执行的前提，避免在预算执行过程中出现“踢皮球，互相推诿”的现象。

比如，企业在预算编制体系中可以按照责权利清晰的原则将部门间的费用预算划分为直接可控费用、间接可控费用、分摊可控费用和不可控费用。具体来说，直接可控费用由各业务部门直接计算编制填列，间接可控费用由责任归口部门按需汇总并分摊至所属部门，分摊可控费用由归口管理部门负责编制，不可控费用由财务部门负责汇总编制。

三、全面预算管理维度分析

从广义上讲，维度是事物“有联系”的抽象概念的数量。“有联系”的抽象概念指的是由多个抽象概念联系而成的抽象概念，和任何一个组成它的抽象概念都有联系。组成它的抽象概念的个数就是它变化的维度，如面积。此概念成立的基础是一切事物都有相对联系。

从管理上讲，维度是指管理宽度和管理深度的集合。预算管理作为支持企业目标实现的控制手段，必须要与企业管理维度相契合。

（一）建立多维度预算管理的意义

1. 是提高预算的合理性和可行性的需要

公司预算的合理性和可行性取决于对每个部门、每项活动预算安排的合理性和可行性，以及符合总体最优目标的权衡取舍。由于多维度预算管理不仅包括对每个部门的预算，还包括对主要活动甚至主要活动环节的预算，因此与传统预算相比更有利于提高预算精度，并为从总体上进行权衡取舍提供了更为确切的依据。因此，多维度预算管理更有利于提高预算的合理性和可行性，更有利于实现资源配置最优的预算管理目标。

2. 是提高预算管理效率的需要

由于多维度预算管理实行全面、多方位的精细化管理，因此一方面可降低预算与执行结果的偏差，另一方面也更容易发现和解决预算执行过程中出现的问题，从而有利于预算的顺利执行和预算目标的实现。比如，对一个公司销售部的预算，如果只是规定它在一定时期的费用预算总额而不去细化像广告、参加展览会等必要销售活动的费用，当部门缺乏统筹合理的安排时，一方面可能造成预算失控，因为有些活动是必须进行的；另一方面，若严格执行预算，可能使一些必要的活动因缺乏经费而不能开展，给公司造成不可弥补的损失。

3. 是不断提高预算管理水平的需要

多维度预算管理是一种高度集成的管理方式。通过多维度预算管理，预算部门能够更加全面、详细、及时地掌握公司的运行状况及预算的执行情况，有利于及时发现预算管理工作或制度中存在的问题和缺陷；企业的综合管理水平也不断地提高。

(二)预算管理维度设计的要点

1. 应根据企业自身的特点设计预算维度

由于企业在规模、所属行业、商业模式以及业务等方面存在很大差异，如企业的产品是标准化的还是个性化的、客户是集中的还是分散的等，因此这些因素对于设计预算维度都会产生非常大的影响。如果客户分布非常分散，销售对象不确定性高，那么就没有必要将特定客户作为一个预算维度进行管理；相反，如果企业的销售额相对集中于某些大客户，那么就可以将大客户作为一个预算维度而将其他零散客户作为其他客户维度来反映。表 2—4 为预算维度设计表。

表 2—4　　预算维度设计表

宽度	组织	期间	科目	项目	销售	区域	产品	……
深度（管理颗粒度）	集团	年度	一级科目	一级项目	区域	大区	产品	……
	公司	季度	二级科目	二级项目	产品	省份	系统	……
	部门	月度	三级科目	三级项目	规模	地市	总成	……
	科室	周	四级科目	四级项目	销售员	县市	部件	……
	班组	天	五级科目	五级项目	新品	乡镇	零件	……

2. 应从企业对决策信息的需求出发设计预算维度

管理层对决策信息的需求是预算管理维度设置需要特别考虑的，也就是说，必须选择有助于管理层、预算管理部门在预算编制和沟通阶段需要详细了解的方面作为预算管理维度，这样才能体现预算管理责任单位编制预算的思路，才会在预算执行控制阶段有助于对预算执行全过程进行控制，在预算分析阶段有助于对反馈信息进行细化分析。

3. 要有快捷的核算信息支持

基于历史数据的趋势外推方式预计未来年度的目标是预算管理中普遍采用的基本工作方法,因此作为预算管理的重要数据来源是历史数据信息。历史数据中的核算信息是编制多维预算和验证预算执行效果的基础,没有核算信息数据的支持,多维度预算管理也就无从谈起,因此需要有与多维度预算管理相适应的会计信息统计与分析系统为预算决策提供及时、多样化的信息支持。

4. 应有精细化成本管理的支持

多维度预算管理要求成本定额更加细化,因此要求将不同的驱动因素与不同的成本类型挂钩,如细化对重点转型产品专项付现成本的配置、业务费等后端成本,与客户、收入和资产等建立相应的定额关系。为了使成本管控更加精细和准确,企业应对坏账费用与收入和应收账款定额进行管控,而在人工成本与资本支出方面则应加大对客户群和重点转型产品精准的倾斜配置。

5. 应有系统的支持

多维度预算管理的工作量会随着预算管理维度的扩展和预算管理的细化而成倍增加,因此必须拥有完善的多维管理信息系统来支撑管理与计算的需要。

最后,预算管理维度要落实到预算编制表格、预算控制政策以及预算分析考核中,使预算管理的"全面性"得以体现和落实。

第五节　提升全面预算管理的基础工作

基础工作是指企业为实现经营目标和履行管理职能而提供资料依据、共同准则、基本手段和前提条件的必不可少的各项最基本的工作,主要包括原始记录、定额工作、计划价格、计量工作、标准化工作、信息工作、价格工作、技能培训等内容。基础工作是专业管理工作中最基础的部分。基础工作的好坏直接影响企业各项经营活动的绩效,影响整个企业管理水平的高低。实施全面预算管理,能够实现对企业生产经营活动的有效计划和控制,极大地提高企业的管理水平和经济效益。然而，企业要真正发挥全面预算管理的效能，还必须加强管理企业的各项基础工作。

企业在预算的编制过程中需要各类定额指标、价格数据和企业内外信息资料。企业如果不能提供这些基本的数据和资料，或者不能保证提供准确而有效的信息资料，则预算的编制将无法进行。企业在预算的执行过程中需要进行计量、结算和核算，如果缺乏必要的计量工具、结算手段和核算方法，则预算的执行过程将难以有效监控。企业在预算的分析、考评、奖惩过程中涉及大量的反馈资料和信息传递，如果企业信息失真、反馈失灵，则整个预算管理将无法运行。可见，全面预算管理的整个实施过程都与企业管理的基础工作密切相关。

很显然，人们要让电子计算机输出的信息符合客观实际，首先应保证输入计算机的信息是准确无误的。如果输入的信息本身就是错误的，那么再高智能的电子计算机也不可能输出符合客观实际的正确结果。然而，计量不准、信息不灵、数据虚假、收支不实、无章可循、有章不循，正是长期以来困扰我国企业管理的普遍问题。如果这个问题不解决，则包括全面预算管理在内的任何先进管理方法也就不能发挥其应有的作用。因此，企业实施全面预算管理必须双管齐下，以实施全面预算管理为契机，扎扎实实地做好企业管理的各项基础工作。从这个意义上说，加强企业管理的各项基础工作，不仅是发挥全面预算管理效能的要求，而且是实施全面预算管理方法的充分必要条件。

一、原始记录

（一）原始记录的概念

原始记录是用于记载经济业务和完成情况的书面证明。它能及时反映生产经营经济活动的原始状态，是核算、监控和考核经济活动的重要依据，是编制预算和分析预算执行情况的重要资料，也是核算企业经营成果的重要依据。涉及全面预算管理的原始记录主要包括如下内容：

（1）有关反映企业物资采购情况的原始记录，如“采购审批单”“物资采购台账”等；

（2）有关反映企业物资、产成品收付存情况的原始记录，如“材料入库单”“材料出库单”“产品入库单”等；

(3)有关反映企业产品生产情况的原始记录,如“生产任务通知单”“产品质量检验单”“产品生产工时记录单”等;

(4)有关反映企业产品销售情况的原始记录,如“销售开票通知单”“产品发货通知单”“客户往来台账”等;

(5)有关反映企业会计核算情况的原始记录,如“材料消耗汇总表”“产品成本计算单”“折旧计提分配单”等;

(6)有关反映企业其他经营活动情况的原始记录,如“固定资产调拨单”“工资单”等。

(二)原始记录的基本要求

(1)全面、完整。企业所有的经营活动都要有原始记录。

(2)真实、可靠。原始记录的内容反映经营活动的本来面目,不得弄虚作假、肆意杜撰。

(3)序时、及时。原始记录要按业务发生的先后顺序及时记载。一项经济业务发生后,企业要立即填制原始凭证并及时传递,做到不积压、不拖延、不事后补制。

(三)做好原始记录的要求

企业要做好原始记录工作,首先,依靠全体员工,实行专业管理与员工管理相结合;其次,统一原始记录的格式、种类、填制方法和传递程序,避免各部门自行其是,各搞一套;最后,必须建立健全原始记录的编制、审核、传递、交接等责任制度,使每张原始记录、原始凭证都有专人负责。

(四)原始记录责任人的责任

(1)按原始记录的各项内容逐一如实填写,不能遗漏;

(2)对各项经济业务发生情况及时做好记录;

(3)所有记录的数据必须如实反映,计算准确,不得弄虚作假;

(4)需要进行连续记录的数据,其记录应当连续;

(5)原始记录的内容要字迹端正、书写清楚;

(6)做好原始记录的签署、传递、汇集和保管工作。

二、定额工作

定额工作是指对各种消耗、费用、资金等定额的制定、执行和管理工作。它是经营预测、决策、计划、核算、分析、考核、分配的重要依据，是推行全面预算管理所必须完善的基础工作。因为定额是在一定的生产技术和生产组织条件下，在充分考虑人的主观能动性的基础上，对人力、物力、财力的配置、利用、消耗等方面所确定的标准，是核算的基础、计划的依据、管理的手段、控制的工具。所以，定额工作不仅是全面预算管理的基础工作，而且也是生产、计划、会计、技术、劳动、物资管理乃至整个企业的基础工作。

(一)定额工作的重要作用

搞好定额工作，对于企业来说至少有以下三个方面的重要作用：

(1)定额工作是推行全面预算管理的前提条件之一。很多预算指标的制订，就是按照工作量乘以定额确定的。如果企业没有制定消耗定额、工资定额、费用定额等一系列基本定额，那么全面预算是没法编制的。

(2)定额工作是对生产经营活动进行有效预测、控制和组织的工具。企业编制生产经营计划、组织物资采购、产品生产、产品销售、控制成本费用都需要以定额为基本依据，从而实现企业的供应、生产、销售全过程的科学化、系统化管理。

(3)定额工作是评价各部门以及每名员工工作业绩的标准和依据。通过制订先进、合理的各项定额，并通过经济责任制的形式层层落实到企业内部各部门及全体员工，可以有效调动各部门、员工的工作积极性，使定额成为企业控制生产费用支出、实现降低成本费用的具体目标和提高经济效益的重要手段。

(二)定额的种类

定额的种类很多，涉及全面预算管理的主要定额有以下五种：

(1)劳动定额。它指有关人力资源消耗或占用方面的定额，如定员定额、劳动生产率定额、工时定额、工资定额、服务定额等。

(2)生产及设备定额。它指有关生产能力及机器设备利用或占用方面的定额，如产量定额、设备利用率定额、生产能力利用定额、台时定额等。

(3)物资定额。它指有关材料消耗或占用方面的定额，如材料消耗定额、工具领用定额、物资储备定额等。

(4)资金定额。它指有关流动资金占用方面的定额，如储备资金定额、生产资金定额、产成品资金定额、货币资金定额等。

(5)费用定额。它指有关制造费用、管理费用、销售费用耗费方面的定额,如制造费用定额、管理费用定额、销售费用定额等。

(三)定额工作的要求

搞好定额管理,主要应做好以下四个方面的工作:

1. 落实责任,建立健全定额管理制度

企业要使企业各项定额的制订、执行、分析、考核和修改做到制度化,需建立定额管理分工负责制度,做到企业的各项定额有人负责,职责分明。一般情况下,定额的制订、修改可采取一个部门牵头,相关部门配合的办法。例如,企业定额管理分工责任制中应明确规定:劳动定额由公司人力资源管理部门牵头负责,生产、技术、财务等部门配合;生产及设备定额由公司技术部门牵头负责,其他相关部门配合;物资定额由生产部门牵头负责,财务、采购、物资等部门配合;费用定额由财务部门牵头负责,其他相关部门配合;资金定额由财务部门牵头负责,采购、物资、生产等相关部门配合。

2. 要制订先进、合理的定额

制订定额的基本要求是做到"全、快、准"三个字。"全"是范围上的要求,即凡是需要制定定额的供、产、销各个环节,人、财、物各个方面都要制定定额。"快"是时间上的要求,即定额的制定简便易行、迅速及时。例如,新产品投产时,技术工艺部门必须将新产品的消耗定额资料一并向生产、财务、物资等部门移交。"准"是质量上的要求,即定额水平先进、合理,制定的定额要在已经达到的实际水平的基础上有所提高,是在正常生产技术组织条件下经过努力可以达到的水平。

3. 搞好定额的贯彻执行

在定额制定后,企业必须认真贯彻执行,只有这样,才能发挥定额在企业管理中的重要作用。为此,企业必须采取一切必要的生产技术组织措施,为完成定额提供必需的前提条件,同时要加强对各种定额执行情况的核算、检查、考核和分析工作,并将定额的执行结果与各个部门及每名员工的物质利益挂钩,以促进定额的贯彻执行。

4. 及时修订定额

由于定额是在一定的条件下生产技术和管理水平的客观反映,因此,为了保持定额的科学性、先进性和合理性，企业必须随着生产发展、技术进步、管理水平提高和劳动生产率提高而及时修订定额，使之与现实情况相适应。在通常情况下，企业每年可结合年度预算或清仓盘点等工作对各项定额全面审查、修改一次，个别波动大的定额应不定期地及时修订。

三、计量工作

计量工作是指对生产经营活动中有关物质所进行的计量、检定、测试、化验、分析等方面的技术和管理工作。它主要是运用科学的方法和手段，从数量和质量两个方面反映、测定企业的生产经营活动状况，为企业的生产经营活动和会计核算提供准确的根据。可以说，企业会计核算和统计工作所获数据资料的准确性，在很大程度上取决于计量工作情况。显然，企业如果没有准确的计量，就不可能提供准确的数据，也就无法据以准确地进行各项管理工作，更不可能使全面预算管理发挥应有的效能。另外，企业生产经营活动中所需物资的质量、数量、规格、型号是否合乎规定的技术要求，是关系到产品质量、安全生产、经济效益和企业生存的大问题。因此，计量工作必须引起各企业的高度重视，纳入制度化、规范化、科学化的轨道。企业完善和加强计量工作，主要应抓好以下三个方面的工作：

一是完善计量制度，配备计量人员。计量制度主要包括计量标准、计量范围、计量手段、计量人员、计量程序和计量工作责任制等方面的内容。企业要根据企业规模的大小、业务的繁简设立计量部门，配备计量人员，负责管理企业内部的各种计量器具和开展计量工作。

二是充实计量器具，严格计量范围。企业生产经营各个环节的计量器具必须配备齐全，特别是有些企业缺乏水、电、风、汽计量器具的状况必须改变。凡属材料物资的购进、领用、退回和产成品的入库、出售的，企业都要进行严格的检测、计量；对在产品、半成品的内部转移也要进行严格的检测、计量；对水、电、风、汽等物质的内部耗用，要有总表和分表的精确记载。

三是做好计量器具的检查、维修工作。计量器具在启用前要严格检查，不合格的，不得使用。对于在用的计量器具，企业要经常维护、定期检修、校正和鉴定，以提高计量器具的完好率和保证计量结果的准确性。

四、标准化工作

标准化工作是指对生产经营活动各项标准的制订、执行和管理工作。它是促使企业的生产、经营、技术以及各项管理工作达到科学化、规范化、制度化和高效化的重要措施,是管理现代企业,搞好分工协作,促进经济、技术发展的重要手段。加强标准化工作,使企业的生产经营活动接受科学标准的约束,不仅有利于建立良好的生产经营活动秩序,保证产品质量,提高工作效率,增加经济效益,而且有利于全面预算管理方法的推广和应用。

标准化工作主要包括技术标准化和管理标准化两个方面的内容。

(一)技术标准

技术标准是对生产经营活动中有关质量、规格、结构以及检验方法等技术事项做出的统一规定,是进行生产技术活动的依据。它是根据不同时期的科学技术水平和实践经验,针对具有普遍性和重复性的事项提出的最佳解决方案。根据其不同的性质和作用范围可分为国际标准、区域标准、国家标准、行业标准、地方标准和企业标准。只有推行技术标准化,才能把规模庞大、分工精细的现代企业生产中分散的、不同的生产部门和生产环节互相协调、衔接起来,使之成为一个有机联系的整体。

(二)管理标准

管理标准是企业为了合理组织生产经营活动,便于各级机构有效地行使管理职能,对重复性的管理工作、任务、程序、内容、方法、要求和考核奖惩办法等管理事项做出的统一规定,是科学组织、管理生产经营活动的依据。推行管理标准化,有利于实现各项管理工作的数据化、条理化和规范化,既便于科学地安排和开展工作,又便于对管理活动的检查、考核和控制,促进工作质量和管理水平的不断提高,为推行全面预算管理铺平道路。

加强标准化工作,企业需要抓好以下三个方面的工作:

一是及时做好企业各项标准的制订、执行、检查和修订工作;

二是认真组织和贯彻执行各项标准,保证产品质量和工作质量符合或高于国家规定的各项标准;

三是积极扩大企业内部标准化的工作范围,为管理规范化、现代化创造良好的工作环境。

五、信息工作

信息工作是从事生产经营活动，进行预测、决策、分析、核算、控制所必需的资料数据的收集、处理、判断、传递、储存等管理工作。信息是客观事物变化和特征的反映，是客观事物之间相互联系、相互作用的表现。它包括原始记录、经济技术情报和消息以及经济技术档案等方面的内容。从某种意义上说，全面预算管理的预算编制、执行、核算、控制、反馈、分析、考核的过程，也就是对信息的收集、处理、判断、传递和整理的过程。加强对信息的研究，有效利用信息来组织、管理生产经营活动，是推行全面预算管理的客观要求。

加强信息工作，主要是建立健全原始记录制度，做好各种信息的收集、处理和利用工作，使各项信息达到准确、及时、适用、经济的要求。

1. 信息的准确性

信息的准确性就是要求信息能如实反映情况，提供的数据资料必须准确无误。信息的准确性是进行有效控制、做出正确决策的保证。预测、决策、控制、指挥的有效性在很大程度上取决于信息的准确性。因此，准确性是对信息的第一要求。

2. 信息的及时性

经济活动总是在不断变化和不断发展之中，每时每刻都在产生新的信息。只有及时收集、迅速提供信息，才能使决策者随时了解、掌握经济活动的变化和发展趋势，据以做出正确的判断和决策；否则，就会因时过境迁而使信息丧失其使用价值。

3. 信息的适用性

信息的适用性就是信息要符合实际需要。企业各个层次、部门所需要的信息在范围、内容、详细程度等方面都是不尽相同的。对特定的部门来说，只有需要的信息才是有用的。一般来说，高层管理部门往往需要综合性强、范围广、较为抽象的信息；而基层部门则往往需要专业性强、精度高、较为具体的信息。

4. 信息的经济性

信息的经济性就是信息的收集、处理、传递、储存方法和手段必须建立在经济的基础上，要在满足生产经营管理需要的前提下，充分考虑以较少的费用取得数量大、价值高的信息。

六、价格工作

价格工作就是对企业生产经营活动中的各种原材料、半成品、备品备件、燃料动力、劳务以及产成品的价格进行的制定、执行和管理工作。它包括企业外部结算价格和内部计划价格。外部结算价格是根据市场情况和企业的具体情况而制定的产品对外销售价格和企业的生产经营中所采购物资的价格；内部计划价格是企业为了内部管理和责任核算需要而自行制定的各类材料、劳务、产成品的内部核算价格。全面预算管理作为企业的一项内部管理活动，预算的编制、控制、核算、分析和考核等环节都离不开内部计划价格。因此，下面重点阐述计划价格的有关内容。

（一）计划价格的功能作用

（1）计划价格是企业内部各单位之间、各单位与公司总部之间进行“商品买卖”的价值尺度；

（2）计划价格是进行材料核算、成本核算的依据；

（3）计划价格是开展责任核算的基础条件之一；

（4）计划价格是评价物资采购工作的尺度；

（5）计划价格是确定物资采购价格、制定产品销售价格的重要依据；

（6）计划价格是编制全面预算的重要依据之一。

（二）计划价格的种类

（1）有关原材料、燃料、包装物、备品备件、动力和低值易耗品的计划价格；

（2）有关分厂、车间之间相互提供劳务和半成品的计划价格；

（3）有关产成品的计划价格。

（三）计划价格的制定依据

（1）外购材料计划价格是按照现行实际采购价格加上必要的采购、运输、保管费用制定的；

（2）自制半成品和各种劳务计划价格是按照定额成本制定的；

（3）产成品计划价格是按照定额成本加上合理的内部利润制定的。

(四)计划价格的制定原则

(1)非零数字一般不超过两位数,第三位非零数字四舍五入;

(2)制定的计划价格差异率不超过5%。

计划价格制定范例表如表2—5所示。

表2—5 计划价格制定范例表

物资名称	计量单位	实际价格(元)	计划价格(元)	差异率(%)
A材料	吨	5 885.00	5 900.0	−0.25
B材料	吨	563.00	560.00	+0.64
C材料	千克	346.68	350.00	−0.95
D材料	千克	19.32	19.00	+1.21
E材料	千克	3.16	3.20	−1.25
动力电	千瓦时	0.485 6	0.49	−0.89
F材料	个	0.067 4	0.067	+0.59
甲产品	台	5 690.70	5 700.00	−0.16
乙产品	件	385.35	390.00	−1.19
丙产品	套	1 848.98	1 800.00	+2.72

(五)计划价格的修订

企业内部计划价格一经确定,企业必须严格执行,并保持其相对稳定性,一般情况下,在一个会计年度中不宜变动,以便正确考核企业内部各部门的生产经营成果,保持政策的连续性。当计划价格差异率超过±10%时,企业应及时进行修订,以防止因价格差异率过大而造成核算失真。

(六)计划价格的责任部门

1. 计划价格的制定、修订

计划价格的制定、修订工作由财务部门牵头负责,采购、物资、生产技术、销售、人力资源等相关部门配合。

2. 各部门在计划价格管理中的职责

(1)财务部门:负责计划价格的制定、执行、修订的组织和领导,并负责编制《计划价格手册》,发布《公司新增计划价格通知》和《公司计划价格调整通知》;

(2)采购、物资部门:负责预测计划期内外购材料物资的市场价格,提供现行市场价格;

(3)生产、技术部门:协助财务部门测算公司有关劳务、半成品、产成品的实际成本;

(4)人力资源部门:协助财务部门测算公司的有关劳务价格;

(5)销售部门:负责预测计划期内产品的市场价格,提供现行产品的市场价格。

(七)《计划价格手册》的编制

《计划价格手册》的编制是一项复杂的系统工程,既涉及方方面面的价格内容,又需要理顺各个部门、各个环节、各个层次的相互关系。因此,企业必须将"全面、科学、系统、合理、适用"的方针贯彻到价格制定的全过程中,以财务部门为主,会同采购、物资、销售、生产、技术等部门共同研究编制,并特别注意以下两个问题:

(1)认真审查各项定额的正确可靠程度,防止因定额不实而造成计划价格不准,影响各分公司、车间经营成果的正确计算和考核;

(2)各公司、车间半成品、产成品的比价关系要相对合理,避免因比价不合理而造成部门之间苦乐不均,影响各公司及员工的工作积极性。

《计划价格手册》的项目包括编号、名称、规格型号、计量单位、计划价格、修订价格等内容,其编号和分类要按照公司材料及产成品的统一编号执行,确保其一致性。

七、技能培训

技能培训是指对员工从事本职工作,履行本岗位职责所必须进行的最基础的技术业务培训。它是使员工能够从事正常的生产经营活动的前提条件。诸如生产操作、管理技能等基本功的训练,都属于技能培训的范围。

现代化的企业管理,需要现代化的管理人才。企业的各类管理人员除了应具备较高的思想觉悟和职业道德外,还应该能够掌握和运用有关现代的管理方法和技能。企业推行全面预算管理,主要靠全体员工,特别是各级领导和广大财会人员来推行和实施。如果各级领导和财会人员对全面预算管理的基本理论和基本方法都不懂,那么推行全面预算管理就成为一句空话。可以说,全面预算管理在企业中应用的成败,关键取决于企业各级领导和广大财会人员学习和掌握全面预算管理基本理论和基本方法的程度。因此,加强各级领导和财会人员对有关全面预算管理基本理论和操作技能的学习和培训，让财会人员尽快熟练掌握全面预算管理的操作技能，是推行全面预算管理的首要任务。

有关全面预算管理的技能培训工作要多渠道、多层次、多形式地进行，一方面，要委派企业负责预算管理的员工走出去，参加政府及社会咨询机构举办的全面预算管理培训和学习；另一方面，应邀请国内外的预算管理专家到企业中举办全面预算管理讲座，现场解答企业遇到的难点、热点问题，从而使企业更多的领导和员工有机会接收到对全面预算管理理论和操作技能的正规学习和培训。

上述各项基础工作与推行全面预算管理具有密切联系、互为因果的关系。推行全面预算管理必须加强上述各项基础工作，因为基础工作是推行全面预算管理的必要条件；而通过推行全面预算管理又可以促进企业的各项基础工作不断地完善和加强。

第六节　突出预算文化

一、高层领导重视

全面预算管理因其性质决定是一个“一把手”工程，不应该仅属于财务或某一个部门的事情，而应该在整个企业高层领导的直接领导和参与下进行。因为全面预算管理既涉及公司战略，又影响日常管理；既涉及资金运营，又涉及采购、生产和销售、服务等各个部门和整个流程。信息不对称是导致资源浪费和管理困难的主要因素，而领导具有解决信息不对称的先决条件，高层领导必须承担起项目负责人的角色，才能顺利完成部门之间的协同。这不仅要求董事会、总经理挂帅“预算管理委员会”，直接介入预算管理的授权、预算的审批等具体环节，而且在预算管理的整个落实过程中都要求具有权威性的领导阶层来加以推动，要求高层领导将其作为企业的一项全面管理系统工程来加以重视。领导真正重视的具体表现为：(1)决策预算主题与目标(定盘子)；(2)和预算责任单位博弈资源配置(重博弈)；(3)必须参加预算分析会议并督促解决问题(抓落实)；(4)主导预算考核结果，化解考核矛盾(化矛盾)。

二、预算牵头单位强力推动

实施全面预算管理必然会遇到各种阻力，而很多困难是长期的、具体的，如观念的转变、管理惯性的纠正、利益格局的调整、制度的完善、管理成本的平衡等，这就需要一个强有力的部门作为预算牵头组织持续推动。此部门不但要具备专业的素质，还应富有创新的精神、坚韧的品质以及卓越的组织协调能力，在工作开展中，把握住以下原则：(1)对事不对人；(2)贵在坚持，方能见效；(3)由易到难，抓大放小；(4)做有效沟通，用事实说话。

三、上下多方配合

全面预算管理因其全面(全方位、全过程、全员参与)的特点，是企业的一项庞大的系统工程。要取得成效，不仅是高层领导或某个部门的事情，还是各部门共同参与、共同努力的结果。尤其是预算管理起步阶段，涉及众多的改革、改善措施，相互之间互相影响、互相制约，必须由各部门相互配合，高、中、基层人员共同参与，放弃短期利益，着眼长远发展，将改革的举措落实到每一个具体环节，才能取得好的成果。

四、引入专家精心设计的预算方案

正因为全面预算管理工作有阻力，只有精心设计，才能确保推行成功；否则，全面预算管理工作可能半途而废，或者效果不好。为此，企业可以借用外部专家帮助深入调研、理清预算环境、设计最佳方案、培训动员、指导编制、协助执行、配合考核，更重要的是帮助企业开阔视野，深入思考，以极大地提高全面预算工作的效力。

五、预算观念变革

企业要实现利润目标，必须具备掌握业务执行成果的控制制度和评估绩效的标准。全面预算管理就是控制和评估的核心。以公司整体经营目标为基础的预算，已经成为企业不可或缺的管理手段，在公司的经营管理中起着目标激励、过程控制及有效奖惩的重要作用。预算管理控制的关键不是简单地降低成本、削减费用，而是通过强制的预算管理，在开源的同时控制费用总额，通过精细化管理降低隐性成本，优化流程，合理配置资源，从而有效地、全面地降低企业运营成本，使企业顺利走出经济严冬。企业预算管理在实践过程中发挥的重要作用，让企业家对预算理念有了重新认识，预算管理也由幕后走向前台。企业预算管理观念转变主要表现在以下几个方面：

(1)由资源配置转变为资源整合，提高资源的整体配置效率；

(2)由编制管理转变为改善管理控制系统，优化组织控制模式；

(3)由财务控制转变为整合与优化流程，规避系统风险；

(4)由责任控制管理转变为全员承诺管理，确保高效运营；

(5)由固化管理转变为动态管理，提高市场竞争力；

(6)由结果管理转变为过程管理，夯实战略发展平台。

六、总体规划逐步推进

全面预算管理是一个系统工程，只有严密规划、精心实施才能有效创造。根据实践经验，一般企业需要做三年规划，基本安排见图 2—8。

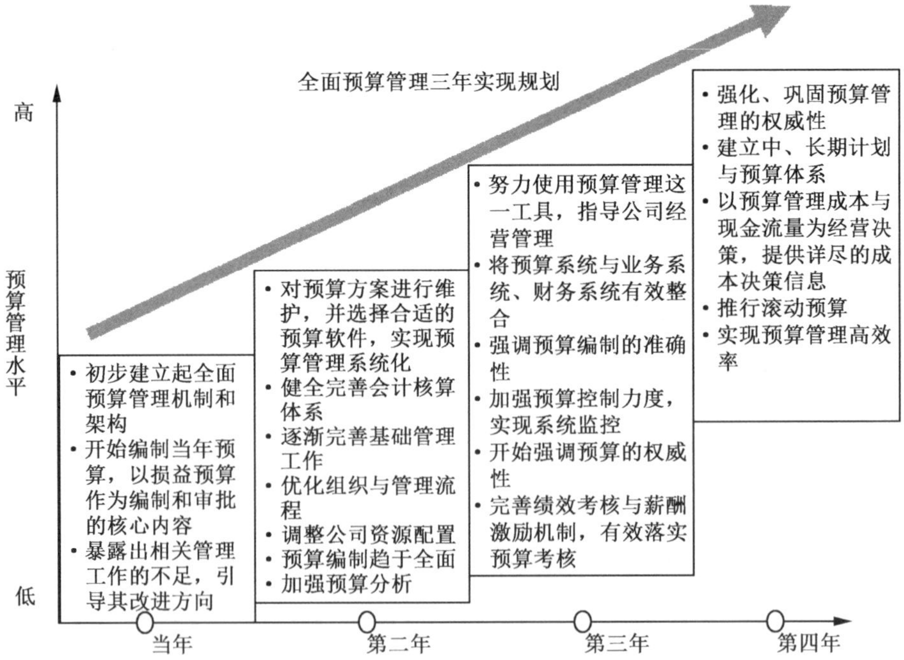

图 2—8 企业全面预算管理三年规划

当然,夯实全面预算管理基础也很重要,主要包括定额优化、计量内部关联交易价格、预算价格确认、费用控制标准与程序等。最为重要的是要形成一种预算文化,包括"一把手"的真正重视、强有力的推动、多方协同配合、形成良好的预算理念等。

第三章

年度计划:全面预算管理的依据

第一节　计划管理组织

一、计划管理部门的兴衰

(一)企业计划管理

计划可以理解为事先制定的详细方案。按照计划的主题来讲,计划可以分为个人计划、企业计划、国家计划。本书研究的是企业计划。

1. 计划的三个特征

莫里斯·博恩斯坦在《东西方的经济计划》中对计划给出了比较好的定义,认为计划是未来行动的方案,它有三个特征:(1)必须与未来有关;(2)必须与行动有关;(3)必须由某个机构负责这种未来行动。这样界定计划,可以概括形形色色的具体计划的一般特征和性质。

2. 对计划的深入理解

计划是一种为克服资源和技术限制而实现最大化的工作,同时也要解决相关的计算问题。计划与不确定性密切相关，其实际是克服不确定性的一种方式。

3. 计划的定义

计划是未来行动的方案，是各种各样计划的总称。计划的实质是在不确定性条件下对未来发展的一种最优化安排。

(二)企业计划管理的时间维度

从时间上来讲，计划可以分为长期计划(5－10 年，也称企业发展战略)，中期计划(3－5 年，也称企业发展规划)，短期计划(6 个月至 1 年，也称年度计划)，除此之外，还有专项计划和部门计划。

1. 长期计划(企业发展战略)

关于企业发展战略的定义不计其数，但是战略有三个要点：一是谋划和决策，二是谋划主体是企业，三是具有全局性、长远性和纲领性的特点。凡是具有以上三个要点，都可以称为战略。著名战略学者亨利·明茨伯格(Henry Mintzberg)关于战略的定义非常具有代表性。第一，战略是一种计划。大多数人将战略看作一种计划，即它是一种有意识的、有预计的行动，一种处理某种局势的方针。根据这个定义，战略应具有两个基本特征：一是战略必须在企业经营活动之前制定，以备人们使用；二是战略是有意识、有目的地开发和制定的。总之，从本质上说，计划内的战略是行动之前的一种，正如彼得·德鲁克(Peter Drucker)所说，“战略是一种统一的、综合的、一体化的计划，是用来实现企业基本的目标的”。第二，战略是一种计谋。这是指在特定的环境下，企业将战略作为威胁和战胜竞争对手的一种具体手段。第三，战略是一种模式。艾尔费雷德·D. 钱德勒(Alfred D. Chandler)在《战略与结构》一书中认为，战略是企业为了实现战略目标进行竞争而采取的重要决策、途径和行动，以及为实现目标对企业主要资源进行分配的一种模式。第四，战略是一种定位。战略是一个企业在自身环境中所处的位置或在市场中的位置。第五，战略是一种观念。这种定义强调的是一种要领的内涵，即把注意力放在战略家的思维上。也就是说，所有的战略都是一种抽象的要领，它存在于需要战略的人们的头脑之中，体现战略家们对客观世界固有的认识方式。

2. 中期计划(企业发展规划)

中期计划是落实长期计划的工具，这是因为企业环境变化很快，企业要在保持既定战略方向的同时根据拥有资源的情况适度调整长期计划。其与长期计划在内容上没有差别,是企业发展战略得以实施的重要环节。

3. 短期计划(年度计划)

企业中、长期计划最终都要落实到短期计划,但是,并非所有的短期计划都是中、长期计划的分解。企业还要考虑面临的经营环境资源概况、矛盾的主要方面以及利益相关者的要求。短期计划和中、长期计划是关联的,其主要包括年度目标、方针以及为完成年度目标、方针的业务实施计划,基本上是战术性计划,俗称年度经营计划或年度综合计划。

4. 长期计划与短期计划的差别

长期计划和短期计划固然是以计划所涉及的时间作为划分标准的,但这两种计划在其他方面的差别也是十分明显的。分析并了解这两种经营计划的差别是很必要的。这种差别可以从计划领域、计划重点、计划特征、风险程度、目标水平、计划失败后的情况、计划主体等方面看出来。表 3—1 逐项反映了这些差别。

表 3—1　　长期计划和短期计划的差别

计划类别 差别项目	长期计划	短期计划
计划领域	经营结构的形成和变化	经营业务的执行
计划重点	面对企业环境的挑战	确保期间利润
计划特征	创造和革新性	计划即实行
风险程度	高	低
目标水平	努力目标	责任目标
计划失败后的情况	恢复困难	容易恢复
计划主体	最高管理者	经营管理总部、中层管理者

通过比较可以看出,长期计划和短期计划在企业的经营和发展中起着不同的作用,扮演着不同的角色。

5. 专项计划(项目计划)

现在的企业组织趋于复杂化以及许多项目都与技术革新相互联系,难用一揽子的方式解决各种不同的项目立项和展开中遇到的问题。所以,选择一些重点项目,作为专门计划的对象,重点推进就显得非常必要。根据这一精神,项目计划成为企业计划中的主要组成部分,并分解成一系列项目计划,如新产品开发计划、现有产品的淘汰计划、新营业场所的计划、合资发展事业的计划、改善企业素质的计划等。

6. 部门计划(中层计划、责任中心计划)

以企业中职能部门为对象的计划叫部门计划。部门计划既是企业计划落实的载体,也是部门管理者行使其管理职责的第一步。有了适度的部门计划,部门管理者才能有效地组织各方面的资源来执行任务,才能对部门的工作进展进行监督,才能对工作成果进行绩效考核。部门计划汇总后,经过合并处理就变成年度计划。

(三)中国企业计划管理工作转型

改革开放之前,中国实行计划经济体制,社会三大主体即国家、企业、个人也基本上实行计划管理。计划经济体制下国有企业最明显的特征是缺乏活力。究其原因,主要是企业内无产权,外无竞争。对于国有企业无产权而言,产生这一现象的主要根源在于国有制、计划制度和特定意识形态在“国有”问题上的协调一致。国有制并不是全民所有制的唯一形式,在意识形态的作用下,人们却认为是这样,这就是国有制的理论和实践的矛盾。国有制是虚幻的全民所有制,而企业是虚拟的经济主体。计划制度下产权问题不是许多人所说的产权模糊,那时产权是明确的,即所有权和使用权都属于国家;产权的根本问题是国有企业无产权。

国有企业无产权表现在:(1)企业的独立法人地位不明确,其意志和行为完全遵从计划者的指令和要求。(2)剩余索取权明确为国家所有,排除了企业其他成员分享剩余的可能性,影响了企业的运作效率。(3)由于没有建立明确的委托—代理制度,企业缺乏内在的激励机制,“搭便车”和偷懒现象得不到有效的监督和抑制。(4)由于企业的“软预算约束”,一切无效经营和亏损都最终消失,因此国有资产的保值增值得不到充分保障。

国有企业无产权是企业行为的基础,而广泛的指令性计划则是企业行为的环境,这种环境的最大特点是国家计划“笼罩”着企业的生产经营活动。从生产要素投入看,有物资供应计划、劳动用工计划、统存统放的信贷计划;从直接生产活动看，有详尽的生产计划，包括产品的品种、规格、数量、产值等；从企业收入的分配和再分配看，有成本、利润、折旧、固定资产投资等的计划管理（如统收统支）；从销售环节看，有计划价格，如统购（计划收购）、商业计划；从职工生活看，有统销（计划供应）、工资计划，以上条件构成了企业行为的约束条件。企业的目标函数不是利润最大化，因为利润属于国家。企业很少有属于自己的收入，甚至连支配折旧资金这样基本的权利也为计划者所垄断。企业财务也是国家财政的组成部分和基本手段，这样企业就失去了盈利的最基本动机。企业的直接的、主要的目标是完成计划。从企业领导人的所谓经营理念来看，他是“风险逃避者”，他追求计划的完成，这样就可以保住职位并升迁。当然，从企业本身来说，它的地位也可能升级，但主要看完成的产量、产值和达到的规模，而这就使企业存在一种盲目的数量扩张倾向。企业无产权还产生了企业的机会主义，一方面，就企业之间的关系而言，没有明确的产权边界，这是国家所有制的横向表现。企业吃国家的“大锅饭”，它们的利益取决于各自对国家财产的实际占有，这鼓励它们向国家（政府主管）要资金、要指标、要照顾，一句话：要计划。另一方面，非均质的企业受到均质的管理，产生了外部性，包括优质企业的负外部性和次质企业的正外部性。但无论哪类企业，积极性都是外部性的减函数，只不过一个是减弱积极，一个是鼓励懒惰。

改革开放之后，中国实行市场经济体制。为打破计划经济的桎梏、搞活国有企业，很多企业放弃计划管理，使计划管理部门成为摆设，有的企业甚至取消计划管理部门。但是，随着时间的推移，企业弱化计划管理的严重后果暴露出来，主要表现在：第一，企业的发展缺乏明确的目标。没有目标的引导，在市场经济环境下难以及时调整，尤其是无法及时地进行战略调整以应对市场挑战，组织的发展必然停滞不前。第二，个人目标难以和组织整体协调，对个人的目标难以起到引导作用，组织缺乏动力产生机制，从而影响组织士气，影响组织凝聚力。第三，管理的其他职能难以得到有效开展，计划职能贯穿于管理的全过程，处于优先地位，由于其弱化，必然导致其他管理职能的弱化，进而导致管理失效。

究其原因，主要是对社会主义市场经济下企业的计划管理认识不清，操作不当，具体有以下几个方面：第一，历史遗留问题。落后的管理体制的背后是经济体制的约束。在计划经济时期,企业的计划来自行政指令,本身缺乏权利和责任,常常使得企业计划与企业本身的实际情况和自身特点脱节,造成组织目标与市场脱节,正因为如此,我国把经济体制改革的重点放在国企改革上。第二,思想观念问题。这一点已在上面提到。在产品经济时代,企业主导需求;在物质生产高度丰富的知识经济时代,企业创造需求、文化和观念,企业的角色发生了根本转变,从而影响管理观念的变化,企业若意识不到这种变化,则必然导致观念落后。第三,管理知识的缺乏和管理技能的限制。管理现代化的一个重要内容是管理人员的专业化,这实际上是对管理知识的需求,不注重管理职能的专业化。主管人员如果意识不到管理过程中计划的重要性、首位性,不注重知识的提升和管理技能的积累提高,不懂计划的原理、方法、程序和内容,则必然造成对计划职能的轻视。第四,对目标细化与计划制订的轻视。企业在计划制订过程中往往混淆了计划的层次性,尤其是企业集团形式的企业组织。子公司对整体战略计划、年度计划的认识不足,不注重计划的细化,从而造成这一层次计划职能的弱化。而这一层次恰恰是战略计划、年度计划细化、实施的最主要层次,从而造成计划的执行度差,不符合实际,情况严重的,会使计划失效。

中国国有企业已经基本适应市场经济,非公经济也蓬勃发展。中国企业,尤其是国有企业的计划管理工作必随着企业环境的变化而转型,这种转型表现在:第一,以计划编制为主向以经营决策为主转变。在传统的计划经济条件下,企业计划管理的重点主要是依据上级的指令性计划来编制企业生产经营的执行计划。企业面向市场进行有效的经营预测和经营决策的职能比较薄弱,其计划管理是被动的。企业面向市场后,随着企业经营自主权的全面落实,企业计划管理的重点将转变为适应市场经济,加强市场调研,进行经营决策,并根据正确的经营决策编制企业经营方针目标和生产经营计划,从而有效地保证企业正确的经营方向。第二,计划重点由以短期计划为主向以中、长期计划为主转变。在传统的指令性计划管理体制下,企业计划属于执行性计划。企业往往比较重视短期执行性计划,对涉及企业长远发展的中、长期战略计划重视不够。随着企业由生产型向经营型的转变,企业中、长期发展战略计划对企业的生存和发展所起的作用越来越突出,企业计划的重点也必须转变为以中、长期战略计划为主,以便使企业计划对企业开拓市场、开发产品、调整结构、改造技术等起着重要的指导作用。第三,编制计划的依据面临着由以上级指令性计划为主向以市场要求为主的转变。在过去的计划管理体制下,企业编制计划的主要依据是国家指令性计划任务,对企业自主面向市场、开拓经营方面考虑不够,这在很大程度上限制了企业的生存和发展。在市场经济条件下,企业被全方位地推向市场,国家的宏观指令性或指导性计划减少,市场经济将成为调节和引导企业的主要手段。这也必然要求企业实现以市场需求为导向的“以销定产”,即以市场要求为主编制计划。第四,计划综合平衡的中心面临以生产计划为主向以销售计划为主转变。过去,企业以完成上级指令性计划为生产经营任务,企业的投入、产出基本上由国家统供统销,企业主要承担内部生产组织的基本职能。在市场经济中,企业出于提高其市场应变能力、竞争能力和发展后劲的需要,必须最大限度地满足市场的各种需求,在产品品种、数量、质量、交货期等各方面实现以销定产。企业也必须采取逆向思维的方式,以市场需求为导向确定销售计划,千方百计地通过各专业措施计划来确保销售计划,实现由以产定销向以销定产的根本转变。第五,计划管理面临着由以“静态管理”为主向以“动态管理”为主的转变。过去企业的专业分工较细,计划管理职能与生产管理职能分离,造成计划管理部门主要承担计划编制、计划完成情况统计“两头职能”,对计划管理全过程的管理职能发挥不够。计划管理从一定程度上说是一种“静态管理”。在市场经济条件下,市场的“多变”要求企业的“应变”,也要求企业计划管理必须有应变能力,要求计划管理的过程是一个“动态管理”的过程,要求企业根据市场的变化,通过调整计划和计划调控来适应市场的发展,实现计划管理的动态平衡和动态管理。

二、计划管理部门的重新组建

企业计划管理部门应该单独设立,但也有的企业和战略管理部门合并设立或者与财务部门合并设立,更有的与预算管理部门合并设立。单独或合并设立并不重要,重要的是计划管理能够真正受到重视,成为企业管理的牵头部门。

(一)计划管理部门必备的特点

1. 决策性

主要表现在计划管理职能与其他专业管理职能不同,它的工作具有决策性。如企业的年度计划,计划管理部门不负责提出计划,也不负责执行计划,计划的提出与执行是各专业管理部门负责完成的。计划管理部门只是根据经理的经营战略要求和市场预测情况提出编制计划的总的指导思想和几个主要计划指标,然后由各专业管理部门据此提出各自的专业计划报送计划管理部门,计划部门则通过综合平衡对各专业计划指标进行反复的测算和必要的调整,使各专业计划的指标衔接起来,形成一个完整的、有机联系的计划指标体系,以此来编制,更确切地讲是确定计划。计划确定后,经理(厂长)或经理办公会审查同意后,以文件的形式下发各专业管理部门,并由各专业管理部门负责贯彻执行。计划部门综合平衡,确定计划指标的过程,实际上就是按照经理的要求进行决策的过程。所以说,计划管理属于决策性管理,计划管理部门具有决策性。

2. 制约性

主要表现在两个方面:一方面是企业的综合计划一经计划管理部门综合平衡确定后,原各专业管理部门所提出的专业计划即告无效。各专业部门必须按综合平衡调整后的计划认真贯彻执行,绝不能私自调整计划,更不允许拒不执行。如果专业部门因客观原因需调整计划指标,则必须按照一定的程序先提出要求调整计划指标的报告,报计划管理部门审查同意、经理(厂长)审批,由计划管理部门重新进行有关计划指标的综合平衡后下达正式的调整计划的文件。因此,计划管理部门对其他专业管理部门在计划管理上有约束性。制约性的另一个方面表现在计划管理部门有权对其他专业管理部门的计划执行完成情况进行检查,并按有关规定和责任制进行考核,决定奖励和处罚,体现出很强的约束性。

3. 综合性

表现在计划管理的内容不是专业管理,而是综合管理,不像其他管理部门只负责一个专业或某一方面的管理工作。企业计划管理的内容涉及企业方方面面的工作。它通过计划工作和所有的专业管理发生直接的、重要的业务联系,并将其纳入计划管理中。因此,计划管理部门的工作具有综合性的特点。

(二)计划管理部门分层

1. 计划管理的决策机构:股东大会和董事会

按照《公司法》规定,股东大会的计划管理权利是"决定公司的经营方针和投资计划”，董事会的计划管理权利是“决定公司的经营计划和投资方案，制定公司的年度财务预算方案、决算方案”。可见，股东大会和董事会是公司计划管理的决策机构。

2. 计划管理的组织机构：总经理办公室和计划管理部（处、科）

按照《公司法》规定，经营层的计划管理权利是“组织实施公司年度经营计划和投资方案”。但是，公司经营层的表现形式——总经理办公会是个非常设机构，其难以承担计划管理的日常工作，因此，计划管理就成为公司计划管理的日常组织机构。计划管理部门的职责一般包括：

（1）经营方针和经营战略的研讨；

（2）业务方针的决定；

（3）长期计划、中期计划和年度计划的制订；

（4）季度和月度计划的调整与检查；

（5）部门计划的审定与汇总；

（6）公司新事物的计划分析；

（7）市场调查、分析与预测；

（8）各类计划的评价；

（9）经营对策的提出；

（10）计划会议的组织及总经理特命事项的处理。

3. 计划管理的编制与执行机构：各责任中心

计划预算执行机构由不同层次的责任中心或战略事业单位（Strategic Business Unit，SBU）构成，这是实现计划预算系统高效率和高效益运行的根本保障。责任中心或 SBU 作为预算目标和预算责任的领受者，是企业内部成本、利润和投资的发生单位。这些内部单位被要求完成特定的职责，其责任人被赋予一定的权力，以便对该责任区域进行有效的控制。

（1）责任中心的划分依据。确定责任中心是计划预算管理的一项基础工作。责任中心的划分应实现各责任中心高效率的协调运行，且计划预算的执行阻力达到最小的目标。如果责任中心的类别划分不明确或不适当，将造成计划预算实施混乱，不仅增加计划预算的考核难度，而且无法落实计划预算责任人，从而造成计划预算管理工作的失控与无效。

传统的以职能部门为依据划分责任中心的方式,最大的弊端在于缺乏协调性与可控性。这种划分方式将一些作业或过程人为地割裂,以至于它们的接口部位无人负责。相互联系的同质作业因为分布在不同的部门而得不到统一、有效的管理和控制,所以与此相关的众多原本可控的间接成本而成为事实上的不可控成本,从而大大地弱化了对计划预算执行组织的控制程度。而现在较为流行的是以作业为基础构建责任中心,这种划分方法摒弃了上述弊端。首先,通过作业分析,可以了解作业存在的必要性,尽可能地消除不增值作业,改进增值作业,并据此进行岗位的分拆、组合,这不仅增强了业务的可控程度,而且降低成本、提高效益。其次,在作业分析的基础上,将同质作业合并为作业中心,以作业中心为基础构成责任中心,使之成为计划预算执行主体,在进一步增强预算可控程度的同时,业务或部门之间的关系得以协调,权责不清的情况减少甚至消除。现实运用中,对于责任中心的确定,通常有两种可供选择的方法,如图3—1所示。

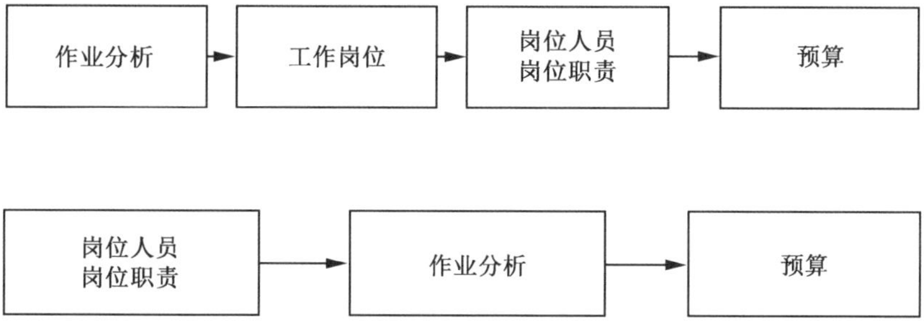

图 3—1　以作业为基础的责任中心构建方法

在图3—1上半部分的程序中,通过作业分析确定工作岗位,根据岗位作业量的需求大小确定岗位人员,根据岗位作业的性质确定岗位职责,并将相应的资源配置和量化责任纳入预算;而在图3—1下半部分的程序中,分析的起点是现有的岗位及人员,然后确定其应承担的作业及作业量,最后将资源配置和量化责任纳入预算。显然,前一种程序能更彻底地消除岗位、职责和预算确定中的不合理因素,从而使责任中心更为精简、高效和合理,但其实施成本也较高。因此,通常建议新建企业、有重大变革的企业及初编计划预算的企业尽可能地采用这种做法。后一种程序通常不涉及组织机构的调整或部门、人员的较大变动,实施成本较低,因此更适合我国大多数国有大中型企业目前的现实环境,但它仅是一种改进,而不是真正的变革,所以难以消除某些弊端。

(2)责任中心的划分。根据决策权力以及业绩评价方式的不同,预算的责任主体由成本中心、费用中心、收入中心、利润中心和投资中心五大类责任中心组成,即在投资中心、利润中心、成本中心三个基本层次的基础上增加了费用中心和收入中心,目的在于更加明确责任,保证对计划预算或计划实施的强有力的控制。

①成本中心。拥有生产某约定产量的决策权力并以其生产效率为基础进行业绩评价及奖励的责任中心被称为成本中心。成本中心一般是最小的业务单元或责任中心。成本中心的管理者有权决定生产某一产量的投入要素组合(劳动力、原材料和其他外部购买的服务),管理者的业绩是按照他们运用投入要素生产产品的效率来评估的。成本中心的典型代表是制造业的工厂、车间、工段、班组。当然只要产出可以计量,服务型企业的内部也可以设立多个成本中心。

评价成本中心的业绩可以有多种不同的目标和指标,但其中最为常用的两个是:在一定的产量水平下成本最小或者在一定的预算成本水平下产量最大。在这两种目标下,成本中心管理者不是受到总产量的约束,就是受到总成本的约束。对成本中心的有效管理要求总部管理者要么确定利润最大化的产量水平,要么确定有效生产这一产量的成本预算水平。值得一提的是,对成本中心的评价不能仅依靠财务成本信息,质量、及时性等其他要素也是极为重要的补充指标;否则,成本中心就有可能以牺牲质量和服务等为代价来换取成本的降低。

一般来说,在下述情况下成本中心的运转最为有效:(1)公司总部的管理者非常了解业务部门的成本结构。(2)公司总部的管理者可以确定利润最大化的产量水平。(3)公司总部的管理者可以有效监督产品产量和质量并建立起合理的报酬制度。(4)业务部门的管理者具备最优投入要素组合的专有知识。

②费用中心。通常企业内部的一般行政管理部门,如会计、人事、公关、研发等部门常被界定为费用中心。与成本中心类似,费用中心的管理者要在给定的预算约束下生产最多的产量或提供最多的服务。与成本中心不同的是,费用中心的产量更为主观,不易用财务指标来衡量,投入与产出之间没有密切关系。所以,费用中心可以说是一种生产的产品、产量不易被观察的成本中心。有多

种方法用于控制费用中心，其中之一是以规模类似企业的相同部门的预算为基础;另一种方法是重新组织公司结构，将费用中心置于其最大的用户部门的控制之下，这一用户部门不仅掌握了有关费用中心价值的专有知识，同时也可以合理决定费用中心的预算水平。

③收入中心。收入中心多用于组织销售、分销以及为生产部门的产品提供附加服务等各种营销活动，负责完成销售收入目标。与成本中心类似，有若干目标可以用于评价和激励收入中心，其中，最常用的目标是在给定的产品价格(或者数量)和给定的人员、销售费用的预算下，使得销售收入最大化。在这种情况下，一般收入中心被告知明确的产品定价和既定的销售费用预算，只要上级管理者选择了适当的产品价格和费用预算的组合，这一评价方式就会促进收入中心和企业整体利润最大化的目标协调一致。

公司总部管理者了解总体的市场情况，比如能够选择合理的价格—数量组合以及最优产品组合(否则，销售人员可能会努力销售可以产生更多收入而不是产生更多价值的产品)。同时，收入中心的管理者具备销售领域内有关客户需求的专有知识，了解如何更有效地实现销售的情况下，收入中心的运转将会最为有效。

④利润中心。当决定产品组合、数量、价格以及质量所需的知识集中于一个特定的部门时，这一部门就可被界定为利润中心。利润中心属于企业中的较高层次。上级管理者主要依靠内部会计信息对利润中心进行评价和激励，最为常用的方法是比较利润中心的实际利润和预算(预计)利润的差异。尽管对利润中心的业绩评价看起来简单明了，但也存在两个复杂的问题，即如何确定利润中心之间提供产品和服务的价格即转移定价问题，以及如何在各个利润中心之间分摊总部的管理费用。

当各个利润中心之间存在着相互依存关系的时候，激励利润中心实现自身利润最大化一般并不能使企业作为一个整体实现价值的最大化。公司一般采用特定的业绩评价和薪酬计划来促使利润中心管理者在做决策时考虑对其他利润中心所产生的所有有利和不利的影响，如考核利润中心不仅仅依据利润中心自己的利润，还要依据与该利润中心有关的一组利润中心的总利润或者整个企业的利润等。

⑤投资中心。投资中心和利润中心类似，并在利润中心的基础上增加了资本投资的决策权力，在业绩评价时要考虑投资回报率。也就是说，该责任中心不仅要对成本、收入和利润负责，而且必须对与目标投资利润率或资产利润率相关的资本预算负责。正因为如此，只有具备经营决策权和投资决策权以及相关的专有知识的独立经营单位才能成为投资中心。一般来讲，一个独立经营的常规企业常被视为一个投资中心。投资中心应具有比其他责任中心更大的独立性和自主权。它作为企业内部最高管理层，拥有一定的资金支配权，在调配资金余缺时，应研究这些资金投放到哪个方面才是最有利的。常用的对投资中心的评价指标包括投资回报率、剩余收益、EVA 等。对各责任中心类型的总结见表 3—2。

表 3—2　　　　责任中心类型总结

责任中心	业绩指标	决策权限	适用情况
成本中心	既定产量下总成本最小；既定预算下产量最大	投入要素组合（劳动力、原材料及其他投入）	公司总部管理者非常了解业务部门的成本结构，可以确定利润最大化的产量水平，有效监督产品的产量和质量；成本中心管理者掌握最优投入要素组合的知识和信息
费用中心	既定产出或服务水平下总成本最低；既定预算下总产出或服务水平最大	投入要素组合（劳动力、原材料及其他投入）	产出难以观察和衡量
收入中心	既定的价格（或销量）和预算下收入最大	投入要素组合（劳动力、原材料及其他投入）	公司总部管理者了解总体的市场情况，能够选择最佳产品组合；收入中心管理者具备销售领域内的有关客户需求的专有知识
利润中心	实际利润；实际利润与预算差异	投入要素组合；产品结构；销售价格（或产量）	利润中心管理者有能力确定正确的价格和产量，能够选择正确的产品组合
投资中心	投资报酬率；剩余收益、EVA	投入要素组合、产品结构、销售价格、中心的资本投资	投资中心管理者有能力确定正确的价格和产量，能够选择正确的产品组合；同时具备分析投资机会的相关知识和信息

4. 集团公司成员企业的计划预算小组

集团公司成员企业也应该有计划的决策机构、组织机构和执行机构;但是,由于集团公司总部代行很多成员企业的权责,因此,通过成员企业计划管理的决策机构被集团公司股东大会和董事会取代,组织机构中的总经理办公会也被集团公司股东大会和董事会取代,成员企业只有计划管理部和集团公司对接,承担成员企业计划管理职能。很多成员企业,为了合并职能,节约人力资源,于是成立计划预算小组,承担成员企业预算管理办公会和计划管理部的职责。

各成员单位的计划预算小组负责组织、协调本单位的计划预算执行及考核,并将实际情况及时反馈给集团计划预算办公室和计划管理部。如某集团成员单位计划预算小组的具体职责为:

(1)根据集团关于计划预算管理工作的方针、制度、目标、时间进度和质量要求,讨论研究成员企业计划预算管理的具体工作规章、分工安排、年度计划预算经营指标和经营方案;

(2)按集团统一规定的时间、质量要求组织成员编制企业预算,并分送预算执行反馈报告;

(3)监督和协调本企业所属各单位计划预算指标的贯彻、落实;

(4)每十天例会一次,汇总、沟通计划预算执行情况,关注存在的主要问题,在授权范围内处理差异,提出实施、解决措施;

(5)向集团计划预算办公室和计划管理部提出计划预算调整申请报告;

(6)组织编制本企业计划预算期末的计划预算考核奖惩方案,报上级审批。

第二节 企业发展战略和计划预算目标

一、战略决定预算核心指标的形成

预算管理作为一种数量化管理,最终通常都要借助于指标(预算管理文化其实就是数字文化)。预算会涉及三类指标,即核心指标、约束指标、考评指标。其中,核心指标应反映预算期的战略重点,它是预算编制的逻辑起点,对预算编制和执行具有统领作用(如追求市场份额下的经营战略,会要求销售收入预算指标作为预算管理的核心指标,而追求利润最大化的经营战略,则可能将利润、净资产收益或总资产报酬率等作为预算的核心指标)。约束指标的设置,是为了保障企业在追求战略目标和实现核心指标的同时从资产运营的安全性、有效性和可持续性角度,对企业的财务风险和资金周转等进行目标约束、预算执行的其他财务结果与非财务结果,不应超出预算约束指标的“底线”。考评指标则是为确定年度(或中期)预算管理业绩、实施预算激励而设计的指标体系,包括预算核心指标、预算约束指标及其他指标。年度考核可以利用平衡计分卡(BSC)的基本思路来设计,中期考核可以简化,并用关键业绩指标(KPI)来代替。不论属于何种考核,都应通过对各指标不同权重的设定来体现其战略侧重点。

从预算管理角度,我们认为,无论公司总部战略(在产业选择上的一元化、无关多元化或相关多元化)还是下属单位经营战略(差异化战略、成本领先战略等),都只是给公司经营提出了一个明确的方向和行动指针,但它们最终都需要落实在财务业绩目标及资源规划上。因此,战略导向下预算管理的首要任务是如何根据战略安排来确定预算核心指标。

在企业实践中,最为常见的核心指标有两类,即规模指标(如市场占有率、销售或营业收入增长率等)和利润指标(如总资产报酬率 $ROA=EBIT/A$、净资产收益率 $ROE=NI/E$ 等)。规模指标是规模型导向战略的产物,它强调企业市场地位的重要性,试图以投资、并购、营销网络建设等扩张行为来带动公司规模的拓展。在这种导向下,预算编制逻辑是以规模来拉动生产和营销,以生产和营销来确定物料采购、网络建设和人力聘用,进而决定投资和相应的筹资安排,最后综合形成年度全面预算。

利润导向下的预算指标体系安排,反映了企业战略对利润目标的偏爱。以利润为起点的预算体系,其编制逻辑是以目标利润为起点,结合市场预测和自身的经营实力,倒挤内部各项责任预算目标并形成详细预算。利润导向下的预算体系需要企业重点考虑既有产品盈利模式和产品盈利结构,同时需要考虑企业内部资源利用效率的提升(如资源消耗与成本控制、资金周转水平等)来制定未来的经营行动方案和财务规划。低成本战略下的预算体系即为利润导向型的。

二、战略标杆决定预算核心指标目标值的形成

预算理论认为,预算目标值应当具有挑战性和可实现性(challenging but achievable)。但在实践中,管理者们很难把握这个词的确切含义。有人认为,从预算的规划功能来说,最佳的预算目标应该是与最终预算执行结果最为接近的目标,从而强调预算目标的可实现性;而另一些人从预算激励的角度认为,预算目标的设定应强调高度挑战性,一般为实现概率在25%到40%的水平上。因此,如何在可实现性与挑战性之间找到平衡成为设定预算目标值的一大难题。国外研究发现,企业实际的预算目标一般具有80%到90%的可实现概率,挑战性较低,从某种程度上说,是管理者利用其信息优势追求超预算奖励的一个结果。

我们认为,"具有挑战性但又是可实现的"这一词的含义应从战略角度来理解。具体地说,战略目标或长期目标必须是具有挑战性的,但通过战略规划,配合战略行动分解到每一年的目标应该是可实现的。因此,预算目标设定要以战略目标为依据,同时结合年度内的战略进程。在具体操作过程中,企业通常采用以下三种方法来支持战略性预算目标的确定:

(一)标杆法(benchmarking)

它以最佳公司的业绩(财务和非财务)作为公司未来发展的战略目标。公司的任务是找出与标杆企业间的业绩差距,并通过战略规划,用年度计划方式来逼近和缩小它们之间的差距。比如,有的企业强调利润导向,并采用净资产收益率(Return of Equity,ROE)作为公司的预算核心指标。在这种情况下,该如何确定*ROE*的预算值?标杆法认为,企业应当用全球、全行业的眼光来衡量公司的未来,将行业平均*ROE*指标(或者行业排名前10位的公司业绩的平均*ROE*)作为自身努力的标杆。假定行业平均*ROE*=12%,而公司目前的*ROE*=8%,公司战略要求在未来3—5年内达到行业平均或行业领先,则未来3—5年即成为战略规划期,其战略目标即为通过自身努力来消除公司与行业平均值的差距(4%),并表示在年度预算目标上,即用每年提高多少的*ROE*值(如每年提高1%)来逼近这一战略目标,消除与行业间的差距。标杆法可以用图3—2来表示。

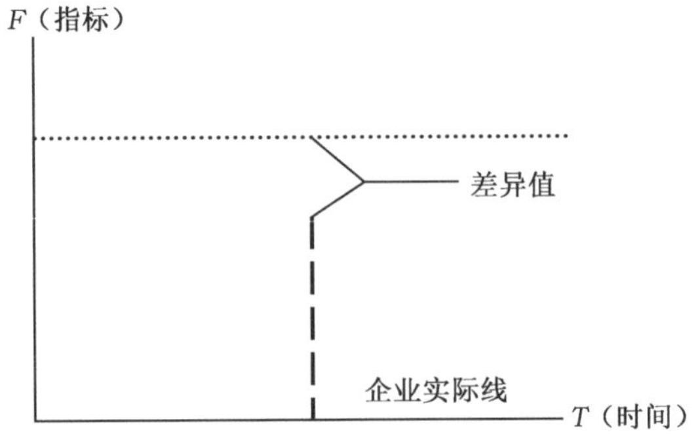

注：T 为时间，F 为指标，如财务指标中的 ROA（Return on Assets）或 ROE 等。

图 3—2　标杆法

（二）持续改善法

持续改善法（Continuous Improvement）是相对于标杆法提出的，其基本含义是，企业在确定战略目标及年度预算目标时要求以对现实业绩的改善为基础，如企业现在的市场占有率为 10%，未来几年要求每年增加 1%；企业产品销售成本率为 50%，要求未来几年中该比率每年下降 2%；等等。持续改善法所确定的目标是过去式的，具有可实现性，它考虑了环境变化等因素的影响。更为重要的是，持续改善法是建立在没有外部市场标杆而只有内部标杆的基础上的，尽管具有一定的随意性，但它同样必须考虑外部市场环境的变化、竞争对手能力的相对变化等因素的影响。持续改善法可用图 3—3 来表示：

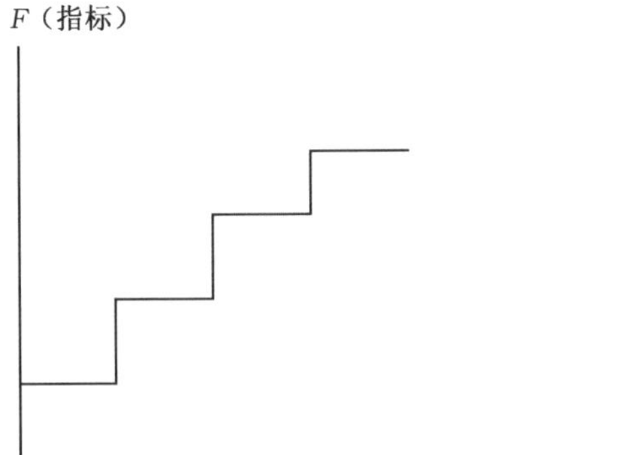

图 3—3　持续改善法（以过去的业绩为指南，内部标杆法）

(三)创新性持续改进法

除非公司未来在某些方面，如技术、市场、产品、服务、人力、管理结构与管理效率等方面具有重大转变和创新，否则公司战略目标仍然以标杆法或持续改善法为基础。考虑创新因素对公司的重大影响（如公司通过技术革新，发明一种能大大节约成本的关键技术，从而大大降低各相关成本；或者某种产品的生产工艺和流程取得显著改善，从而大大提高生产效率），公司战略目标的确定具有一定的或然性，在目标上可能具有跳跃性。这一方法可以用图 3—4 来表示：

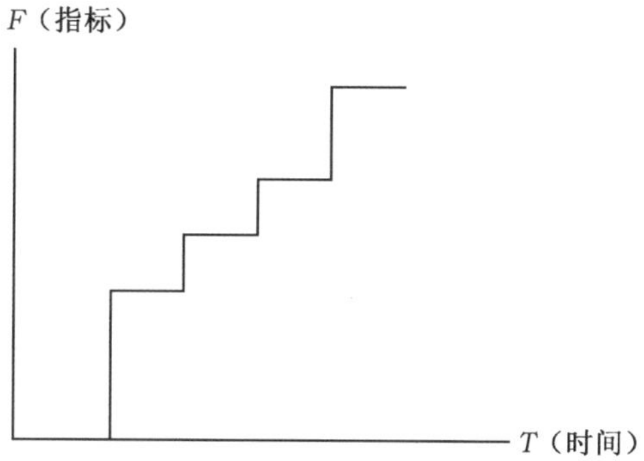

图 3—4　创新性持续改进法(以考虑创新因素和持续改善来确定目标)

战略目标、战略计划为公司年度预算目标的确定提供了一个基本框架。无论是标杆法、持续改善法还是创新性持续改进法，我们都能从对这些方法的运用中得到关于公司年度预算目标确定的数据，这就是阶段性预算目标。

三、梳理企业发展战略

(一)明确经营方向(或企业使命)

企业经营方向的陈述应是战略规划中最公开的部分，它是一种综合和广泛的意向说明，内容一般包括：企业从事经营的产品、市场和技术的范围，企业的成长、发展和盈利的程度，办企业遵循的指导思想，企业在社会中的地位和形象、自我意识和社会责任等。一个企业不一定在其成文的经营方向中阐明上述全部内容，但在企业内部，特别在经理人员中，对这些方面应有一个统一的认识，以便指导企业的全部生产经营活动。

规定经营方向对企业具有以下作用：

(1)保证企业内部成员对企业的生产经营认识一致,便于协同行动。

(2)为企业应获取何种资源(设施的建造和购置、人才聘用、筹资等)提供依据。

(3)为资源的调配使用提供基础和标准。

(4)形成企业员工的共同语言和企业风格(企业文化)。

(5)便于吸引志同道合的人才。

(6)指导企业确定经营目标和制定经营战略,并具体化为各项工作任务,委派给各个部门和人员。

(7)便于确定和控制各项消耗、时限的参数。

(二)获取资源能力

企业的基本矛盾是资源有限和需求无限性。企业使其未来应该拥有资源和现实拥有资源平衡,因此,企业获取资源能力至关重要。企业资源见图3—5。

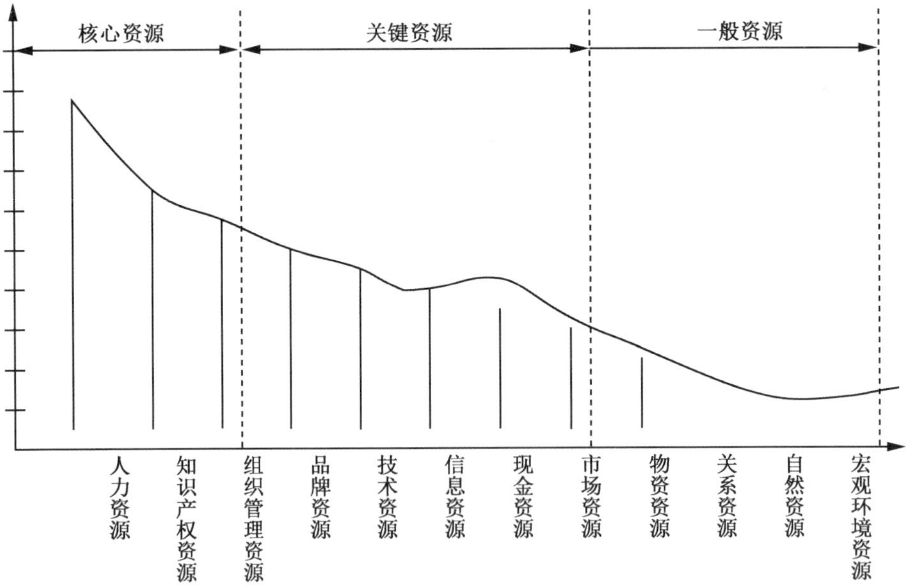

图3—5 企业资源

(三)展示内部实力

企业获取资源的能力取决于企业负责人能力和企业内部实力。企业内部实力见表3—3。

表 3—3　　企业内部实力

职能领域	主要因素
营销	(1)产品(包括服务,以下同)种类 (2)取得市场信息的能力 (3)市场(或细分市场)占有率 (4)产品扩展潜力、生命周期、销售利润率 (5)销售渠道 (6)销售部门效率,对用户需要的了解程度 (7)产品信誉和质量,品牌声誉 (8)价格、在广告等促销手段上的想象力和效果 (9)营销产品的集中程度,用户的集中程度 (10)售后服务 (11)与生产部门的配合协调
财务	(1)筹集资金(短期的和长期的)能力 (2)流动资金周转状况 (3)成本控制的有效程度,降低成本的能力 (4)成本、预算、利润核算系统的效率
生产技术	(1)原材料来源的可靠程度及其价格 (2)库存控制系统 (3)厂址 (4)设备的布置、效率及利用率 (5)外协作 (6)纵向一体化程度,净产值和毛利 (7)生产管理(设计、排程、采购、质量控制、生产控制等)的效果 (8)与同行竞争相比具有的成本和技术优势 (9)研究开发和技术创新能力 (10)专利权、生产许可证、技术诀窍
人事劳动	(1)职工技术业务水平、素质和积极性 (2)与行业和竞争对手相比的人工成本 (3)奖励制度的有效性 (4)人事劳动管理的效率 (5)劳动力的利用程度和缺勤率 (6)职工具有的专门技术和工作经验
组织管理	(1)组织机构 (2)企业形象、声誉和厂风 (3)企业控制系统和信息系统的有效程度 (4)系统的方法和技术在企业决策过程中的应用 (5)企业过去的经营成效 (6)基层领导的能力和水平

(四)提高战略效果

综观诸多的战略理论和战略实践,企业战略的确定和战略目标的实现主要由企业经营方向、企业环境和企业内部实力三维向量因素所决定，它们之间的关系为：

$$E=f(S,d,e,a)$$

式中，E 表示战略效果（战略目标的实现）；S 表示战略；d 表示企业经营方向；e 表示企业环境；a 表示企业内部实力；f 表示函数规则，这里是战略实现过程（包括战略评价、战略调整等）。

在实践中，S 同时又是三维变量企业经营方向、企业环境和企业内部实力的函数：

$$S=S(d,e,a)$$

即战略随着企业经营方向和企业内部实力的变化而进行相应的制定、调整或转移，经营环境的变化要求企业的战略管理进行范式转变。

由上可知：

$$E=f[S(d,e,a),d,e,a]$$

进行简化得到：

$$E=F(d,e,a)$$

这就是三维变量影响战略效果的比较直接的函数表达式。F 综合了 S 和 f 的函数，即所有决定战略实施效果的规则，如企业组织结构、企业文化等。与经营战略相适应的组织结构和企业文化等对战略实施有着正的强化作用，同样，不适应的组织结构和企业文化则对战略有着负的强化作用。

第三节　传统年度计划编制

一、SWOT 分析

（一）SWOT 分析概述

SWOT 分析法是由美国哈佛商学院的教授安德鲁斯在 20 世纪 60 年代初提出来的，兼顾了企业内部环境和外部环境，分析了四种影响企业发展的关键要素，并将这四种要素相互组合以寻求最佳战略规划的一种分析工具。SWOT

分析法主要分析四个方面的内容:外部环境中的机会(Opportunities)、外部环境中的威胁(Threats)、企业自身的优势(Strengths)和企业自身的劣势(Weaknesses)。SWOT 分析法应用广泛,是战略管理和竞争情报的重要分析工具。

SWOT 首先分析企业内外因素。通过对企业的内部资源要素进行分析,明确企业与竞争对手相比存在着哪些优势(S)和劣势(W)以及如何充分利用自己的优势、如何补全自己的短板,将企业自身发展中存在的积极因素和消极因素置于可控范围之内。企业内部资源要素主要是从企业现有资源状况出发,然后对企业所处的外部宏观环境进行分析,识别出企业发展未来可能获得的机会(O)和潜在的威胁(T)。外部宏观环境分析要从政治、经济、社会文化、同业竞争者、技术等多个维度来分析。

其次,在内外关键因素分析的基础上构造 SWOT 矩阵。将内外关键因素分析对企业未来发展的影响程度进行排序,构造 SWOT 矩阵。通过 SWOT 矩阵,可设想出四种战略模式:

(1)优势—机遇战略。企业内部优势迎合外部机会的战略。企业当具有独特的竞争优势而外部环境提供了发挥这种竞争优势的机遇时,可以采取该战略,有利于其压制竞争者、快速抢占市场。

(2)劣势—机遇战略。劣势—机遇战略是利用外部环境中存在的机遇来弥补企业的不足,使企业补全短板,从而在市场中获得竞争优势,或者存在外部机遇,而企业存在难以掌握的机遇,可采取措施先克服这些弱点。

(3)优势—威胁战略。优势—威胁战略指企业利用竞争优势,抵消或削弱外部环境威胁带来的损失。

(4)劣势—威胁战略。劣势—威胁战略是补全企业内部短板,回避外部环境威胁的防御性技术。当企业存在内忧外患时,企业的生存延续才是当务之急,通过降低成本来改善企业的经营状况被广泛采用。

(二)SWOT 分析存在的弊端

SWOT 分析没有把企业环境作为一个完整的整体,而是把企业环境强行分为内部环境和外部环境,这也是源于 SWOT 分析中内外区分的假定所带来的不足。它没有深入研究企业内部要素与外部要素之间的相互影响和联系,仅仅对企业内外环境进行考量和分析,很大程度上造成企业整体性的割裂。

SWOT 分析法，先入为主地在外部环境中寻找机会和威胁，并片面地认为优势与劣势主要存在于企业内部环境中，要素组合时也是在内外要素不变的基础上进行匹配，是一种静态的分析方法。但优势和劣势不局限于企业内部环境，也可以延伸到企业外部环境中，机会和威胁也是同理。很多时候，企业内外难以分割，SWOT 分析忽略了在一定条件下优势可以转化为劣势、机会可能转为威胁。优势、劣势、机会、威胁存在着相互依赖的可能性，因此对一个企业来说，没有绝对的机遇，也没有绝对的威胁，相对于一个机会来说，可能是优势，但是对另外一个机会来说，可能又成为劣势。内、外部环境的转化进一步引起企业优、劣势的转换。这不可避免地使得传统的 SWOT 静态分析存在一定的局限性，在实际使用中，SWOT 分析的可靠性往往大打折扣。

SWOT 分析对关键因素的界定模糊，主观性太强。而关键因素缺乏明确的定义，缺乏合理的手段来识别关键因素。同时，传统 SWOT 分析把关键因素置于同等地位，忽视了关键因素之间的内在联系。仅仅根据对企业生存和发展的重要性和有利性识别出关键因素，机会能否为企业所把握，却不能由机会本身决定，而是取决于企业的能力。机会和威胁与企业内部条件的不匹配，使得它们在企业战略分析中的重要性存在差异。而传统的 SWOT 分析无法识别出关键因素间的联系。最后的 SWOT 矩阵制定出来的战略没有考虑各因素的重要性差异，以至于缺乏实际的可操作性而难以落地。

二、计划编制

(一)确定年度经营目标

编制年度经营计划之初，首先需要引进 SWOT 分析模型，明确企业定位，从而识别出企业的优势、劣势、机遇和威胁，例如，明确行业未来的发展趋势、竞争对手动态，以确定 3—5 年的战略目标规划等，扬长避短，针对目前已识别出的关键要素，制定出极具针对性的企业战略规划，发挥企业最大的潜能。在确定企业战略规划之后，年度经营目标的设定既要考虑战略规划，又要考虑现实的可行性和具体性，在此基础上再通过分解战略规划确定企业的经营目标。经营目标往往以年度销售指标、分产品贡献指标、市场占有指标、净利润指标、资产回报率等可量化指标为主导。为确保企业经营目标的实操性，企业需将经营目标下发讨论,进一步明确实现目标的条件,论证其可行性。经营目标包括预计达成指标和最低达成指标,并可进一步分解为各部门(分公司)的经营目标。在经营目标确定后,企业接着就要拟订经营方针,包括成本方针、利益方针、业务运营方针、经营结构方针、经营者的理念和关系企业的方针,以经营方针为抓手,协助达成经营目标。

(二)确定年度经营策略

经营计划策略是指企业在经营管理中在一定的经营环境下为了达到其经营目标所采取的行动、方案和竞争方式的总称。经营计划策略的制定需以思考和创新为基础,因此,要以三个假设为前提制定经营策略:

(1)按时机、按顺序推进经营计划,经营策略也要随着经营计划的推进而逐渐升级改进;

(2)企业未来的内、外部环境具有不确定性,若不存在不确定性,那么经营计划策略也就失去了存在的必要;

(3)企业未来内、外部环境的不确定性随着信息的获取而减少,要及时对收集到的信息做出反应。

经营计划策略是对战略规划的支持,通过对具体目标和方向的指引,采取相应的措施不断地应对环境变化来推进战略落地。由于经营计划策略是在特定时期特定阶段给出的具体行动方法,灵活、周密,随着情况的变化要进行相应的调整,因此经营计划策略是动态的策略。

企业在竞争环境中要不断地制定和调整其发展或经营对策,也可以说企业在实际的商业环境中要根据环境的状态与变化,分析自身的优势与劣势,发挥其优势能力,谋取生存与发展。企业往往通过波特五力模型,从行业内现有竞争者的竞争、供应商的讨价还价能力、购买者的讨价还价能力、新进入者的威胁和替代品的威胁五个方面分析企业或行业的竞争力,进而制定相关的经营策略,包括产品策略、价格策略、渠道策略和促销策略。

(三)需求传递

需求传递是指对于经营计划编制过程中各部门(分公司)的不同需求的沟通活动管理。需求传递的目标是保证在经营计划编制过程中各部门(分公司)的信息能够适时以合理的方式产生、收集、处理、贮存和交流。根据各部门(分公司)的反馈信息,企业先确定出本部门可实现的目标,然后在年度经营目标基础上进行经营目标分解,得到本部门的年度任务,再进一步根据年度任务的时间要求安排这些经营计划沟通需求,并确定保障部门经营目标达成所需的资源。各部门(分公司)列出在上年年度经营中获取的成绩和进展,明确本部门在企业经营中的定位,强调本部门对企业经营计划的推动作用,明确哪些环节需要其他部门协助以及本部门可以为其他部门提供哪些协助。

(四)拟制各部门(分公司)年度经营计划

各部门(分公司)根据企业年度经营计划制定本部门的经营计划。企业在年度经营目标确定之后,根据企业经营目标与经营计划策略将经营目标分解到各个部门,各部门(分公司)成立以其负责人为首的经营计划编制组织,按照总部下达的经营计划大纲拟订本部门的经营计划。总部各职能部门按照本部门职责指导和协助其他单位起草年度经营计划。各部门(分公司)内部审核本部门的经营计划后,部门负责人审核后上报总部。在部门预算编制过程中,企业紧紧围绕企业战略和经营目标,将战略目标指标化,结合各部门(分公司)以及下属单位的具体实际条件来确定行动方案和资源分配,促进部门的预算指标与部门的经营指标和企业经营目标协调一致发展。部门预算是根据部门的经营目标进行编制,而集团预算则是在各部门(分公司)预算目标的基础上进行汇总。

(五)各部门(分公司)年度经营计划修订

各部门(分公司)提交部门经营计划与预算至总经理办公室。总经理办公室结合各部门的需求审核经营计划与预算,审核要点集中于部门年度工作计划汇总能否达成集团目标、部门指标设置与预算编制是否合理。审核通过后,总经理办公室汇总编制企业年度经营计划与预算,若审核不通过,总经理办公室则退回部门年度经营计划与预算,并附上修改意见与其他部门的需求,部门依照总经理办公室的反馈修改,上下结合,反复提交,直到所有部门的经营计划与预算全部通过。

(六)汇总编制企业年度经营计划

在所有部门上报本部门年度经营计划与预算之后,总经理办公室按照规范性与实操性原则,汇总编制企业年度经营计划。总经理办公室需从战略目标出发,确保企业年度预算数据与经营计划保持一致。为了充分发挥各级管理人员的主动性、积极性和创造性,总经理办公室逐项审核经营计划与相关预算是否一致、审议预算期内各项费用的内容及开支标准是否合理,在综合平衡的基础上进行预算编制。在年度经营计划预算编制完成之后,企业根据前期的计划预算执行情况,结合各种变化因素,调整和修订后续计划与预算。

三、计划评审

(一)企业经营计划评审会

企业年度经营计划编制完成后需召开评审会议。会前,总经理办公室对各部门的年度工作计划进行审核,确保其与年度经营目标一致后再提交给评审会。在评审会上各部门根据年度经营目标和预算目标,讨论确定企业及各部门下年度的经营计划和年度预算。会议围绕企业年度经营目标和预算目标,由各部门负责人汇报部门下年度的经营计划和下年度的重点工作计划,随后财务部门负责人汇报下年度的预算结果,最后与会人员就各类计划达成一致意见。年度经营计划评审会可能会召开多轮,直至各分公司、各部门间达成一致。

(二)发布企业年度经营计划

经过评审会议讨论通过后,企业整理发布评审会会议纪要、年度经营计划与预算、各部门年度经营计划与预算。年度经营计划发布后,各部门召开经营计划启动会议,明确部门的重点任务,进而形成部门的月度重点工作方案。总经理办公室或部门负责人组建经营计划执行监督组,每月对部门的重点行动方案推进情况给予跟进,并按月向总经理办公室、部门负责人提报公司年度计划中重点工作的落实情况和相应目标数据的运行状态。部门负责人按季度组织本部门员工对部门年度经营目标、年度重点行动方案推进实施检讨,必要时要求重新优化行动方案。总经理办公室 12 月底组织部门负责人以上人员进行“年度经营计划”的经验总结与检讨。

第四节 现代年度计划编制

相对于传统的年度计划,现代的年度计划编制注重与企业中、长期战略的结合和企业各组织行动的整体性，充分借助战略工具完成企业战略梳理、战略细化和目标设定，并以此为依据开展年度计划的编制。因此，引入战略地图、平衡计分卡、战略行动计划表等战略工具作为年度计划编制的基础和依据是现代年度计划编制的主要特征。

一、战略地图

（一）战略地图概述

战略地图（Strategy Map）由罗伯特·S. 卡普兰（Robert S. Kaplan）和戴维·P. 诺顿（David P. Norton）提出。战略地图是在平衡计分卡的基础上发展而来，与平衡计分卡相比，它增加了两个层次：一是颗粒层，每一个层面下都可以分解为很多要素；二是增加了动态的层面，也就是说，战略地图是动态的，可以结合战略规划过程来绘制。战略地图是以平衡计分卡的四个层面目标（财务层面、客户层面、内部流程层面、学习与成长层面）为核心，通过分析这四个层面目标的相互关系而绘制的企业战略因果关系图（见图 3—6）。

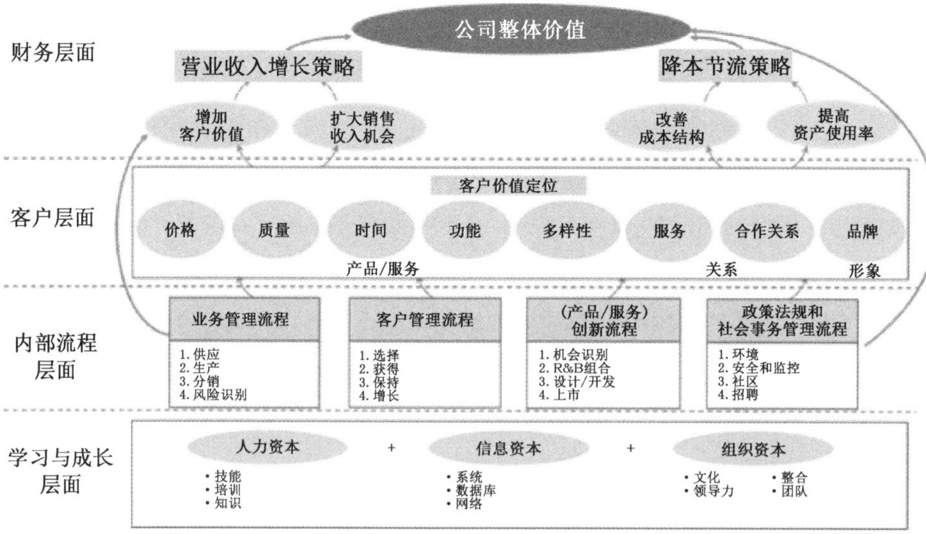

图 3—6　企业战略地图层次框架

企业的战略地图绘制、战略规划及实施首先是一个“自上而下”的过程，这也就要求高级管理层具备相关的能力及素养。战略地图的核心内容包括企业通过运用人力资本、信息资本和组织资本等无形资产(学习与成长),才能提高战略优势和效率(内部流程),进而使公司把特定价值带给市场(客户),从而实现股东价值(财务)。

综上所述,企业一方面通过战略地图将计划管理与企业战略联系起来,另一方面,通过对战略地图进行因果分析,找出各关键指标的驱动因素,可以对企业计划管理进行有效的分析,在执行中实现其动态性,并通过企业价值创造的主线对计划进行有效的控制,保证企业的价值持续增长。最后,企业通过战略地图有效结合企业的各项资源,提高资源的配置效率以及员工的主观能动性。

(二)战略地图在现代计划管理中的作用

1. 战略地图使计划管理有效发挥其协调职能

传统的计划管理通常是企业将设定的计划目标按照部门的职责进行分配,各部门收到企业的指标以后只会专注自己的责任部分,而忽略了企业的整体战略规划,这往往会导致部门间相互争夺资源,甚至出现部门间的博弈,使整个企业不能协调发展,从而严重影响计划管理的执行力度以及企业战略目标的实现。

通过战略地图对企业战略的描述,使各部门以及员工对企业的整体战略有清晰的了解和认识,并认识到本部门的工作与整个企业战略的关系以及在其中发挥的作用,增加部门之间的沟通,使企业内部能够和谐发展。

2. 战略地图使计划管理有效发挥其激励作用

企业通过战略地图可以认识到指标考评的重要性。战略地图的学习与成长以及内部流程层面让企业认识到员工作为企业的无形资产也是企业发展的直接动力。这样,企业就应树立以人为本的良好的企业文化,增加员工的归属感与责任感,从而达到激励作用。

3. 战略地图引入计划管理,可以协调企业的短期利益与长期利益的矛盾

人力资本等无形资产的投资使企业减少了短期利润,但这种长期投资是企业稳定发展的关键,未来将会给企业带来巨大的利益,这就造成了企业短期利益与长期利益的矛盾。传统的计划管理更是忽略了非财务指标,而通过战略地图的四个层面将财务指标和非财务指标有效结合起来,有利于实现企业短期利益和长期利益的统一。

4. 战略地图可以实现计划管理的有效性

通过战略地图使企业内部形成了高度的信息共享和沟通，提高了计划管理的有效性。在传统计划管理中，由于上级与下级或者是部门与部门之间的博弈，因此经常会出现下层管理者故意压低计划指标，而设计出一个容易达到的标准以获取较高的奖励，这严重损害了企业的利益。企业将战略地图通过四个维度的因果关系有效控制计划执行中存在的偏差，使战略实施、计划指标的完成和业绩评价紧密挂钩，协调一致，防止出现计划管理松弛的现象。

二、平衡计分卡

（一）平衡计分卡概述

平衡计分卡是根据组织的战略而精心设计的一系列定量指标体系。平衡计分卡所设计的指标体系可以作为领导者与员工、外部利益相关者沟通和有助于组织实现其使命与战略目标的绩效动因。平衡计分卡是哈佛大学会计学教授罗伯特·卡普兰和咨询师戴维·诺顿两人共同开发的。该研究的起因是人们逐渐认为财务绩效指标无法适应现代组织的绩效评价要求。1990 年，卡普兰和诺顿带领一个研究小组研究了十几家公司，讨论了各种各样可能替代的评价方法，最后决定采用计分卡理念，随后在《哈佛商业评论》上发表《平衡计分卡——驱动绩效的评价指标体系》，总结了这个概念。

平衡计分卡以企业战略为导向，通过分析财务、客户、内部流程和学习与成长四个方面及其与业绩指标的因果关系，全面管理和评价企业的综合业绩，是企业愿景和战略的具体体现。平衡计分卡既是一个绩效评价系统，也是一个有效的战略管理系统。

（二）平衡计分卡与战略地图的关系

战略地图是以平衡计分卡的四个层面目标为核心，通过分析这四个层面目标的相互关系而绘制的企业战略因果关系图。平衡计分卡只建立了一个战略框架，缺乏对战略进行具体、系统而全面的描述，使管理者之间及管理者与员工之间无法沟通，对战略无法达成共识。

战略地图是平衡计分卡的进一步发展。在平衡计分卡的思想上企业将组织战略在财务、客户、内部流程和学习与成长四个层面展开，在不同的层面确定组织战略达成所必备的关键驱动因素,我们往往称为战略重点或者战略主题。在明确战略重点或主题的同时,企业建立各个重点或主题之间的必然联系,形成相互支撑关系,从而明确战略目标达成的因果关系,将其绘制成一张战略简图。可以说,战略地图是企业战略描述的一个集成平台,而平衡计分卡本身是对战略地图的深层解释,并通过设计具体的指标将战略地图具体化和指标化,使其能够被衡量。

战略地图的构成文件主要是“图、卡、表”。所谓“图、卡、表”,是指“战略地图”“平衡计分卡”“单项战略行动计划表”,是运用战略地图来描述战略的三个必备构成文件。

(三)平衡计分卡的框架

平衡计分卡的目的是提供一个综合的业绩评价框架,将企业的战略目标转化为一套条理分明的业绩评价体系。该体系不但考虑财务业绩与非财务业绩,而且还考虑了与客户层面的关系、内部业务流程以及员工的学习与成长有关的因素的平衡,同时也考虑了短期目标与未来业绩的平衡,主要从四个维度考察企业的业绩,即财务维度、顾客维度、内部业务流程维度和员工学习与成长维度,这四个维度构成了平衡计分卡的基本框架。

1. 顾客如何看我们(顾客角度)

企业从顾客的角度评价企业的运营状况,通过如市场份额、客户保持率、客户获得率、客户满意度指数、客户营利性等指标。这些指标使得企业创造了一个清晰的客户远景,在这个远景中能识别各种需要及其对公司的期望。

企业顾客角度就是要知道目标顾客是谁;在服务顾客时,我们的价值定位是什么;我们的顾客期待或者要求我们做什么,因此通过吸引顾客并且维持和加强与目标市场顾客的关系,提高顾客满意度,从而获得新顾客,留住老顾客,增加市场占有率。

2. 必须要擅长什么(内部业务流程角度)

内部业务流程是企业为了维持并增加顾客和股东价值所必须擅长的关键流程。内部业务流程必须有效运作。企业可以采用存货周转率、项目内部收益率、返工率、计划的准确性等指标来衡量,一旦企业有清晰的财务和顾客角度的描述,就应该从内部业务角度抓住关键的组织活动,来实现顾客的满意目标和财务目标。这些关键内部活动一般有四类流程：一是创新流程，开发新的产品、新的市场；二是顾客管理流程，通过加强对顾客的关系管理来提高顾客满意度和保有量，进而增加顾客价值；三是经营管理流程，改进采购管理、生产现场管理、资金管理等流程以实现资产收益率的提高；四是社会流程，通过与企业外部建立有效的关系，树立好公司良好的社会形象。

3. 能否继续提高并创造价值(学习与成长角度)

学习与成长角度是指员工培训数量、员工建议数量、培训小时数、平均服务年限等指标。人力资本是企业价值创造的关键驱动因素，最终促进其他角度指标的改进。员工技能、企业信息系统的现有组织结构与维持成功所要求的环境还有差距，就要学习与成长所设计的目标和指标来缩小这种差距。

4. 怎样满足股东(财务角度)

财务角度是平衡计分卡的重要组成部分，主要指标包括权益报酬率、现金流量、利润指标等。企业的最终目标就是股东价值最大化，短期内在财务指标上就是通过收入和利润指标来实现的。提高收入主要是通过现有市场或新开发市场来实现，这就需要开发新的产品或市场，维持好现有的顾客关系。提高利润就需要提高生产率，降低企业的运行成本，或者通过加强管理，提高资产的使用效率。

(四)平衡计分卡的平衡之处

平衡计分卡反映了财务与非财务衡量方法、长期目标与短期目标、外部和内部、结果和过程以及管理业绩和经营业绩等多个方面的平衡。

平衡计分卡的平衡关系指标表现在：一是外部评价指标(如股东和客户对企业的评价)和内部评价指标(如内部经营过程、新技术学习等)。平衡计分卡将评价的视线由传统上注重内部评价，扩大到企业外部，包括投资者和顾客，同时注重内部员工的学习与成长。二是成果评价指标(如利润、市场占有率等)和导致成果出现的驱动因素评价指标(如新产品投资开发等)。驱动因素作为前瞻性指标可以使过程更容易控制，结果更能够满足。三是财务评价指标(如利润等)和非财务评价指标(如员工忠诚度、客户满意程度等)。平衡计分卡引入非财务指标有效地解决了财务指标在业绩评价上的不足。四是短期评价指标(如利润指标等)和长期评价指标(如员工培训成本、研发费用等)。长、短期指标使企业注重短期和长期发展相结合,避免经营的短视行为。

平衡计分卡主要由以上四个方面的平衡构成,这四个方面紧密联系、相互作用。在平衡计分卡系统中,财务指标反映已采取的行动产生的结果。企业通过顾客满意程度、内部程序及企业的创新等业务指标来补充财务指标,这些业务指标又是未来财务绩效的驱动因素。学习与成长制约着其他三个因素。内部经营过程对顾客和财务方面有制约作用,财务指标受其他三个因素的直接影响。

三、战略行动计划表

(一)战略行动计划表与平衡计分卡

战略行动计划是对一定周期的目标值实现的行动安排。战略行动计划表是依附于平衡计分卡并对其中的“支持计划”进行细化、延伸,可以说,战略行动计划能否完成,将决定性地影响战略目标与主题能否最终实现。战略行动计划表的关键结点则是业绩评价体系中“工作目标设定”的主要来源与依据。

(二)编制战略行动计划表

在企业职能战略规划中我们需要将部门使命、战略目标、内外部客户价值主张、职能战略主题与“关键战略举措”在部门/职能“战略地图”中展现出来并设计“平衡计分卡”“战略行动计划表”。表 3－4 为××企业人力资源战略行动计划表(示例)。

表 3－4　　××企业人力资源战略行动计划表(示例)

战略行动计划示例——关键人才培养计划							
部门	主要职能	重要岗位	能力要求	现状评估	解决方案	达标时间	责任人
人力资源部	人力资源优化配置	人力资源师	丰富的人事管理经验,公正原则;宏观思维和分析能力;组织能力,考评实践,培训经历;文字能力,公共关系	内部资源欠缺	区内外招聘	2004 年 12 月	人力资源部部长
	薪酬福利设计与执行	薪酬福利师		内部有资源,能力欠缺	短期培训/实践	2005 年 6 月	
	员工绩效考核	绩效评定师		内部资源欠缺	区内外招聘	2005 年 6 月	
	员工能力开发	能力开发师		内部有资源,能力欠缺	短期培训/实践	2006 年 6 月	

续表

战略行动计划示例——关键人才培养计划							
部门	主要职能	重要岗位	能力要求	现状评估	解决方案	达标时间	责任人
战略管理部	战略规划编制与战略管理	战略控制师	战略管理、投资经济知识；宏观思维，分析能力；财务、法律基本知识；重要岗位的相关学历；系统的市场营销知识	内部资源欠缺	招聘	2004年12月	战略管理部部长
	行业研究与公司未来发展	行业研究员		内部资源欠缺	招聘	2004年12月	人力资源部部长
	并购与整合	并购管理师		内部有资源，能力欠缺，学历低	委托培训	2005年6月	
	市场研究与策略	市场研究员		内部有资源，能力欠缺，学历低	委托培训	2005年6月	
技术中心	技术管理与质量管理	技术管理师	学历、职称；5年以上技术、质量管理经历；5年以上水泥企业工作经历；综合协调，文字表达能力	内部有资源，能力欠缺	短期培训/实践	2005年6月	技术中心
	技术改造与新技术应用推广	质量管理师		内部有资源，能力欠缺	短期培训/实践	2005年6月	部长
	新品开发与技术支持营销	研发推广员		内部有资源，能力欠缺	短期培训/实践	2005年6月	
	行业技术信息分析	技术情报员		内部有资源，能力欠缺	短期培训/实践	2005年6月	人力资源部部长
财务部	财务管理	财务管理会计师	职称；本专业管理能力；财务计划、分析能力；较深的金融与投资知识；熟练掌握财务软件；文字表达能力	内部有资源，达到要求			财务部部长
	财务分析、财务预算	财务网络会计师		内部资源欠缺	培训/招聘	2004年12月	
	财务控制、财务经营	融资投资会计师		内部有资源，达到要求			人力资源部部长
	投资与融资	出纳		内部有资源，达到要求			
监察审计部	稽核审计公司经营管理指标	审计师	注册职称；多年财务管理经历；熟悉统计、审计、资金管理	内部资源欠缺	招聘	2004年12月	审计部部长
	监督审查公司财务管理工作	审计监察员		内部有资源，达到要求			人力部部长
行政部	档案管理	档案管理员	档案管理知识与经验；计算机专科学历，掌握网络知识；安全保密知识与经验；行政经验与财务基本知识，社交能力	内部有资源，能力欠缺	内部短期培训	2005年6月	行政部部长
	安全保密管理与网络安全	计算机工程师		内部有资源，能力欠缺	内部短期培训	2005年6月	
	固定资产管理办公用品购买	安全保密管理师		内部有资源，能力欠缺	内部短期培训	2005年6月	人力资源部部长
	对外接待业务	资产管理师		内部有资源，能力欠缺	内部短期培训	2005年6月	

续表

<table>
<tr><th colspan="8">战略行动计划示例——关键人才培养计划</th></tr>
<tr><th>部门</th><th>主要职能</th><th>重要岗位</th><th>能力要求</th><th>现状评估</th><th>解决方案</th><th>达标时间</th><th>责任人</th></tr>
<tr><td rowspan="5">总裁办公室</td><td>经营目标计划制订、监察、评价</td><td>经营管理师</td><td rowspan="5">大专学历；企业管理知识与经验；熟练使用计算机，文字处理；法律理论知识与办案经验，精通统计工作，分析规划能力；较强的表达与文字能力</td><td>内部有资源，能力欠缺</td><td>招聘</td><td>2004 年 12 月</td><td>总裁办公室主任</td></tr>
<tr><td>经营管理信息工作</td><td>秘书</td><td>内部有资源，能力欠缺</td><td>内部培训</td><td>2005 年 6 月</td><td></td></tr>
<tr><td>事业部及职能部门协调工作</td><td>法律事务员</td><td>内部有资源，公关能力欠缺</td><td>内部培训</td><td>2005 年 6 月</td><td>人力资源部部长</td></tr>
<tr><td>统计工作</td><td>统计师</td><td>内部有资源，统计分析能力欠缺</td><td>内部培训</td><td>2005 年 6 月</td><td></td></tr>
<tr><td>法律事务管理</td><td>文书</td><td>内部有资源，能力欠缺</td><td>内部培训</td><td>2005 年 6 月</td><td></td></tr>
</table>

四、年度计划编制

(一)战略目标分解

现代的计划编制与传统的计划编制不同，企业各层级目标是从企业的整体战略目标一层层分解下来的，所以避免了传统计划编制过程中因为上下级之间的博弈使计划目标不准确，弥补全面计划管理有效实施的不足。

如图 3—7 所示，战略目标的分解主要是将企业的战略目标分解到战略地图的四个层面，以此制定企业的计划目标和战略目标。各个层面的分解，一方面是在对资源进行配置时需要根据各层面的战略目标分别制定行动方案并且分配资源；另一方面，在计划指标体系构建时需要根据各层次的战略目标分别设定可以体现战略目标的指标，最后以此制定的计划目标符合战略导向原则，并且将合理的效益与规模统一、短期利益与长期利益统一、内部治理和外部市场开发统一。

(二)计划管理与资源配置

随着企业规模的扩大，企业内部会出现部门之间或者是各子公司之间资源分配的难题，而优化资源配置是实现企业高效运作的重要手段。

基于战略的资源分配是以企业战略为导向，通过将企业的战略目标与企业的经营管理活动相结合，分析企业拥有的资源来优化企业的资源配置，从而实现企业的战略目标。一般来说，计划管理是通过计划编制来实现资源的有效配置，而通过计划的执行和控制来保障资源的供给。

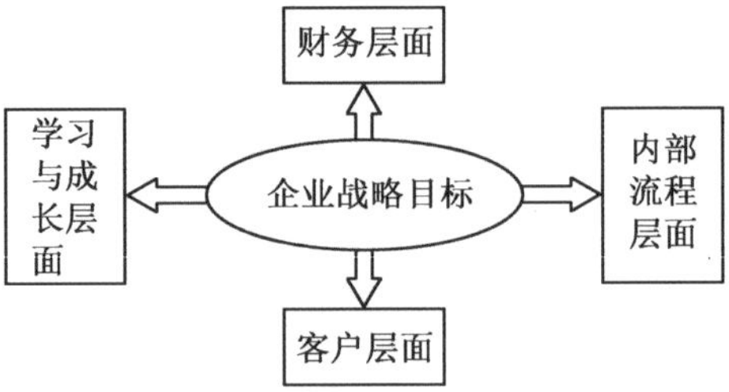

图 3—7　企业战略目标分解

表 3—5 是结合战略地图的企业资源配置表。计划管理通过将计划与战略地图融合以及对企业战略目标的分析,确定各层面指标的目标值、关键成功要素以及主要行动方案,并按照重要程度配置相应的资源。

表 3—5　企业资源配置表

维度	关键成功要素	主要行动方案	主要负责部门	资源配置
财务	提高资产利用效率	提高存货周转率	生产部门	
	增加收入	拓宽销售渠道,增加销售收入	销售部门	
	降低成本	控制产品生产成本	生产部门	
客户	提高顾客满意度	市场调研	销售部门	
	良好的品牌形象	保证产品质量	生产部门	
内部流程	提高内部运营效率	优化生产流程	生产部门	
	技术创新	开发新产品	研发部门	
	保持良好的客户管理	建立良好的客户沟通渠道	行政、销售	
	履行社会责任	遵纪守法,遵守职业道德	法务部	
学习与成长	提高员工能力	员工培训	各部门	
	提高员工凝聚力	企业文化建设	人力资源部门	
	推广信息系统的运用	信息系统完善计划	信息部门	

(三)计划指标体系构建

企业在将企业经营战略转化为一系列衡量指标时要遵循 SMART 原则,即具体的(Specific)、可衡量的(Measurable)、可达到的(Attainable)、相关的(Relevant)和有时限的(Time-based)。为了使企业战略有效实施,我们将组织战略转化为财务、客户、内部流程、学习与成长四个维度的指标。这些指标又可以分为定性指标和定量指标两种。

1. 指标的衡量

(1)定性指标。对于指标体系中的定性指标,企业可设计调研问卷,为避免主观判断,引起失误,可以将定性指标分成 7 个等级(很好、好、较好、一般、较差、差、很差,分别对应 7—1 分)。企业由于在赋值判断过程中已确定相应的等级,因此可以直接计算评价值,也就是用加权平均法对调查结果进行计算。

(2)定量指标。定量指标的数据按照指标的释义和企业的具体情况收集,数据的收集需要不同部门配合。由于各项定量指标的内容、量纲各不相同,直接综合十分困难,因此,企业必须将这些指标进行无量纲处理,将定量指标原值转化为评价值。

2. 确定平衡计分卡的评价指标的权重

专家打分是确定权重的一个较为简便和合理的方法。专家的组成结构要合理,要有企业的中高层管理人员、技术人员,也要有基层的技术和管理人员,还要有企业外对本企业或本行业熟悉的专家,如行业协会的成员、大学或研究机构的成员。同时,由于不同企业的权重选择应根据不同行业、不同企业的特点进行区分,如高科技企业技术更新快,因而学习创新成长性指标所占的权重就应较大;对大型企业而言,运作流程的顺畅显得很重要,因而该指标所占权重也应相对较大;对银行等金融企业而言,财务指标事关重大,该类指标的权重自然也应较大。

3. 将战略与企业、部门、个人的短期目标挂钩

为了有效避免企业战略目标、部门计划目标和个人绩效考核目标出现纵向矛盾,以及各部门计划出现横向不和谐,企业应对战略进行分解。战略分解可以按以下流程实施,如图 3—8 所示。

在实际操作过程中,企业应注意以下几点内容:

(1)管理者和员工必须一起制定目标。这是因为这一过程帮助员工将精力集中在重要工作上,并促使员工对自己的工作负责。

(2)目标应该是长期和短期并存,且可量化和可测量。在制定目标时,企业

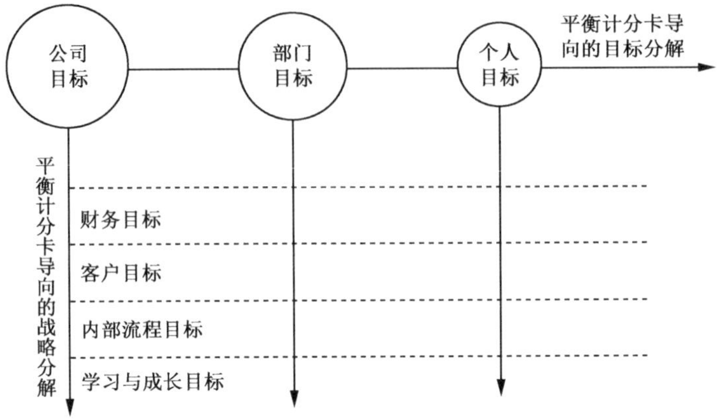

图 3—8　战略分解流程

还必须明确实现目标的步骤。

(3)预期的结果必须在员工的控制之中。

(4)目标必须在每一个层次上都保持一致。

(5)上级和员工必须留出特定的时间来对目标进行回顾和评估。

(四)年度计划编制内容

1. 计划编制内容

计划管理的内容主要包括生产经营计划、投资计划、成本费用计划、资金预算和财务计划等。其中,生产经营计划是年度经营目标的具体安排,它从销售目标入手,详细分析生产成本、销售价格等多种因素,需要业务人员高度参与,详细记录计划未来的生产经营安排;投资计划是年度股权投资和固定资产投资的具体安排,涉及未来投资项目的实施主体、投资金额、预期收益等指标,需要相关投资部门详细地测算未来的收益,预计可能出现的风险,详细地做出项目可行性分析;费用计划主要包括销售费用、管理费用和财务费用的预算,这需要业务部门和管理部门共同做出综合性的预测;资金预算就是对未来年度的资金需求做出预计,要与投资预算和费用预算紧密结合,对未来的资金流动做出详细的预计,明确融资的渠道和金额;财务计划是总预算,是业务计划的一个综合的财务反映,也是对设定的财务目标的反映。

相对于传统的计划编制,现代的计划编制内容不变,只是在分析各项计划的同时要考虑平衡计分卡四个维度的预算目标,以计划目标为导向,丰富全面预算的内容和细节，做好各项计划管理工作。

2. 计划编制程序

做好全面计划管理，要采用上下结合的计划编制流程。首先，公司在确定生产经营目标后，计划管理部门确定企业总计划目标，根据各个预算的实际情况，并将计划目标层层分解到各预算责任单元。其次，各责任单元根据分解目标并结合实际情况，编制本单位的计划目标，逐级上报汇总，协调平衡，最后得出企业的总计划。主要程序如下：

(1)集团公司根据企业战略和长期规划，结合企业的外部环境和企业拥有的资源，确定各个单位或部门一定时期的总目标，并下达规划和计划指标；

(2)各单位或部门的成本控制人员按照下达的规划目标和预算目标编制计划，为企业战略落地提供抓手，满足集团公司的需要；

(3)集团公司计划管理部门汇总各单位或部门的计划，编制销售、生产、采购、投资、财务等业务预算；

(4)计划管理委员会审查、平衡编制的计划，汇总集团公司的总计划；

(5)经过董事会的批准，将全面计划编制草案通过预算或退回修改；

(6)批准后的计划下达给各部门执行；

(7)各成员单位根据再次下达的计划目标调整业务计划和财务计划。

从上述分析可以看出，现代计划编制与传统计划编制的区别：首先，现代计划编制涉及企业整个价值创造过程，更加完整。其次，现代计划编制以客户计划编制为起点，以内部流程计划编制为重点，以成长计划编制为支撑，是一整套相互联系的整体，为实现企业的财务目标服务。

第四章

预算编制:讲道理,达共识

第一节　预算目标的确定

预算目标是预算管理的核心。预算的编制必须与预算目标相符,在执行与控制中要以预算目标为最根本的出发点。差异分析最终应解释预算目标的完成情况,并对影响目标完成的差异提出改进建议,以保证年度预算目标的完成。预算的考核指标就是下达的预算目标配合公司的考核政策,对各责任中心责任人的预算完成情况进行业绩评价与奖惩。

一、预算目标的确定依据

(一)注重发挥预算目标的激励作用

由于组织期望与预算责任单位和个人的目标并不完全一致,因此,预算目标的确定在某种程度上会体现为组织期望与个体期望间的矛盾,如组织要求降低员工和管理层的报酬以实现利润最大化,而个体则期望通过最小的努力程度而实现收入的最大化。

但是,一个很容易的预算目标并不能够充分发挥员工的潜力;相反,一个难以实现的目标又可能挫败管理者和员工的积极性。因此,组织在设计预算目标时必须考虑到人们为什么要利用预算这一问题,或者说高层管理者期望预算能在组织中所起的多层作用是什么,是规划作用、组织内部的协调作用,还是控制或组织激励作用。Merchantt 和 Manzoni(1990)的研究表明,能够被多数人达到的目标,即多数管理者在 80%—90%的时间里达到的目标,是相对较好的预算目标,特别是在当超额完成预算目标的行为能给予额外激励情况时。根据他们的观点,能够被多数人达到的目标具有以下好处:(1)提高管理者实现预算目标的责任心;(2)使管理者对预算保持信心;(3)降低了组织的控制成本;(4)减少管理者从事有害的利润操纵行为的风险;或者减少违反公司道德标准的风险(调查表明,过于激进的预算目标会使得 29%的员工迫于压力而违反职业道德标准);(5)便于有效率的管理者灵活地组织经营;(6)提高收益或经营成果预测的精确度;(7)增强预算作为计划和协调工具的作用。

我们认为,在预算目标的确定过程中,企业要充分关注预算的组织激励功能,但这些激励功能不能与公司战略规划(内部)、资本市场的必然要求(外部)相脱节,不能离开市场环境对目标确定的影响。

(二)平衡公司治理各方的利益诉求

按照现代企业制度的要求,任何预算目标的确定从根本上说都是公司股东、董事会、经营者等相互协调的过程,它符合财务分层管理思想(谢志华、汤谷良、王斌,1997),同时体现现代企业制度下的决策、执行与监督三分立的原则。具体到预算目标的确定,事实上,它是一个各个不同利益集团间讨价还价的过程。

1. 股东期望的收益"底线"与预算目标

股东是企业所有者,拥有企业的剩余索取权与部分剩余控制权,这一点在理论上并没有太多的争议。在股东没有成为实际投资者之前,他(她)只是潜在的资本提供者,他(她)可以将其所有的资本投资于自己创办的企业,从而成为业主;也可以投资于债权,成为食利者,以取得固定合同收益;还可以投资于其他企业或公司,成为被投资公司的股东并分享剩余收益。作为潜在的资本提供者,选择不同的角色(如业主或债权或者股东)取决于多种变量,从主观上看,它主要取决于投资者的资本实力、管理能力、对投资的风险态度等;从客观上看,则取决于不同的被投资企业间的制度成本与规模效益间的比较优势。具体地说,业主之所以成为业主,是因为他具有承担投资风险的能力;从收益或成本角度看,业主充分享有业主制的优势(无代理成本),但以失去规模收益为代价。而潜在投资者之所以选择债权投资,要么是因为投资者没有能力来管理公司,要么是因为这类投资者相对而言更厌恶风险。公司制下的股东,可以充分享受公司规模所带来的规模化优势,却以高昂的制度成本为代价(王斌,2001)。一旦资本提供者成为公司股东,他事实上已经完成了业主、债权人或股东三者的利弊权衡。通常认为,股东期望从被投资公司中所分得的收益总是要大于业主制下的“自我经营”所得或债权固定收益,这就是股东之所以成为股东的理由,是股东投资于企业的最基本的经济逻辑和投资法则,股东收益期望构成了企业预算目标的“底线”。股东收益期望是什么?从资本市场的角度看,股东收益期望应当是与其所承担的风险相对应的收益目标值。由于资本市场是一个统一的可流动的市场,因此,以资本市场的平均报酬率来确定股东期望目标,是相对合理的。这一期望主要表现在资本市场的平均净资产收益率(ROE)上。

2. 董事会与预算目标

但是,股东期望只能作为预算目标确定的“底线”,原因在于:股东期望是一个平均化的概念,不具有公司管理中的战略导向,也不体现不同公司内部不同的股东构成对期望目标形成的影响,为此,需要通过董事会这一机制来讨论“平均”股东期望与特定公司董事会收益期望的差异,讨论董事会期望是如何满足股东“底线”期望的。(1)股东与董事会间利益并不完全一致。股东的期望必须通过其代理机构——董事会来落实。在股权结构单一、股权高度集中的情况下,股东收益期望也就是董事会收益期望,这两者间的代理矛盾很小。家族式公司即为典型代表。但是,在现代企业制度下,股权结构如此分散,所有权与控制权彻底分离,以至于公司内部控制权拥有者与外部股东间存在无法回避的利益冲突。这里的内部控制权拥有者包括董事会和高级管理人员两部分。这就表明,传统管理理论所假定的股东与董事会间的利益一致性、股东与董事会间的诚信受托责任关系在事实上并不必然存在。董事会作为一个利益团体,有其自身的效用函数。董事会与股东间的关系,同样存在代理成本。董事会期望与股东期望并不完全一致,是因为(理论上认为)董事会成员一般由控股大股东组成。董事会与股东间的利益矛盾直接表现为控股大股东与众多中小股东间的利益冲突。在利益导向与管理目标上,大股东可能更多地会考虑公司战略和未来生存与可持续发展,以期从投资中取得长期回报,而中小股东的收益期望则更具短期性。为此,现代企业从机制上设计一系列手段来保证这两者间的一致性,如股票可流通机制、法律对中小股东的利益保护、独立董事制等。特别是,独立董事的介入在一定程度上能减少这类利益冲突,而完善资本市场为中小股东的股权流动提供了极大便利,由此,各类股东各取所需,自由共存。(2)董事会确定预算目标所考虑的因素与股东平均期望的实现。我们假定公司董事会主要由理性大股东和外部非股东董事组成,并且按照正规的议事规则与程序应对各项重大决策问题,则股东与董事会间的利益一致性假定成立。但进一步的问题是:董事会在预算目标确定时主要考虑哪些因素?我们认为,除了全体股东利益期望对董事会确定预算目标的约束因素以外,更重要的因素是公司战略。如前所述,没有战略规划就没有战略性预算,预算机制的效用就会大打折扣。如果说股东期望是以量化方式表达的预算目标(它直接体现为预算目标的最低要求,我们称为基础预算目标),那么董事会对战略导向的考虑则直接表现为对基础预算目标的调整。在进行战略导向及目标调整时,董事会所要重点考虑的因素包括所处行业特征、企业生命周期、公司发展速度、公司市场规模与导向等。这些因素从不同角度会对预算目标进行不同程度的调整。

3. 经营者团队与预算目标

如果说股东及董事会的目标期望都带有些许主观色彩(当然也不尽然,其实它是一种市场化的结果,如资本市场的必要回报等),那么总经理(公司高级管理人员的代表)在确定预算目标时更多的是考虑其实现的可行性及客观限制,包括市场潜力、现有各种可利用资源以及预算行为的经济后果等。对于市场潜力而言,它涉及公司战略问题,分为两种情形:(1)如果董事会与经营者对公司未来的发展方向把握一致,则它们间需要协调的问题只是对市场潜力认识程度的差异,董事会可能会过于主观激进,而总经理则可能会过于保守;或者相反。(2)如果它们对未来发展方向意见不一,则总经理一般会采用更加保守的估计来看待董事会对市场的预期。对于各种可利用资源而言,总经理会从预算目标完成的角度来估量其所需要的各种资源，包括财务资源与非财务资源两部分。其中，财务资源最为根本，它涉及筹资与投资权限问题，涉及对现有财务资源的可用性估计问题；对于非财务资源，它主要涉及人力配置与调动等。总经理行为预期可以概括为：在尽可能多地占有各种资源的条件下，完成其预期尽可能低的目标，“宽打窄用”即为其预算行为的最好体现。

总经理的上述行为与预算约束软硬程度及预算经济后果有关。具体而言：(1)如果企业预算约束较硬，则经营者会在目标确定之前夸大费用预算、收紧收入或利润预算，“宽打窄用”心理动机更为强烈；反之，如果预算约束较软、预算调整程序不严，则经营者在确定预算目标时不会过于保守，因为他们有机会在事中或事后通过各种方法弥补对自身的不利影响。(2)从预算执行的经济后果看，已确定的预算目标事实上成为总经理的受托责任，因此在确定预算目标之前，总经理们会自觉或不自觉地考虑目标实现程度对自身预期后果的影响(如任期长短等时间性考虑、经理人员报酬计划、个人提职或解聘等)，并将这种行为预期后果反映到目标确定中。

(三)充分考虑公司战略和经营能力

公司制定的年度预算目标是将公司中长期发展计划分解细化的过程，在制定目标的过程中应以以下几个方面为依据：

(1)首先是公司历史水平，包括历史最好水平、历史平均水平、行业最好水平、行业平均水平及国际同行业先进水平。

(2)其次应考虑公司外部环境的影响，包括市场预测、经济政策预测及新技术预测。

(3)此外，还应考虑公司内部环境的变化，包括内部资源的利用能力、公司自身的管理能力、公司预算年度的资金融通能力。这种将历史水平与外部内部资源共同考虑制定预算目标的方式，才能使预算目标制定得更贴近实际。

(4)制定预算目标应考虑公司的财务能力，即利润、现金流量、投资回报率及资产净增值率。

(5)考虑公司的市场开拓能力，即市场增长率、市场份额。

(6)考虑公司的经营能力，即成本控制水平、费用节支率、工作完成率等因素。

二、设计预算指标体系

(一)预算指标分类

预算指标的选择旨在体现企业预算管理导向，保证企业战略目标的实现。一般来讲，预算指标分为以下两类：

1. 财务指标

财务指标可以细分为财务效果指标和财务效率指标，前者用于表示各责任中心的经营成果，如经济增加值(EVA)、利润总额、息税前利润(EBIT)、营业收入、营业现金净流量、成本费用等指标；后者用于表示财务资源投入与产出的比率，通常可通过盈利能力、营运能力、偿债能力和增长能力等指标加以反映，如净资产收益率(ROE)、总资产报酬率(ROA)、投资报酬率(ROI)、销售(营业)利润率等指标。

2. 非财务指标

非财务指标是用以衡量企业的内部经营和满足客户需要的能力，如市场份额、市场增长率、销售(营业)增长率、客户获得率、客户保持率、服务满意度等指标。

(二)预算指标选择

预算指标体系中的核心指标一般只有一个，我们主张用财务指标来表达，以促使企业关注财务目标，并因责任中心不同而各异，即对于费用或成本中心而言，它是成本或费用；对于利润中心或投资中心而言，它是指利润、息税前利润(EBIT)或投资收益；对具有独立自主权的法人制企业而言，它是经济增加值(EVA)或净资产收益率(ROE)等。非财务指标很重要，但应视为财务指标的有益补充，以避免仅采用财务指标带来的短期效果。非财务指标的选择应充分考虑其可执行性和避免其主观性。

(三)预算指标构成示例

1. 某汽车制造企业年度预算指标构成

表 4—1 为年度预算目标表。

表 4—1　　　　　　　　　　年度预算目标表

类　别	集团级指标	子公司级指标		整车企业	零部件企业	其他
发展规模类	销量	重型卡车		√		
		中型卡车		√		
		客车	整车	√		
			底盘	√		
		微车		√		
		专用车		√		
	销售收入	重型卡车		√		
		中型卡车		√		
		客车	整车	√		
			底盘	√		
		微车		√		
		专用车		√		
		零部件	集团内		√	
			集团外		√	
		其他业务				√
	产值	重型卡车		√		
		中型卡车		√		
		客车	整车	√		
			底盘	√		
		微车		√		
		专用车		√		
		零部件	集团内		√	
			集团外		√	
盈利能力类	净利润总额	净利润总额		√	√	√
	资产收益率	净资产收益率		√	√	√
		主营业务毛利率		√	√	√
可持续发展类	行业竞争排名	区域市场占有率		√	√	
	资产负债率	资产负债率		√	√	√
	年度投资总额	年度投资总额		√	√	√
	研发投入占比	研发费用投入比		√	√	
		新产品销售占比		√	√	

续表

类　别	集团级指标	子公司级指标	整车企业	零部件企业	其他
运营管理类	重点管理工作	重点管理工作			
		成本降低率	√	√	√
		废品损失率	√	√	
		存货周转率	√	√	
		应收账款周转率	√	√	√
		期间费用率	√	√	√
		经营性现金净流量	√	√	√
		产销率	√	√	

2. 预算指标说明

表 4—2 为预算指标说明表。

表 4—2　　预算指标说明表

类　别	指标库	指标说明
发展规模类	销量	
	销售收入	
	产值	
盈利能力类	净利润总额	
	主营业务毛利率	(主营业务收入净额－主营业务成本)/主营业务收入净额
	主营业务利润率	净利润/主营业务收入净额
	成本费用占收入的比例	(主营业务成本＋销售费用＋管理费用＋财务费用)/主营业务收入
	总资产利润率	利润总额/平均资产总额
	净资产收益率	利润总额/平均股东权益
可持续发展类	行业竞争排名	
	总投资额	
	研发费用投入占比	研发费用/主营业务收入净额
	新产品销售占比	新产品销售收入净额/主营业务收入净额
	资产负债率	负债总额/资产总额
	重点客户销售占比	

续表

类　别	指标库	指标说明
运营管理类	成本降低率	(上年单位成本－本年单位成本)/上年单位成本
	废品损失率	废品损失费/生产成本
	存货周转率	主营业务成本/平均存货总额
	应收账款周转率	主营业务收入/平均应收账款总额
	期间费用率	期间费用总额/主营业务收入
	产销率	销量/产量
	经营性现金净流量	
	重点管理工作	根据年度工作重点开展的各类管理提升活动,其考评依据为重点工作按公司(部门)职责分解到公司(部门)工作的完成时间节点和工作完成质量

三、确定预算目标期望值

(一)确定预算目标期望值的方法

1. 基数加成法

基数加成法是以上年完成利润或前几年完成利润的平均数为基础,再结合其他因素,确定一个固定的加成比率,以此确定企业预算目标。这种方法简便易行,通常在企业的实际预算编制过程中应用也是最广的。但这种方法隐含一个基本的假设前提就是:过去的经营状况是合理的,历史将会延续。事实上,企业过去的经营业绩可能并没有完全反映企业的管理努力程度,而只是反映了企业资源的占有状况。而且这种方法可能出现管理层操纵公司盈余,实行利润调节的现象,造成公司稳健成长的假象。

2. 效益系数法

效益系数法是通过本企业与行业单位投入产出量相比,得出企业效益系数。这种计算方法比基数加成法明显的进步是能进行横向比较。但由于同一行业新旧企业、大小企业之间各自拥有的经营要素的数量与质量以及所依赖的市场经营条件优劣不等,这就造成了企业间的单位投入产出量如资金利润率等指标值高低悬殊,可比基础很差。

3. 因素分析法

因素分析法是企业分析价值创造的驱动因素，并采用一定的分析方法将各有关因素综合起来确定企业预算目标的方法。这种方法需要分析企业各种因素的影响，如市场条件、同行业企业水平、经营管理素质等因素。

4. 目标导向法

目标导向法是通过对企业发展战略进行分析，确定企业的经营目标，从而确定企业预算目标的方法。它体现了目标管理的基本思想。我们认为，目标导向法正是通过预算管理系统控制和促进企业战略目标的实现，反映了管理当局的管理意图。

(二)确定预算目标期望值的原则

公司向各责任中心下达的预算目标对公司的预算管理具有指导作用，因此制定合理的预算目标十分重要。以前公司的预算目标只是经营目标，或是一些统计指标，这些统计指标不能代替预算目标。作为预算管理的目标值应具备五项标准，即 SMART 标准原则：

(1)具体化(Specific)：年度预算是战略计划的具体化，它要求全面、细致，囊括业绩考核的各个方面；

(2)可度量(Measurable)：预算本身是数字化的计划，即每个目标都应有明确的可以客观计量的标准；

(3)可实现(Achievable)：预算目标是经由预算部门、预算执行部门、公司管理层反复分析、研究、协商的可实现的结果，经过他们的共同认可和承诺；

(4)现实性(Realistic)：预算目标至少应有 60%的实现可能性，才能保证对执行者的激励和约束作用；

(5)时间要求(Time-bound)：具体化的预算目标往往包括许多阶段性的目标，必须有明确的时间要求。

(三)预算目标期望值的确定方式

1. 讨价还价机制是暂时性的公司政治机制

从上述分析不难看出：(1)股东及股东大会对预算目标确定合理性与否的关注，主要借助两种机制：一是董事会机制，这是一种内部治理机制。二是外部市场机制，也就是说，股东通过市场反应形式来表达对预算目标的肯定或不满，合理的预算目标会被当作“好消息”而被市场消化;反之,不合理的预算目标会被作为“坏消息”而引起市场的不良反应。在外部市场并不完全有效的情况下,董事会机制被认为是最有效的股东代理机制。(2)董事会被认为是预算目标的决策机构,尽管它并不具体从事预算编制,但负责预算的审批与下达,因此,它历来被认为是预算目标确定的主导力量。(3)总经理出于主观与客观等多方面条件与因素的考虑,在预算目标形成中起着重要作用。他从目标的现实性、可操作性方面对预算目标的主观性提出修正,并从个人利益与个人行为角度来看待预算目标。

因此,预算目标的确定可以看成一个讨价还价的过程,一个涉及各方面权力和利益调整的政治过程。但是,我们需要强调的是,任何预算目标的确定都不可能完全是一种讨价还价结果。从根本上说,讨价还价过程是暂时的,公司不可能永远处于无休止的讨价还价之中,原因是资本市场并不买公司的账。

2. 资本市场的唯一财务规则是价值与回报

市场经济离不开市场机制。预算目标的确定同样面临着资本市场机制的强大压力。也就是说,如果我们在理论上承认公司是由股东投资并控制的,那么也就等于承认了股东在预算目标确定中的核心作用(公司法明确规定,公司年度预算需要经过股东大会审批通过后方可实施)。问题是市场机制或者市场规则是如何决定预算目标的。

除非投资者买股票只是为了收藏,否则任何权益资本都是有成本的(对投资者而言即为收益,它等于期望的未来分红收益加上股票增值收益)。但问题是,这种未来实现的期望收益是不确定的,人们无法在投资购买股票时得到获取未来肯定收益的答案。资本市场不同于产品市场,如果人们在购买产品时发现其质量有问题,则我们总能通过各种手段去争取你期望得到的合法权益(如退货、投诉、法律诉讼等),而且产品质量问题的后果对公司来说也是显而易见的(它可能影响公司未来产品销售收入的实现)。但是,如果投资者购买股票实际取得的收益率为10%,而他期望取得的收益率则为15%。显然,这种期望差在事实上造成了股东的“自我”损失,但我们很难判断这一结果对被投资对象(公司)的具体影响(如公司二级市场上的股票买卖并不影响公司现有资本的运用,但可能会影响公司未来再融资)。因此,我们可以将问题转换为:公司是否应当对满足股东的权益要求（如实现 15%的期望收益）负责？答案是肯定的。从长期的股票市场表现看，股东整体在二级市场上的资本利得收益与整个市场的资本利得损失是一个零和博弈，因此，股东整体从市场上取得净收益的唯一来源是公司价值增值与收益，它正好等于公司的总收益。

因此，股东期望的收益回报（从公司角度即为权益的资本成本）应当是预算目标确定的"市场底线"，也就是说，只有当公司实际收益超过股东期望收益这一底线时，公司才为股东创造价值，否则都是在毁损股东价值。同样的分析也适用于债权人资本。如此看来，公司只是一个虚拟的法人概念。公司管理层表面上所面对的是完整的法人资产，但实质上是面对其背后的整个资本市场，在整个社会经济生活中只是起到一个"信托人"的托管责任角色而已（这是西方国家衡平法和信托法的法理基础）。

（四）预算目标期望值与集团管理模式

预算目标的确定还与企业的预算管理模式密切相关。

（1）对于分权式的预算管理式（自下而上的预算管理模式），预算数据主要来源于下级单位的市场预测，企业预算目标是将下级单位的预算目标汇总。从理论和实践来看，只要是参与式的预算管理模式就容易产生预算松弛现象（Budget Slack，即或者少报利润、收入，或者多报投资、成本费用预算）。这种预算管理模式适用于总部不具有市场管理能力，下级单位市场非常成熟、管理经验比较丰富、自主权较大、各业务差异较大等情况。

（2）对于集权式的预算管理模式（自上而下的预算管理模式、权威式的预算管理模式），预算目标主要根据管理总部和上级单位的管理意图加以确定，下级单位的主要任务是贯彻执行其既定的预算目标。公司总部在对预算目标进行设定时，重点考虑的因素包括行业特征、企业生命周期、公司发展速度、公司市场规划与导向等因素。

（3）对于集权和分权相结合的预算管理模式，预算目标的确定一方面考虑了企业内部资源状况和市场可行性，另一方面考虑了对企业发展的预期和战略导向性，体现人本管理和目标管理思想。这也是实际使用最多的一种模式。

四、预算目标的分解

预算总目标确定后，需要层层分解、落实到企业的各级预算部门和岗位，分解后的各项具体预算目标总和应等于企业预算总目标。这样，只要各级预算部门的具体预算目标完成了，企业的预算总目标也就实现了。

在实务中，根据企业的组织结构不同，可采取两种不同的方式分解预算总目标。

(一)单体企业预算总目标的分解

单一法人企业只有总部一个投资中心，下设数个利润中心和成本中心。企业预算总目标在各责任中心的分解，实际上就是投资中心将有关收入、成本、费用、利润等指标分解落实到各利润中心和成本中心，在分解方法上可灵活使用“倒推法”“比例法”“零基法”“量本利分析法”“因素分析法”等定量及定性方法。

1. 倒推法

倒推法是指首先确定两头指标，然后倒推中间指标的方法。例如，企业可以根据市场预测和战略规划，首先确定销售收入和利润总额，然后倒推出成本、费用等指标。倒推法的原理可用公式表示：

市场价格－利润目标＝成本目标

2. 比例法

比例法是指首先由公司决策者测算、预定一个某项预算指标比基期增减的比例，然后由各责任中心分解落实的方法。例如，某企业预定预算期内管理费用指标的可控项目比基期降低10％，然后将降低10％的任务分解、落实到各职能管理部门。

3. 零基法

零基法是指分解落实预算指标时不考虑基期发生额，而是以零为基础对有关项目进行详尽分析、测算的方法。例如，业务招待费项目在各责任中心的分解，可以不考虑基期的发生数额，而是由各责任中心采取单笔算账的方法申报。

4. 量本利分析法

量本利分析法是指利用销售数量、产品成本和销售利润三者之间的变量关系，分解、落实预算指标的方法。因为，在市场价格一定的情况下，销售数量、产品成本和销售利润任何一项指标发生变化，都会导致其他两项或一项的变化。量本利分析法的基本公式为：

销售量×(市场价格－单位变动成本)－固定成本＝销售利润

5. 因素分析法

因素分析法是指将影响各责任中心的有利因素和不利因素综合起来,用于调整预算指标的方法。例如,生产部门由于工人薪金提高导致的人工成本增加、由于采用新技术工艺导致的材料消耗降低都可以通过因素分析测算出来。

上述分解预算总目标的方法因企业、因事、因项目灵活应用,切不可生搬硬套。

(二)集团公司预算总目标的分解

在集团公司内部,母公司与其子公司各自为独立法人,但在很多政策选择上,子公司要受母公司的控制与引导。就全面预算管理而言,集团公司与单体相比,具有以下四个明显特点:

(1)在组织机构的设置上,集团公司设有多个投资中心,并按法人层级设有多级预算管理组织机构。

(2)在预算管理的内容上,母公司的预算管理主要包括两个方面:一是公司总部的预算管理;二是母公司对子公司的预算控制。

(3)在预算目标的内容上,母公司的预算目标由两部分组成:一是母公司自身的预算目标;二是各子公司的预算目标。

(4)在预算目标的确定上,集团公司包括两方面的内容:一是整个集团企业预算总目标的确定;二是预算总目标在各子公司的分解、落实。

集团公司预算总目标在各子公司的分解、落实,也要分两个层次进行:第一个层次是母公司将预算总目标分解、落实到各子公司,也就是各个投资中心;第二个层次是各个投资中心将承担的预算目标分解、落实到内部的各个利润中心和成本中心。

集团公司预算目标分解的步骤与方法包括:

(1)由母公司在参照国内外同行业的先进水平、各子公司的历史最高水平及综合考虑企业内外环境、条件的基础上,拟定各个子公司的投资报酬率;再用拟定的各投资报酬率乘以各子公司的资本金,求得各子公司的利润目标;然后,将各子公司的利润目标相加得出整个集团企业的利润目标。

(2)母公司召集由子公司董事长、总经理和财务负责人参加的预算工作会议,将母公司拟定的投资报酬率和利润目标下达到各子公司。

(3)各子公司根据母公司下达的预算目标进行测算,编制全面预算草案。

(4)各子公司反馈预算目标及全面预算草案编制情况,经过多次测算、协调,达成一致。如果某子公司确有理由需要调整母公司下达的预算目标,则母公司应准予调整,并相应调整其他子公司的预算目标,以保证整个集团预算总目标的落实。

五、预算目标的另一面:预算主题

很多企业开展全面预算管理工作的效果并不好,原因众多,一个主要原因是全面预算管理缺乏主题;也就是说,企业为了编预算而编预算,不知道通过预算管理达到什么目标、解决什么问题。这是因为,全面预算管理就是一件管理工具。用工具来做什么,必须要体现使用工具者的意志,这个意志就是预算主题。如果没有主题,全面预算管理就是形式主义,很难发挥作用。企业开展全面预算管理时首先要回答这个问题,因为预算主题不同,预算编制、执行、考核的方法、重点乃至指标都不相同。

事实上,企业在制订年度经营计划时就需要确定预算主题,其确定的依据是企业发展战略的要求、企业当年存在的主要矛盾和矛盾主要方面以及主要管理者的下一年度的打算等。一般而言,全面预算管理主题与全面预算管理功能有很大关系,可涉及的方面包括控制成本费用、实现战略目标、满足股东考核要求、满足资本市场要求、支持激励与约束机制建立以及约束资金使用等。从实务来讲,预算管理主题不能过于宏观,要具体化和可操作化,并且从集团到子公司,预算主题的具体化要体现递进关系,如集团将开拓市场、控制成本作为预算主题;子公司可具体以加快新品投放、提升某产线产能、扩大区域市场占有率、降低某产品材料消耗率、控制五项费用等作为预算主题。预算主题一旦确定,就成为企业开展预算管理的重点,或开展管理,改善行动,或提供资源保障,平衡与其他资源占用的关系。

需要提示的是,企业全面预算管理不能没有主题,也不能主题太多,因为事物是普遍联系的。多种目标使预算报表考核指标难以设计,影响全面预算管理的有效性。一般而言,集团公司只能有一个预算主题,子公司只能有两个主题,其中第一个主题遵循集团公司的主题,第二个主题是公司根据自己的经营环境设定的主题。经验表明，一个企业的预算主题绝不能超过三个。

六、预算目标和预算假设

企业的未来是不确定的，计划和预算必须对不确定的未来做出确定性的假设。所以基于业务运营计划的预算编制是建立在一系列预算的假设及管理者的经验判断的基础上的。虽然在编制预算的过程中对企业内部或外部的不确定因素做了尽可能周详的考虑，但是很难对未来做出全面的、正确的、客观的、十分科学的估计和判断。因此，预算管理仍然存在一定的局限性。在推行预算管理过程中，如果出现非人为原因的较大差异，也就是说，在客观环境出现较大变化时，企业应对预算做适当修正，以提高预算的合理性、客观性、科学性和正确性，让预算在企业经营管理中发挥作用；否则，预算与实际情况差异太大，会失去管理的作用。这也是在编制完成年度预算后滚动预算编制的必要性之一。

在预算编制的准备阶段，企业要对预算所依据的关键历史数据、经验比率、基本条件关系等进行假设，也需要对数据之间的勾稽和比例关系进行界定，对经营目标中关键数据及其衍生的数据指标进行确定。关键假设可以按照不同的维度进行分类，如按照宏观和微观的维度；也可以按照企业内部和外部的维度进行分类；还可以按照损益表、现金流量表和资产负债表的维度进行分类。具体分类如下：

（一）宏观指标数据假设

宏观指标数据假设企业在预算准备阶段要列出重要的历史或者未来的相关数据，包括国家的、行业的、竞争对手（或者友商）的，用于揭示这些宏观的、历史的或者未来的预测指标与本企业的指标数据之间的关联程度，特别是强调相关宏观指标与本企业主要经营指标之间的相关关系。如可以作为关键历史数据列出的有国家 GDP 指数、重点地区的 GDP 指数、JDP 指数、行业增长指数、GDP 指数与行业之间的关联度、竞争对手业务增长指数、客户业务增长指数、本公司历史增长数据、市场份额指数、重点区域市场份额指数等。

（二）微观指标数据假设

企业微观的预算假设可以根据损益表、现金流量表和资产负债表等指标之间的会计勾稽关系以及该指标的历史数据或者经验，对这些未来指标进行判断。

1. 损益表预算指标假设

(1)销售数量和销售价格假设,包括销售整体数量或者区域数量、产品结构数量以及单位价格假设等。

(2)销售成本指标假设。

销售成本=期初产成品+本期入库产成品-期末产成品

销售成本比率=销售成本÷销售收入×100%

(3)生产成本假设。

直接材料=期初材料+材料采购支出-期末材料

直接材料比率=直接材料÷生产成本×100%

直接人工比率=直接人工÷生产成本×100%

制造费用比率=制造费用÷生产成本×100%

(4)成本降低假设、材料价格降低假设、研发降低成本假设、工艺改进降低成本假设等。

(5)毛利率指标假设。

制造毛利率=(销售收入-销售成本)÷销售收入×100%

销售毛利率=(销售收入-销售成本-销售税金及附加)÷销售收入×100%

制造边际贡献率=(销售收入-变动销售成本)÷销售收入×100%

产品边际贡献率=(销售收入-变动销售成本-销售和管理变动成本)÷销售收入×100%

(6)利润率和费用率指标假设。

主营业务利润率=主营业务利润÷销售收入×100%

营业利润率=营业利润÷销售收入×100%

净利润率=净利润÷销售收入×100%

营业费用率=营业费用÷销售收入×100%

管理费用率=管理费用÷销售收入×100%

财务费用率=财务费用÷销售收入×100%

上述所有损益指标需要根据历史经验和未来预测进行数据假设,以编辑损益预算。

2. 资产负债表指标假设

(1)应收账款指标假设。

应收账款周转率＝销售收入÷(期初应收账款金额＋期末应收账款金额)

或者按照月份进行平滑计算：

应收账款周转率＝销售收入÷(年度期初应收账款金额＋1月份期末应收账款金额＋…＋12月份期末应收账款金额)÷13

应收账款周转天数＝365÷应收账款周转率

(2)存货指标假设。

(3)产成品和在产品等存货指标假设(原材料类似)。

本期入库产成品＝期初在产品＋生产成本－期末在产品

期初在产品＝期末在产品

存货周转率＝销售成本÷(期初存货金额＋期末存货金额)÷2

或者按照月份进行平滑计算：

存货周转率＝销售成本÷(年度期初存货金额＋1月份期末存货金额＋…＋12月份期末存货金额)÷13

存货周转天数＝365÷存货周转率

(4)另外，存货周转指标假设也可以继续进行分解为储备资金、生产资金和产品资金周转指标假设。

存货资金周转天数＝储备资金周转天数＋生产资金周转天数＋成品资金周转天数

原材料周转率＝销货成本(或者本期购买的原材料成本)÷原材料库存平均余额

原材料周转天数＝365÷原材料周转率

生产资金周转率＝销货成本(或者本期的生产成本)÷在产品平均余额

生产资金周转天数(生产周期)＝ 365÷在产品周转率

产成品周转率＝销货成本÷产成品平均余额

产成品周转天数＝365÷产成品周转率

(5)应付账款指标假设。

应付账款周转率＝采购材料总额(本期或者累计赊购材料总额或者销售总额)÷应付账款平均余额

应付账款周转天数＝365÷应付账款周转率

其他各项资产计提减值准备比例和长短期借款假设(期限、利息等)、固定资产和无形资产折旧假设等,可以根据企业的历史经验或者实际情况进行假设。

3. 现金流量表指标假设

首先,是指对现金流量范围或者定义的界定,可以根据企业的实际管理情况,分别界定何种情况下的现金、银行存款、银行汇票和本票、银行承兑汇票等为现金流量,而其他类型的准现金则剔除在范围之外。其次,在直接法编制现金流量表的情况下,需要对经营活动的销售商品/提供服务收到现金流量的时间、结算方式的界定和假设,或者对购买商品/接受服务支出现金流量的时间、结算方式的界定和假设,对投资活动现金流量的流出/流入时间、方式的界定和假设,对筹资活动现金流量的流入/流出时间的界定和假设等。上述指标的界定和假设,包括其与收入、应收账款、存货、应付账款等指标之间的会计勾稽关系。再次,在间接法编制现金流量表的情况下,需要界定和假设经营活动净现金流量指标与收入、营运资本、折旧与摊销、财务费用等指标之间的勾稽关系。最后,需要对现金流量的循环周转天数指标进行假设,以便于控制现金流量循环,提高现金流量周转水平。现金流量循环期的指标公式为:

现金循环周转期=存货周转期(原材料资金周转天数+生产资金周转天数+产成品资金周转天数)+应收账款周转期—应付账款周转期

七、发布预算大纲

《预算编制大纲》是组织预算编制工作的纲领性文件,引导各预算责任单位开展预算编制工作。以下以某集团公司为例:

××集团有限责任公司

20××年度预算编制大纲

一、总纲

根据《全面预算管理制度》的有关规定和工作计划安排,集团定于20××年10月××日至12月××日开展20××年全面预算的编制与申报工作。为了确保预算编制与申报工作的顺利进行,特将20××年预算编制大纲下发给你们,望各预算编制单位按照本大纲的要求,在规定的时间内保质、保量地将本集团的预算草案上报到集团预算管理办公室。

（一）20××年集团经营环境

1. 集团公司战略规划（略）

2. 20××年度市场分析与预测

该部分包括但不限于以下内容：

（1）总结20××年集团所处细分市场的总体情况和特点，以及企业在市场中的地位和竞争能力；

（2）分析及预测20××年度集团所处细分市场的发展趋势和竞争特点；

（3）计划在20××年度采取的竞争策略和竞争目标以及将达到的市场地位（市场份额或在主要客户中的供货比重）。

预测应建立在合理的基础上，避免出现过于保守或过于乐观的重大偏差。该部分内容应当有充分的文字或说明，重点在于市场分析和竞争策略，尤其是针对销售增量和主要竞争对手的分析与竞争策略，通过这部分内容能够比较清楚地反映企业经营目标的形成基础。

3. 20××年度预算管理关键因素

（1）全面预算管理是全员参与、全面覆盖、全程跟踪及控制的系统工程。20××年是集团公司完善预算管理工作开展的起始年，各权属单位务必高度重视并着力推进预算管理工作，使全面预算管理发挥出应有的效能。

（2）紧紧围绕全面预算管理主题，健全制度，明确责任，理顺关系，规范行为，完善增收节支、节能减排措施，缩减一切开支，努力降低各种成本费用。

（3）加强现金流量调控，加速资金周转，提高资金使用效率，拓宽筹资渠道，保障重大项目的建设。

（二）20××年集团预算管理主题

1. 根据集团公司发展规划和现阶段主要任务，确定20××年度全面预算管理主题为：

（1）建立以资金为中心的预算管理体系，强化资金管理。

（2）控制成本费用。

2. 集团公司权属单位紧紧围绕集团公司的全面预算管理主题，根据本单位20××年度预算管理工作重点以及预算资源的重点投向，确定本单位的全面预算管理主题。

(三)预算编制的原则

1. 目标性原则

各预算部门要以确保完成集团董事会制订的20××年经营目标为出发点，围绕本预算编制大纲下达给各预算单位的预算目标，深入分析、测算预算目标的有利因素和不利因素，编制积极的预算草案。

2. 可行性原则

预算一经批准，必须严格执行，一般不能调整。因此，各预算单位申报的年度预算指标必须切实可行。本预算编制大纲给各预算单位下达的预算指标草案，是给各预算单位编制预算的一个方向性指导性意见。各预算单位在编制年度预算时必须本着实事求是的精神，从严从细，编制出既能实现集团总体经营目标，又符合本单位实际情况的年度预算。

3. 完整性原则

年度预算要体现全面预算的思想。各单位必须将经营管理范围内的所有收入和支出完整、全面地反映在年度预算中，做到不重不漏，绝不允许在公司预算之外搞预算外收支。

4. 统筹兼顾原则

预算编制要做到合理安排各项资金支出，重点保障生产经营活动的资金需要，分清各项支出的轻重缓急，做到有保有压，统筹安排资金预算项目，在保证重点项目支出的前提下，兼顾一般项目的资金需要。

5. 公开透明原则

年度预算的编制要公开、透明。各单位要让预算的执行者参与到编制预算的过程中来，向所有参与预算编制人员公开预算编制的原则、内容、程序、要求和结果，要加强各部门之间的沟通与协调，建立民主决策机制，提高预算编制的公开性和透明度，确保年度预算指标拥有雄厚的群众基础。

6. 统一性原则

各预算单位要按照本预算编制大纲统一设置的预算表格，统一口径、统一程序、统一计算方法，填列预算项目的指标与数据。

(四)预算编制的依据

(1)国家的有关方针、政策,国内外经济环境及市场发展趋势;

(2)集团董事会确定的集团发展战略、经营规划、经营策略和经营目标;

(3)公司改组改制、收购兼并、资本运营等重大经营事项安排;

(4)客户订单、市场预测及公司生产能力;

(5)集团财务政策、集团会计核算办法;

(6)公司相关定额标准、计划价格和其他基础资料;

(7)本年度实际经营情况以及预见到的预算年度内外部变化因素;

(8)集团制订的预算编制大纲;

(9)本单位的具体情况及其他影响预算编制的因素。

二、预算编制的组织领导

(1)全面预算的编制工作由集团预算委员会组织领导,具体工作协调由集团预算管理办公室负责。

(2)各项预算草案均由各权属单位进行编制和申报,各权属单位负责人为编制本单位预算的第一责任人,各级预算管理机构、财务部门及专兼职预算员负责具体的预算编制及申报工作。

三、20××年度预算目标

(1)经过集团公司研究决定,集团公司20××年度预算总目标为:

序号	目标项目	20××年目标
1	收入总额	
2	净利润	
3	经营性现金净流量	
4	净资产收益率	
5	总资产报酬率	
6	……	

(2)集团公司各权属单位20××年度预算目标(略)。

四、20××年度预算编制内容

1. 预算编制表格内容

一级主表	二级明细表	三级基础表
(1)主要经济指标预算表 (2)现金流量预算简报表 (3)资产负债预算表 (4)损益预算表 (5)现金流量预算表	(1)经营预算表 (2)资本预算表 (3)筹资预算表 (4)预算准备表	行业业务预算表 (16个行业)

预算报表体系由集团公司统一下发，各权属单位根据表格内容填列，上报集团公司。

2. 预算编制方案说明书

预算编制方案说明书是对年度预算报表的补充说明，是评价预算编制方案质量的重要依据，是年度预算编制方案的重要组成部分，由各权属单位填列上报集团。其主要包括以下内容：

(1)上年度生产经营情况总结；

(2)预算年度内部责任中心构成；

(3)预算年度预算管理主题；

(4)预算编制假设；

(5)预算指标编制说明(包括收入、成本、期间费用、利润、现金流、投资等预算指标，并与上年实际数对比说明)；

(6)可能影响预算指标完成的关键因素说明；

(7)开展全面预算管理工作及完成预算目标的具体措施和建议。

五、20××年度预算编制要求

1. 预算假设

(1)为贯彻目标管理，简化预算处理内容，各单位在预算编制前须设立预算假设，作为预算编制的前提和依据。

(2)各单位的预算假设内容应在预算编制方案说明书中体现。

2. 内容要求

(1)表间逻辑关系正确；

(2)数据准确，有依据。

3. 格式要求

预算编制说明书用Word格式编辑(横排、正文四号宋体字、文字图表相结合),预算表格用 Excel 格式作附件报送。

4. 时间要求

(1)20××年××月××日,集团公司下属各单位启动 20××年预算编制工作;

(2)20××年××月××日前,各单位向集团公司预算管理办公室报送年度预算方案完整稿;

(3)20××年××月××日前,集团公司预算管理办公室组织有关处室完成预算方案的审查工作,将审查修改意见反馈给各单位,双方沟通协调,直至达到预算管理目标;

(4)20××年××月××日前,集团公司预算管理委员会审定 20××年度预算方案;

(5)20××年××月××日前,集团预算委员会将集团总预算方案上报集团董事会审议;

(6)20××年××月××日前,集团与各权属单位负责人签订《20××年预算目标责任书》;

(7)20××年××月××日前,各单位分解下发执行预算方案。

六、信息传递

1. 集团公司预算管理办公室联系方式

联系人:××、×××　　　　电话:××××－××××××××
　　　×××、×××

电子邮箱:

2. 各单位以书面形式上报预算方案,同时通过电子邮件报送电子文档。

第二节　优化预算编制流程

一、自上而下式的预算编制流程

在这种程序下,预算由公司总部按照战略管理需要,结合公司股东大会的收益预期及公司所处行业的市场环境而提出。预算是全面而详细的，下属各预算责任单位（如各分部、子公司等）都只是预算执行主体，预算决策权力在总部。在自上而下式的编制流程中，总部预算由预算管理委员会和董事会负责。

（1）总部根据自身提出的预算目标和规划，直接分解预算目标给各下属经营单位，并要求其执行。

（2）各下属经营单位根据总部下达的预算目标，根据自身的条件和协力，具体提出适应于其自身的各项预算指标，并结合组织结构和责任体系，在组织框架下设定责任中心，具体分解落实各责任中心的预算目标（如收入中心的收入目标、成本中心的成本目标、职能管理部门的管理费用目标等）。

自上而下式的编制流程的最大好处在于能保证总部利益的实现，但最大的不足在于权力高度集中，从而不能发挥各下属经营单位的主动性和创造性。

二、自下而上式的预算编制流程

在这种流程中，管理总部主要起到管理中心的作用，视预算管理为各子公司落实其经营责任的管理手段，并认为预算管理的主动性来自各子公司。总部只对预算负有最终审批权，总部的管理责任是确定财务目标（如目标资本报酬率等），子公司的管理责任是如何实现这一目标。为此，子公司编制并上报的预算在总部看来只是对总部财务目标实现的一种行动承诺。总部审批下级上报预算的目的只是出于对这一行为承诺的可靠性进行核实。极端自下而上式的编制流程适用于资本型（财务型）控股集团。它由集团母公司提出责任目标，由子公司确认预算责任（关于集团预算管理的内容，我们将在有关章节进行具体、深入的讨论）。

这种方式的优点在于提高子公司的主动性，将预算权作为分权管理的一部分下放给子公司，同时将子公司置于市场前沿，提高子公司独立作战的能力。其不足主要表现为：第一，可能引发管理失控（总部可能只强调结果控制而忽略过程控制，一旦结果既成事实，没有弥补过失的余地）；第二，宽打窄用，导致资源浪费，如为争夺母公司的资本资源而多报或少报预算；第三，不利于子公司盈利潜能最大限度地发挥，如子公司的经理人员为保持对子公司的长期控制权，会采用“挤牙膏”式的利润预算方式。年度利润预算只在上年度基础上“适当”

增长,从而保持利润逐年增长而没有发挥应有的潜能。

三、上下结合式的预算编制流程

这种预算编制方式是现代预算管理最为可取的一种方式,一方面是因为通过上下结合,有意识地进行沟通和完全执行总部的预算目标;另一方面通过上下结合,避免单纯“自上而下”和“自下而上”极端模式的各种不足。在具体预算编制过程中,企业一般遵循以下思路:

1. 下达目标

公司董事会或经理办公会根据企业发展战略和预算期经济形势的初步预测,在决策的基础上,一般于每年 9 月底以前提出下一年企业财务预算目标,包括销售或营业目标、成本费用目标、利润目标和现金流量目标,并确定预算编制的政策,由预算委员会下达各预算执行单位。

2. 编制上报

各预算执行单位按照预算委员会下达的预算目标和政策,结合自身的特点以及预测的执行条件,提出详细的本单位预算方案,于 10 月底前上报企业财务管理部门。

3. 审查平衡

总部财务管理部门或预算工作组对各预算执行单位上报的预算方案进行审查、汇总,提出综合平衡的建议。在审查、平衡过程中,预算委员会应当进行充分协调,对发现的问题提出初步调查的意见,并反馈给有关预算执行单位予以修正。

4. 修订、调整

对于不符合公司发展战略或者预算目标的事项,预算委员会应当责成有关预算执行单位进一步修订、调整。在讨论、调整的基础上,预算工作组或机关机构正式编制企业年度财务预算草案,提交董事会和股东大会审议批准。

5. 下达执行

预算工作组或机关机构对董事会和股东大会审议批准的年度总预算一般在次年 3 月底以前分解成一系列的指标体系,并逐级下达至各预算执行单位执行。

以上步骤可概括为“上下结合、分级编制、逐级汇总”的编制程序。在该程序下，它体现以下优点：(1)强调预算编制过程中的目标一致与管理沟通，这是有效的，也是必要的；(2)每个步骤都有明确的时间要求。对于一个大中型企业来说，高质量的预算方案没有 4—5 个月的时间是难以完成的。我国有的大型企业仅仅安排一个月的时间就完成了年度预算的编制，难免过于草率。

第三节　选择预算编制模式

不同的预算管理模式决定着预算编制的核心、程序和方法等，而预算模式必须与企业的发展战略、经营理念相吻合，必须反映企业年度经营目标要求。战略应该是企业经营理念的中长期具体规划，而且应能进一步具体化为年度经营目标。而预算应该在相当程度上定位于战略的具体化，预算的有效性基本上首先取决于企业战略的合理性、科学性和操作性。因此，有效而且可操作的战略规划和预算应该能较准确地回答三个问题：(1)企业的愿景和核心竞争能力；(2)年度最基本的经营目标及其基本策略；(3)需要配置的财务资源。

无疑，预算模式的选择应该体现不同类型企业的战略重点的差异。战略的不同确定了企业的发展思路与方针的差异，所以不同企业和同一企业在不同时期预算管理的目标与重点均有可能不一样。

从财务视角看，如前所述，公司战略总体上说不外乎是规模扩展或收益实现，或两者兼而有之。但相对于企业的不同生命周期，其战略的立足点又有所差异。具体组合莫衷一是，我们仅大致区分如下：

一、规模导向下的预算编制模式

相比较而言，规模化战略更主要适用于创新期和成长期的企业。

(一)以资本预算为核心的预算编制模式

通常，面对新市场进入或新产品开发，企业一方面欲通过资本投入实现规模扩张战略，但同时它又必然面临着来自两方面的较大风险：一是大量资本支出与现金流出，使得企业净现金流量为绝对负数；二是新产品开发的成败及未来现金流量的大小具有较大的不确定性,投资风险大。企业此时的战略管理重点理应围绕资本支出及其管理,相应的预算管理模式也应该体现以资本预算为核心。在以资本预算为核心的预算模式中,预算重点主要包括:

(1)积极进行投资概算。

(2)利用财务决策技术进行资本支出的项目评价。

(3)项目投资总额预算和各期现金流出总额预算。

(4)融资预算主要解决诸如在何时融资、融资额有多大、融资方式如何确定、融资成本与投资收益如何配比等问题。

(5)利用上述各种预算对实际购建过程进行监控与管理。它包括三方面:一是从工程进度入手,从时间与金额上监控资本付现支出,使实际发生的资本支出总额不超过原来预算的时间与数量范围,以保证预算的严肃性;二是对资本支出动用的资金进行审核,使在建工程的资金不被挪作他用;三是从工程质量上对已经发生的购建项目进行控制,以使其在不损害质量的前提下保证节约资本支出。

(6)对照资本预算,评价资本支出项目的实际支出效果。

(二)以销售为核心的预算编制模式

企业步入成长期时战略重点往往不在财务而在营销上,即通过市场营销来开发市场潜力和提高市场占有率。因此,其预算管理的重点也是借助预算机制与管理形式来促进营销扩张战略的全面落实,以取得企业可持续的市场规模优势。企业往往采用以销售为核心的预算编制模式。

在以销售为核心的预算编制模式中,预算编制关注的主要内容是:

(1)以市场为依托,基于扩大市场占用率的目标要求和销售预测编制销售预算;

(2)以"以销定产"为原则,编制生产成本和费用等各职能预算;

(3)以各职能预算为基础,编制综合财务预算。

从预算机制角度,该预算模式下的管理以营销管理为中心。具体地说,销售预测需由营销等职能部门全面参与,在市场预测的基础上确定各营销网络的销售预算,上报企业预算委员会,由预算委员会结合企业发展战略及区域定位来调整各网络的销售预算,防止产生"宽打窄用"行为;在预算委员会与各网络就销售预算进行讨价还价并最终达成一致后，由预算委员会下达各网络的销售指令，从而形成对各网络的硬预算约束。

与此同时，对于非销售的其他管理部门，它们在本质上都属于销售预算管理的支持与辅助部门。预算委员会通过测定、调整各职能预算，确定并下达各职能部门的预算责任，应该而且能够为企业营销战略实施并持续提高其竞争力提供全方位的管理支持。

二、收益导向下的预算编制模式

当企业步入成熟期后，企业已经形成一定的规模，追求最大化收益成为其主要的目标。在收益实现过程中，企业要么把管理重心放在成本优势的获取上，要么会全面关注企业经营的方方面面。由此预算管理模式可以区分为下面三种。

(一)以成本预算为核心的预算编制模式

当企业步入成熟期后，由于市场环境与企业应变能力都有不同程度的改善，其经营风险相对较低，但成本压力逐渐加大，因为企业收益能力大小基本取决于成本这一相对可控因素，因此，成本控制成为这一阶段的战略重点。以成本预算为核心的预算管理模式也就理所当然地成为这一阶段企业预算管理的主导模式。

以成本预算为核心的预算管理模式的内在逻辑在于：既然市场价格基本稳定，企业欲获取期望收益，只能在成本上进行挖潜，用公式表示为：

目标成本＝现实售价－期望利润

对于成熟期产品或企业而言，利润实现高低基本上取决于成本管理策略。可见，以成本预算为核心的预算管理模式强调成本管理是企业管理的核心与主线，其实施重点包括两方面：

(1)以企业期望收益为依据、以市场价格为已知变量来规划企业总预算成本；

(2)以总预算成本为基础，分解到涉及成本发生的所有责任单位或管理部门，形成约束各预算单位管理行为的分预算成本。

(二)以现金流量为核心的预算编制模式

收益实现中一个重要的质量表现即现金流状况。“现金流是王”的观念已被越来越多的企业所认可和接受，因此，现金流日益成为众多企业管理战略中的关注重点。现金流管理不仅是财务管理的重心所在，也是整个企业关注的重心。与此相应，企业的预算管理也通常采用以现金流量为核心的模式，此时，现金流量预算具有重要的意义，它旨在解释：

(1)企业及其各部门的现金从哪里来？用到了何处？

(2)在某一时点上可被运用的现金余额是多少？

(3)企业将在未来何时需要现金？

(4)如何筹资以用于到期的现金支付？

(5)现金支出的合理程度有多高？

(6)如何通过预算方式来避免不合理的现金支出？

(7)如何通过现金预算来抑制自由现金流量被滥用？

(8)与预算管理相对应，企业应采用何种现金管理模式，是现金收支两条线还是备用金制度？是采用现金的内部结算周转信用制度还是采用集团内的财务公司制度？等等。

所有这些问题都与现金预算管理模式相关。显然，以现金流量为核心的预算模式并不完全等同于现金预算。现金预算仅仅是财务预算的一部分，旨在降低支付风险，协调现金流动性与收益性的矛盾。与此不同，以现金流量为核心的预算模式要求企业管理必须以现金的收回与合理支出为核心，以防止自由现金流量被滥用为目的，同时也为下一轮新产品的开发和新的经济增长点积蓄资本潜力。

(三)以目标利润为核心的预算编制模式

对于大多数集团化、多元化企业而言，企业生命周期的特征并不突出，因为处于不同生命周期的分布或产品在空间上同时并存，在时间上相互继起，所以，企业的具体战略也是多元的。但从整体上看战略的核心仍不外乎是追求股东财富或企业价值最大化，具体到最直接而且易于理解的财务目标就是目标利润。此时，以目标利润为核心的预算模式便成为众多集团企业的现实选择。

在以目标利润为核心的预算模式中，强调目标利润实现是企业管理的重心和主线，实施重点如下：

(1)依据出资人的回报要求、市场报酬标杆或内部持续改善要求，确定企业的目标利润总规模；

(2)制定公平、合理的分目标利润确定规则，进行目标分解；

(3)依据利润目标进行具体规划和资源安排，分别形成各相关业务预算和财务预算；

(4)及时进行预算反馈，纠正偏差，保证目标利润的实现；

(5)将目标利润的实现程度作为考评和奖惩的重要依据。

第四节　预算编制内容

一、经营预算

经营预算是企业生产经营活动的预算，一般包括销量与销售收入预算、生产预算、制造成本预算、营业成本预算、采购预算、期间费用预算等。根据企业所处行业不同、经营特点不同，业务预算的内容也会有所变化，企业可根据实际情况具体编制。

(1)销量与销售收入预算是预算期内预算执行单位销售各种产品可能实现的销售量及其收入的预算，主要依据年度销售和利润目标、预期生产能力、预测的市场价格等因素编制。企业在编制销量与销售收入预算时应根据战略部署和市场分析，安排企业销售的产品结构和市场布局，预测各类产品和区域市场的销量和销售价格，从而确定企业的销售收入预算。

(2)生产预算是从事产品加工的预算单位在预算期内所要达到的生产规模及其产品结构的预算，其主要内容有各类产品生产量预算和存货预算，主要根据销售预算、期初存货数量、期末目标存货数量以及预期生产能力编制。

(3)制造成本预算是从事产品加工的预算单位在预算期内为完成生产预算所需的各种成本费用的预算，包括实物成本、燃料动能、直接人工、制造费用等预算。制造成本预算主要在生产预算基础上按照各成本项目的目标单位成本编制而成，并区分出变动成本与固定成本、可控成本与不可控成本。

(4)营业成本预算是预算单位对预算期内为了实现营业预算而在人力、物力、财力方面进行的必要的直接成本预算,主要依据产成品期初、期末预算及产品销量预算综合编制。

(5)采购预算是预算单位在预算期内为保证生产经营的需要而从外部购买各类商品、各项材料、低值易耗品等物资的预算,主要根据制造成本预算、生产预算、期初存货情况和期末存货经济存量以及各类采购物资的预测采购价格等编制。

(6)期间费用预算是预算期内预算单位组织经营活动必要的管理费用、财务费用、销售(营业)费用等预算,应当区分变动费用与固定费用、可控费用与不可控费用的性质,根据上年实际费用水平和预算期内的变化因素,结合费用开支标准和企业降低成本、费用的要求,分项目、分责任单位进行编制,或按照零基预算法根据预算期实际需求预测编制。其中,科技开发费用以及业务招待费、会议费、宣传广告费等重要项目应当重点列示。

(7)企业对其他业务收支、营业外收支等项目,可根据该项目业务的发生对预算报表的影响程度区别处理:如果预计该项业务的发生对财务状况和经营成果影响不大,则可以在预算编制时简化处理;否则应该分项编制预算。

(8)企业对上述各项业务发生的税金应同步编制,反映税金对企业财务状况和现金流量的影响。

二、资本预算

资本预算是企业在预算期内进行资本性投资活动的预算,主要包括设备投资预算、在建工程投资预算、权益性资本投资预算和债券投资预算等。

(1)设备投资预算是企业在预算期内进行技改措施所需购置机器设备的预算,应当根据企业战略规划、设备现状和年度投资计划编制。设备投资预算应按用途列示,通常包括更新、提效、扩能等项目。

(2)在建工程投资预算是企业在预算期内进行土建、安装、厂房建设等进行资本投资的预算,应当根据本单位的有关投资决策资料和年度投资计划编制。在建工程投资预算按工程进度预测各期投资额,并列示开工时间和竣工时间等项目信息。企业若有国家基本建设投资、国家财政生产性拨款,则应当根据国家有关部门批准的文件、产业结构调整政策、企业技术改造方案等资料单独编制预算。

(3)权益性资本投资预算是企业在预算期内为了获得其他企业单位的股权及收益分配权而进行资本投资的预算,应当根据企业的有关投资决策资料和年度权益性资本投资计划编制。企业转让权益性资本投资或者收取被投资单位分配的利润(股利)所引起的现金流入,也应列入资本预算。

(4)债券投资预算是企业在预算期内为购买国债、企业债券、金融债券等所进行的预算,应当根据企业的有关投资决策资料和证券市场行情编制。企业转让债券收回本息所引起的现金流入,也应列入资本预算。

(5)企业处置固定资产所引起的现金流入,也应列入资本预算。

三、筹资预算

筹资预算是预算期内企业对资金筹集活动的总体安排。筹资预算是从经营预算和资本预算产生的现金流测算开始,经资金平衡预算后形成的,内容包括销售回款及经营现金流入预算、采购付款及经营现金流出预算、投资性现金流量预算、资金平衡预算、筹资预算。

企业应对预算期内的资金收入和资金支出进行综合平衡,确定资金不足和资金盈余,据以确定编制筹资预算或还款计划。筹资预算是企业在预算期内需要新借入的长短期借款、经批准发行的债券以及对原有借款、债券还本付息的预算,主要依据企业有关资金需求决策资料、发行债券审批文件、期初借款余额及利率等编制。企业经批准发行股票、配股和增发股票,应当根据股票发行计划、配股计划和增发股票计划等资料单独编制预算。股票发行费用,也应当在筹资预算中分项做出安排。

四、财务预算

财务预算是在预测和决策的基础上围绕企业战略目标,对企业预算期的资金取得与投放、各项收入与支出、经营成果与分配等资金活动和财务状况所做的总体安排,主要以预计损益表、预计现金流量表、预计资产负债表等形式反映。

1. 预计损益表

预计损益表是按照损益表的内容和格式编制的、反映预算执行单位在预算期内利润目标的预算报表,一般根据销售或营业预算、生产预算、产品成本预算或者营业成本预算、折旧预算、期间费用预算、其他专项预算等有关资料分析编制。

2. 预计现金流量表

预计现金流量表是按照现金流量表主要项目内容编制的、反映企业预算期内一切现金收支及其结果的预算,是对企业经营活动、投资活动、筹资活动等产生的现金流入和现金支出的预算。它以业务预算、资本预算和筹资预算为基础,是其他预算有关现金收支的汇总,主要作为企业资金头寸调控管理的依据。预计现金流量表也可用资金收支汇总表代替,该资金收支汇总表包含所有与业务预算、资本预算和筹资预算等相关联的资金收入和资金支出。

3. 预计资产负债表

预计资产负债表是按照资产负债表的内容和格式编制的、综合反映预算执行单位期末财务状况的预算报表,一般根据预算期初实际的资产负债表和销售或营业预算、生产预算、采购预算、资本预算、筹资预算等有关资料分析编制。

五、专项预算和预算准备

1. 专项预算

在上述预算编制内容之外,企业还应根据管理需要编制反映企业关注重点的专项预算,通常包括质量成本预算、废品损失预算、物流费用预算、大修理费用预算、研发项目预算、工资性支出预算、折旧费用预算等。

2. 预算准备

预算准备属于专项预算中的特殊用途预算。企业为适应预算期间内、外部经营环境和经营条件的不确定性,为确保预算目标的达成而预先准备一部分资源,在一定的条件下,经一定的审批程序方可使用该资源,以保证预算目标的顺利实现。

预算准备分为预算内资源准备和预算外资源准备。预算内资源准备主要针对经营预算和投资预算受不确定因素影响的敏感变动值而设立,编制时由预算责任单位对预算指标进行敏感性分析,测算敏感系数,财务部门根据预算目标和敏感系数评估准备金额度。预算内资源准备属于实质保留资源,在预算方案内体现。预算外资源准备主要针对不确定性投资预算的敏感变动值而设立,由预算责任单位进行敏感性分析，测算敏感系数，财务部门根据预算目标和敏感系数评估准备金额度。预算外资源准备仅保留可获得资源的能力，预算方案内不体现，如银行授信额度等。

预算准备仅考虑不确定因素的负面影响，即资源流入减少或资源消耗增加的部分。

第五节 预算编制方法

预算编制的方法有很多，如根据业务量水平可分为固定预算法和弹性预算法；根据预算是否基于上一年的数据，可以分为增量预算法和零基预算法；根据编制运用的会计期间不同，可分为定期预算法和滚动预算法；根据预算确定性，可以分为固定预算法和概率预算法；根据预算项目，可以分为常规预算法和作业预算法。所有方法都具有优点和缺点，企业应当本着经营活动规律及自身的业务特点、管理水平、生产经营周期和管理要求的原则，选择运用预算编制方法。以下介绍几种常用的预算编制方法：

一、固定预算法

固定预算法，又称静态预算法，是编制预算最基本的方法。它是以预算期内某一固定业务活动水平为基础来确定相应的预算指标的预算编制方法。

(一)适用范围

(1)经营活动比较稳定的企业；

(2)企业经营管理活动中的某些相对固定的成本费用支出；

(3)社会非营利性组织。

(二)优点与缺点

1. 优点

简便易行，应用广泛。

2. 缺点

当实际业务量偏离预算编制所依据的业务量时，采用固定预算法编制的预算与实际发生数没有了可比的基础，也失去了其作为控制和评价标准的意义。

为了弥补这种方法的缺陷，于是就产生了“弹性预算法”。

二、弹性预算法

弹性预算法，又称变动预算法，是指在编制预算时预先估计到预算期间业务量可能发生的变动，编制出一套能适应多种业务量的预算的方法，通常是根据线性公式 $Y=a+bX$ 来预算一定业务范围内的预算数额的方法。其中，Y 代表预算结果，a 代表固定部分，b 代表单位变动部分，X 代表业务量。

（一）适用范围

（1）经营活动变动比较大的企业；

（2）企业经营活动中与业务量呈线性关系的成本费用；

（3）企业经营活动中与投入呈线性关系的收入（如与收入和市场投入的关系）；

（4）企业利润预算的编制。

（二）编制程序

（1）选择和确定恰当的业务量，确定预算期内业务波动的可能范围；

（2）分析、预计各项成本费用项目的成本习性，将其划分为变动成本、固定成本和混合成本；

（3）计算、确定各经济变量之间的数量关系，预测预算期内可能达到的各种经营活动业务量；

（4）根据各经济变量之间的数量关系确定不同业务水平下的预算数额。

弹性预算法在利润预算中的应用通常跟变动成本法结合起来。例如，甲公司 2020 年预计 A 产品销售量为 1 000—1 200 吨，销售单价为每吨 1 万元，产品单位变动成本为每吨 0.6 万元，固定成本总额为 200 万元，其利润预算见表 4—3：

表 4—3　　甲公司 2020 年的利润预算

项　目	单位	方案 1	方案 2	方案 3
销售量	吨	1 000	1 100	1 200
销售收入	万元	1 000	1 100	1 200
变动成本	万元	600	660	720

续表

项　目	单位	方案 1	方案 2	方案 3
边际贡献	万元	400	440	480
固定成本	万元	200	200	200
利润	万元	200	240	280

(三)优点与缺点

1. 优点

由于按多种业务量水平编制预算,为实际结果与预算的比较提供了一个动态的基础,因此,任何实际业务量都可以找到相同或相近的控制依据和评价标准,可以直接作为事中控制的依据和事后评价的标准使用,从而使预算能更好地履行其在控制依据和评价标准两方面的职能。

2. 缺点

由于需划分出各项成本费用的固定成本和单位变动成本,因此对基础工作的要求较高,工作量也会加大。

三、增量预算法

增量预算法,又称调整预算法,是在基期成本费用水平的基础上充分考虑预算期内各种因素的变动,结合预算期业务水平及有关降低成本的措施,通过调整有关原有成本费用项目而编制预算的方法。

(一)适用范围

(1)经营活动变动比较大的企业;

(2)企业经营管理活动中与收入成正比的变动成本费用支出。

(二)采用增量预算法编制预算的具体编制步骤

(1)将成本费用的明细项目分解为固定费用和变动费用;

(2)固定费用项目采用固定预算法确定,变动费用预算指标采用增量预算法,与业务量相同比例地调整预算指标;

(3)汇总明细费用指标,确定成本费用预算总额。

(三)增量预算法举例

甲公司 2020 年预计产品销售收入为 1 100 万元,比 2019 年增长 10%。采用增量预算法编制2020年的销售费用预算见表4—4。

表4—4　　采用增量预算法编制2020年的销售费用预算

项　目	2019年实际	增减比率(%)	增减金额	2020年预算
销售收入	1 000	10	100	1 100
销售费用				
固定性销售费用	40	0	0	40
变动性销售费用	100	10	10	110
销售费用合计	140		10	150

(四)优点与缺点

1. 优点

编制方法简便，容易操作，便于理解；同时，由于考虑了上年度的预算实际执行情况，所编制的收支预算易得到公司各层级的理解和认同。

2. 缺点

由于增量预算法假定上年度的经济业务活动在新的预算期内仍然发生，而且过去发生的数额都是合理的、必需的，这就有可能保护落后，有可能使某些不必要的开支合理化，不利于调动各部门增收节支的积极性，不利于企业的长远发展。

四、零基预算法

零基预算法是在编制预算时不受过去业务收支实际情况的约束，不以现有预算、上期实际发生项目及发生额为基础，将所有还在进行的业务活动都看作重新开始，即所有收支均以“零”为出发点，在综合平衡的基础上编制当期预算的方法。

(一)适用范围

(1)管理基础比较好的企业；

(2)政府机关、行政事业单位以及企业职能管理部门编制费用预算。

(二)采用零基预算法编制预算的程序

(1)根据企业预算目标制定各责任中心的目标，各责任中心围绕各自的目标确定预算年度的业务活动，以这些业务项目为基础详细讨论费用预算，说明费用开支的目标及金额,同时根据可控性将预算费用划分为约束性成本和酌量性成本。

(2)预算管理机构对各责任中心的每一项酌量性成本进行成本一效益分析,将其投入与产出进行对比,用来评估各项目的费用开支方案,然后把各费用开支方案在权衡轻重缓急的基础上排出先后顺序。

(3)根据项目的排列顺序对资金进行合理的安排,首先满足约束性成本,剩余的资金再按成本效益或缓急程度进行分配。

(4)资金分配方案确定后,对各部门的预算进行汇总,编制正式预算。

(三)零基法举例

A公司编制2020年的营业费用预算,准备采用零基预算法。

第一步,营销部门根据公司分解的预算目标,经过详细讨论,确定预算年度的业务项目,并在项目的基础上确定相应的费用预算,明细如下:

办公费　10 000

差旅费　50 000

房屋租金　120 000

广告费　500 000

渠道建设费　300 000

共计　980 000

经过分析,其中,办公费、差旅费、房屋租金属于约束性成本,是必须要发生的;广告费、渠道建设费属于酌量性成本,是可以根据优先顺序进行适当调整的。

第二步,对酌量性成本根据历史数据进行成本—效益分析,分析结果如表4—5所示:

表4—5　成本一效益分析结果

项　目	投入成本	产出效益
广告费	1元	20元
渠道建设费	1元	30元

假设广告费和渠道建设费在重要性程度方面都是一样的,那么它们应该按照投入产出比来排序。经过分析,营业费用的排序应该是这样的:

（1）包括办公费、差旅费和房屋租金，共计 180 000 元，这是约束性成本，是必须优先支付的。

（2）渠道建设费，因为是酌量性成本，可以适当减少，但又比广告费的投入产出比高，因此排在第二位。

（3）广告费，也是酌量性成本，因为投入产出比较低，所以排在第三位。

第三步，安排资金。经过测算，预算年度营业费用可动用的资金最多只有 680 000 元，根据费用排序，资金的安排应该是这样的：

（1）约束性成本资金安排。因为这是必须支付的，包括办公费 10 000 元、差旅费 50 000 元和房屋租金 120 000 元，共计 180 000 元。安排完约束性成本资金后，剩余资金为（680 000－180 000＝）500 000 元。

（2）酌量性成本资金安排。尚可分配的资金为 500 000 元，按投入产出比在渠道建设费和广告费之间分配，公式如下：

渠道建设费资金分配数＝500 000×30/（20＋30）＝300 000（元）

广告费资金分配数＝＝500 000×20/（20＋30）＝200 000（元）

第四步，根据资金分配方案重新编制预算方案，明细如下：

办公费	10 000
差旅费	50 000
房屋租金	120 000
广告费	200 000
渠道建设费	300 000
共计	680 000

（四）优点与缺点

1. 优点

这种方法能够合理配置企业资源，确保重点，兼顾一般，打破了条条框框的束缚，不受现行实际情况的制约，有利于发挥各部门人员的主动性和积极性，又能促进各部门精打细算、合理使用资金，将有限的资源运用到最需要的地方，并通过成本—效益分析，提高投入产出水平，提高资源的使用效率。

2. 缺点

由于这种预算方法要求一切支出均以零为起点，需要进行历史资料、现有情况和投入产出分析，因此，编制预算的工作相当繁重，需要花费大量的人力、物力和时间，预算成本较高，编制预算的时间也较长。

五、概率预算法

概率预算法，是在预算期内不确定的各种预算构成变量，根据客观条件进行分析、预测，估计其可能变动的范围及出现在各个变动范围的概率，再通过加权平均计算有关变量在预算期内期望值的一种预算编制方法。

（一）适用范围

（1）经营活动波动比较大、不确定性因素多的企业；

（2）市场的供应、产销变动比较大的情况下编制销售预算、成本预算和利润预算。

（二）编制程序

（1）预测预算期内各种业务量可能发生的数额及概率。

（2）根据业务量的数额及概率计算业务量的平均值。

（3）根据计算出的平均值编制。

（三）概率预算法举例

A公司拟采用概率预算法编制2020年的利润预算，预测其产品的销售单价为1万元/件，销售数量在8 000至10 000件之间，单位变动成本在0.60万元/件至0.64万元/件之间，固定成本为2 000万元。

首先，预测销售量及单位变动成本可能的发生额及发生概率。预测结果如下：

销售量	发生概率
8 000件	0.2
8 500件	0.5
9 000件	0.3

单位变动成本	发生概率
0.60万元/件	0.3
0.62万元/件	0.5
0.64万元/件	0.2

然后,根据预算的概率计算销售量及单位变动成本的平均值。计算结果如下:

销售量的期望值=8 000×0.2+8 500×0.5+9 000×0.3=8 550(件)

单位变动成本的期望值=0.60×0.3+0.62×0.5+0.64×0.2=0.618(万元/件)

最后,根据计算结果编制预算。结果如表 4—6 所示:

表 4—6 采用预算概率法编制 2020 年的利润预算

项目	预算数(万元)	计算过程
营业收入	8 550.00	销售单价(1 万元)×销售量期望值(8 550 件)
变动成本	5 283.9	单位变动成本期望值(0.618 万元)×销售量期望值(8 550 吨)
边际贡献	3 266.10	销售收入(8 550 万元)—变动成本(5 283.9 万元)
固定成本	2 000.00	已知数额
利润	1 266.10	边际贡献(3 266.10 万元)—固定成本(2 000 万元)

(四)优点与缺点

1. 优点

由于它充分考虑了各项预算变量在预算期间可能发生的概率,因此企业能够在预算构成变量复杂多变的情况下编制预算,比较接近实际。

2. 缺点

要求编制者有较高的预测水平,预算构成变量的概率易受主观因素的影响。

在具体应用以上预算编制方法时,企业应根据自身的现状采用不同的方法,也可以根据不同预算项目的特点和要求采用几种不同的预算编制方法。

六、预算编制方法的选择

(一)企业规模和预算方法的选择

对于大企业而言,预算工作在整个企业的财务管理中被高度重视,预算的准确性和全面性较强,企业应当选择滚动预算法、弹性预算法和作业预算法;对于一些中小企业来说,考虑企业的资源状况、生产运营能力等客观情况,可以选择项目预算法或作业预算法。

(二)管理要求和预算方法的选择

管理要求较严且管理水平较高的企业,对预算的准确性和全面性有更高的要求。因此,企业应选择与其运营模式相匹配的预算编制方法,如零基预算法、滚动预算法和弹性预算法,从而更好地为实现企业目标提供支持。而管理要求较为宽松的企业,可以使用简单的固定预算法、增量预算法等,也可以针对专项管理编制预算,如现金预算。

(三)企业文化不同和预算方法的选择

对于具有强大包容性和开放的企业文化的企业来说,预算也是灵活的,因此,可以选择目标预算法、增量预算法和弹性预算法。企业文化薄弱且严谨的企业需要更紧缩的预算,可以选择标准预算法、零基预算法和作业预算法。

(四)内部控制和预算方法的选择

企业拥有科学的内部控制规范体系、完善的管理制度和准确的预算要求,以提高企业的经营效率和效果,促进企业实现发展战略,可以选择零基预算法、滚动预算法和刚性预算法。如果企业的内部控制规范体系较为薄弱,可以选择固定预算法和增量预算法,积累预算经验,促进企业管理水平的提升。

(五)产品生命周期和预算方法的选择

在不同的发展阶段,预算方法选择的主导方向发生了很大变化:在市场开发阶段(萌芽期),由于企业的业务规模小、利润很少、资金短缺,因此,最紧迫的事情是融资;随着企业的进一步发展,企业进入市场增长阶段(成长阶段),开始增加销售额和利润,销售问题更加突出,因此,要改变由销售预算主导的情况;当企业发展处于成熟市场(成熟期)时,利润和销售增长放缓,利润趋于稳定,利润计划已成为企业的最高优先事项,此时,预算方法应由利润预算主导;在经济衰退期间,产品销售量和利润下降,因此企业需要采取措施,延长产品的使用寿命,并努力减少经济衰退造成的损失,寻找新产品来取代产品,由于现金问题决定了企业是否能够生存,因此预算方法应该基于现金预算。

第六节　预算编制的形成

一、业务预算编制

业务预算根据企业选择预算编制模式的不同，其编制逻辑和编制依据也会不尽相同。本书按最常见的以销售为起点的预算模式进行预算编制介绍：

（一）销售预算的编制

销售预算作为预算编制的起点和关键，其编制准确与否直接关系着生产预算、采购预算、成本预算、费用预算等的正确性。销售预算编制不科学，将会导致全面预算无效、企业资源得不到合理配置。

1. 销售预测

销售预测是指企业的某种产品在一定的营销投入下可以实现的合理的销售预期。销售预测是销售预算的前提和基础，是企业进行资源配置、合理计划今后一段时间工作的主要依据。如果预测大于实际，则可能会造成存货的积压、产能过剩、固定资产闲置、资产周转率下降等问题；如果预测小于实际，则可能会造成断货、无法满足客户需要、紧急采购、加班生产、丧失原有的市场份额等问题。企业必须高度重视销售预测，让最了解市场的人员参与预测，尽可能地提高预测的准确性，并对销售预测的准确性进行考核。企业可以通过预测，在采购、生产、销售之间建立定期的沟通机制，避免供应链各环节分别制定决策带来的风险。

（1）销售预测应考虑的因素。

①近几年的销售趋势和现在的销售水平；

②所在行业的状况；

③竞争对手的情况，如竞争对手的销售量、价格、渠道等情况；

④企业的营销策略，如产品政策、价格政策、渠道政策、促销政策等；

⑤企业的销售政策，如信用政策、付款条件等；

⑥企业销售人员的素质、生产能力和存货的情况；

⑦季节变动；

⑧市场需求状况。

(2)销售预测的方法。销售预测是销售预算编制的一个关键环节，是最基本的预测，是整个全面预算管理体系的基础。企业要选择科学、适宜的销售预测方法。销售预测方法可以分为定性分析法与定量分析法两种。

①定性分析法。定性分析法又称非数量分析法，它主要依靠预测人员丰富的实践经验和知识以及主观的分析判断能力，在充分考虑市场变化、经济政策等因素对经营活动影响的前提下，对事物的性质和发展趋势进行预测和推测的分析方法。定性分析法主要有以下四种方法：

A. 经理人员判断法。经理人员判断法是将企业销售、财务、企划、生产、采购等部门的经理级人员召集到一起，运用各人的专业信息和对市场的理解、把握，将个人的学识、经验和观点融合起来，对市场做出预测。该法适用于短期和中长期预测。该法由于没有一个系统的因果关系分析过程，因此预测的结果往往受参与人的主观看法和感觉影响。

B. 销售人员综合法。销售人员综合法就是利用一线的销售人员进行预测，销售经理加以综合，从而得出企业总体销售预测的一种方法。如长城啤酒某销售公司每年 10 月初安排每个销售人员对自己分管的市场和经销商 1—9 月的实际销售情况进行总结，以此预测当年 10—12 月及来年的销售量。该法适用于即期和短期的预测，而且一般适用于那些市场比较集中、稳定，买卖双方关系比较紧密的情况。该法的缺点是判断的过程缺少客观、理性的依据和方法。

C. 购买者调查分析法。购买者调查分析法是指通过对具有代表性的顾客的消费意向进行调查，了解市场需求的变化趋势，进行销售预测的一种方法。该法适用于即期和短期的预测，准确率较高，通常适用于中高档耐用消费品的销售预测。该法必须取得顾客的合作才能进行。如美国有几家调查公司曾经向消费者做过在未来 6 个月里打算购买汽车的调查。调查可能有 6 种答案：肯定不买、不太可能、有点可能、很有可能、非常可能和肯定购买。调查公司只要补充消费者的财务状况，制造商就可以根据其调查结果来安排生产。

D. 德尔菲法。德尔菲法也称“专家背对背法”或“专家意见法”，是指根据

有关专家的直接经验,采用系统的程序、互相不见面和反复进行的方式,对某一未来问题进行判断的预测方法。其操作步骤如下:

a. 选择合适的专家;

b. 将要预测的问题由预测小组告诉所有参加预测的专家;

c. 每个专家根据自己掌握的信息和知识对问题进行预测,并将结果反馈给预测小组;

d. 预测小组进行整理,将不同的预测结果、依据和所有有用信息再反馈给每个专家;

e. 专家们再进行第二轮预测,每个人根据反馈的情况和信息对自己原有的预测进行重新调整,然后再反馈给预测小组;

f. 预测小组再次进行整理,将新的预测结果和依据反馈给每个专家,通过不断反复,直到每个专家达成比较一致的意见为止。

该法的最大优点是充分、民主地收集专家意见,把握市场的特征,一般适用于长期预测,难点在于专家的选择。

②定量分析法。定量分析法也称数量分析法,主要是应用数学方法,对与销售有关的各种经济信息进行科学的加工处理,建立相应的数学模型,充分揭示各有关变量之间的规律性,并得出相应的预测结论。定量分析法主要包括趋势预测分析法(时间序列预测分析法)、因果预测分析法、购买力指数法等。

A. 趋势预测分析法。趋势预测分析法主要包括算术平均法、加权移动平均法和指数平滑法。

a. 算术平均法。算术平均法是以过去若干时期的销售量或销售额的算术平均值作为预算期销售的预测值。其公式如下:

$$Y=\frac{i}{n}\sum_{i=1}^{n}X_i$$

其中,Y 表示销售预测值;X_i 表示第 i 期的实际销售量(额);n 表示观察期个数,一般不少于 3 个。

b. 加权移动平均法。加权移动平均法是根据过去若干时期的销售情况按其距预测期的远近进行加权,然后进行平均。一般来讲,越是近期的数据资料,其权重越大;越是远期的数据资料,其权重越小。当各期的销售情况变动幅度较大时,权重之间由近而远的级差也要大一些;反之,则可以小一些。其公式如下：

$$Y=\sum_{i=1}^{n}k_iX_i$$

其中，Y 表示销售预测值；k_i 表示第 i 期的实际销售量（额）的权重；X_i 表示第 i 期的实际销售量（额）；n 表示观察期个数，一般不少于 3 个。

c. 指数平滑法。指数平滑法是加权移动平均法的一种特殊形式。它通过加权平均因子 α 的幂对最近一期销售量（额）的预测值和该期的实际销售量（额）进行加权，以求得预算期销售量（额）的预测值。其公式如下：

$$S_t=\alpha X_{t-1}+(1-\alpha)S_{t-1}$$

其中，S_t 表示第 t 期销售量（额）的预测值；X_{t-1} 表示第 $t-1$ 期的实际销售量（额）；S_{t-1} 表示第 $t-1$ 期的销售量（额）预测值；α 表示指数平滑系数。一般情况下，对于有较明显变动趋势的时间序列，α 的取值应大于 0.6；对于水平型的时间序列，α 的取值应小于 0.3；对于介于上述之间的时间序列，α 应取中间值。

B. 因果预测分析法。因果预测分析法主要包括回归直线分析法和多元回归法。

a. 回归直线分析法。回归直线分析法也称一元回归分析法，是按照数学上的最小二乘法确定一条误差最小的能够反映变量 X 和函数 Y 之间关系的直线来预测 Y 的取值，其公式如下：

$$Y=a+bX$$

其中，Y 表示因变量；X 表示自变量；a、b 为回归系数，是需要估计的待定参数。

b. 多元回归法。在实际问题中，影响因变量的因素往往不止一个，这时就要用多元回归法进行分析，其公式如下：

$$Y=a+b_1X_1+b_2X_2+b_3X_3+\cdots+b_nX_n$$

其中，Y 表示因变量；X_i 表示各个变量；b_i 表示每个 X 变动一个单位时 Y 的变动值。

C. 购买力指数法。购买力指数法是指企业根据各地区的购买力指数将自己的销售潜量总额分配给各地区市场的一种方法。其公式如下：

$$B_i=a_iE_i+b_iR_i+c_iP_i$$

其中,B 表示 i 地区购买力占全国购买力的百分率;E_i 表示 i 地区可支配的个人收入占全国的百分率;R_i 表示 i 地区零售额占全国的百分率;P_i 表示 i 地区人口占全国的百分率;a_i,b_i,c_i 分别表示上述三个因素规定的相应权重。

企业要编制好销售预算,必须充分做好销售预算的准备工作和选择合理的销售预测方法。销售预测应坚持定性分析与定量分析相结合,以定量分析为主,搜集至少5年的销售历史资料,考虑市场环境的变化及企业自身的生产能力等因素。对于销售预测方法的选择,企业规模及产品结构不同,适用的方法也有所不同。对于规模较小、产品单一、管理基础比较薄弱的企业对新产品的预测可以采用经理人员判断法、销售人员综合法或调查分析法等较为简单的分析方法;对于规模较大、产品结构复杂的企业,可以采用趋势预测分析法、因果预测分析法、德尔菲法等分析方法。总之,企业应根据自己的实际情况选择适宜的销售预测方法,使销售预测更加科学、准确。

2. 销售预算编制的内容

销售预算主要包括销售量(分品牌、品种)、销售价格、营业收入、销售折扣与折让、营业税金及附加、销售费用和应收账款等预算。销售预算的编制工作由销售部组织各销售区域的办事处或分公司进行分别编制,由销售部汇总。销售预算是由销售部门根据企业年度经营计划和销售系统年度业务计划、年度利润目标、近年来的销售量、市场自然增长率、销售预测、生产能力、品牌结构、市场竞争情况、季节变动、目标市场容量及占有率、营销政策、销售政策等因素进行编制。此外,销售预算还要附加编制预计现金收入计算表,其中包括基期应收销货款的收回、预算期销货款的现销、预算期赊销收入等,落实到月份,作为编制现金预算的支持表。

3. 销售预算编制的方法与要求

(1)销量预算。销售部门应根据销售预测情况和企业年度经营目标,分析企业产品的市场定位、市场需求、市场份额等外部环境因素,结合销售合同、营销策略、企业生产能力等情况,编制出分品牌、分品种、分区域、分月份的销售量预算。

(2)销售折扣与折让预算。

①现金折扣是指债权人为鼓励债务人在规定期限内付款而向债务人提供

的债务扣除。销售商品涉及现金折扣的，应当按照扣除现金折扣前的金额确定销售商品收入金额。现金折扣在实际发生时计入当期损益。

②商业折扣是指企业为促进商品销售而在商品标价上给予的价格扣除。销售商品涉及商业折扣的，应当按照扣除商业折扣后的金额确定销售商品收入金额。

③销售折让是指企业因售出商品的质量不合格等原因而在售价上给予的减让。企业已经确认销售商品收入、售出商品发生销售折让的，应当在发生时冲减当期的销售商品收入。

由于存在以上方式，企业在编制销售预算时必须清楚地认识到：销售折扣与折让预算只涉及商业折扣和销售折让，现金折扣在财务费用中进行预算。销售部门根据目前企业各区域、分品牌和分品种实际执行的产品促销政策、折扣标准、折让标准、产品质量状况以及预算期各目标市场销售预测等因素，分区域、分品牌、分品种和分月份来进行预算编制。销售折扣与折让在年度预算中作为营业收入的减项。

(3)营业收入预算。营业收入是企业销售商品、提供劳务等实现的收入，其预算根据销售量预算和企业各区域预计执行的产品价格进行编制。

销售部门应根据预算期经营计划、销售合同等选择编制分区域、分客户、分品牌、分品种和分月份的销售量预算，再根据预算期营销政策确定的销售价格，计算出产品的销售收入，要注意区分现销和赊销，以便为编制现金预算提供资料。

(4)营业税金及附加预算。营业税金及附加是指企业经营活动发生的营业税、消费税、城市维护建设税、资源税、教育费附加等相关税费。其预算是根据销售量、营业收入和适用税率或费率分月编制。城市维护建设税的应纳税额和应纳教育费附加的计算公式如下：

城市维护建设税的应纳税额＝(实际缴纳的增值税额＋实际缴纳的消费税额＋实际缴纳的营业税额)×适用税率

目前，国家税务机关规定适用税率的具体适用范围：纳税人所在地在城市市区的，税率为7%；纳税人所在地在县城、建制镇的，税率为5%；纳税人所在地不在城市市区、县城、建制镇的，税率为1%。

应纳教育费附加＝（实际缴纳的增值税额＋实际缴纳的消费税额＋实际缴纳的营业税额）×征收比例

（5）销售费用预算。销售费用又称营业费用，是企业销售商品和材料、提供劳务的过程中发生的各种费用。

在编制销售费用预算时，企业可以将销售费用按成本习性划分为固定销售费用和变动销售费用。混合销售费用可以采用高低点法、散布图法、最小二乘法等分解为固定销售费用和变动销售费用。对变动销售费用的预算，可以通过销售收入百分比进行编制，其公式如下：

变动销售费用预算＝预算期销售收入×基期变动销售费用÷基期销售收入

在编制固定销售费用预算时，企业应根据企业基期实际固定销售费用支出情况，结合预算期年度经营计划、销售部门业务计划、企业对降低固定销售费用的要求等，一般采用固定预算法或零基预算法来编制。

销售费用预算也可以全部采用零基预算法、固定预算法或增量预算法来编制。不同的企业要根据自身的情况和具体预算项目来确定适合自己的销售费用预算编制方法。通常，销售费用中的可控费用由销售部门编制。可控费用主要包括广告费用、市场调研费用、促销费用、运输费等。销售费用中的不可控费用，如无形资产摊销、折旧等，由财务部负责编制。

企业在编制销售费用预算时首先应了解销售费用各项目的内容（按国家财务开支规定）。销售费用预算项目说明如下（企业应根据国家现行财务会计制度，结合自身情况进行要求）：

①办公管理费。办公管理费包括办公费、业务招待费、通信费、差旅费、办公车辆、房租等。办公管理费用应充分考虑淡、旺季情况，不能平均分配到12个月（以下费用同）。

A. 办公费。办公费包括办公用品，办公设施维修，报刊费，印刷费，水、电、气费等，其中：

a. 办公用品指销售部门发生的复印费、邮递费、打印费，日常办公所购买或领用的纸张、文具、办公桌椅、纯净水、办公设备（如电脑、复印机、传真机等）的消耗用品等。

b. 办公设施维修指销售部门的办公设施（如办公桌椅、电脑、复印机、传真机等)、自有办公房屋和建筑物或统一租住用房的门窗、锁、管道等的日常维护、维修所发生的费用。

c. 报刊费指销售部门订阅报刊、资料的费用，如报纸、杂志、行业资料、技术资料等，按权责发生制原则分摊到受益的月份，金额较小的，可直接列入实际支付的月份。

d. 印刷费指销售部门发生的印刷专用的账表、单据、记录表、名片等，不含促销活动发生的宣传品的印刷费。

e. 水、电、气费指销售部门所消耗的水、电、煤气及取暖耗用的气、煤等费用。

B. 业务招待费。业务招待费指销售部门业务联系所发生的招待、应酬费。

C. 通信费。通信费指按企业财务制度规定标准报销的单位、个人电话费(含网络服务费)，分固定电话费(包括办公和住宅电话)和移动通信费。

D. 差旅费。差旅费指按企业财务制度规定标准报销的飞机、车船、住宿费、出差补助、住勤补助等费用。

E. 办公车辆。办公车辆包括耗油、车辆维修、过路费、停车费、洗车费、车辆险等项目，应按车辆分别预算后汇总，其中，耗油根据耗油量和现行燃油价格(不包含增值税)计算填列(应做支撑表，列明计算依据)；车辆维修指车辆发生的外委费用或维修时发生的费用；过路费、停车费、洗车费、车辆险按业务计划测算(应做支撑表，列明计算依据)。

F. 会议费。会议费指销售部门召开的会议(含例会、总结会、工作会等)所产生的场地租用费、使用的会议用品等。

G. 房租费。房租费指按合同约定支付的租用办公或住宿用房的中介费、房租、物业管理费、采暖费等，按合同规定或预计的使用期限、计费面积和租用标准计算的租金填列。费用应按权责发生制原则分摊到各月，不能一次全额计入实际支付该笔费用的月份。本项内容不含房屋维修费。

②物流费用。

A. 运费费用。运费费用包括铁路运费中整车和汽车运费中外租车运费，其中：

a. 铁路运费中整车，指因发送产品发生的整车铁路运费及一切附加费用，包括整车运费、整车装卸费、延时费、取送车费、基金、新路均摊费、保险费、中转作业费、篷布使用费、印花税、治安费、综合服务费等。

b. 集装箱,指因发送产品发生的集装箱铁路运费及一切附加费用,如集装箱运费、集装箱保价费。

c. 汽车运费中外租车运费,指租用企业以外的车辆将产品从企业仓库送到某一区域批发商或终端指定的地点而发生的运费,包括各库房之间内部调拨产品(含促销品)所产生的费用。

d. 自有车运费与外租车运费内容相同。

B. 仓储费用。仓储费用主要指自有或外租库房发生的水、电、气、租金、物资损耗等费用。

C. 物料消耗。

a. 杂品,指销售部门购买或领用各类杂品,包括卫生清扫用品、消防器材等。

b. 五金,指销售部门购买或领用的大小五金等,如型材、板材、塑材、电料、电器开关、工具等。

c. 油品,指销售部门购买或领用的各类油品,如各种润滑油、油漆等。劳保用品,指销售部门为在编员工购买或领用的各类工作服、帽、鞋、手套、面罩、防护镜、围裙、耳塞、毛巾、洗衣粉、肥皂等。

d. 化工原料,指销售部门购买或领用的各类化工产品、胶、胶布、洗涤剂、化学药品及试剂等。

e. 其他,指销售部门购买或领用的遮盖仓储物资所必需的苫布。

③促销费用。促销费用主要是渠道促销费用,可附明细表分一批、二批、终端、消费者,按发生的费用项目进行明细划分。

④市场推广。

A. 市场调研。常规调研指有计划、经常性地对固定项目进行调研发生的费用;三项调研指针对特定项目进行调研发生的费用。

B. 广告宣传费。广告宣传费包括电视片制作费、平面制作费、促销品设计制作费、电视发布费、报纸发布费、电台发布费、互联网发布费、路牌、站亭、其他户外、代理费等,其中,电视片制作费指电视广告片的创意、拍摄制作、广告带转录和复制等费用。平面制作费指平面广告的设计、创意、制作费用。路牌指大型户外看板广告、灯杆灯箱、霓虹灯、T 型牌等。其他户外指其他户外形式，如布幅、气柱、热气球等。代理费指用于支付给广告公司的服务代理性质方面的费用。

C. 公关活动。公关活动主要指公关推广活动发生的费用，包括展览会、赞民费、会议费等。

⑤售后服务。售后服务包括质量投诉处理费用、质量意外伤害处理费用和产品包装物损失处理费用，其中：

A. 质量投诉处理费用指因质量问题但未造成人身伤害而赔付消费者的现金或实物以及商品维修费，不包括保险公司赔付部分。

B. 质量意外伤害处理费用指因质量事故造成消费者人身伤害而赔付消费者的现金或实物，不包括保险公司赔付部分。

⑥培训费。培训包括外部培训和内部培训，并分场地、设施、师资费用和教材用品费用。

⑦费用摊销。费用摊销按会计政策规定的具体项目和方法执行，由财务部负责编制，如无形资产摊销、土地使用费摊销等。

⑧折旧。折旧按企业会计政策规定，由财务部根据账列销售部门使用的固定资产进行计算。折旧方法、折旧年限、预计净残值率应符合企业会计政策的规定。新增固定资产折旧由财务部统一考虑。

(6)应收账款预算。应收账款是指企业因销售商品、提供劳务等经营活动应收取的款项，它的编制主要根据预算期的销售合同、赊销政策和预算期初应收账款余额及其账龄、客户的信誉情况等因素进行分月编制。企业在编制应收账款预算时，首先，应对企业预算期初欠款客户进行详细分析，得出预算期可收回金额。但当企业欠款客户过多时，为了减少工作量，可以将客户按欠款金额的大小和账龄的长短进行分类，对欠款金额大和账龄超过一定期限的客户进行一一分析，对其余欠款客户采用一定的回款比例进行测算预算期的回款额。其次，根据预算期的销售合同、赊销政策等确定预算期应收账款发生额。最后，计算出预算期应收账款期末余额，其公式如下：

预算期应收账款期末余额＝预算期应收账款期初余额＋预算期应收账款增加额－预算期应收账款回款额

应收账款的预算编制一般在财务部的指导下由销售部门完成。

(7)审核汇总。销售部根据预算期销售预测、营销政策、市场环境、经营目标等审核各办事处或分公司预算编制的合理性、完整性和准确性，并进行汇总，将存在的问题及时反馈到各办事处或分公司，由各办事处或分公司进行修正，再次上报给销售部汇总，经主管销售副总经理签字后形成企业的销售预算草稿。

(二)生产预算的编制

生产预算是指对从事工业生产的企业在预算期内所要达到的生产规模和产品结构的预算。它是根据预算期企业的经营计划、生产系统的年度业务计划、企业的销售量、期初和期末产品的库存量、企业的生产能力、设备装备情况等因素，分产品品牌、品种和不同规格进行分月编制。生产预算是根据销售目标和预计期末的存货量决定生产量，并安排完成该生产量所需资源的取得和整合的整套规划。为了使预算期间产品的生产数量既能满足销售的需要，又不过多地占用成品资金，企业还必须考虑预算期初的预计存货量和预算期末的预计存货量，保持生产量、销售量、存货量之间合理的比例关系。

生产预算主要包括产量预算、生产消耗定额预算、能源消耗定额预算等，通常由生产部牵头，技术质量部配合进行编制。

商品流通企业不需要编制生产预算，只是将商品采购预算代替生产企业的生产预算。

1. 产量预算编制方法与要求

生产部根据销售部提供的销售量预算，按照产品的生产周期组织平衡生产能力和安排生产，分月份、分品牌、分品种、分规格、分车间编制产量预算，最终平衡企业整体的生产能力。其计算公式如下：

预计生产量＝预计销售量＋预计期末产成品数量－预计期初产成品数量

通过上述预算方式，结合每月销售量预算和每月月末预计库存量，公司就可以预计全年每月的生产量。

2. 生产消耗定额预算编制方法与要求

生产部根据生产预算、历史数据和设备新旧程度，并考虑品牌系列和不同品种的实际情况，编制出各生产车间产品分步损失率、原辅材料的消耗定额和工时定额。生产消耗定额要体现先进、合理和可行的要求。

3. 能源消耗定额预算编制方法与要求

生产部根据生产预算、历史数据、节能业务计划等因素，并考虑品牌系列和不同品种的实际情况，编制出各生产车间、辅助部门和非生产部门的能源（煤、电、水等）消耗定额。

(三)直接材料预算的编制

直接材料预算是以生产预算为基础编制的关于企业在预算期内生产产品所需直接材料的购买、投入和使用情况的预算。通常企业将直接材料预算分为使用预算和采购预算来编制。直接材料使用预算是指企业在预算期内使用直接材料的数量和成本的预算，通常由生产部组织生产车间进行编制。直接材料采购预算是指企业在预算期内需要采购的直接材料的数量和成本的预算，主要由采购部牵头，仓储部、生产部和生产车间配合进行编制。

1. 直接材料、燃料及动力使用的预算的编制方法与要求

生产部根据预算期生产量，考虑期初产品和期末产品的库存，对直接材料、燃料及动力使用的预算按每月单价和每月消耗定额，分品牌、品种和不同规格编制，其基本公式如下：

$$产品生产对某材料的消耗总额=\sum 产品生产量\times 材料消耗定额$$

$$产品生产对某材料的消耗总金额=\sum 产品生产量\times 材料消耗定额\times 材料预算价格$$

2. 直接材料采购预算与库存材料预算的编制方法与要求

直接材料采购预算是指企业为了保证在预算期内生产经营活动的正常进行而采购原材料、辅助材料等库存物资的预算。直接材料采购预算主要包括采购品种预算、采购量预算、采购价格预算、库存材料储备预算、期末存货预算和应付账款预算。企业编制直接材料采购预算是为了保证满足生产所需的材料和预留一定的安全期末存货，避免因直接材料存货不足影响生产，又避免因直接材料过多影响资金运转。直接材料采购预算与库存材料储备预算的编制分别由采购部与仓储部根据生产部编制的直接材料使用预算、预算期生产量预算、材料消耗定额、材料期初库存、存货储备定额、基期采购渠道和采购价格、集团（总公司）指导价格、采购合同、市场行情等因素进行编制，通常由生产部、财务部负责审核。

（1）直接材料采购量预算。生产加工企业直接材料采购量预算是指为生产需用的直接材料采购而编制的预算。与生产预算一样，直接材料采购预算应以生产预算为基础，考虑预算期期初与期末材料的存货数量而确定。直接材料采购量预算一般包括直接材料预算和预计现金支出两部分。

采购部根据生产预算、直接材料使用量、材料采购周期及库存材料储备情况编制直接材料采购量预算，并要求详细分类、分月份进行编制，其基本公式如下：

材料预计采购量＝预计生产量×材料消耗定额

预计现金支出额＝前期应付账款预算期偿还额＋本期采购材料当期支付款

（2）材料采购价格预算。材料采购价格的确定应按财务制度要求，即应包括各种材料物资的采购价（不含增值税进项税额）、大宗运输费、包装费、装卸费、保险费、仓储费、途中合理损耗、入库前的整理挑选费和相关的税金。

特别注意，为了编制现金预算，企业也要将材料采购不含税价加上材料采购的增值税进项税额，得出材料采购的含税价。其公式如下：

材料采购的进项增值税＝材料采购不含税金额×材料采购的进项增值税税率

材料采购含税金额＝材料采购不含税金额×（1＋材料采购的进项增值税税率）

通常，材料采购价格预算根据基期实际采购价格、预算期采购合同和市场行情等因素来进行编制。有的大型企业的大宗材料根据集团（总公司）指导价格，有的企业采用内部计划价格。究竟怎样进行计价，企业应根据自身的情况来确定。

（3）库存材料储备预算。存货储备定额是企业保证生产经营活动的正常进行所必需的最经济合理的储备数量，按其作用不同可以分为经常储备定额、保险储备定额和季节储备定额。经常储备定额又称周转储备定额，是为了保证在两次进货的间隔期内正常供应的需要而规定的储备数量标准；保险储备定额是为了保证供应过程中发生缺货或供货中断时能不间断地组织供应而规定的储备数量标准；季节储备定额是为了适应存货的季节性特点或满足存货的季节性需要而规定的一定时期内的储备数量标准。仓储部负责制定材料的储备定额和库存材料储备预算的编制。编制材料储备预算要考虑年末储备情况，并与年度生产计划相对应，保证及满足生产需要的同时保持合理的库存。各类储备定额的计算公式如下：

经常储备定额＝平均每日需求量×合理储备天数

保险储备定额＝平均每日需求量×保险储备天数

季节储备定额＝平均每日需求量×季节性储备天数

企业应根据自己的生产经营情况，制定出材料、在产品和产成品的储备定额。

(4)直接材料存货规划与控制。企业在编制采购预算时既要满足生产的需要，又要考虑成本因素，因此必须进行存货采购和储备的规划和控制。存货的规划和控制工作包括购买的数量和购买的时间，并且涉及采购成本、订货成本、储存成本和缺货成本。

①采购成本是指购买存货发生的买价、运杂费等。

②订货成本是指为订购货物而发生的各种成本，包括采购人员的工资及附加采购部门发生的业务费用，如办公费、差旅费、邮电费等。

③储存成本是指储存存货而发生的成本，可以分为固定储存存货成本(如仓库的折旧、仓库保管人员的固定工资等)和变动储存存货成本(如存货资金的应计利息、存货的保险费用、存货的破损和变质损失、仓库的租金等)。

④缺货成本是指由于存货数量不能及时满足生产和销售的需要而给企业带来的损失。进行存货的规划和控制就是要找到一个经济订货批量，确定存货的经济订货批次，实现采购成本和储存成本最小化。经济订货批量的计算公式如下：

$$Q=\sqrt{\frac{2RD}{c}}$$

其中，Q 表示经济订货批量；R 表示某种存货的全年需要量；D 表示每批订货成本；c 表示单位存货年平均储存变动成本。

(5)期末存货预算编制。期末存货预算主要根据销售量预算、生产预算、存货储备定额、存货价格等因素来进行编制，它是反映预算期末企业材料、在产品、产成品的预计数，做到既满足生产经营需要，又不占用大量资金。编制期末存货预算是为正确计量预计损益表中的产品销售成本和预计资产负债表中的期末存货提供依据。

(6)应付账款预算编制。应付账款是企业因购买材料、购买商品、接受劳务等经营活动应支付的款项。实际工作中存在不能一次性支付采购款的情况,这就使企业在预算期存在应付账款和实付款,也存在预算期支付基期欠款的情况。由于采购支出是企业现金流出的主要部分,因此,企业为了编制现金预算和加强对应付账款的管理,应编制应付账款预算。

应付账款预算的编制主要根据预算期的采购预算、采购合同、货款支付政策和预算期初应付账款余额及其账龄、企业的资金供应状况等因素进行分月编制。企业在编制应付账款预算时首先应对企业预算期初应付账款余额进行详细分析,得出在预算期应支付金额,当供应商过多时,为了减少工作量,可以将供应商按应付款金额的大小和账龄的长短进行分类,对应付款金额大和账龄超过一定期限的供应商要进行一一分析,对其余供应商采用一定的付款比例测算预算期的付款额,以维护企业的商业信用。其次,根据预算期的资金状况、采购预算、采购合同、货款支付政策等确定预算期当期的采购付款额。最后,计算出预算期应付账款期末余额。其公式如下:

预算期应付账款期末余额=预算期应付账款期初余额+预算期应付账款增加额-预算期应付账款付款额

预算期采购预计现金支付额=预算期支付应付账款期初余额部分+预算期采购当期付款额

应付账款的预算编制一般在财务部的指导下由采购部门完成。

(四)制造费用预算的编制

制造费用是企业生产车间(部门)为生产产品和提供劳务而发生的各项间接费用。它的预算是指从事工业生产的企业在预算期内为完成生产预算所需各种间接费用的预算。

企业在编制制造费用预算时可以将制造费用按成本习性划分为固定制造费用和变动制造费用。对于混合制造费用,企业可以采用高低点法、散布图法、最小二乘法等将之分解为固定制造费用和变动制造费用。对于变动制造费用的预算,企业可以通过一些方法,如产量乘单位标准工时和变动制造费用标准分配率来计算确定;而固定制造费用预算编制通常参考基期实际情况,结合预算期年度业务计划以及企业对降低制造费用的要求,采用固定预算或零基预算法进行。企业也可以将全部制造费用采用固定预算或零基预算法进行编制。

至于采用什么方法，企业应根据自己的实际情况而定。制造费用预算中人工费用预算的编制也可以按本节“（六）工资及附加费和劳务费预算的编制”来进行。

制造费用预算项目的编制内容应有详细说明，企业要求不同，预算表的项目也不一样，其编制内容的说明可参照销售费用。制造费用预算的项目必须与会计账套的会计核算科目一致。制造费用预算由各生产车间负责编制，其中，折旧费等不可控制的费用由财务部负责编制。为了编制现金预算，在制造费用预算中，企业要扣除非现金支付的费用，如折旧费、无形资产摊销等，从而得出现金支付的制造费用。其公式如下：

预计需要现金支付的制造费用＝预计制造费用－折旧等非付现成本

制造费用预算明细表根据各生产车间汇总表形成。各生产车间预算表的项目可以根据业务性质不同进行增加和减少，每一明细表项目都要参照支持表。

（五）管理费用预算的编制

管理费用是企业管理部门为了保证预算期生产经营活动的正常进行所发生的费用。管理费用的预算一般参考基期实际情况、历史水平，结合预算期各职能部门年度业务计划以及企业对预算期管理费用降低的要求，采用固定预算法或零基预算法进行编制。管理费用预算由各管理职能部门负责编制、财务部汇总。通常，企业根据实际情况将管理费用分为约束性管理费用和酌量性管理费用。

约束性管理费用是指费用是否发生、发生金额多少不受管理人员所控制的费用，如无形资产摊销、折旧费、税金、保险费、行政收费等。约束性管理费用通常受会计政策、开支标准等因素制约，一般采用固定预算法编制预算。

酌量性管理费用是指费用是否发生、发生金额多少可以由管理人员控制的费用，如培训费、业务招待费等。酌量性管理费用弹性较大，并且人为因素多，企业较难准确预算，可以采用零基预算法编制预算。实际中，企业一般根据基期实际支出，结合管理部门预算期的业务计划、影响费用的因素、企业降低费用的要求来进行编制。企业应重点对业务招待费、会议费、差旅费、通信费、办公车辆费等涉及个人开支的项目进行预算。

管理费用中的人工费用预算的编制也可以按本节“（六）工资及附加费和劳

务费预算的编制”来进行。管理费用预算表格式如表 4—7 所示。

表 4—7　　管理费用预算表

项　目	基期实际(元)		预算(元)		预算与实际增/减+/—(元)	预算比实际增减原因说明
	合计	1—12 月分月数	合计	1—12 月分月数		
(1)工资						
(2)工资附加费						
(3)办公费						
(4)业务招待费						
(5)通信费						
(6)差旅费						
(7)办公车辆						
(8)审计及诉讼费用						
(9)维修费用						
(10)机物料消耗						
(11)行政收费						
(12)保险费						
(13)税金						
(14)培训						
(15)费用摊销						
(16)折旧						
(17)其他						
合　计						

1. 管理费用预算编制要求

(1)各职能部门编制本部门的预算,由财务部负责汇总。

(2)企业在分析基期预算执行情况的基础上,考虑预算期各项费用的变动情况及影响因素。

(3)预计预算期管理费用的现金支出要扣除固定资产折旧、低值易耗品摊销、无形资产摊销、其他资产摊销等。折旧和费用摊销项目属不可控费用,应由财务部负责编制。

(4)管理费用预算的项目必须与会计账套中的会计核算科目一致。

2. 管理费用主要项目编制说明和要求

管理费用预算表适用于财务部、人力资源部、行政部、生产部等所有管理职能部门。企业在编制管理费用预算时首先应了解管理费用各项目的内容(按国家财务开支规定)。管理费用预算项目说明如下(企业应根据国家现行财务会计制度,结合自身情况进行):

(1)办公费。办公费包括办公用品,办公设施维修,报刊费,印刷费,水、电、气费等,其中:

①办公用品指日常办公购买、领用的办公物品,如各种纸张、文具、办公桌椅、邮递费。

②办公设施维修指办公用微机、复印机、传真机等的消耗用品及维护这些消耗用品所发生的费用。

③报刊费指订阅报刊、资料的费用,如报纸、杂志、行业资料、技术资料等,要按月进行分摊。

④印刷费指印刷专用账表、单据、记录表、名片等所发生的费用。

⑤水、电、气费指管理部门消耗的水、电、煤气等费用。

(2)业务招待费。业务招待费指因联系业务发生的招待、应酬费。

(3)通信费。通信费指按企业财务制度规定的标准可以报销的办公、住宅的固定电话费用(含网络服务费)和移动电话费。

(4)差旅费。差旅费指按企业财务制度规定标准可报销的差旅费,需细分为飞机、车船、住宿费、出差补助、出车补助、住勤补贴等。

(5)办公车辆。办公车辆一般属行政部门统管费用,预算和核算均列入行政部门,但支撑表中应分别列出各部门各项目明细及计算依据,其他内容参照销售费用预算的编制说明。

(6)审计及诉讼费用。审计费指境内、境外审计所发生的费用;诉讼费主要指因经济利益纠纷而发生的律师费、诉讼费。

(7)维修费用。维修费用包括房屋、建筑物和设备维修费用,通常由设备部统管,计入设备部预算,但应有详细的维修计划作支撑,预算标准由设备部统一下达。

①房屋维修。房屋维修中的材料费指房屋修理时以领料单的形式从库房领取的各种材料的费用；外委费指房屋修理时发生的外委人工费用和外委材料费。

②建筑物维修所发生的材料费和外委费说明同“房屋维修”的说明。

③设备维修指设备维修发生的备件、材料、仪表、电器及外委费等。

(8)机物料消耗。

①杂品包括卫生清扫用品等。

②五金包括大小五金等，如型材、板材、塑材、电料、电器开关、工具等。

③油品包括各类油品，如各种润滑油、油漆等。

④化工原料(含试剂)包括各种化工原料和各类化工产品、消防器材、胶、胶布、洗涤剂、化学药品及试剂等。

⑤劳保用品指在编员工使用的各种劳保用品，包括各类工作服、帽、鞋、手套、面罩、防护镜、围裙、耳塞、毛巾、肥皂等。

(9)行政收费。行政收费根据预计发生的金额，按受益期限，采用摊销或预提的方法计算填列，费用负担按权责发生制原则，其中：

①公共设施费指马路、地沟等公共设施发生的费用。

②垃圾排放费指政府部门收取的固体垃圾排放费。

③保安费包括外委和自有。外委是指支付给保安公司的服务费用(政府部门所收消防费列入此项)；自有是指企业内部保安人员的服装、保安器具等的费用。

④河道费指政府部门收取的河道维修费。

⑤占道费指政府部门收取的占道费。

⑥产品容器检测费指政府部门收取的产品包装容器的检测费。

⑦压力容器检测费指政府部门收取的压力容器检测费。

⑧电梯避雷检测费指政府部门收取电梯和建筑物的避雷装置的检测费。

⑨产品外检检测费指由企业外部的检测机构或部门对产品进行检测的费用。

(10)保险费。保险费根据预计发生的金额，按受益期限，采用摊销或预提的方法计算填列，费用负担按权责发生制原则，其中：

①财产险指向保险公司支付的财产保险金。

②机损险指向保险公司支付的机器设备损失保险金。

③质量险指向保险公司支付的质量保险金(含产品责任险)。

④现金险指向保险公司支付的现金意外损失保险金。

⑤排污保险费指向保险公司支付的排污保险金。

(11)税金。税金包括应交矿产资源补偿费、房产税、车船使用税、土地使用税和印花税。税金根据预计发生的金额，按照权责发生制原则收取。

(12)培训费。培训费由人力资源部负责，必须有详细的培训计划支撑(只允许填列属于列明的培训费，但预算费用需控制在工资总额的2.5%以内)。

(13)费用摊销。费用摊销按会计政策规定的具体项目和方法执行，由财务部负责编制，其中：

①商标。按会计政策和商标使用年限，每月对企业的商标成本进行摊销。

②软件。按会计政策和使用年限，每月对软件成本进行摊销。

③土地使用费。按会计政策和土地使用年限，每月对购买的土地使用权费用进行摊销。

(14)折旧费用。折旧按会计政策规定的具体项目和方法执行，由财务部负责编制。

折旧和费用摊销不需要支付现金，在预计现金支出时应扣除。

(15)其他办公管理。

①咨询费指法律、税务等咨询费用。

②人员招聘费指招聘新员工发生的费用(含招聘广告费、场地费等)。

③房租费指按合同约定支付的租用办公用房所发生的房租、物业管理费等，由行政部门统管，列入行政部门预算。费用负担按照权责发生制原则。

④会务费指发生的各种会议费用支出。

⑤产品自检检测费指由企业内部的检测部门或质量部门对产品进行检测的费用及外购产品费用。

⑥其他指发生的其他办公管理费用，以支撑表的形式列明细，如信息查询费、绿化费、质量体系认证费、企业标准审批费、条码费等。

总之,不仅管理费用明细项目要有支撑表,而且企业所有的预算明细项目也尽可能要有支撑表,并尽量细化,这为企业实现精细化管理打下基础。

(六)工资及附加费和劳务费预算的编制

工资及附加费和劳务费的预算是指企业预算期内员工的工资、奖金、津贴、补贴、福利费及企业按规定标准承担的养老保险、失业保险、工伤保险、医疗保险、生育保险、企业年金、住房公积金、计提工会经费、计提职工教育经费、非货币性福利、辞退福利、股份支付等职工薪酬的预算。

1. 直接人工预算的编制方法与要求

直接人工预算以生产预算为基础,由各生产车间进行编制。直接人工成本是指在生产车间直接从事产品生产或劳务活动的工人的工资及附加费。直接人工工资可以按预算期产量乘以标准工时单耗和标准工资率的积来进行预算。标准工时单耗和标准工资率可以按企业的定额执行。其计算公式如下:

预算工时＝产量×标准工时

直接人工工资总额＝预算工时×标准工资率

直接人工工资的附加费包括按直接人工工资总额的14%计提的福利费和企业按规定标准承担的养老保险、失业保险、工伤保险、医疗保险、生育保险、企业年金、住房公积金、计提工会经费(按直接人工工资总额的2%)和计提职工教育经费(按不超过直接人工工资总额的2.5%)、非货币性福利、股份支付等。现行企业会计准则规定,因解除与职工的劳动关系给予的补偿进入管理费用,不在生产成本中反映。

销售费用中一线人员的工资及附加费和直接人工成本预算也可以按工资及附加费和劳务费预算的编制政策、方法和要求来进行编制,但销售费用中一线人员的工资及附加费和直接人工成本预算要将绩效工资和奖金部分分别与销售任务和生产任务挂钩,按企业预算期绩效考评办法来进行预算编制,体现出销售一线、生产车间与后勤职能部门的不同。

2. 工资及附加费和劳务费预算的编制政策、方法和要求

(1)预算范围。工资及附加费和劳务费预算主要适用于制造费用、管理费用、销售费用中的后勤人员,也可以适用于销售费用中的一线人员和直接人工成本的预算编制。预算范围包括在岗在编、内退、休长假、待岗、新聘、聘用、其

他(如精神病等)员工,企业应分别进行预算编制。

各单位负责本单位在岗在编人员的工资及附加费预算的编制工作。内退、休长假、待岗、新聘、聘用、其他(如精神病)员工等的工资及附加费预算的编制工作,通常由企业人力资源部负责。

(2)各单位应根据预算期人力资源业务计划,按基期期末预测的实际人数进行预算(现有实际人数减基期期末预计退休、调出等减员人数加新招聘人员等增员人数)。

(3)企业已参加医疗保险的,原则上不得再预算门诊医疗费、住院费等。

(4)按工资总额的14%计提福利费,按工资总额的2%计提工会经费,按不超过工资总额的2.5%计提职工教育经费。

(5)预算一般不单独考虑加班工资项目。

(6)“五险一金”及企业年金应根据现行情况,一般不做调整。

(7)独生子女费应根据各单位享受独生子女费的人数,按国家及地方规定的标准进行预算,预算要分解到每个月份。

(8)工资预算一般不应考虑因职级提升而带来的工资提高。

(9)劳务费预算编制要求细化到各个单位及工种,根据年度预算产量和基期实际使用劳务工费用进行编制,应专款专用。预算项目除工资外其他项目基本同在岗员工。预算项目不仅有养老保险、失业保险、医疗保险、工伤保险、生育保险、住房公积金等“五险一金”,还包括防暑降温费、取暖费、节日费、工伤医疗费、劳动保护费等福利费以及计提工会经费和职工教育经费(主要用于劳务工招聘费用和培训费用),但对外包形式的劳务工,一般不考虑预算“五险一金”费用。

(10)节日费。企业应制定开支标准,按符合享受节日费的人数和企业规定的标准进行预算,在节日发放。

(11)企业内部福利费。

①防暑降温费按符合享受防暑降温费的人数预算,分一线人员和后勤部门,按企业规定的人均标准进行预算,预算一般放在6月份。

②取暖费按符合享受取暖费的人数预算,分一线人员和后勤部门,按企业规定的人均标准进行预算,预算一般放在12月份。

③食堂费用仅指食堂购置厨具发生的费用。

3. 工资及附加费和劳务费预算的编制方法和要求

工资及附加费和劳务费预算主要由人力资源部依据企业年度经营计划和各单位的年度业务计划、员工人数、现有工资水平、工资制度和政策、企业绩效考评办法、预算期薪酬计划、福利费的计提标准等因素进行组织编制，可以采用零基预算法、固定预算法等进行。其编制要求如下：

(1)工资预算。

①各预算编制单位根据预算期人力资源业务计划，本单位定岗、定员人数和现有工资水平，按月编制工资预算。

②长期不在岗(病假、事假等)人员工资预算要在预算中分别单独进行编制。

③年终奖部分根据企业绩效考评办法在预算期按月进行预提。

(2)劳务费预算。

①劳务费预算包括临时用工、促销员工资等。

②分单位、按月份编制劳务费预算。

特别注意：由于工资及附加费和劳务费的发生都要进入相关的成本和费用中，为了避免重复计算现金流，一般不将工资及附加费和劳务费预算作为现金预算的支出项目(直接人工成本预算除外)。

工资及附加费和劳务费的预算由人力资源部汇总、审核，报主管副总批准后交财务部。

(3)主要预算表。

①工资及附加费和劳务费预算汇总表。该表反映的是企业工资及附加费和劳务费预算的总体情况，如表4—8所示。

表4—8　　工资及附加费和劳务费预算汇总表

预算项目	预算金额(元)										
	合计	1月	2月	3月	4月	5月	6月	7月	8月	9月	……
1. 固定员工费用											
(1)工资											
固定工资											

续表

预算项目	预算金额(元)										
	合计	1月	2月	3月	4月	5月	6月	7月	8月	9月	……
绩效工资											
(2)奖金											
(3)加班费											
(4)工资附加											
计提福利费											
计提工会经费											
计提职工教育经费											
养老保险											
失业保险											
工伤保险											
医疗保险											
生育保险											
住房公积金											
年金缴费											
其他											
2. 外聘用工费用											
(1)基本费用											
(2)岗位费用											
(3)绩效费用											
(4)福利费											
(5)其他											
合　计											

②部门(单位)工资预算明细表。工资及劳务费预算汇总表必须由各部门、各单位按每个员工分月份对每个明细项目进行预算后汇总，并且每个明细项目都要有支撑表，为了说明表4—8中的工资情况，必须按部门、单位，分岗位预算每个员工的工资。工资预算明细表如表4—9所示。

表 4—9　　工资预算明细表

序号	姓名	岗位	20××年预算（元）					1—12 月分月数（元）（略）				
			基本工资	岗位工资	绩效工资	其他	合计	基本工资	岗位工资	绩效工资	其他	月小计
1												
2												
3												
4												
5												
6												
7												

③福利费预算明细表。为了说明职工福利费预算的明细情况，企业必须要有福利费预算明细表进行支撑。福利费预算明细表如表 4—10 所示。

表 4—10　　福利费预算明细表

序号	项　目	20××年预算（元）（1—12 月分月数略）										
		合计	1 月	2 月	3 月	4 月	5 月	6 月	7 月	8 月	9 月	……
1	工伤医疗费											
2	困难补助费											
3	食堂费用											
4	独生子女费											
5	防暑降温费											
6	取暖费											
7	职工租房费											
8	体检费											
9	抚恤金											
10	其他											
11	合　计											

④“五险一金”及计提费用预算汇总表。为了反映“五险一金”及计提费用的情况，企业必须进行“五险一金”及计提费用明细的预算。“五险一金”及计提费用预算汇总表如表4—11所示。

表4—11　　“五险一金”及计提费用预算汇总表

项　目	承担或计提比例	20××年预算（元）（1—12月分月数略）												
		合计	1月	2月	3月	4月	5月	6月	7月	8月	9月	10月	11月	12月
养老保险	单位20%													
	个人8%													
失业保险	单位3%													
工伤保险	单位1%													
	个人承担													
医疗保险	单位7.5%													
	个人2%													
生育保险	单位1%													
	个人承担													
住房公积金	单位10%													
	个人10%													
计提福利费	14%													
计提工会经费	2%													
计提职工教育经费	1.5%													

（七）固定资产折旧预算

固定资产折旧预算一般由财务部负责编制，设备部和使用单位配合。其编制要求如下：

（1）折旧预算要分单位、分月份，按资产类别进行编制，列出固定资产原值、净值、折旧年限和折旧率，根据企业会计政策规定的折旧计算方法进行编制。

（2）折旧预算要与固定资产预算相关数据吻合，考虑固定资产的增减变化，特别注意固定资产报废和工程竣工结转固定资产的时间。

（3）预算表样可以参照企业会计核算时计提折旧计算表进行。

（4）企业一般采用平均年限法计提折旧。其计算公式如下：

月折旧额＝固定资产原值×月折旧率

年折旧率＝（1－预计净残值率）÷折旧年限×100%

(八)其他业务利润预算

其他业务利润预算包括其他业务收入预算和其他业务支出预算。其他业务收入是指除主营业务活动以外的其他经营活动实现的收入,包括出租固定资产、出租无形资产、出租包装物和商品、销售材料、用材料进行非货币交换、债务重组等实现的收入。

其他业务支出是指除主营业务活动以外的其他经营活动所发生的支出,包括出租固定资产的折旧额、出租无形资产的摊销额、出租包装物的成本或摊销额、商品和销售材料的成本等。

其他业务利润预算一般由财务部根据企业经营计划和经验数据,按照目前的价格,预计未来的销售材料、出租包装物等收入和支出情况,并分月进行编制。

(九)营业外收支预算

营业外收支预算包括营业外收入预算和营业外支出预算。营业外收入预算主要包括非流动资产处置利得、非货币性资产交换利得、债务重组利得、政府补助、盘盈利得、捐赠利得等。

营业外支出预算主要包括非流动资产处置损失、非货币性资产交换损失、债务重组损失、盘亏损失、非常损失、公益性捐赠支出等。

营业外收支预算一般由财务部负责编制。

(十)产品成本预算

产品成本预算是对生产预算、直接材料预算、直接人工预算、燃料及动力预算、制造费用预算的汇总,一般由企业财务部负责编制。产品成本包括单位产品生产成本、产品生产成本和产品销售成本。产品销售成本预算是编制预计损益表、预计资产负债表的依据之一。不同行业的产品成本预算表的结构略有不同。预算期产品销售成本的计算公式如下:

预算期产品销售成本=预算期期初库存产成品成本+预算期入库产成品成本-预算期期末库存产成品成本

由于预算期期初库存产成品的单位成本与预算期入库的产成品的单位成本不同,因此企业可以采用先进先出法、加权平均法等来计算预算期的产品销售单位成本。在编制预算期期末产成品成本预算前,企业应先确定产成品的单位成本，结合预计期末存货数量，计算出预计期末产成品成本。其公式如下：

预计期末产成品成本＝预计期末产成品数量×预计产成品单位成本

为了较好地控制企业现金流，方便企业正确进行利润规划，企业也可以采用变动成本法计算产品成本，这样产品单位成本只包括直接材料、直接人工和变动制造费用。

（十一）财务费用预算

财务费用预算是指对预算期企业筹集生产经营所需资金等而发生的费用进行预计。预算内容主要包括利息支出、利息收入、汇兑损失、金融机构手续费、收到或发生的现金折扣等，通常由财务部根据企业预算期经营计划、资金状况、向银行和其他金融机构的借款金额和借款利率、银行借款及应付债券期初余额及利率、外汇及汇率、平均存款、应收及应付票据等因素进行编制。财务费用的预算项目均需现金收付。

1. 利息支出

预算内容包括长期借款利息、短期借款利息、应付票据利息、票据贴现利息、应付债券利息等支出（不包括资本化利息）。其计算公式如下：

季度借款利息支出＝借款金额×月借款利率×3

票据到期价值＝票面价值×（1＋年利率×票据到期天数÷360）

票据贴现利息＝票据到期价值×贴现天数×贴现率÷360（对于无息票据来说，票据的到期价值就是其面值）

企业在预算利息支出时要考虑不同银行利率下浮因素，减少利息支出。

2. 利息收入

利息收入分为定期存款利息收入和活期存款利息收入。其计算公式如下：

季度银行存款利息收入＝月平均每日存款金额×月存款利率×3

对于带息应收票据到期，应当计算票据利息。其计算公式如下：

应收票据利息＝应收票据票面金额×利率×期限

企业在预算利息收入时可以考虑采用通知存款、协定存款等增加利息收入的因素。

3. 汇兑损益

办理外币业务时，由于汇率变动引起的汇兑损益。

4. 手续费

手续费包括办理银行业务所需的手续费和凭证的工本费。

5. 其他

如收到或发生的现金折扣等。

(十二)固定资产投资预算

固定资产投资预算是企业在预算期内购建、改建、扩建、更新固定资产,进行资本投资的预算。固定资产投资预算应根据企业中长期经营规划、年度经营计划、投资项目的可行性研究报告等进行编制,反映出固定资产投资总造价、流动资金需求和项目筹资预算。

1. 设备技术改造项目预算

该预算一般由设备部负责,根据生产预算和现有设备状况提出设备技术改造需求计划,并编制预算,经主管副总经理审批后,报送预算管理委员会和董事会批准。

2. 改、扩建项目预算

该预算一般由生产部和设备部根据企业的生产能力总体安排,提出扩大生产能力建设项目或重新购置新设备方案。生产部负责编制改、扩建项目预算,经主管副总经理审批后,报送预算管理委员会和董事会批准。

3. 固定资产投资预算要按车间或部门和工程项目分月进行编制

企业要预计未来现金流量,编制出现金流的分月收支金额以及新增折旧(通常所有折旧费用的预算统一由财务部负责编制)明细项目。

注意:企业处置固定资产所引起的现金流入,也应列入资本支出预算。企业如有国家基本建设投资、国家财政生产性拨款,应当根据国家有关部门批准的文件、产业结构调整政策、企业技术改造方案等资料单独编制预算。

(十三)权益性投资和债权性投资预算

在市场经济条件下,企业生产经营日趋多元化。除传统的经过原材料投入、加工、销售方式获取利润外,通常采用投资、收购、兼并、重组等方式,提高获利能力。投资是企业为了获得收益或实现资本增值向被投资单位投放资金的经济行为。企业对外投资,从性质上可以分为权益性投资和债权投资。此预算一般由财务部负责编制。

1. 权益性投资

权益性投资预算是企业在预算期内为了获得其他单位的股权及收益分配权而进行的投资预算，主要包括：

(1)企业持有的能够对被投资单位实施控制的权益性投资，即对子公司投资。

(2)企业持有的能够与其他合营方对被投资单位实施共同控制的权益性投资，即对合营企业投资。

(3)企业持有的能够对被投资单位施加重大影响的权益性投资，即对联营企业投资。

(4)企业对被投资单位不具有控制、共同控制或重大影响，且在活跃市场中没有报价、公允价值不能可靠计量的权益性投资。

权益性投资预算应根据企业发展战略、年度经营计划和预算期权益性投资计划等进行编制。收回、转让权益性投资或收取被投资单位分配的利润(股利)所引起的现金流入也要纳入资本预算。

2. 债权投资

债权投资预算是指企业在预算期内为了购买国债、企业债券、金融债券等进行的投资预算。

债权投资预算也应根据企业发展战略、年度经营计划和预算期债权投资计划进行编制。企业收回、转让债券的本息所引起的现金流入，也要纳入资本预算。

(十四)筹资预算

筹资是指通过增量方式筹措权益资本与债务资金，表现为表内资金来源总量的增加。

1. 筹资的方式

资金是企业生产经营活动的血液和润滑剂。随着企业规模的扩大、企业销售量的增长，企业对流动资金和固定资产投资的需求将增加；企业在生产经营困难时，为了解决财务困境，也需要对外筹资；企业需要一个合理的负债结构，也需要对原有债务进行调整。况且，企业负债经营具有财务杠杆作用、抵税作用，可以转嫁通货膨胀带来的影响等。企业资金靠自己的积累是远远不够的，

必须对外筹资。目前,企业筹资的方式主要有以下几种:

(1)股权融资,主要包括发行上市、增资扩股、风险投资、借壳买壳、股权转让和交换、杠杆收购。

(2)债权融资,主要包括银行借款、发行债券、民间借贷筹资、租赁筹资、信托计划。

(3)结构融资和贸易融资,主要包括留存收益、资产抵借、票据贴现、商业信用、国际贸易、补偿贸易融资。

(4)项目融资和政策融资,主要包括国际组织项目融资、国际商业银行贷款、政府贷款、项目包装融资、专项资金资助、高新技术扶持、产业政策融资。

2. 筹资预算的编制

在预算实务操作中,筹资预算仅针对债权融资方式,股权融资在投资预算中体现,政策融资等其他融资方式由于其特殊形式,通常需编制专项预算。以下仅介绍债权融资预算编制方法:

(1)现金流缺口测算。现金流缺口预测要建立在业务预算的基础上。现金流缺口测算流程见图4—1。

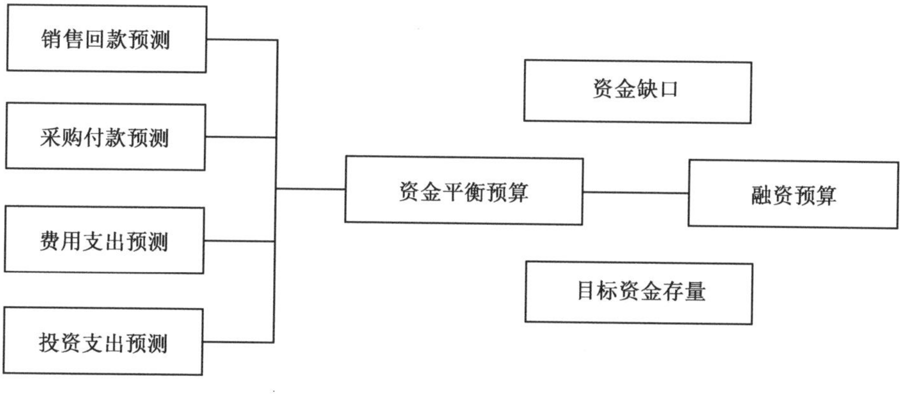

图4—1 现金流缺口测算

(2)资金平衡测算。现金流量测算中,经营活动现金流量是根据销售回款预算、采购付款预算和各部门费用中的付现部分编制的;投资和现有融资现金流量是根据投资预算、前期融资利息以及融资还款预算编制的。新增融资现金流量是作为融资预算的编制依据。需要注意的是,期末资金余额还要考虑日常的经营资金存量。现金流量测算表见表4—12。

表4—12 **现金流量测算表**

项　目	合计	2010年现金流量测算			
		一季度	二季度	三季度	四季度
一、货币资金期初余额					
其中：可支配资金					
保证金					
二、经营活动现金净流量					
资金流入					
资金流出					
三、投资活动现金净流量					
资金流入					
资金流出					
四、现有融资的现金净流量					
资金流入					
资金流出					
其中：利息流出					
偿还本金流出					
五、现金结余或不足					
其中：排除保证金部分结余					
六、新增融资活动现金净流量					
资金流入					
资金流出					
七、期末货币资金余额					
其中：可支配资金					
保证金					

(3)筹资项目预算。筹资项目预算是企业在预算期内需要新借入的长期借款、短期借款、经批准发行的债券及对原借款、债券还本付息的预算,主要依据企业年度经营计划、预算期资金需求状况、筹资方案、预算期初银行借款和应付债券余额、利率、债券发行批准文件等,一般由企业财务部门进行编制。表 4—13 为筹资项目预算表。

表 4—13　　筹资项目预算表

贷款项目	融资方式	融资期限	融资日期	偿还日期	融资金额	月利率	2010 年融资利息支出				
							合计	一季度	二季度	三季度	四季度
现有融资											
							—				
							—				
							—				
新增融资							—				
							—				
							—				
							—				
合　计					—		—	—	—	—	—
其中:现有融资合计							—				
新增融资合计							—				
其中:短期贷款							—				
中长期贷款							—				
承兑汇票							—				

二、财务资源测算

财务资源测算是将相关经营预算、资本预算、筹资预算的结果进行汇总,综合体现企业资源配置的结果。通过一系列预计财务报表反映预期的财务业绩,即财务预算,包括:(1)预计损益表,给出预算期内的预期利润或损失;(2)预计现金流量表,给出预期现金流;(3)预计资产负债表,给出预算期结束时点资产、负债和权益的预计水平。

(一)预计损益表

1. 预计损益表的编制

预计损益表是在业务预算的基础上采用企业会计准则中损益表的内容和格式,由财务部采用权责发生制、按多步式计算净利润的方法进行编制。其基本公式如下:

收入－成本及费用＝利润

预计损益表反映了企业预算期内的经营活动及其最终财务成果,展示企业的获利能力、重要经营目标和预算指标。它是企业全面预算体系的核心,也是编制预计资产负债表的基础。它是根据年度经营目标、预算目标、业务预算、资本预算、筹资预算、现金预算等有关资料,分单位、分月编制后汇总形成。

在预计损益表编制完成后,企业可以根据预算期的利润情况、企业章程规定的利润分配政策和股东大会审议的利润分配方案等资料,采用企业会计准则中利润分配表的格式、内容和计算方法,由财务部负责编制利润分配预算。

2. 预计损益表的形式变通

预计损益表除了反映预算的最终财务成果,还是评判预算资源配置效果的主要载体。因此,利用成熟的财务分析工具对预计损益表进行改造,是常见的方法。表 4－14 是融入了本量利分析模式的预计损益表,在揭示销量、成本和利润之间关系的同时,反映出损益预测的质量。

表 4－14　　本量利分析模式下的预计损益表

项　目	本年预算	第一季度	第二季度	第三季度	第四季度
营业收入					
变动成本合计					
直接材料成本					
直接人工成本					
变动制造费用					
变动销售费用					
税金及附加					
库存商品成本调整					
加:期初产成品成本					

续表

项　目	本年预算	第一季度	第二季度	第三季度	第四季度
减：期末产成品成本					
固定成本合计					
固定制造费用					
固定销售费用					
管理费用					
财务费用					
营业利润(亏损以"—"号填列)					
加：投资收益					
营业外收入					
减：营业外支出					
利润总额(亏损总额以"—"号填列)					
减：所得税					
净利润(净亏损以"—"号填列)					
边际利润					
盈亏平衡点					

(二)预计现金流量表

预计现金流量表反映企业在预算期内一切现金收支及其结果的预算。现金预算实际上是上述各项预算有关现金收支部分的汇总。这里所说的现金包括库存现金、银行存款和其他货币资金。

企业现金预算根据年度业务预算、资本预算、筹资预算和预计未来现金收入和支出情况，主要由财务部按收付实现制进行编制。编制现金预算可以使企业预计预算期内现金的多余或不足情况，使企业能科学地对现金进行管理。如果现金不足，则可通过向银行申请借款、发行企业债券或其他渠道融资解决；如果现金多余，则可提前归还银行借款、其他债务或进行短期投资。现金预算一般采用现金收支法(也可以采用净损益调整法)进行编制。现金收支法是对预算中的现金收支项目和金额进行归类汇总。其计算公式如下：

期末现金余额＝期初现金余额＋预算期现金收入－预算期现金支出－现金最低持有量＋(－)资金筹集与运用

现金预算表编制说明：

(1)编制现金预算的目的是合理使用资金，确保生产经营的正常运行。

(2)现金收入构成：销售收入、收回的应收账款、应收票据到期兑现等。其资料主要来源于销售预算。

(3)现金支出构成：采购材料、支付工资及附加、支付制造费用、支付销售费用、支付管理费用、支付财务费用、偿还应付款项、缴纳税金、支付股利及资本支出等。

(4)现金最低持有量：根据企业预算期的情况，为了保证生产经营的正常运行而保持的一个合理的现金持有量。

(5)现金余(缺)：差额为正，收大于支，多余资金可用于偿还债务或作其他用途；差额为负，支大于收，即现金不足，需要采取适当的渠道和方式筹措资金。

(6)资金的筹集与运用：企业在预算期内根据现金余(缺)，采取措施合理筹集或使用资金。

现金预算的编制要按收付实现制进行。要保证现金预算准确，就必须首先保证业务预算、资本预算、筹资预算准确。

(三)预计资产负债表

预计资产负债表是反映企业预算期末预计的财务状况，其内容和格式与企业会计准则中的资产负债表基本相同，只是其期末数为预算数。该表是由财务部依据预算期期初资产负债表数据，根据预算企业经营预算、资本预算、筹资预算、现金预算、预计损益表等有关数据加以分析和计算后形成的。

编制预计资产负债表的目的是判断预算所反映的财务状况的稳定性和流动性。通过预计资产负债表期初与期末(预算)对比的分析，可以发现某些财务比率不佳，必要时可调整有关预算，以改善企业的财务状况。

总之，企业应根据自己的情况，建立一套科学的预算报表体系，明确各预算编制单位的分工。预算表的相关数据应与企业的会计账套进行链接，以提高预算编制效率。

三、资源匹配与平衡

预算编制的过程，实质上就是围绕战略和预算目标，形成一系列行动计划并配置相应资源的过程。因此，一套预算方案的完成就是一套资源配置方案的形成。然而在资源有限、需求无限的经济背景下，资源配置的目标就是通过对资源合理调配确保企业价值最大化。预算资源匹配与平衡的环节非常多，但必须符合以下几点：

(1)资源配置方案必须符合公司战略。例如，公司应评估有关并购重组行为，对新的业务领域的涉足、新产品的研发是否符合公司的发展战略等。

(2)资源配置的方向应向价值增值环节倾斜。公司应将有限的资源向价值增量更大的环节投入(如新产品研发、市场网络的建设等)，相应减少非增值环节的资源投入(如一些后勤的保障活动)。

(3)资源配置应与预算目标相匹配。如前所述，一般来说，高目标多配置资源，低目标少配置资源，这样有助于预算目标博弈时激励团队挑战高绩效目标。

(4)是否可以考虑运用外部资源以实现最优性价比？如新产品开发时，是自己开发还是合作开发；产能不足时，是增加资源投入(如扩建厂房购置设备)还是进行外包。

(5)资源的流入和使用是否平衡？若有缺口，则是否设计好了资源的获取渠道？如银行借款、发行债券及发行股票等。

(6)企业制订的行动计划是否匹配相应的资源投入，反过来也可以理解为预算要以业务计划为依据等。

四、年度预算方案

在预算编制完成后，预算管理办公室负责汇总形成年度预算方案草案，报预算管理委员会审批。年度预算方案的内容主要包括：

1. 全套预算编制报表(从部门预算报表到公司预算报表)

2. 预算管理办公室编制的预算方案说明书

(1)预算方案总体说明；

(2)主要预算指标说明；

(3)完成预算目标的保障措施；

(4)预算管理重点工作。

第七节　预算编制评审

一、预算评审流程

集团公司的预算草案评审分为两个层面进行，即子公司层面和集团层面。

(一)子公司层面的预算草案评审

(1)各子公司预算管理委员会组织相关归口管理部门参与预算草案的审核，对发现的问题和偏差，预算管理办公室协同相关归口管理部门提出初步调整意见，反馈相关责任部门予以修正；

(2)对经过多次协调仍达不成一致的，应在充分调研的基础上向预算管理委员会汇报，以确定是否调整相关责任部门的预算目标，并最终达到综合平衡。

(二)集团层面的预算草案评审

(1)各子公司将审核平衡后的预算草案上报到集团公司预算管理办公室，由集团公司预算管理办公室根据预算编制要求进行审核；

(2)对草案中出现的偏差，由集团公司预算管理办公室协同相关领导提出调整意见，经与子公司多次协调平衡后，最终形成预算方案。

二、预算评审方式

预算的审核工作应在预算管理委员会的领导下由各业务归口部门分别对各预算责任单位的预算草案进行初步核查，主要通过核查重要的逻辑关系对业务计划和业务预算进行测试；审查各预算责任单位的预算是否符合总部预算编制大纲；审查预算与预测数据、预算与基期数据产生差异的原因；审查使用的各项标准、数据的勾稽关系是否正确等。各业务归口部门必须与各预算责任单位进行充分的沟通。

预算管理委员会还要组织财务、销售、生产、技术、人力资源等专业人员组成审核领导小组，对各责任单位的预算草案所涉及的预算实现的可能性、是否符合企业的发展战略和企业的总预算目标、是否将预算指标进行层层分解并落实到各岗位和人头等重点内容进行面对面的详细审核和质询。质询对事不对人，各预算责任单位必须事前做好准备工作，一般要求各预算责任单位第一负责人进行主汇报。

企业要认识到预算质询和审核的重要性，在接受质询或汇报预算时，最好由各预算责任单位第一负责人负责汇报，财务总监等参加，这样可以使各预算责任单位第一负责人了解业务计划、了解预算，从而支持预算工作。各预算责任单位在接受质询和审核时必须准备好各种明细资料、说明，通过以上审核和质询，指出各预算责任单位在预算编制中存在的问题，及时反馈给各预算责任单位进行确认，以便于修改预算。

财务部门将各预算责任单位修改后的预算再次汇总，提交给预算管理委员会审查。各预算责任单位应根据审核结果进行修改和说明，直到企业上下对各项预算指标达成共识。

三、预算方案下达

财务部对反复修改确定后的预算报表进行最终汇总，对各预算责任单位的预算编制说明进行归纳，形成集团总部预算方案说明，经总经理签署后，报预算管理委员会审批。

集团预算管理委员会根据审批后的预算方案与各责任单位负责人签订年度目标责任书，与预算方案一同下达。目标责任书的主要内容包括主要年度经营目标、业绩考评指标及计算方法、考核及兑现方法。

第五章

预算执行:不讲道理,才能约束

预算执行是指以预算为标准实施生产经营活动的行为。预算控制是指通过过程监督、信息反馈、预算调整等方法促进预算执行不偏离预算标准的手段。因此,预算执行是全面预算管理的核心环节,预算控制是保障企业实现预算目标的关键。

第一节　预算执行主体与权责

一、预算执行责任主体

预算执行是企业各职能部门共同完成的工作,其责任主体有:

(一)各责任中心负责人

首先由各责任中心的负责人进行自我控制,根据本责任中心的业务计划和预算目标,合理安排具体的业务活动,按照预算目标控制资金及成本费用的支出,完成指定的工作目标。

（二）财务部

依据公司的审批权限及审批流程审核各项业务的发生情况；根据预算目标对责任中心的成本费用及资金申请进行审核，确保预算执行部门在预算目标框架下运行；向预算管理委员会提供资金平衡方案。

（三）预算管理办公室

协调平衡销售计划、生产计划和采购计划，保证资源配置的合理性；受理、审核各责任中心提出的预算追加申请；判断预算调整的必要性，提出预算调整方案；组织协调预算执行过程中各责任中心、预算管理部门、预算管理委员会之间的关系，对预算执行信息进行综合管理，保障预算管理工作顺利进行。

（四）预算管理委员会

根据公司的审批权限及审批流程审批成本费用的支出；平衡、审批月度资金方案；审批预算追加、预算调整方案。

二、预算执行权责安排

为了提高管理效率，实行预算管理的企业大多会将预算管理与授权度进行整合和融合，使其成为一体化的预算授权管理制度，也就是说，将授权规则与预算管理权限进行重新梳理，以明确下述两者的权力边界：(1)预算内审批权。它本质上是一种预算执行权。(2)预算外审批权。它本质上是一种预算决策权。预算内审批权是指企业内部各预算责任单位及其责任人在其既定的管理边界内根据既定预算、计划、制度标准等，充分行使各项经营事项的决策权和执行权，如费用开支、预算内的资本支出计划等。预算外审批权是指在既定的管理边界、既定的预算范围和权限以外的决策和管理事项，需要由更上一级的管理者行使决策控制的权限。在管理学中，人们通常将这些决策管理事项称为“例外事项”。这些例外事项是针对既定的组织边界和管理权限而言的（对总部决策者而言没有任何例外事项，它们拥有终极决策控制权），往往是个别的、特殊的，没有既定的预算、计划等标准作依据，需要根据具体情况进行具体的分析和决策。例如，改变经营方向的“战略性投资”，没有被授权的商品降价销售等。

第二节 预算控制

预算控制的方法包括总量控制和结构控制。总量控制是指根据预算额度对预算指标的发生额进行控制，确保实际执行总额控制在合理的偏差范围之内。结构控制是指通过对预算指标结构进行分析，找出影响其总额变化的相关因素，针对这些可控要素采取相应的控制方法。总量控制和结构控制必须组合运用，才能取得较好的效果。

一、总量控制

总量控制根据预算控制权限不同，可分为以下几种情况：

(一)预算内控制

预算内事项指已包括在各业务单位的业务计划和预算范围内的预算执行事项。在年度预算的执行环节，财务部门是预算执行的管理单位，负责执行预算的跟踪和监督。

预算内事项根据预算执行审批权限表(见表5—1)进行审批控制。

表5—1 **预算执行审批权限表** 单位：元

种类	项目	金额审批权限分级					
		部门经理	主管副总经理	总经理	董事长	董事会	股东会
对外投资	短期投资						
	长期债券投资						
	长期股票投资						
	其他长期股权投资						
大型固定资产	基建						
	大修理						
零星固定资产	运输设备						
	计算机等办公设备						

续表

种　类	项　目	金额审批权限分级					
		部门经理	主管副总经理	总经理	董事长	董事会	股东会
低值易耗品							
融通资金	短期借款						
	长期借款						
管理费用	业务招待费						
	电话费						
	市内交通费						
	国内差旅费						
	境外差旅费						
	其他管理费用						

1. 预算额度内事项执行

鉴于年度预算经过反复沟通、协商、质询,上级已经审核批准,同时也签订了业绩合同,所以在预算执行过程中只需对预算额度内的使用授权给较低层次的管理人员就可以,这样做既能提高工作效率,又保证了经济活动的灵活性和主动性。

2. 超预算额度事项执行

当预算内事项超出预算目标总额时,财务部门将暂停付款,要求各部门负责人提出预算追加申请。预算管理委员会(或总经理)审阅各部门预算负责人提出的预算追加申请,根据本部门、业务归口部门、财务部对其合理性、紧迫性、重要性和资金的可行性分析结果做出批准与否的决定。需要注意的是,超预算额度事项即使通过了预算追加审批,也应纳入预算考核范围。

(二)预算外控制

预算外事项是指在预算中未涉及的,因内部或外部因素导致的、经预算管理委员会批准必须执行的事项。

年度预算一经批准,预算执行应具有刚性。为了保证企业目标的实现和企业的持续经营,各责任单位执行预算外项目时,应按照预算外事项(项目)管理流程提出申请。企业审批预算外事项(项目)时应区分导致预算外事项(项目)

的可控和不可控原因,并以此成为预算考核的依据。

预算外事项(项目)的责任单位提出申请,填写预算外事项(项目)申请书,并由负责人签字确认。预算外事项(项目)申请书包括申请执行预算外事项(项目)的原因、可带来的利益、所包含的活动内容和金额、预计时间。

归口管理部门审核预算外事项(项目)的合理性、经济性和资金需求;财务部核实资金的可行性,确定能否在本年度内安排。

经归口管理部门和财务部核实之后,预算管理委员会批准预算外事项(项目)的申请。

预算外事项(项目)一经批准,申请责任部门或责任人即可按申请书中确定的范围、时间和资金额度等执行。预算外事项(项目)的执行情况纳入预算考核范围。预算外项目的确定即构成了下文的预算调整。

二、结构控制

适用结构控制的指标很多,本书仅就成本费用控制举例说明。

成本费用控制的范围是指一些可控性的成本费用,不包括累计折旧、相关税费等。可控性费用又分为变动性费用和固定性费用。对变动性费用的控制,一方面确定与该成本费用相关的因素,另一方面就是控制单位标准。比如说对材料消耗的控制,跟材料消耗相关的业务量就是生产量,单位标准就是单位消耗定额,对材料消耗的控制主要就是控制实际的单位材料消耗。对固定成本费用的控制主要就是对额度的控制,也就是控制费用的总额。

(一)生产成本预算控制

生产成本包括直接材料、直接人工和制造费用。对直接材料的控制主要是从领料环节进行控制,生产计划下达后车间根据生产计划和在产品库存制定相关的领料计划,仓储部门根据领料计划严格把控领料环节。对直接人工的控制主要是控制单位产品的人工工时,因为单位人工工资的标准已经在年度工资方案中确定,变动的可能性很小,只需要控制单位产品的人工工时就可以。对制造费用的控制分为两部分:一部分是跟产量有关的费用,即变动性费用,比如机物料消耗、维修费等,对这部分的控制主要还是靠定额进行控制;另一部分是固定性的费用,主要是从额度上控制费用。成本控制的要点是:

（1）制定合理的消耗定额，包括材料定额、工时定额、机物料消耗定额等，而且要定期更新、完善。对于新产品的消耗定额，在生产前要及时予以完善。

（2）制定合理的领料计划。这个需要对车间在产品库存的信息能及时、准确地掌握，另外就是合理的消耗定额。

（3）严格把控领料环节和执行领料计划，加强对仓储部门发料的管理和考核。

（4）对固定性制造费用严格按预算额度控制。

（二）费用预算控制

费用可以分为变动性费用和固定性费用。变动性费用的控制主要控制变动费用率，比如业务兑现费，主要是根据兑现政策中的兑现比率来控制。运输费主要是根据费用比率来控制。固定性费用主要是靠额度进行控制，控制的依据就是各项费用的管理制度及费用标准。固定性费用还可以分为项目性的固定性费用和日常性的固定性费用，对项目性的费用的控制主要是进行事前申请的审批，而日常性的费用就不需要事前申请。费用控制的要点如下：

（1）完善各种费用标准，如车补、办公费用、差旅费、劳保用品、电话费、手机费等，作为费用控制的依据。

（2）完善审批权限表及审批流程。

（3）对项目性的费用，必须做到先申请后使用。

（4）完善变动费用的标准，比如明确兑现政策或者运输费定额。

（5）建立各责任中心的预算管理台账，对预算的使用情况进行统计管理，同时可以根据台账信息设定预警标准。

第三节　预算控制政策

预算控制政策是企业对预算控制对象、控制标准、控制方法等预算控制要素的具体安排，通常包括额度控制、标准控制、弹性控制等。

一、额度控制

额度控制采用总量控制方法，适合于对固定费用、部门费用或项目费用等进行控制。采取额度控制政策需要明确以下几项控制要素：

(一)控制对象

控制对象，即明确受控制的预算责任单位。

(二)控制科目

控制科目，即对哪些预算科目采取控制。

(三)控制方式

(1)当期控制指以当月或当季的预算目标作为当期预算控制总额，前期的预算结余不做结转；

	FY'	01M	02M	03M	4M	5M	6M	7M	8M	9M	10M	11M	12M
预算数	1 200	100	100	100	100	100	100	100	100	100	100	100	100
实际数	200	50	50	50	100								

注：预算结余＝当期预算数－当期实际数。

图 5—1　当期控制

(2)全年控制指以全年预算额度作为当期预算控制总额；

	FY'	01M	02M	03M	4M	5M	6M	7M	8M	9M	10M	11M	12M
预算数	1 200	100	100	100	100	100	100	100	100	100	100	100	100
实际数	200	50	50	50	1 050								

注：预算结余＝全年预算数－累计实际数。

图 5—2　全年控制

(3)累计控制指以累计预算额作为当期控制总额，上一期间的预算结余可向下期结转。

	FY'	01M	02M	03M	4M	5M	6M	7M	8M	9M	10M	11M	12M
预算数	1 200	100	100	100	100	100	100	100	100	100	100	100	100
实际数	200	50	50	50	250								

注：预算结余＝累计预算数－累计实际数。

图 5—3　累计控制

(四)控制额度

根据上述控制要素，从预算方案中计算出控制额度，作为控制标准。

额度控制需建立预算执行台账(见表 5—2)，通过台账监控预算目标的控制金额。

表 5—2　　**预算执行台账**

期间：　　单位：元

部　门	项　目				
预算科目	年度目标	追加额度	预算额度	执行数	可用余额
办公费					
招待费					
差旅费					
会议费					
……					
合　计					

二、标准控制

标准控制就是通过制定预算定额标准对成本费用项目进行控制。如差旅费按交通、住宿、差旅补助等定额标准进行执行控制，材料按产品工序材料消耗定额控制领用等。实施标准控制需要注意的事项有：

(一)成本费用定额标准的制定

依据主要有法律、法规、国家出台的政策以及企业相关的规章制度等。企业要编制成本费用定额标准，首先，应分析企业成本定额标准的编制依据，了解企业制定每项成本费用定额的要求及规定。其次，根据实际情况区分企业各成本费用的项目，并将各个成本项目尽量分解为最详细的可操作对象，分别分析各个可操作对象的成本项目确切的金额、影响因素以及影响程度等。再次，根据企业的具体情况选择适宜的成本费用定额标准编制方法，计算相应的定额标准。最后，审查所制定的成本费用定额标准，并根据实际的执行情况和反馈信息做适当的调整。

(二)建立成本费用定额标准体系

企业成本费用定额标准的表现形式主要包括实物数量、业务量或作业量、货币金额、工作时间以及比率等。其中，实物数量标准包括总量(如装卸量、运输量等)和单位量，货币金额标准包括总额标准(如业务招待费总额等)、单位金额或单价(如产品的物流费用、人均办公费用、物资采购价格标准等)。企业应逐步建立与业务管理相结合，全面覆盖实物消耗、能源消耗、人力成本以及费用开支、资产占用等方面的预算定额标准体系，提升全面预算管理水平。企业按照行业全面预算管理水平的要求，统一制定并严格执行重要的预算项目的定额标准，同时参照国家财政、税收、金融等相关政策及行业政策标准，结合本单位的实际情况，科学制订、有效管理和应用各项预算定额标准。

（三）建立完善的信息化预算系统

企业在进行成本费用标准管理时应该建立科学、严密的预算系统，通过信息化手段，实现对成本费用指标的实时分析，有针对性地进行成本费用标准执行控制，将各预算单位、各项对比指标完成情况进行横向、纵向对比分析，及时评价各预算单位的执行情况，落实成本费用标准硬约束管理要求，严格执行成本费用审批管理程序，加强对成本费用标准的审核，提高成本管理标准的执行力。

（四）成本费用定额标准的应用

（1）根据企业所处区域的经济发展水平与企业的实际经营情况，结合企业在实际执行过程中的反馈信息，对成本费用定额标准进行相应的调整，使其不断标准化、合理化。

（2）在企业开展全面预算管理的过程中，各单位、各部门应高度重视成本费用定额标准的制定以及执行。成本费用定额标准管理是一项复杂、长期、系统、综合的管理工作，需要各个部门积极参与到成本费用定额标准的制定以及管理工作中。

（3）与企业业务量相关的变动成本费用定额标准是动态标准，随机性很强。企业要定期对业务量定额标准进行考核。

（4）充分利用计算机网络对成本费用定额标准进行管理，建立信息库，加速资料的收集、整理、存储、分析、监测以及输出过程。

三、弹性控制

弹性控制是一种动态的结构控制，其突破了传统的单边控制的局限，从边际效益的角度分析指标间的内在关系，并建立联动系数。企业根据母指标变化和联动系数实时计算预算额度并开展预算控制，如变动销售费用根据销售收入变动进行弹性控制。采取弹性控制的总体原则为：

(一)边际收益为正的原则

当费用的支出有利于利润的创造，或能提高未来的收益、增强公司的可持续发展时，企业应加大投入，而不应该进行单边削减或总额限制。也就是说，费用的增量在其影响的收益增量或提高的资产质量增量范围内能获得足够的弥补，其均为可行的费用支出，在现金流和机会成本最低要求约束条件允许下均可增加；反之，应减少。

(二)费用支出实质科学合理化的原则

当某项费用支出所能支撑的利润减去其机会成本时的利润大于零时，此费用为可支出费用项目，此项费用支出方案为该笔费用支出的最合理形式。当费用的边际收益为正的原则下，此类费用均为可行性支出，但作为费用是在消耗公司的资源。因为资源的稀缺性原理使得公司在应用有限资源时总要求最大化收益，所以公司对费用支出特别是重大费用项目的支出要充分评价其机会成本，使方案的机会成本降到较低或最低。

(三)费用结构最优化的原则

此原则是优化结构总体费用的项目结构和单项费用的内部结构，使其支出最终能为公司提高管理水平、增加公司价值作贡献。站在整体费用的全局看，众多的费用项目对公司经营有着不同的支撑作用，有必要条件项目，也有可调节项目。怎样能使整体费用的边际收益最大化，要根据不同的经营条件和需求不断地调整费用结构，使其动态最优化。同时单项费用内部内容的调整也应使每个费用项目内容较全面地包含管理目标的内容。

(四)利润总额最大化的原则

此原则是建立重大费用支出评价体系，增加边际收益为正的费用项目开支，减少边际收益为负的费用项目开支。在充分优化费用结构后，公司总努力朝公司价值最大化的目标方向实施费用支出，这样就让费用每加一个单位的投入后能有更多产出的项目，使得费用支出贡献能力大的部分得到增长、贡献能力小的部分被压缩。

(五)公司价值最大化的原则

此原则是对支出的受益期限进行评价，对其短期收益和长期收益均给予合理的估计,将未能在当期体现的利益给予适当的估计,对其两者的概率给予估计。评价模型分为单期支出模型和多期支出模型。

单期支出模型为

$$A=a\times T+b\times T-T$$

当$A>0$时,可行;当$A<0$时,不可行;当$A=0$时,看其无形的评价指标,如社会效益、公众形象等,其中,T为支出数,a为当期收益系数,b为后续收益系数。

多期支出模型为

$$A=a\times X+b\times Y\cdot T,T=X+Y$$

其中,X为当期支出数,Y为后续支出数,$X+Y$为此项费用的生命期支出数,a为当期收益系数,b为后续收益系数。

(六)管理能力高效的原则

在对费用的管理中,公司对不同对象应给予不同的管理鼓励政策,在实现其价值最大化的目标时要超越同行业,达到先进水平。管理能力的高效是必不可少的条件,费用支出在这方面的作用主要体现在不仅实现价值最大化,还要在为公司的资产质量提高、员工工作效能提高和满意度等方面做贡献,对不同的职能部门采取不同的管理方法,如对费用中心和利润中心分别使用不同的管理政策,对费用中心的主要评价指标是管理水平,对利润中心的主要评价指标是营利能力,同时依据财务逻辑资料整合归并会计核算上的费用项目,形成管理目标的管理成本项目,以对公司的管理行为进行评价。

总之,企业能在费用管理中采用系统的分析方法和数量经济学的分析工具,根据费用的边际收益情况对费用结构进行调整,使得有限的费用支出在不同项目中的比重向边际收益最大化方向发展,实现费用总体结构的优化;分析各费用项目内部间的相互关系,对费用项目内部间的相关性和替代性进行量化评价,重新整合,形成相互独立的管理成本;配合管理政策进行管理,使得费用管理有比较科学化的理论依据;寻求费用的支出与公司实现收益的项目或费用支出的服务项目之间的关系,建立科学、合理的数据分析模型,以实现管理从单边控制到弹性管理,不再只停留在静态的数据控制上,而是将费用管理从限制费用支出转向费用支出以服务企业价值最大化为目标的动态管理。

四、其他控制

（一）业务控制与财务控制

企业的经营运转主要是业务活动，预算与财务控制节点应嵌入全价值链的业务循环中并为业务活动提供数据支持。业务循环中的各项工作内容、路径选择、阶段进度、数据信息也应传入财务系统，即时产生数据报表，供外部报表使用者和公司内部管理分析与决策支持。

（二）单项控制与总额控制

单项控制是对结构进行控制的方法，如财务部年度预算中的审计费、办公费超出预算值并进行两项考核的情形属于单项控制方法。总额控制是按总量进行控制的方法，如财务部年度各科目预算总额为 300 万元，虽然审计费和办公费两科目超出但实际总额未超出 300 万元，则判定为完成年度指标的方法属于总额控制方法。实务工作中考虑结构问题通常采取单项与总额相结合的方法进行预算控制。

（三）刚性控制和柔性控制

刚性控制以预算值为约束指标，不得突破。柔性控制则在超出预算时可通过边界预警和流程控制进行突破。在实务中通常对重大项目审核支出的合理性，实行刚性控制。对于预算外项目支出，应该按规定的程序支付，通过刚性控制，保证某些项目不超过预算；通过柔性控制，提醒相关人员进行原因分析，实现最终的控制目标。

总之，采取何种预算控制政策，取决于符合控制目标的特性，要契合企业的实情，本着合理、效益、效率的原则。

第四节　预算调整与仲裁

一、预算不确定性的解决思路

在预算管理的全过程中，随时随地都面临着各种不确定性，这些不确定性增加了预算组织、预算编制、预算执行、预算控制与预算分析考核等各项工作的难度。有时，实际与预算的巨大差异甚至会动摇预算管理本身。

(一)企业预算管理中不确定性的概念

对于不确定性，在数学、管理学、哲学、经济学等学科领域都有相应的研究，存在着不同的认识。预算作为战略管理的工具，其本身便内含了不确定性与不可靠性，并且对不确定性的认知与判断贯穿了预算管理工作的全过程。对于预算管理中的不确定性，可以从以下几个方面对其概念进行分析：

(1)指预算管理中的不肯定性、不可靠性，有客观性、时间性、可认识性、一定程度的可测性等特点；

(2)其外在表现是预算与实际的差异，有时这种巨大的差异会大大削弱预算的作用；

(3)预算管理中的不确定性以及人们对其的认知促进了预算管理方法的不断发展，有一种互动效应，并且以科学的方法修正人们对不确定性的认识。

(二)企业预算管理中不确定性的来源分析

对于预算管理中不确定性的来源进行分析，有利于我们有针对性地采取相应的对策，充分发挥预算在企业管理中的作用。预算管理中的不确定性可以分为内生的不确定性与外生的不确定性。

(1)外生的不确定性主要是指预算管理系统之外的不确定性，即预算管理环境的不确定性，如社会环境的变化、宏观经济与产业环境的变化、企业经济业务的多变性等。这些来源可以分为若干层次，如企业外部环境与企业内部环境的变化、企业内部战略调整与战术变化、突发事件的影响与公司战略中的不确定因素等。企业内部针对外部环境变化与自身发展等方面的考虑而采取了诸多调整因素，也产生了这种不确定性。

(2)内生的不确定性主要是预算管理工作中的不确定性，如由预算管理目标、预算管理依据、预算管理原则以及相关人员等引起的不确定性，这在预算编制、预算控制与预算考核等管理环节都有体现。

不确定性来源不同，采取的相应对策与方法也不同。不论是内生的不确定性还是外生的不确定性，企业都可以从预算方法的不断完善与合理选择中最大限度地减少其对预算工作的不利影响，以提高预算管理的效率与效果。

(三)解决预算管理中不确定性的思路

针对预算管理中的不确定性，为了更好地开展预算管理工作，随着人们对不确定性的认知的深入及相关预测技术的发展，一些有针对性的对策与方法开始出现在预算管理的理论探讨与实践工作中。

1. 预算方案

为应对不确定性对预算目标的影响，企业会制订多套目标，如保守型目标、进取型目标、国资委下达的目标等。每组目标下企业选择不同的资源配置方案进行预算编制，形成多套预算方案，但要明确预算执行中只选定一套主方案作为控制和考核标准，辅方案作为预算分析和预算调整的依据。

2. 预算准备

预算准备是为应对内外部不确定性而预留的一部分资源，包括预算内资源准备（实质保留资源，预算方案内体现）和预算外资源准备（保留可获得资源的能力，预算方案内不体现，如银行授信额度）。预算准备通常由预算委员会确定额度，并从严控制使用。

3. 零基预算

零基预算的全称为“以零为基础编制的预算”，是指预算数完全不受以往水平的影响，而是以零为起点，根据预算期企业的实际经营情况编制预算。零基预算多在费用预算编制中被采用，但在其他预算中也可以使用。零基预算在一定程度上避免了上期实际数中不确定性因素的延续。

4. 预算调整

预算调整是指在预算执行中由于诸多原因导致预算编制基础不成立或将导致预算执行结果产生重大偏差时，对原预算进行的调整。就不确定性而言，预算调整保持了指标的适时性，但往往容易掺入主观成分，对预算的严肃性产生影响。因此，预算调整这一方式应受到严格限制：企业正式下达执行的预算，一般不调整；特殊情况下，预算调整一般在年中进行。

二、预算追加

由于预算是建立在对未来经济活动预测的基础上，企业经营环境的变化或预算能力的不足，必然导致许多超预算事项和超预算额度的现象发生，为增强预算的适应性和经营的持续性，企业应当建立预算追加机制。

（一）预算追加遵循的原则

1. 例外原则

各责任中心预算开支原则上不得超过预算额度，超过预算的项目支出，特殊情况特殊对待，根据实际情况适度追加的，必须履行追加报批手续。

2. 严格审批原则

预算追加通常作为一种辅助机制调节预算的控制，一般通过设置追加的审批难度来加以控制，避免因过多的追加影响整体预算的执行。

3. 效益原则

评估预算追加事项申请，注意区分增值性支出和非增值性支出，对非增值性支出从严控制，甚至坚决杜绝。

(二)预算追加程序

(1)各责任中心发生预算外费用时应向预算管理办公室提出书面申请，详细说明申请追加的事由及额度，并提供相关的支持性附件；

(2)预算管理办公室对预算追加申请进行初步审核，评估预算追加的必要性，提出意见和建议，按不同的审批权限和程序报批；

(3)对日常经营活动发生的一般性开支项目，逐级报批后由预算管理委员会主任审批；对重大的技改技措项目，按公司的审批程序进行审批。

(三)预算追加的解决途径

(1)原则上通过各责任中心的预算节约进行弥补；

(2)通过各责任中心之间的预算调剂进行弥补；

(3)通过动用预算准备进行弥补。

预算追加是结构化控制的调整机制，体现为内部调剂，不对预算目标产生影响。

三、预算调整

年度预算是实现企业年度经营目标的手段，为保证预算的权威性，一般不做调整。但如果市场环境发生重大变化，差异分析提示差异主要根源于一些不可抗拒的环境因素，如自然灾害、市场丢失、上游材料大幅涨价、基本政策重大调整等。当单纯采取改进措施已不能保证预算的完成时，预算调整就成为必要。

(一)预算调整的条件

当发生下述事件或预算环境出现下述变化时，企业需要进行预算调整：

1. 国家的相关政策发生重大变化

(1)当国家的相关税收政策、宏观调控政策等发生变化时,公司相应地增加或缩减业务范围;

(2)经济环境的变化(外汇汇率波动、通胀率等);

(3)企业内部资源发生重大变化。

2. 公司组织战略发生调整

(1)公司业务状况发生重大变化,其变动幅度超过20%;

(2)公司出于整体战略发展的需要,部门之间进行整合,导致预算主体发生变动。

3. 预算委员会认为应该调整的事项

(1)集团公司追加的任务;

(2)出现突发事件,包括自然灾害和意外事故等;

(3)预算管理办公室提出并经预算管理委员会同意的调整事项。

(二)预算调整的申请来源

1. 自下而上

各预算执行单位在预算完成不利的情况下会主动提出调整预算,如成本超支或销售不畅等;

2. 自上而下

预算管理部门基于对预算执行情况的分析,判断属于进行预算调整的情况,提出预算调整建议。

(三)预算调整的最终审批权

预算调整的最终审批权在预算管理委员会。企业进行预算调整应坚持下列原则:

(1)不能偏离企业的发展战略;

(2)应当在经济上实现优化;

(3)应当放在预算执行中重要的、非正常的、不符合常规的关键性差异方面;

(4)预算目标轻易不做调整。

(四)预算调整流程

(1)每年7月份左右,预算管理办公室进行一次中期评估;

(2)需要调整预算时,预算管理办公室提出申请,编制调整草案,报预算委员会评估和论证;

(3)预算管理委员会对预算调整草案进行审议,通过后报董事会审批;

(4)公司预算管理委员会将预算调整方案报集团公司审批;

(5)预算管理办公室负责预算调整方案的分解和下发;

(6)各责任中心根据预算调整方案执行。

四、预算仲裁

对预算开展过程中出现的各类矛盾或问题,预算管理办公室负责受理并进行协调。相关责任中心不接受预算管理办公室的协调结果的,可向预算管理委员会提出仲裁申请。预算管理委员会在收到申请起5个工作日内完成仲裁,并出具书面仲裁意见。该仲裁为终审裁定。

第五节　预算分析

预算分析是通过财务数据反映一些问题,落脚点是放在各业务系统的经营活动分析上,通过对业务系统的分析,找到出现问题的原因和改进措施。比如,对销售的分析,数据只能说明预算与同期的差异等,不能说明市场上的变化情况,市场方面的信息只有通过销售系统或者其他业务系统进行了解分析。

一、预算分析形式

(一)预算分析报告

预算分析报告由预算管理办公室根据预算分析表格中的数据、各责任中心提交的分析报告以及预算管理办公室调查了解的情况编制而成,是反映当期经营情况的一个综合性报告,也是预算分析会议的主要依据之一。因此,预算分析报告的质量好坏对企业管理层综合了解企业的情况、及时调整企业的经营策略、保障预算指标的完成都有很重要的影响。预算分析报告的结构如下:

(1)上期问题的落实情况;

（2）当期的经营情况分析；

（3）当期各项预算指标的完成情况及存在的主要问题（收入、成本、费用以及各责任中心的完成情况）；

（4）主要改进措施的建议。

（二）预算分析会

预算分析会是以预算分析报告为依据，由各预算责任单位参与的，通过预算分析发现问题、解决问题的检讨会议。

企业应建立预算分析会例会制度，通常按月召开，也可临时组织讨论预算专项问题。

二、预算分析方法与预算分析流程

（一）预算分析方法

1. 比较分析法——“傻瓜机”

优点就是很直接，也很直观，比如，通过实际与预算、上年同期、同行业数据的比较，得出差异额及差异率。但是注意，并不是所有数据都可以进行比较分析的，如果数据的内容发生重大变化，则要将两级数据的口径调成一致。比如，如果预算年度新加入一家子公司，那么整体收入和利润与上年同期进行对比就要注意将上年同期的数据也调整为含新的子公司的收入和利润的数据。

2. 结构分析法——“广角镜”

结构分析法也叫比重分析法，就是将各类数据放到一个平台，对各自的比重进行比较，结果一目了然。通过这种分析，可以评价结构组合，寻找优化组合空间。同时也要注意，结构性改变具有隐蔽性。比如，某类重点产品的收入本来是减少的，结果因为其他品种的收入整体下滑，造成该品种收入比重上升，给分析者造成了错觉。这个需要结合趋势分析，可以及时发现结构恶性偏离。

3. 趋势分析法——“长焦镜”

该方法是评价一段时间某指标的运行轨迹，从中寻找运行规律，及时发现苗头，推测偏差演变，警示未来结果。

4. 因素调节分析法——“近推”

该方法就是将经过对比分析产生的差异，按照其产生的因素进行分解，比如将收入差异分解为量差和价差。该方法的优点就是解开交织数据、揭开浪费死角、追寻差异幕后的真正因素。

5. 本量利分析法

该方法就是将所有的成本费用划分为变动成本和固定成本，计算边际贡献率、固定成本总额、盈亏平衡点。盈亏平衡点是一个比较综合的指标。它的高低可以反映公司总体的盈利能力和经营风险。盈亏平衡点越低，说明公司在具有同等销售收入的情况下盈利能力越强，经营风险越低。盈亏平衡点受两个因素的影响：一个是边际贡献率，一个是固定成本总额。对盈亏平衡点的分析也为管理者提升盈利能力、控制经营风险提供了方向，即提高边际贡献率和降低固定成本总额。提高边际贡献率主要是通过降低变动成本、提高销售价格或者多销售边际贡献率高的产品来实现。降低固定成本主要通过控制固定成本费用中的可控性费用来实现。分析固定费用中的可控性费用，可以比较清楚地看到管理者在费用控制中所起的作用。

(二)预算分析流程

(1)各责任中心是预算执行分析的第一责任主体，每月对本责任中心预算情况进行分析，并向预算管理办公室提交书面报告；

(2)预算管理办公室是企业预算汇总分析的责任单位，每月汇总分析，并向预算委员会提交书面报告；

(3)预算委员会每月组织召开预算分析会，讨论预算情况，提出改进意见和建议；

(4)各责任中心根据会议要求落实改进措施。

三、预算分析内容

预算分析主要揭示执行差异、经营分析和改善行动方案。因此，企业应将预算目标和执行结果数据进行对比，找出产生差异的原因，及时进行改进。编制预算差异分析，有助于强化过程控制。

(一)主要指标分析(见表5—3)

表 5—3　　主要指标预算分析表

项目		单位	本期							累计						
			实际	预算	差额	差异率	上年同期	差额	差异率	实际	预算	差额	差异率	上年同期	差额	差异率
			A	B	C=A−B	D=C/B	E	F=A−E	G=F/E	H	I	J=H−I	K=J/I	L	M=H−L	N=M/L
发展规模类	销售量															
	销售收入															
	产量															
盈利能力类	利润总额															
	净利润总额															
	毛利率															
	净利润率															
	净资产收益率															
可持续发展类	资产负债率															
	市场占有率															
	年度投资总额															
	研发支出占总收入比重															
运营管理类	流动比率															
	存货周转率															
	回款率															
	应收账款周转率															
	经营性现金净流量															

(二)利润分析(见表5—4)

表5—4　　利润预算分析表

项　目	本期						
	实际	预算	差额	差异率	上年同期	差额	差异率
	A	B	C=A−B	D=C/B	E	F=A−E	G=F/E
一、营业收入							
主营业务收入							
减去:销售折扣							
销售净额							
其他业务收入							
二、营业成本							
主营业务成本							
其中:变动性生产成本							
固定性生产成本							
发出存货中包含的固定成本与实际发生的固定成本的差异							
其他业务成本							
营业税金及附加							
毛利							
销售费用							
其中:变动销售费用							
固定销售费用							
销售利润							
管理费用							
研发费用							
财务费用							
资产减值损失							
其他							
加:公允价值变动损益(损失以"—"号填列)							
投资收益(损失以"—"号填列)							

续表

项　目	本期						
	实际	预算	差额	差异率	上年同期	差额	差异率
	A	B	C=A−B	D=C/B	E	F=A−E	G=F/E
其中:对联营和合营企业的投资收益							
汇兑收益(损失以"—"号填列)							
三、营业利润(损失以"—"号填列)							
加:营业外收入							
减:营业外支出							
四、利润总额(亏损总额以"—"号填列)							
减:所得税费用							
五、净利润(净亏损以"—"号填列)							
变动成本费用合计							
固定性成本费用合计							
变动成本费用率							
边际贡献率							
盈亏平衡点收入							

(三)收入分析(见表5—5、表5—6、表5—7和图5—4)

表5—5　　收入预算分析表

项　目	本　期							累　计							差异说明
	实际	预算	差额	差异率	上年同期	差额	差异率	实际	预算	差额	差异率	上年同期	差额	差异率	
	A	B	C=A−B	D=C/B	E	F=A−E	G=F/E	H	I	J=H−I	K=J/I	L	M=H−L	N=M/L	
二、销量															
产品系列一															
产品系列二															
……															
三、销售收入															
产品系列一															
产品系列二															
……															

续表

项　目	本　期							累　计							差异说明
	实际	预算	差额	差异率	上年同期	差额	差异率	实际	预算	差额	差异率	上年同期	差额	差异率	
	A	B	C=A-B	D=C/B	E	F=A-E	G=F/E	H	I	J=H-I	K=J/I	L	M=H-L	N=M/L	
四、其他业务收入															
业务类别一															
业务类别二															
……															

表5—6　　收入因素分析表

项　目	本　期				累　计				差异说明
	实际	预算	价差	量差	实际	预算	价差	量差	
	A	B	C	D=A-B-C	E	F	G	H=E-F-G	
产品系列一									
销售收入									
销售成本									
销售毛利									
销售费用									
销售利润									
产品系列二									
销售收入									
销售成本									
销售毛利									
销售费用									
销售利润									
产品系列三									
销售收入									
销售成本									
销售毛利									
销售费用									
销售利润									
……									
销售收入									
销售成本									
销售毛利									

续表

项　目	本　期				累　计				差异说明
	实际	预算	价差	量差	实际	预算	价差	量差	
	A	B	C	D=A−B−C	E	F	G	H=E−F−G	
销售费用									
销售利润									
其他业务									
销售收入									
销售成本									
销售毛利									
销售费用									
销售利润									

表 5—7　　　收入趋势分析表

项　目	上年平均	1月	2月	3月	4月	5月	6月	7月	8月	9月	10月	11月	12月
实际收入													
预算收入													
实际销售利润													
预算销售利润													
实际销售利润率													
预算销售利润率													
趋势说明													

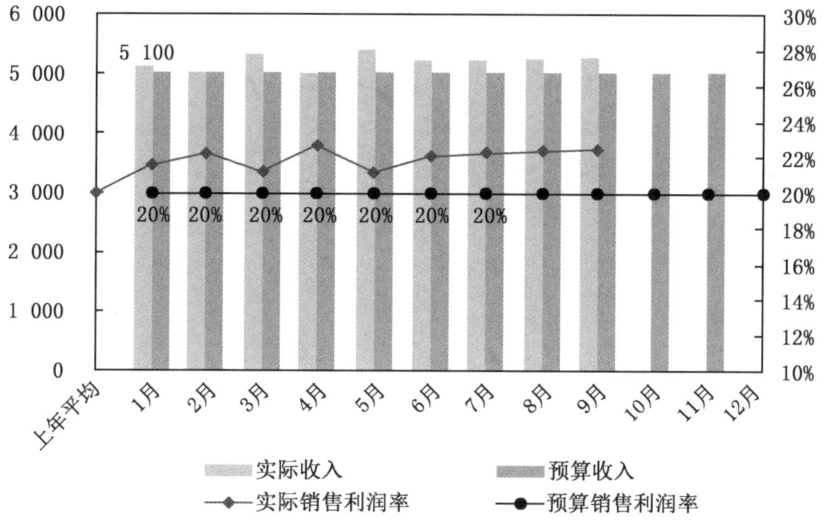

图 5—4　产品收入及销售利润率对比图

(四)生产成本分析(见表5—8)

表5—8　　生产成本分析表

行次	项　目	累计实际			累计预算			累计单位成本与预算比		
		折标产量	单位成本	总成本	折标产量	单位成本	总成本	价差	单耗差	产量差异
1	一、产品系列一									
2	1. 材料成本									
3	(分大类)									
4										
5										
6										
7										
8										
9	2. 人工成本									
10	3. 动能成本									
11	4. 制造费用									
12	二、产品系列二									
13	1. 材料成本									
14	(分大类)									
15										
16										
17										
18										
19										
20	2. 人工成本									
21	3. 动能成本									
22	4. 制造费用									
23	三、产品系列……									
24	1. 材料成本									
25	(分大类)									
26										
27										

续表

行次	项　目	累计实际			累计预算			累计单位成本与预算比		
		折标产量	单位成本	总成本	折标产量	单位成本	总成本	价差	单耗差	产量差异
28										
29										
30										
31	2. 人工成本									
32	3. 动能成本									
33	4. 制造费用									
Ⅰ	合　计									
ⅰ	1. 材料成本合计									
ⅱ	2. 人工成本合计									
ⅲ	3. 动能成本合计									
ⅳ	4. 制造费用合计									

(五)管理费用分析(见表5—9)

表5—9　　管理费用分析

行次	项　目	本　期							累　计						
		实际	预算	差额	差异率	上年同期	差额	差异率	实际	预算	差额	差异率	上年同期	差额	差异率
		A	B	C=A—B	D=C/B	E	F=A—E	G=F/E	H	I	J=H—I	K=J/I	L	M=H—L	N=M/L
1	合计														
2	其中：可控性费用														
3															
4															
5															
6															
7															
8															
9															
10															
11															
12															
13															
14															
15															
16															

续表

行次	项　目	本　期							累　计						
		实际	预算	差额	差异率	上年同期	差额	差异率	实际	预算	差额	差异率	上年同期	差额	差异率
		A	B	C=A−B	D=C/B	E	F=A−E	G=F/E	H	I	J=H−I	K=J/I	L	M=H−L	N=M/L
17															
18															
19															
20	不可控性费用														
21															
22															
23															
24															
25															
26															
27															
28															
29															
30															
31															
32															
33															
34															
35															
36															

(六)营业费用分析(见表 5−10)

表 5−10　　　　营业费用分析

行次	项　目	本　期							累　计						
		实际	预算	差额	差异率	上年同期	差额	差异率	实际	预算	差额	差异率	上年同期	差额	差异率
		A	B	C=A−B	D=C/B	E	F=A−E	G=F/E	H	I	J=H−I	K=J/I	L	M=H−L	N=M/L
1	合计														
2	变动性费用														
3	其中:可控性费用														
4															
5															
6															
7															
8	不可控性费用														
9															
10															
11															
12															

续表

行次	项　目	本　期							累　计						
		实际	预算	差额	差异率	上年同期	差额	差异率	实际	预算	差额	差异率	上年同期	差额	差异率
		A	B	C=A−B	D=C/B	E	F=A−E	G=F/E	H	I	J=H−I	K=J/I	L	M=H−L	N=M/L
13															
14	固定性费用														
15	其中：可控性销售费用														
16															
17															
18															
19															
20	不可控性费用														
21															
22															
23															
24															
25															
26															
27															
28															
29															
30															
31															
32															
33															
34															
35															
36															

(七)投资分析(见表5—11)

表5—11　　　　投资分析表

行次	项　目	累　计							差异说明
		实际	预算	差额	差异率	上年同期	差额	差异率	
		A	B	C=A−B	D=C/B	E	F=A−E	G=F/E	
1	合　计								
2	一、对外投资								
3	项目一								

续表

行次	项　目	累　计							差异说明
		实际	预算	差额	差异率	上年同期	差额	差异率	
		A	B	C=A−B	D=C/B	E	F=A−E	G=F/E	
4	项目二								
5	……								
6									
7	二、内部投资								
8	1.技改项目投资								
9	项目一								
10	项目二								
11	……								
12									
13									
14	2.技术投资								
15	生产用								
16	新增								
17	更新								
18	改造								
19	非生产用								
20	新增								
21	更新								
22	改造								

(八)应收账款分析(分别见表 5—12 和图 5—5)。

表 5—12　　　　　应收账款分析表　　　　　单位:万元

账　龄	年初数	1 月	2 月	3 月	4 月	5 月	6 月	7 月	8 月	9 月	10 月	11 月	12 月
集团内应收账款													
集团外应收账款	4 161	6 101	6 967	8 333	8 408	7 502	7 975	8 381	8 232	8 149	—	—	—
1 年以内	1 216	3 149	3 965	4 975	5 073	4 023	4 427	4 756	4 704	5 019			
1—2 年	199	159	204	402	460	682	605	695	655	257			
2—3 年	69	72	84	129	71	117	247	242	173	197			
3—4 年	936	936	940	1 026	1 018	1 014	1 011	1 012	1 025	1 023			
5 年以上	1 741	1 785	1 774	1 801	1 785	1 666	1 686	1 676	1 675	1 653			
坏账准备	−2 971	−3 059	−3 059	−3 059	−3 059	−2 950	−3 025	−3 025	−3 025	−3 025			
合　计	4 161	6 101	6 967	8 333	8 408	7 502	7 975	8 381	8 232	8 149	—	—	—
上年同期	4 837	6 856	7 010	6 938	6 938	6 852	6 847	7 027	6 840	7 150	6 736	6 302	4 177
同期坏账准备	−2 761	−2 761	−2 741	−2 741	−2 741	−2 741	−2 741	−2 741	−2 841	−2 841	−2 841	−2 841	−2 856
同期销售收入(含税)		5 221	2 947	4 653	4 466	4 224	4 304	4 345	3 564	4 812	4 259	3 521	2 585
当年销售收入(含税)		4 601.77	4 209.08	5 139.81	4 141.11	4 303.57	5 215.82	4 440.93	4 840.27	5 271.27			
应收账款周转天数		45.49	50.62	59.96	60.89	54.25	56.63	59.40	56.92	55.85	—	—	—

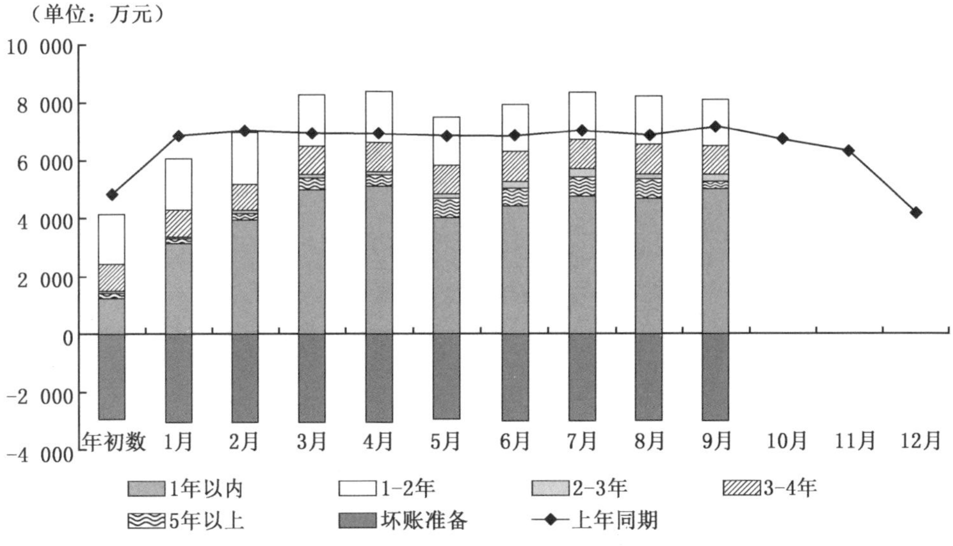

图 5—5　应收账款账龄分析

(九)存货分析(分别见表5—13、表5—14、图5—6和图5—7)

表5—13　　　　存货库龄分析表　　　　单位:万元

项目＼时间	年初	1月	2月	3月	4月	5月	6月	7月	8月	9月	10月	11月	12月
总额	5 806	5 047	4 822	4 600	5 127	5 284	4 799	4 745	4 019	3 858	0	0	0
3年以上	211	210	209	211	201	205	200	201	204	184			
2—3年	38	38	35	37	36	32	35	36	56	51			
1—2年	190	190	290	176	195	184	116	122	94	68			
1年以内	5 368	4 609	4 288	4 177	4 694	4 863	4 448	4 386	3 664	3 555			
上年同期	4 595	4 098	4 315	4 368	4 273	4 403	4 708	5 127	4 226	5 198	5 096	5 105	5 806

表5—14　　　　存货结构分析表　　　　单位:万元

项目＼时间	年初	1月	2月	3月	4月	5月	6月	7月	8月	9月	10月	11月	12月
原材料	1 112	1 217	962	990	937	755	746	735	810	992			
辅助材料	4	5	5	4	5	5	4	4	4	8			
低值易耗品	1 178	1 402	1 386	1 415	1 278	1 355	1 302	1 490	1 429	1 529			
委托加工物资	220	217	216	214	219	213	206	205	201	197			
自制半成品及在产品	1 307	1 562	1 557	1 658	1 524	1 552	1 373	1 505	1 526	1 631			
产成品	3 207	2 047	2 082	1 734	2 442	2 759	2 469	2 296	1 479	1 031			
存货跌价准备	163	163	163	163	163	163	163	163	163	163			
合计	7 029	6 449	6 207	6 015	6 405	6 639	6 102	6 236	5 448	5 387	0	0	0
上年同期	4 595	4 098	4 315	4 368	4 273	4 403	4 708	5 127	5 407	5 198	5 096	5 105	5 806
同期销售成本		2 968	1 657	2 524	2 370	2 305	2 406	2 313	2 086	2 757	2 397	1 812	853
当年销售成本		2 525	2 062	2 481	1 634	1 644	2 662	2 142	2 263	2 325			
材料周转天数		36	32	33	31	30	29	32	32	37	0	0	0
在产品周转天数		25	24	26	24	25	23	25	25	27	0	0	0
产品周转天数		28	28	24	34	40	35	33	21	15	0	0	0

(十)应付账款分析(分别见表5—15和图5—8)

表5—15　　　　应付账款账龄分析表　　　　单位:万元

项目＼时间	年初	1月	2月	3月	4月	5月	6月	7月	8月	9月	10月	11月	12月
1年以内	1 475	1 383	1 678	2 197	1 783	1 399	1 761	2 013	1 657	2 090			
1—2年	416	690	475	333	527	806	464	428	462	323			
2—3年	280	316	315	278	369	435	423	260	248	122			
3年以上	88	52	79	81	104	89	88	93	96	95			
上年同期	3 007	3 332	3 242	3 565	3 376	3 505	3 139	2 996	3 265	3 227	3 445	3 466	3 046
合计	2 259	2 441	2 546	2 889	2 783	2 730	2 736	2 794	2 463	2 629	—	—	—
同期采购额		2 330	1 730	2 455	2 237	2 441	2 657	2 762	2 229	2 392	2 101	1 696	1 633
当年采购额		1 605	1 639	2 203	2 005	1 633	1 986	1 928	1 376	2 172			
应付账款周转天数		34	35	41	40	40	41	44	40	43	—	—	—

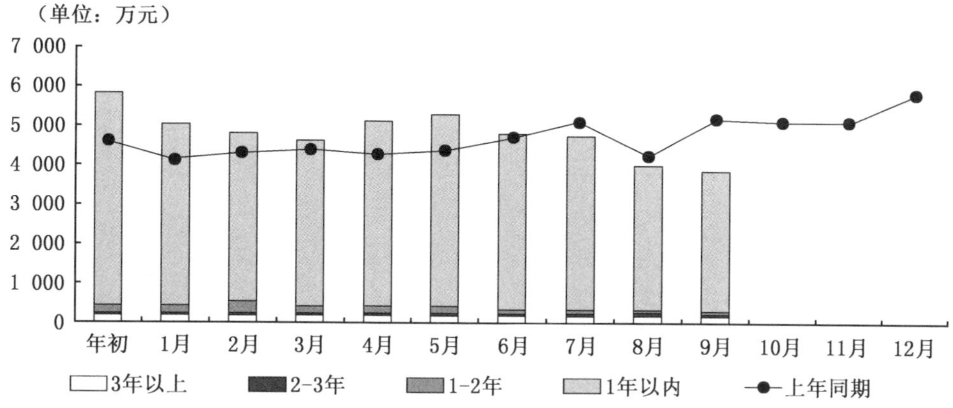

图 5—6　存货库龄图

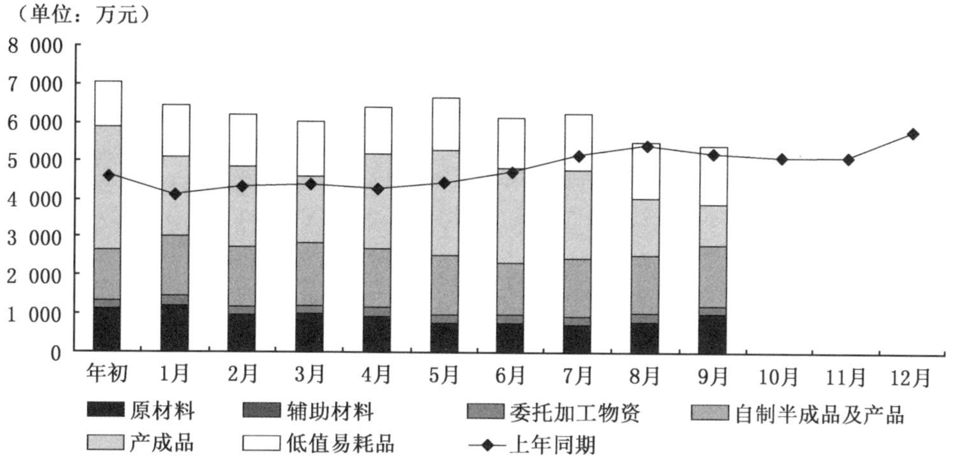

图 5—7　存货结构图

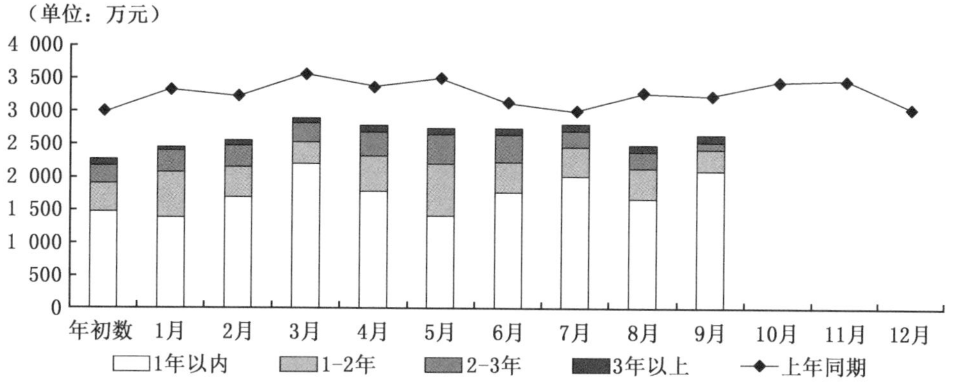

图 5—8　应付账款账龄图

(十一)应付账款分析(分别见表5—16和图5—9)

表5—16 应付账款分析表

项　目	1月	2月	3月	4月	5月	6月	7月	8月	9月	10月	11月	12月
应收账款周转天数	45.49	50.62	59.96	60.89	54.25	56.63	59.40	56.92	55.85	—	—	—
材料周转天数	36.31	32.06	32.89	31.18	30.48	29.30	32.04	32.00	36.70	—	—	—
在产品周转天数	24.63	24.17	25.55	24.48	25.45	22.53	24.57	24.63	26.53	—	—	—
产品周转天数	28.33	28.38	23.68	34.30	39.78	35.24	32.99	21.10	14.97	—	—	—
应付账款周转天数	−33.88	−35.47	−40.63	−39.50	−40.03	−41.24	−43.64	−39.95	−43.07	—	—	—
运营周期	100.89	99.77	101.45	111.35	109.94	102.47	105.36	94.69	90.98	—	—	—

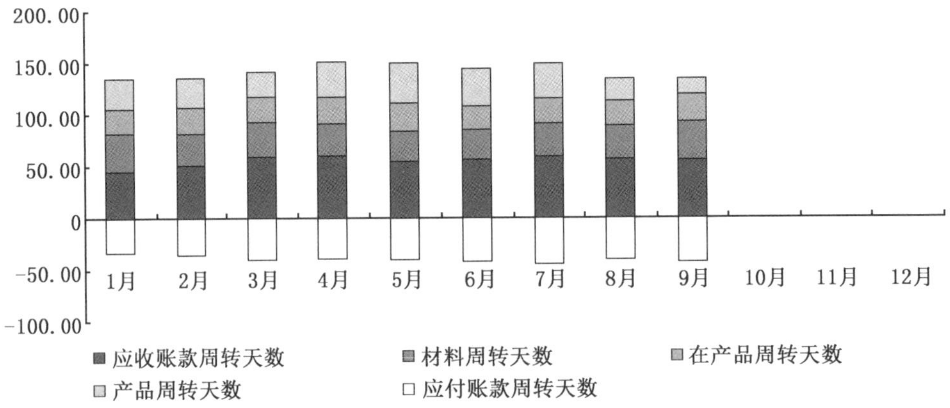

图5—9　运营周期趋势图

(十二)现金流量分析(分别见表5—17和图5—10)

表5—17 现金流量分析表 单位:万元

现金流量项目	1	2	3	4	5	6	7	8	9	10	11	12
一、经营活动产生的现金流量												
经营活动产生的现金流入	2 001	2 436	2 979	3 353.63	4 001	3 649	3 124	3 299	3 275			
经营活动产生的现金流出	4 503	2 908	2 856	2 870.24	2 352	2 540	2 925	2 706	2 923			
经营活动产生的现金流量净额	−2 502	−472	123	483.39	1 649	1 109	199	593	352	—	—	—
二、投资活动产生的现金流量												
投资活动产生的现金流入	—	—	—	—	2	—	—	—	—			
投资活动产生的现金流出	19	124	79	44.74	20	50	206	291	34			
投资活动产生的现金流量净额	−19	−124	−79	−44.74	−18	−50	−206	−291	−34	—	—	—

续表

现金流量项目	1	2	3	4	5	6	7	8	9	10	11	12
三、筹资活动产生的现金流量												
筹资活动产生的现金流入	2 800	1 200	—	—	1 000	3 000	2 000	—	4 300			
筹资活动产生的现金流出	818	1 225	88	195	1 201	3 900	2 025	823	90			
筹资活动产生的现金流量净额	1 982	−25	−88	−195	−201	−900	−25	−823	4 210	—	—	—
四、汇率变动对现金的影响额												
五、现金及现金等价物净增加额	−539	−622	−45	244	1 430	159	−32	−521	4 529	—	—	—

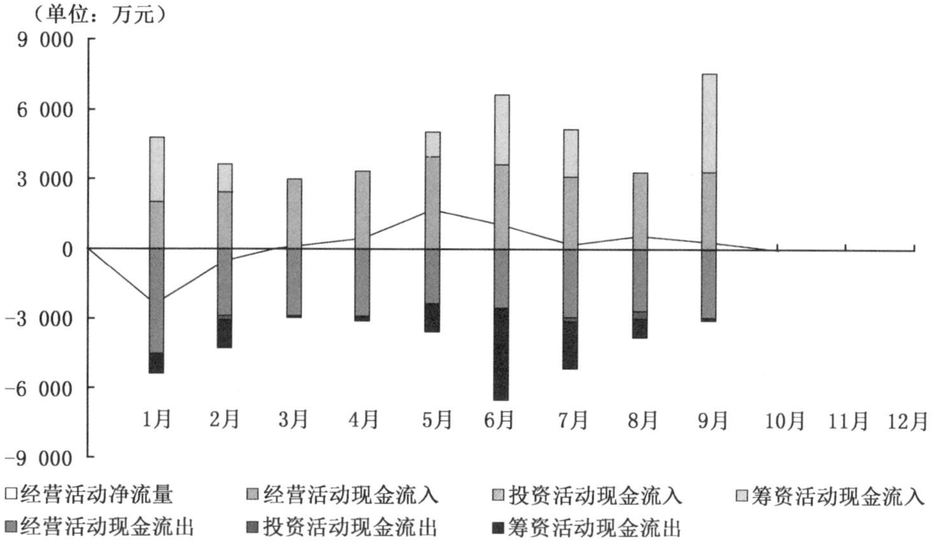

图 5—10　现金流量简图

(十三)杜邦分析(见图 5—11)

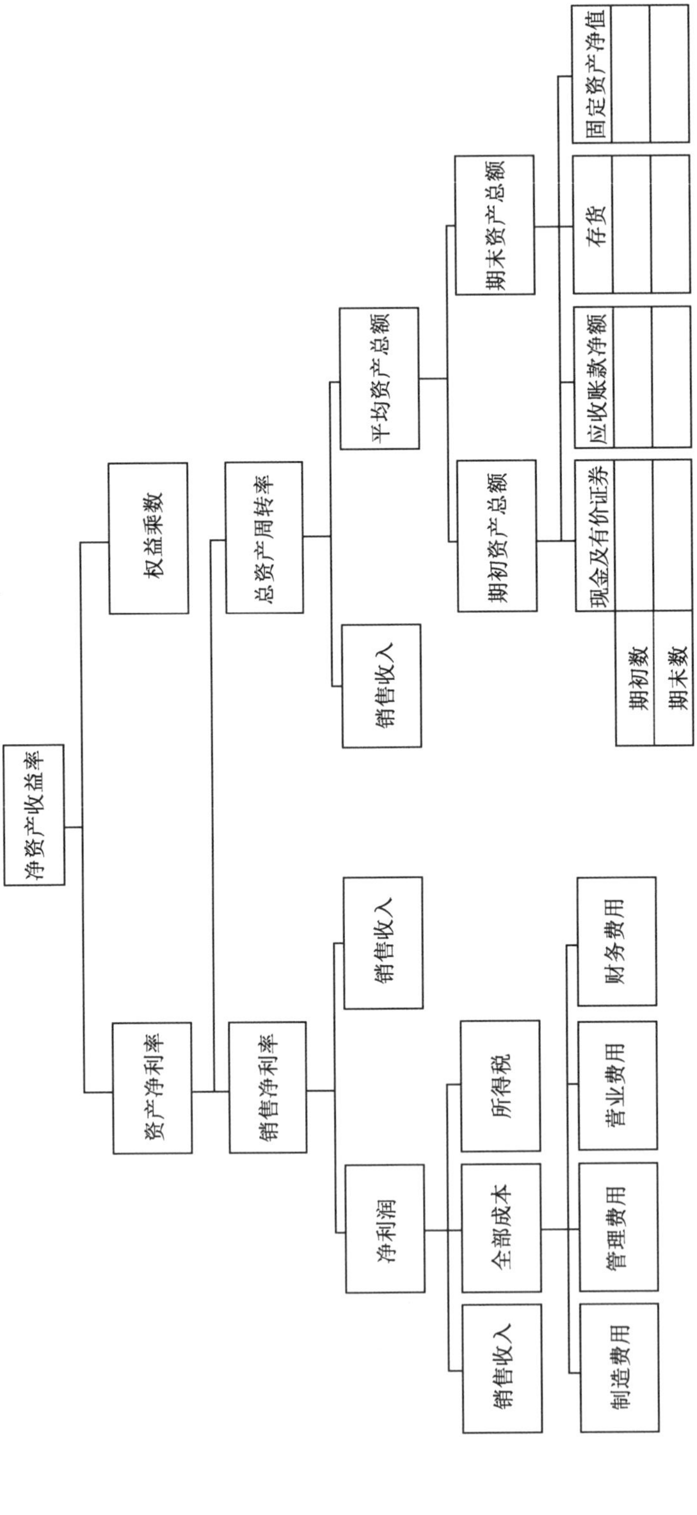
净资产收益率
权益乘数
资产净利率
总资产周转率
销售净利率
销售收入
平均资产总额
销售收入
净利润
期初资产总额
期末资产总额
销售收入
全部成本
所得税
现金及有价证券
应收账款净额
存货
固定资产净值
期初数
期末数
制造费用
管理费用
营业费用
财务费用

图 5-11　杜邦分析模型

四、预算分析会的组织与落实

（一）预算分析会的组织

预算分析会由公司董事长或者总经理主导，参与部门包括预算管理委员会成员、预算管理办公室、职能归口管理部门、各责任中心负责人及相关人员。

会议流程先由预算分析部门对公司总体的预算情况进行分析，然后由各个责任中心就各自负责的内容进行专项分析、讨论，找出存在的问题及改进措施，最后由董事长或者总经理做总结，同时落实改进责任。

（二）预算分析会的内容

1. 总体运营情况讨论的重点

（1）上期对预算问题的跟踪与反馈；

（2）目标是否达成；

（3）没有达成目标的原因；

（4）影响目标达成的主要因素；

（5）对下一步运营有何影响。

2. 各责任中心运营情况讨论的重点

（1）上期对预算问题的跟踪与反馈；

（2）问题之处；

（3）关键影响因素有哪些；

（4）问题是否可以解决；

（5）有何改进举措，如何保证实施到位。

3. 总结与改进的重点

（1）主要的改进举措；

（2）任务内容。

（三）预算分析会的落实

预算分析会形成的改进措施和任务由各责任中心具体落实，预算管理办公室进行监督和评价。各责任中心应制订详细的落实计划和方案，交预算管理办公室备案。方案落实情况和改进效果评价作为绩效考核的依据。

第六章

预算考核:讲规则,促和谐

第一节　预算审计

预算审计是企业内部审计部门对全面预算管理活动的真实性、合法性和效益性进行的审计监督。它是企业内部审计工作的重要内容,是对企业预算管理全过程的审计活动。预算审计监控主要通过审查评价预算管理体系的效率和效果,维护全面预算管理的严肃性、合法性和真实性,为预算考核的客观、公平提供保障。

一、审计机构

预算审计机构负责对预算执行情况和奖惩兑现方案的审计,并将审计结果报公司预算管理办公室。公司总部可设立独立的预算审计机构,也可由公司审计部门兼任。

二、审计内容

预算审计主要包括预算制度审计、预算执行审计、预算调整审计和预算考核审计等内容。

(一)预算制度审计

全面预算管理制度是企业施行全面预算管理的准则,是预算编制、执行、控制、调整、核算、分析、考核、奖惩等环节的法规依据。全面预算管理制度健全与否,直接关系到企业预算管理活动能否顺利推行。预算制度审计的主要内容有:

(1)全面预算制度是否建立、健全,是否符合企业的实际,是否具有可行性;

(2)各级预算部门是否严格执行了各项预算管理制度;

(3)企业实施预算管理的措施是否具体,职责是否明确,实施的结果如何。

(二)预算执行审计

预算执行是能否实现企业经营目标的关键。如果预算执行偏离预算规定的目标,经营目标就不可能实现。因此,预算执行审计的重点是各预算执行部门是否严格地执行了全面预算。具体内容如下:

(1)全面预算管理制度的各项制度、规定及各项预算是否得到全面执行;

(2)有关收入、成本、费用是否符合会计制度的规定,是否符合权责发生制原则;

(3)预算外开支是否履行了有关审批手续;

(4)有无不按规定提取有关费用和基金的问题;

(5)各项预算开支是否与预算相一致,造成差异的原因是否合理;

(6)预算控制的方法是否科学、恰当;

(7)预算控制的程序是否合法、适用;

(8)预算控制的过程是否严格、有效;

(9)预算控制的结果是否理想。

(三)预算调整审计

预算调整是确保预算能够顺利实施的重要手段和措施。预算调整审计的重点是预算调整的恰当性和调整程序的合法性。具体内容如下:

(1)预算调整的理由是否充分,是否需要进行预算调整;

(2)预算调整的程序是否合法,是否存在越权调整问题;

(3)预算调整的数额、期间、时间及频率是否恰当;

(4)预算调整的结果是否理想。

(四)预算考核审计

预算考核是对各预算执行部门奖惩兑现的依据,关系到预算执行部门的切身利益和部门之间是否公平、合理。因此,预算考核审计的重点是预算考核的可靠性和准确性。具体内容如下:

(1)全面预算的考核结果是否真实、可靠,各预算执行部门是否存在异议;

(2)全面预算执行的结果与标准是否有较大的差异,原因何在;

(3)预算考核结果是否真正与奖惩方案挂钩,有无背离原奖惩方案的现象。

三、审计方式

预算审计是预算过程控制的重要手段,是预算信息真实、可靠的重要保证。预算审计分为过程审计和结果审计。

预算过程审计是定期/不定期开展,其内容主要包括预算制度的制定与执行情况、预算方案中重要项目的执行情况、预算执行过程中的改进措施及进展情况。

预算结果审计,即对考核期预算完成情况进行审计,并为预算绩效评价与考核提供数据支持。

年终预算考核数据以内审的意见为主。内审可以利用/参考外审的意见,但不直接以外审的意见进行考核。这是由于外部会计师事务所提供的审计结果只是法定的会计信息审计,提供的客户主要是股东、投资者和其他;而预算审计提供的审计结果只是内部管理信息审计,提供的客户主要是企业的经营管理层,两者有本质的区别。审计部门可以利用或参考外审的意见,但不直接凭外审的意见进行考核。

四、审计结果运用

(1)建立、健全审计整改督办制度、审计回访机制及后续审计制度等与审计成果运用相关的规章制度,保障审计成果的转化和落实。按照“谁主管,谁负责”的原则,被审计单位的上级预算归口主管部门应在落实和运用审计成果时积极、主动地做好督办工作,以提高审计成果的严肃性和时效性;制定审计回访制度,明确在回访之前被审计单位必须完成整改。一般被审计单位在收到审计报告的3个月后进行审计回访比较合适。审计报告下发后到回访前,内部审计机构应关注整改进展情况。除审计回访外,在被审计单位下一次审计时,审计组应对前次审计提出的问题整改情况进行检查,确保审计中发现的违章违规问题得到彻底纠正、提出的合理化建议得到采纳。

(2)审计成果运用闭环管理,要求所有审计项目只有在审计意见和建议整改通过验收后才结束;将审计成果整改验收工作列为“一把手”工程,审计、归口主管部门及职能部门协同办公,提高审计的整改验收监督效果。

(3)将预算审计整改列入年度考核,落实整改的情况应与被审计单位主要负责人任期内的经济责任考核挂钩,在每年对下属企业的经营指标进行考核时,应有落实审计整改的考核指标。只有企业主要领导将接受预算审计和落实审计整改作为自觉行动,审计工作才会走出屡查屡犯、屡犯屡查的怪圈,预算审计才能真正为企业服务。企业通过对审计整改工作各环节进行细化,对审计整改工作的效果进行量化,对审计部门、被审计单位和相关业务部门的义务和责任进行明确,从而充分发挥内部审计在企业全面预算管理中的作用。

第二节 预算考评

预算考评是对企业内各级责任部门或责任中心的预算执行过程和执行结果进行考核和评价的机制,是管理者对执行者实行的一种有效的激励和约束形式。预算考评具有两个层次的含义:一是对预算执行者的考核及对其业绩的评价,它是实现预算约束与激励作用采取的必要措施;二是对整个预算管理系统的考评,即对企业经营业绩的评价,它是完善并优化整个预算管理系统的有效措施。

预算考评是预算控制过程中的一部分,因为预算执行中及完成后都要适时进行考评，所以它是一种动态考评。

一、预算目标考核设计

预算目标考核，是将预算执行实际结果与预算目标进行比较，按照预算目标的实现程度，对预算执行主体进行考评。

(一)预算目标考核的作用

(1)确保预算目标的实现。预算目标被确定并细化分解以后，就成为企业一切工作的核心。这种目标具有较强的约束作用。在预算执行中，管理者对预算执行情况与预算差异适时进行确认，及时防止企业在人力、财力、物力、信息等资源管理上浪费，并纠正执行中的偏差，为预算目标的顺利实现提供可靠的保障。

(2)可以协助企业管理者及时了解企业所处的环境及发展趋势，进而衡量与企业有关的预算目标的实现程度，评估预算完成后的效益。

(3)对预算执行结果的考评，反映整个企业的经营业绩，它是编制下期预算有价值的资料，是管理者完善并优化整个预算管理系统可靠的资料依据。

(4)预算目标考评是对执行者的业绩进行评价的重要依据。目标的层层分解和延伸细化，使企业全员都有相应的预算目标。这种预算目标与执行中的经济活动在时间上相一致，其经营环境和条件也基本相同。用预算目标与执行者的实际业绩水平相比较，评价执行者的业绩，确定责任归属，是比较公正、合理、客观的，尤其是对企业人才的业绩进行评价，具有较强的说服力。

(5)预算考评增强了管理者的成就感与组织归属感。预算考评具有较强的激励作用。企业通过预算考评，评价出作为预算责任主体的管理者的工作业绩，这是企业对管理者工作业绩的认可。企业将工作业绩与奖惩制度挂钩，势必增强管理者的成就感与组织归属感，从而更进一步激发管理者的工作能动性。

(二)预算目标考核指标设计

(1)财务类指标＋非财务类量化指标。财务类指标涵盖偿债能力、盈利能力、营运能力、现金流量和企业发展趋势等内容。

(2)过程类指标＋结果类指标。

(3)绝对额指标＋相对额指标。

(三)指标的评价标准和要求

对于正指标而言，应当严格按照各项评价指标规定的标准和要求的分数，以评价指标的实际数值为基础，计算标准数值，对各项指标分数进行评定。

对于一些适度性指标或逆指标而言，将各项指标的实际数值和标准数值进行比较，严格按照实现程度对其等级进行划分，并且根据每个等级规定的分数评定各项指标的分数。

对于综合类指标，根据评价目的和要求，选择代表性较强的评价指标，比如资产负债率、应收账款周转率、所有者权益报酬率以及总资产增长率等；同时，还要对各项评价指标的标准值、评分值进行核对，计算各项评价指标的分数，最后得到综合分。表 6－1 为主要指标预算分析表。

表 6－1　　主要指标预算分析表

序号	指标名称	指标分类	指标区间详解
1	利润完成率	盈利能力	实际与预算偏差比值为 R[即实际/预算－1]，当 $R>0$ 时，考评得分为标准分＋正激励分；当 $R<0$ 时，考评得分为标准分＋负激励分，具体分值计算如下： (1)当 $\|R\|\leqslant 2\%$ 时，考评得分＝标准分； (2)当 $2\%<\|R\|\leqslant 5\%$ 时，考评得分＝标准分×(1±5%)； (3)当 $5\%<\|R\|\leqslant 10\%$ 时，考评得分＝标准分×(1±10%)； (4)当 $10\%<\|R\|\leqslant 15\%$ 时，考评得分＝标准分×(1±15%)； (5)当 $15\%<\|R\|\leqslant 20\%$ 时，考评得分＝标准分×(1±20%)； (6)当 $R<-20\%$ 时，考评得分＝0；当 $R>20\%$ 时，考评得分＝标准分×(1＋30%)
2	净利润完成率	盈利能力	实际与预算偏差比值为 R[即实际/预算－1]，当 $R>0$ 时，考评得分＝标准分＋正激励分；当 $R<0$ 时，考评得分＝标准分＋负激励分
3	净资产收益率	盈利能力	实际与预算偏差值为 R[即实际－预算]，当 $R>0$ 时，考评得分＝标准分＋正激励分；当 $R<0$ 时，考评得分＝标准分＋负激励分
4	主营业务毛利率	盈利能力	实际与预算偏差值为 R[即实际－预算]，当 $R>0$ 时，考评得分＝标准分＋正激励分；当 $R<0$ 时，考评得分＝标准分＋负激励分
5	固定资产投入产出比	盈利能力	实际与预算偏差值为 R[即实际－预算]，当 $R>0$ 时，考评得分＝标准分＋正激励分；当 $R<0$ 时，考评得分＝标准分＋负激励分
6	主推产品(新产品)销售占比	发展能力	实际与预算偏差值为 R[即实际－预算]，当 $R>0$ 时，考评得分＝标准分＋正激励分；当 $R<0$ 时，考评得分＝标准分＋负激励分
7	销量完成率	营运能力	实际与预算偏差比值为 R[即实际/预算－1]，当 $R>0$ 时，考评得分＝标准分＋正激励分；当 $R<0$ 时，考评得分＝标准分＋负激励分
8	销售收入完成率	营运能力	实际与预算偏差比值为 R[即实际/预算－1]，当 $R>0$ 时，考评得分＝标准分＋正激励分；当 $R<0$ 时，考评得分＝标准分＋负激励分
9	产量完成率	营运能力	实际与预算偏差比值为 R[即实际/预算－1]，当 $R>0$ 时，考评得分＝标准分＋正激励分；当 $R<0$ 时，考评得分＝标准分＋负激励分

续表

序号	指标名称	指标分类	指标区间详解
10	退货率	营运能力	实际与预算偏差值为 R[即实际－预算]，当 $R<0$ 时，考评得分＝标准分＋正激励分；当 $R>0$ 时，考评得分＝标准分＋负激励分
11	货款回笼率	营运能力	实际与预算偏差值为 R[即实际－预算]，当 $R>0$ 时，考评得分＝标准分＋正激励分；当 $R<0$ 时，考评得分＝标准分＋负激励分
12	成本费用率	营运能力	实际与预算偏差值为 R[即实际－预算]，当 $R<0$ 时，考评得分＝标准分＋正激励分；当 $R>0$ 时，考评得分＝标准分＋负激励分
13	千元薪酬利润贡献	营运能力	实际与预算偏差比值为 R[即实际/预算－1]，当 $R>0$ 时，考评得分＝标准分＋正激励分；当 $R<0$ 时，考评得分＝标准分＋负激励分
14	存货周转天数	营运能力	实际与预算偏差比值为 R[即实际/预算－1]，当 $R<0$ 时，考评得分＝标准分＋正激励分；当 $R>0$ 时，考评得分＝标准分＋负激励分
15	变动制造费用占收入的比重	营运能力	实际与预算偏差比值为 R[即(预算－实际)/预算]，当 $R>0$ 时，考评得分＝标准分＋正激励分；当 $R<0$ 时，考评得分＝标准分＋负激励分
16	固定制造费用降低率	营运能力	实际与预算偏差比值为 R[即(预算－实际)/预算]，当 $R>0$ 时，考评得分＝标准分＋正激励分；当 $R<0$ 时，考评得分＝标准分＋负激励分
17	变动销售费用占收入的比重	营运能力	实际与预算偏差比值为 R[即(预算－实际)/预算]，当 $R>0$ 时，考评得分＝标准分＋正激励分；当 $R<0$ 时，考评得分＝标准分＋负激励分
18	固定销售费用降低率	营运能力	实际与预算偏差比值为 R[即(预算－实际)/预算]，当 $R>0$ 时，考评得分＝标准分＋正激励分；当 $R<0$ 时，考评得分＝标准分＋负激励分
19	管理费用降低率	营运能力	实际与预算偏差比值为 R[即(预算－实际)/预算]，当 $R>0$ 时，考评得分＝标准分＋正激励分；当 $R<0$ 时，考评得分＝标准分＋负激励分
20	资产负债率	偿债能力	实际与预算偏差比值为 R[即(预算－实际)/预算]，当 $\|R\|$ 趋近 0 时，得分＝标准分；当 $\|R\|$ 偏离 0 时，得分＝扣分。当 $\|R\|\leqslant 5\%$ 时，考评得分＝标准分；当 $5\%<\|R\|\leqslant 10\%$ 时，考评得分＝标准分－10；当 $10\%<\|R\|\leqslant 15\%$ 时，考评得分＝标准分－15；当 $\|R\|>15\%$ 时，考评得分＝标准分－20

二、预算工作考核设计

预算工作考核是对预算责任主体完成预算管理工作的进度和质量进行的考核。实践中，企业对预算执行结果进行考核时，并不是有利差异越大越好，差异越大，只能说明预算执行主体缺乏预算管控能力，或者对企业的预算管理工作根本不重视。因此，对预算管理工作进行质量考核是预算目标考核的必要补充。

企业在设计预算工作考核指标时应从预算体系的完整性、预算过程的及时性、预算成果的有效性方面全方位考虑。预算工作考核指标多为定性指标，其设计分类见表 6－2。

表6—2　　主要指标预算分析表

考评指标类型	考评指标	考评标准
预算编制类指标	预算编制依据	是否科学、可行
	预算目标	是否合理
	预算编制数据	是否准确、可靠
	编制、申报预算	是否及时
预算执行行为类指标	预算执行态度	是否严肃、主动、敬业
	执行人员培训	是否进行，并达到目的
	预算执行手续	是否规范
	预算执行时间	是否及时
	执行过程	是否有完整的记录与文件证明
预算执行结果类指标	财务业绩指标	是否完整、有效
	非财务业绩指标	是否可行、有效
预算调整类指标	预算调整程序	是否按程序
	预算调整理由	是否充分、必要
	预算调整方案	是否合理、可行并备案
	预算调整结果	是否达到预期的效果、目标
预算差异分析类指标	差异分析时间	是否及时
	差异分析质量	是否真实、准确
	差异处理意见	是否客观，有针对性
预算控制类指标	执行权与监督权	是否分离
	监控过程	是否有完整的记录与文件证明
	监控时间	是否及时
	监控结果	是否有效
持续改进类指标	持续改进程序	预算部门是否有适当的程序确保预算管理工作的持续改进
	持续改进情况	等级：优、良、中、差

三、预算考核的计算和兑现

（一）关键绩效指标法（Key Performance Indication，KPI）

对于量化后的预算目标考核指标，企业可采用关键绩效指标法，对指标设定权重，计算各责任中心的 KPI 值及对应的系数，确定绩效系数，并与绩效收入挂钩。

（1）各责任中心的预算考核指标的基准分值为 100 分，根据考评结果确定综合考核系数 K1 和奖励系数 K2，其中，当 K1≥1.2 时，优秀，K2＝1.2；当 1.2

>K1≥1.1 时,良好,K2=K1;当 1.1>K1≥1.0 时,好,K2=K1;当 1.0>K1≥0.90 时,差,K2=K1;当 0.9>K1≥0.80 时,较差,K2= K1;当 K1<0.80 时,很差,K2=0.8。

(2)预算绩效收入公式

$$责任中心的绩效收入 = G0 \times K2$$

其中,G0 是经核定的责任中心的绩效收入基数。

(3)激励标准。月考核激励系数 K2 限定在 0.8~1.2,超过部分纳入年度激励,年终决算兑现。年考核激励系数 K2 限定在 0.8~1.2,特别激励单独制定办法。

(二)功效系数法(Efficacy Coefficient Method,ECM)

对于非量化的预算工作考核指标,企业可采用功效系数法考核,将预算评价指标实际值对照行业评价标准值,按照规定的计分公式计算各项基本指标得分。

(1)设置五档标准值。企业对各项指标的评价分为优(A)、良(B)、中(C)、低(D)、差(E)五档。

(2)对应五档标准值赋予五个标准系数:1、0.8、0.6、0.4、0.2。

(3)按以下方法给每个指标计分:

$$上档基础分 = 指标权数 \times 上档标准系数$$

$$本档基础分 = 指标权数 \times 本档标准系数$$

$$调整分 = (实际值 - 本档标准值)/(上档标准值 - 本档标准值) \times (上档基础分 - 本档基础分)$$

$$单项指标得分 = 本档基础分 + 调整分$$

(4)计算总分

$$总得分 = \sum 单项指标得分$$

对于有关标准值数值,企业可以参照行业标准数值计算。

第三节　预算考核支持全面绩效管理

一、预算管理与绩效管理的关系

企业管理是一个复杂的系统,预算管理在其中要真正发挥其辅助战略目标实现的作用,不但要考虑所有直接影响公司经营绩效的因素,而且更为重要的是要与企业绩效管理体系相结合,形成一个完整的、广义上的企业业绩控制系统,这样预算才能够名副其实地扮演起战略监控的角色。

(一)预算组织与绩效管理的关系

对预算责任中心进行划分是预算管理的一项基础工作,目的是确定企业预算管理的组织责任类型。预算责任中心的划分通常以企业自然组织为单位,根据其组织职能的特征以及对预算目标应承担的责任,将企业内部各机构划分为费用中心、成本中心、利润中心和投资中心,从而有利于企业分解经营目标、落实经济责任。

预算责任中心的划分形式绝不仅仅适用于预算管理,企业内其他的管理活动都可依据这种组织体系,形成统一的组织管理方式。

绩效管理是管理者为了达到组织目标,对各级组织和员工进行绩效计划制订、绩效辅导实施、绩效考核评价、绩效反馈面谈、绩效目标提升的持续循环过程,其目的是持续提升组织和个人的绩效。从组织绩效管理的角度,预算责任中心的划分为绩效管理提供了落实绩效目标、跟踪绩效成果、开展绩效分析的对象和责任区分。

(二)预算目标与绩效管理的关系

预算是企业未来一定时期内经营(管理)计划的数量表现和价值表现。它是一种管理工具,也是一套系统的方法。它通过合理地分配人力、物力和财力等资源协助企业实现战略目标,监控战略目标的实施进度,控制费用支出,并预测现金流量和利润。

从上述定义我们可以理解,预算从计划而来,是对计划的数量表现和价值表现。也可以简单地说，预算是量化的计划，是将计划中的各项行动方略通过数量化和货币化的形式呈现出来，使参与计划实施的各责任主体的工作目标有明确的衡量标准。同时，预算又将这些目标带到绩效管理中，形成公司及部门关键绩效指标的主要来源，为绩效管理提供制订组织业绩计划的基础和依据。

预算目标的制定过程是对企业资源合理配置的过程。在这一过程中，预算目标要充分考虑到企业内各责任主体的资源潜力和协作效果，对资源的产出效益进行有效挖掘，对创造效益的过程进行严谨预估和论证。这些配置过程中产生的各环节数据都为目标实现过程中的绩效沟通和数据分析提供了参照标准，使部门和员工的绩效考核真正拥有明确、可行的目标，促进企业的各项经营活动更好地符合战略规划的要求。

企业价值的体现要综合反映出企业利益相关者的需求。这些利益相关者除了企业所有者和经营者外，还包括与企业相关的债权人、供应商、政府及社会等利益团体和机构，他们从更广泛的角度关注企业所创造的价值及所能获取的回报。预算的资源配置功能体现在指标的安排中，兼顾了所有者业绩和相关者利益业绩、企业长期发展和短期获利业绩，构成和丰富了绩效评价的重要内容。

(三)预算执行与绩效管理的关系

许多企业在编制完预算后就将之搁置一边，或仅仅从中挑出几项指标作为考核目标，便束之高阁，当经营结果与目标产生偏差时，又没有深入剖析产生偏差的原因和研究对策，造成“计划没有变化快，目标随着结果调”的被动局面。

出现这类情况，往往是由于企业在预算执行中缺乏有效的控制手段，信息反馈不及时，造成企业内部绩效沟通不畅、绩效分析缺乏足够的依据、绩效评价失真，影响了企业决策和调整的效率和效果。由此我们可以看出，预算执行与绩效管理存在以下关系：

(1)预算信息传递是绩效沟通的途径之一；

(2)预算分析构成绩效数据分析的一部分，为绩效数据分析提供了依据；

(3)预算的执行结果为绩效管理的决策与调整提供依据，同时预算目标的调整又依赖于绩效反馈和评价的结果；

(4)预算执行控制保证绩效评价的结果向好的方向发展。

预算执行是预算管理的重要环节，是建立有效的控制手段和信息反馈通道,确保实现企业目标。预算执行包括预算控制、信息反馈、预算分析、预算调整等主要内容。如何建立有效的预算执行体系来保证绩效管理的效果呢?

第一,企业需要建立完善的预算信息网络。各层级责任主体设置相应的预算组织和预算岗位,明确其预算管理职责,建立预算信息传递规范,从而保证预算信息原始记录传递和归集的真实性、及时性、有效性。

第二,针对企业内部的业务流、信息流、资金流建立严格的监控审批程序,做到没有预算不开支,不能为企业带来利益的业务不发生或少发生,预算追加事项严格审批,验证“三流”之间的吻合关系,在过程中及时发现问题和杜绝漏洞。

第三,建立预算分析机制,各责任中心自主分析,对比差异,寻找原因,研究对策,制定措施。企业定期召开预算分析会议,集中解决预算执行中遇到的问题,协调矛盾,落实责任。同时,根据预算的实际执行结果不断修正、优化绩效考核体系,确保考核结果更加符合实际,真正发挥评价与激励的作用。

第四,建立预算预警机制,对关键预算指标设定报警临界值,监控指标执行状况,当实际发生值接近、到达或超出预算目标时发出预警,及时查明原因,采取措施,将绩效偏差控制在最小范围。

第五,建立预算调整机制,增强预算对环境变化的适应性,同时强调预算目标的严肃性。

(四)预算考评与绩效管理的关系

这是一个被企业广泛关注的话题,也是企业推行预算管理中亟待解决的问题。目前我国企业的管理水平尚处于逐步提高的阶段,与国外的先进企业相比,差距还比较大,管理基础也参差不齐,国外成熟、先进的管理工具在国内企业中的推广应用面临着诸多难题。尽管如此,一些企业已率先推行了绩效管理系统,借助关键绩效指标(KPI)、平衡计分卡(BSC)、目标管理 (MBO)等先进的管理工具,推行企业在绩效管理方面已取得的显著成效。

那么,预算考评如何与绩效管理有机融合呢?

我们首先需要理解预算考评的侧重点在哪里。从前面所述的预算定义中可以了解到,预算的结果是企业资源数量化和价值化的表现,是以财务类指标形式反映企业或部门未来一段时期内的经营业绩结果。也就是说,预算主要提供的是企业或部门财务类的绩效目标，同理，预算考评为绩效评价提供财务类关键考评指标，侧重经营业绩成果的反映。

其次，预算考评与绩效评价的侧重点有所不同。预算考评的核心重在预算执行过程监控、财务预警与经营状况分析，其作用以校正偏差、预警分析、总结过程管理经验为主要目的；而绩效评价主要关注的是企业或部门综合业绩的结果，重在全方位的结果考核，强调与薪酬挂钩。

根据上述分析，我们不难得出这样的结论：预算考评是绩效评价的基础和重要组成部分，但不是全部。

为了实现预算考评和绩效管理的有机融合，预算考评必须遵循以下原则：

(1)以关键预算指标为核心，构建预算考评体系；

(2)以责任中心为考核对象，根据其责任属性设定预算考核权重，如投资中心和利润中心的预算考核比重较大，成本中心次之，而费用中心的业绩成果难以用预算指标描述，应降低预算考核所占比重；

(3)预算考评以企业统一的会计政策为统计基础；

(4)正确区分经营业绩与管理业绩，剔除管理者不可控因素(如市场因素、政策变动影响等)对业绩产生的积极或消极影响，公正、公平地评价管理者的业绩。

通过上述探讨发现，预算管理与绩效管理之间存在着不同层次的对应关系。预算管理既为绩效管理提供多种基础和手段，也从绩效管理中获取反馈信息和调整依据。各系统既独立运行，发挥各自的功能，又相互联系，相辅相成。理出其间的联系，掌握其中的规律，融会贯通，优化整合，是企业综合价值管理的精髓。

二、预算考核与 KPI

KPI，又称关键绩效指标，是通过对组织内部某一流程的输入端、输出端的关键参数进行设量、取样、计算、分析，衡量流程绩效的一种目标式量化管理指标，是一种把企业的战略目标分解为可运行的愿景目标的工具，是企业绩效管理的基础。KPI 考核可以使各级主管明确各级部门的主要责任，并以此为基础，明确部门人员的业绩衡量指标。企业运营中会有若干关键的绩效驱动因素,这些因素对企业整体战略目标的实现至关重要,KPI 就是将这些绩效驱动因素进行目标式量化管理的指标。

(一)预算管理体系与 KPI 的关系

预算体系也是实现企业战略的重要手段,但与 KPI 存在显著的不同。首先,KPI 体系强调"关键",即体系中只包含对战略至关重要的少数指标,以使管理能够抓住重点;而预算体系作为计划的数字化,强调的是"全面",即"全面预算"。预算指标通常涵盖经营的方方面面,纵向到底、横向到边。其次,KPI 体系并不刻意强调指标相互间的逻辑联系,尤其是数量关系;而预算本身就是对各个经营层面指标数量关系的解释和说明,要求指标间有明确的逻辑联系。再次,在 KPI 体系中并无对财务指标的侧重点,甚至有时候更强调非财务指标;而财务指标在预算中却是绝对主角。最后,除了目标控制功能外,企业资源的协调和配置也是预算的重要功能,而这一点 KPI 体系却不具备。

正因为如此,KPI 与预算在战略支持方面各有侧重、各司其职。KPI 明确战略导向下的业务重点,并树立业务重点目标;预算围绕战略导向编制,阐明战略导向下经营层面的相互关系,并据以分配资源。KPI 负责的是战略的初步注释和落实,侧重战略框架;预算则在战略导向下进一步将战略细化为彼此相互联系的具体行动,侧重战略内容。

KPI 与预算在战略实施中的以上作用与联系启发我们:关键绩效指标可以称为战略与预算连接的桥梁。首先,找到战略关键点,将其落实为 KPI,再以 KPI 为起点,将其在各个经营方面展开、在各个组织层次分解,构筑起围绕 KPI 的预算目标考核体系。这样,预算的编制、考核、完成是对 KPI 达成的保障,而 KPI 达成则是对战略目标实现的保证。战略、KPI 和预算形成浑然一体的、完整的企业管理控制体系。

(二)以 KPI 为核心构筑企业预算目标体系

KPI 明确了重点,预算则要围绕重点展开,以形成整个体系。由 KPI 到预算体系,要经历三个步骤:第一步,KPI 的横向展开,即围绕 KPI,将与 KPI 相关的预算指标定出来。以销售企业为例,假设该企业的 KPI 被确定为销售收入、净利率、资产周转率,围绕 KPI,再考虑会计报表项目间的勾稽关系,即可确定销售成本、本期采购、本期收款、期末资产占用等预算目标。第二步,KPI 和其他预算目标的纵向分解，即把以 KPI 为核心的预算目标分解到各个产品、各个区域、年内各时段、组织的各个层次。第三步，预算目标的协调过程，即经过初步的展开和分解后，组织内部的各预算单位看其承担的预算目标是否合适，提出自己的意见，再由预算委员会进行统一协调。

(三)围绕 KPI 构建预算考核体系

在企业的预算管理实践中，预算考核体系被称为预算管理工作的生命线。因此，建立合理的预算考核指标体系尤为必要。预算的编制仅仅是预算管理的开始，为发挥预算的作用、体现预算管理的权威性，必须对预算执行结果进行跟踪、分析和考核。预算考评在整个预算管理循环过程中是一个承上启下的环节。预算考评具有两层含义：预算评价制度和奖惩制度。它的具体目的主要有沟通、激励和控制。预算考评的目的不是纯粹对责任单位或个人的业绩进行评价，其更深层的目的是有效地推动责任单位和个人，共同朝企业的整体预算目标前进。因此，在设计预算考评指标体系的时候，管理者必须把企业的战略目标及全面预算管理体系紧密结合。

在战略预算模式中，预算监控与考核的目标都是 KPI。企业应围绕 KPI 实施预算监控和预算考核。KPI 考核的实施过程中可能会遇到很多意想不到或不甚科学、合理的问题，这时就需要对原有的指标和标准进行一定的调整和控制，以保证考核的科学、有效。在实际工作中，首先，预算分析围绕阶段 KPI 目标的达成情况进行，对实际与目标偏差进行分析时，可以追溯到 KPI 的展开和分解后形成的各预算指标；其次，当外部环境与预算假设存在重大偏差时，需要对预算目标实施调整。预算目标的调整分为两种：一种是 KPI 目标的调整。一种是非 KPI 预算目标相互间的调整，这种调整不影响 KPI 目标。对于前一种，预算调整的审核较为严格，审核的级次较高(例如提交董事会或预算管理委员会审核)，对后一种的要求则较为宽松。最后，在战略预算模式下，预算考核等同于对 KPI 达成情况的考评。

三、预算考核与平衡计分卡

(一)平衡计分卡与全面预算管理结合的必要性

传统的预算是以财务指标为主要的预算指标。但随着社会环境的发展变化,这种单一的财务指标已远远不能满足预算管理的要求,过分强调财务指标,一方面不能全面、准确地评价企业与管理人员的经营业绩,另一方面可能会迫使管理人员采取一些与企业长期发展不一致的短视行为。从企业管理目标看,财务指标最优化的管理标准已经过时,或者说至少很不全面。现实管理决策的实施离不开财务指标,但没有一项决策是仅仅通过这些指标计算完成的,而应考虑各种难以或无法计量的因素,如产品的质量、新产品的设计与开发、市场需求情况、市场占有率、生产能力的利用程度、交送货率、机器完好率、设备利用率等非财务指标,这些非财务指标有时会成为业绩评价的决定性因素。从战略管理的角度来看,传统预算着眼于近期的内部规划和行动,以财务指标为核心进行规划、控制、考核、评价,这往往与企业的战略目标脱节,有时甚至与战略目标背道而驰。为了适应战略管理的需要,预算指标应当反映顾客、竞争对手等战略因素,以及人力资源管理、技术管理、后勤服务等活动。因此,财务指标和非财务指标的综合运用和考虑,必将是今后预算管理的重要发展方向。

以平衡计分卡为基础编制预算,建立财务指标与非财务指标相结合的业绩评价指标体系,特点是强调企业从整体上考虑营销、生产、研发、财务、人力资源等部门之间的协调统一,而不再将它们割裂开来;以实现企业的整体目标为导向,强调整体最优而非局部最优;全面地考虑了各利益相关者;强调企业从长期和短期、结果和过程等多个视野思考问题。

(二)基于平衡计分卡构建预算体系

1. 基于平衡计分卡的全面预算目标体系构建

基于平衡计分卡的预算目标包括财务目标与非财务目标两大类。财务目标是预算目标体系的核心,但同时也不能忽视对非财务目标的控制,即综合考虑四个关键领域即财务绩效、顾客满意度、内部流程和学习与成长来制定全面预算的目标。对财务绩效目标而言,实际上是从财务的角度进行货币计量,确认企业的实际经营结果;对顾客满意度目标而言,是从顾客的角度看待企业怎样满足顾客需求;对内部流程,是从内部运作的角度了解企业的优势;对学习与成长目标来说,是从创新和学习角度来看企业如何继续提高价值。

2. 基于平衡计分卡应用的预算编制方法

引入了平衡计分卡的全面预算管理后,目标是优化资源配置,构建全面预算管理系统，创建适合自身的预算编制方法。预算编制可采用的方法是：自上创立战略目标，确定下级预算部门的目标；各预算单位在目标引导下自下编制详尽的预算；预算委员会对预算进行监督审核，上下结合，制定预算，协调一致，完成预算的编制。

3. 基于平衡计分卡应用的预算考评体系构建

引入平衡计分卡的预算考核指标要依据平衡计分卡的四个维度来选择。企业在选择指标时要科学、合理：对于不同的考核对象、不同的业务重点、不同的考核指标，企业既要体现整体战略目标，又要体现其差异；企业还要平衡各指标在考核体系中所占的比重，明确重点环节，同时统筹兼顾，进而保证预算评价的整体性和科学性。

平衡计分卡的优点在于结合战略、体系全面、激励员工等。企业将平衡计分卡与全面预算管理相结合，可避免传统的全面预算与战略脱节等缺点，但也要考虑到将平衡计分卡引入全面预算是繁杂的，需要结合实践来完善。

四、预算考核与综合绩效

（一）综合绩效评价

综合绩效是我国国有企业普遍采用的绩效评价体系。企业绩效评价指标由反映企业财务效益状况、资产运营状况、偿债能力状况和发展能力状况四方面内容的基本指标、修正指标和评议指标 3 个层次共 28 项指标构成，见表 6—3。

表 6—3　企业业绩评价指标体系与指标权数表

<table>
<tr><td colspan="3">定量指标(权重 80%)</td><td>定性指标(权重 20%)</td></tr>
<tr><td>指标类别(100 分)</td><td>基本指标(100 分)</td><td>修正指标(100 分)</td><td>评议指标(100 分)</td></tr>
<tr><td>一、财务效益状况(38 分)</td><td>净资产收益率(25 分)
总资产报酬率(13 分)</td><td>资本保值增值率(12 分)
主营业务利润率(8 分)
成本费用利润率(10 分)</td><td rowspan="4">经营者的基本素质(18 分)
产品市场占有能力(服务满意度)(16 分)
基础管理水平(12 分)
发展创新能力(14 分)
经营发展战略(12 分)
在岗员工素质(10 分)
技术装备更新水平(服务硬环境)(10 分)
综合社会贡献(8 分)</td></tr>
<tr><td>二、资产运营状况(18 分)</td><td>总资产周转率(9 分)
流动资产周转率(9 分)</td><td>存货周转率(5 分)
应收账款周转率(5 分)
不良资产比率(8 分)</td></tr>
<tr><td>三、偿债能力状况(20 分)</td><td>资产负债率(12 分)
已获利息倍数(8 分)</td><td>速动比率(10 分)
现金流动负债比率(10 分)</td></tr>
<tr><td>四、发展能力状况(24 分)</td><td>销售（营业）增长率（12 分）
资本积累率(12 分)</td><td>三年资本平均增长率(9 分)
三年销售平均增长率(8 分)
技术投入比率(7 分)</td></tr>
</table>

采用的评价计分方法是功效系数法和综合分析判断法，分别用于定量指标与定性指标的评价计分，以满足多目标规划的原理和多档次评价标准的对比判断需要。主要计算步骤如下：

单项指标得分＝本档基础分＋调整分

本档基础分＝指标权数×本档标准系数

调整分＝功效系数×(该指标上档基础分－该指标本档基础分)

功效系数＝指标实际值－本档标准值/上档标准值－本档标准值

某项指标综合修正系数＝单项修正系数×该修正指标权重

单项修正系数＝基本修正系数＋调整修正系数

某修正指标基本修正系数＝1＋(修正指标实际值所处区段
－修正指标应处区段)×0.1

调整修正系数＝(指标实际值－本档标准值/上档标准值－本档标准值)×0.1

综合评价得分＝修正后评价总分×80％＋评议指标总分×20％

为了增强评价结果在行业内的可比性，定量指标一般运用财政部统一发布的年度企业绩效评价标准值。

(二)预算考核与综合考核之间的关系

(1)预算考评主要针对企业生产经营活动进行数量化和价值化的评价，以定量为主；而综合业绩评价是对企业生产经营活动的综合评价，不仅有量化指标考核，还有定性指标考核。预算考评为综合业绩评价提供财务类关键考评指标。

(2)预算考评与综合业绩评价的侧重点有所不同。预算考评的核心重在对预算执行过程监控、财务预警与经营状况进行分析，它的作用以校正偏差、预警分析、总结过程管理经验为主要目的；而综合业绩评价主要关注的是企业或部门综合业绩的结果，重在全方位的结果考核，强调与薪酬挂钩。

(3)预算考评与综合业绩考评有着千丝万缕般的关联。一般来讲，预算考评是综合业绩评价的基础和重要组成部分，主要是经济指标，但不是全部。在现实社会中，企业也可以用预算考评替代综合业绩考评。

第七章

信息化:预算管理的必由之路

全面预算是一个内部联系紧密的预算体系,既包括业务预算,还包括财务预算,需要企业的销售、生产、采购、人力资源、财务等各部门的共同参与。在预算的编制过程中,公司的上下级及部门之间的数据交换量和交换频率比较高。

全面预算管理的流程是一个"自上而下和自下而上"相结合、多次往复的过程。一般来说,企业的董事会从企业的战略出发,制定全年的预算目标,预算委员会将其分解至企业的各级预算单位,再由各级预算单位逐层向下分解。其次,企业的各级预算单位自下而上逐级编制或汇总编制本部门的预算。另外,全面预算管理流程中还存在预算的逐级审批、驳回、下发、自下而上逐层汇总分析的过程。在传统的手工编制预算的情况下,这些流程管理只能通过人工传递的方式实现,效率低下。而且,越是规模较大、组织层级较多、预算管理精细、采用滚动预算的企业,这种数据共享、交换和流程管理的工作量就越大,企业预算管理的效率就会受到严重影响。

我们现在所使用的预算流程大多是静态的,很多仍是手工操作,不能及时、快速地为管理层提供数据支持,难以共享;其次,效率低,无法快速调整,缺乏有效的手段做到事前控制,难以适应瞬息万变的市场竞争。只有通过信息系统,整合集团资源,获取真实、可靠的业务数据,全面预算才能得以彻底以数字化的方式快速、准确地实现。

第一节　预算管理与企业管理信息化

一、企业管理信息化总体框架

随着全球工业化的快速发展，越来越多的管理者注意到：要进行必要的、彻底的管理变革，有效地实现企业的战略目标，管理信息化是企业获取竞争优势的基础，因此长期激烈的市场竞争的实践经验使得人们给予“企业管理信息化”以更多的关注。但遗憾的是，尽管国内外学者普遍认为企业管理信息化对于企业的发展非常重要，但是对企业管理信息化的概念没有达成统一的意见。

借用百度百科对企业管理信息化的定义：企业管理信息化是指在企业管理的各个活动环节中，企业充分利用现代信息技术建立信息网络系统，使其信息流、资金流、物流、工作流得到集成和整合，不断地提高企业管理的效率和水平，实现资源的优化配置，进而提高企业的经济效益和竞争能力的过程。

这个定义强调：第一，信息技术应用于企业的各个管理环节；第二，管理信息化的本质是信息流、资金流、物流、工作流的有效融合；第三，企业管理信息化是企业运用信息技术进行管理实践的过程。

由于企业管理信息化是依靠企业的外部信息网、内部信息网和广义的管理信息系统，以信息为原料，围绕企业的经营战略，运用科学的管理方法将管理的各个环节进行有效的集成，使企业处于高效、有序的管理运行之中。因此，企业管理信息化是以企业的战略为出发点，以企业的资源信息为导入口，以信息化平台为基础，把企业构建成为有机的组织系统。

哈佛大学罗伯特·安东尼教授提出的企业管理控制理论，将企业活动分为管理控制和任务控制两个层面。为了控制资源配置不偏离方向，最终达成战略目标的价值管理活动为管理控制；为了提高效率，保证效益，围绕物的运动开展的控制活动为任务控制，管理控制引导任务控制实现企业战略目标。根据管理控制理论，企业可将企业管理信息化系统分为管理控制信息系统和任务控制信息系统两个层面，这样划分能清晰地界定各信息化系统的功能和相互之间的关系。

二、任务控制信息化与数据治理

任务控制信息化覆盖运营管理的各个方面，主要包括：

（一）企业资源计划

ERP（Enterprise Resource Planning）是将管理信息和技术信息有效集成的企业资源管理系统，以信息技术为基础。企业通过制定和实施标准化的管理流程，对企业的经营活动进行计划、组织、领导和控制。ERP 系统主要包括采购管理、生产制造、品质控制、库存管理、财务管理等子系统。

（二）供应链管理

SCM（Supply Chain Management）是通过对信息流、物流、资金流的控制，把供应商、制造商、仓库、配送中心和渠道商等有效地组织在一起进行的产品制造、转运、分销及销售，最终使整个供应链系统成本达到最低的管理方法。

（三）顾客关系管理

CRM（Customer Relationship Management）是通过对顾客信息的收集、分析和跟踪，以达到良好的顾客满意度和实现市场拓展的管理方式，其目的是为市场分析、销售决策和顾客服务提供准确的解决方案。

（四）人力资源管理

HRM（Human Resource Management）是为企业战略决策提供支持的系统，其依据企业的人力资源战略目标，将人力资源的各项职能进行整合的管理系统，包括招聘管理、档案管理、培训管理、考勤管理、薪酬管理、绩效管理、培训管理、员工关系管理等子系统模块。

（五）产品数据管理

PDM（Product Data Management）是对产品在研发设计以及与产品有关的数据信息方面进行的管理，其本质是为了实现企业内部与企业之间的信息合成，最终使企业在准时交货和技术创新方面获取竞争优势。

（六）办公自动化

OA（Office Automation）是基于通信资源，对办公业务活动实施自动化的人机交互的系统。办公自动化系统的实施可以有效地提高工作效率，为企业高层决策提供参考，以实现企业的经营目标。

任务控制系统涵盖企业运营的各个环节，承载着大量的企业运营原始数据记录。系统相互之间以及系统与管理控制层系统之间需要进行大量的数据交换。由于各系统间的数据格式、数据标准不尽相同，因此数据治理是任务控制系统与管理控制系统的必然通道，可以解决各系统之间的数据割据、信息孤岛问题，通过中央数据库实现数据的整合及共享。

（七）数据共享平台

DSP（Data Sharing Platform）承担数据治理功能，采用中央数据库技术，负责根据数据主题从各对接系统中挖掘、抽取、清洗、转换、存储数据，从而消除信息孤岛，建立起系统间数据交流共享的平台。

三、管理控制信息化总体框架

管理控制信息化从战略出发，由战略规划（目标管理）、计划管理、预算管理、绩效与薪酬管理、决策支持与风险管理等系统构成，并通过数据治理实现与任务控制系统之间的数据共享。管理控制信息化总体框架见图 7—1。

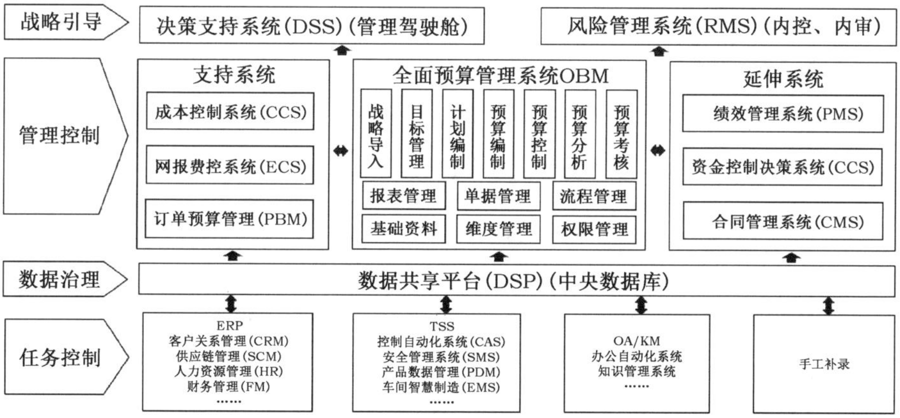

图 7—1　管理控制信息化总体框架图

（一）战略引导层

战略引导层发挥支持经营决策、控制企业风险、引导资源配置的作用。战略引导层由决策支持系统和风险管理系统构成。

(1)决策支持系统(DSS):DSS是以信息技术为手段,通过数据和信息,建立决策模型,对决策方案逐个进行评价,以支持企业管理者的决策的信息系统。

(2)风险管理系统(RMS):RMS是运用信息技术对风险进行管控的系统。它是管理信息系统的重要组成部分,包括内部控制系统和内部审计系统。

(二)管理控制层

管理控制层围绕企业的战略目标,以价值提升为主线,开展资源配置的主动管理,引导任务控制活动,提高资源配置的效率。

(1)全面预算管理系统是管理控制层的核心系统,建立企业管理控制活动的基本流程,支持企业开展资源配置;

(2)支持系统是为企业开展精细化资源配置活动提供支持的信息系统,包括成本费用控制系统、专项预算管理系统等;

(3)延伸系统是预算管理效能的延展,通过对绩效管理、资金分析、合同管理等,辅助企业实现支持战略、约束资源的目标。

(三)数据治理层

数据共享平台(DSP)承担数据治理功能,采用中央数据库技术,负责根据数据主题从各对接系统中挖掘、抽取、清洗、转换、存储数据,从而消除信息孤岛,建立起系统间数据交流共享的平台。

(四)任务控制层

任务控制描述企业物的运动,为被动管理,从信息化角度可分为ERP、TSS、OA等经营、管理、技术系统。

四、全面预算管理信息化总体框架

全面预算管理信息化系统由预算管理流程、预算管理平台和系统建模工具三个层面模块构成。

(一)预算管理流程

预算管理流程支持企业管理控制活动的基本流程,涵盖目标管理、计划管理、预算编制、预算执行、预算分析及预算考核业务。

(二)预算管理平台

预算管理平台包括预算编制平台、预算控制平台、预算分析平台等,是支持预算核心业务开展的信息化管理平台。

1. 预算编制平台

该平台支持各种类型的预算报表的编制、表内表间数据的引用和校验，提供便捷的报表编制工具和交互体验，支持报表层级汇总和流程审批。

2. 预算控制平台

该平台支持各类预算控制政策的制定及机理的实现，按控制维度计算，确定控制目标，按控制频率采集预算执行数据，及时形成预算预警信息，是预算控制信息的总枢纽。

3. 预算分析平台

该平台支持多类型预算分析的处理，集成多种预算分析工具，能快速处理分析数据，并产生丰富的图表分析报告和智能报告。

（三）系统建模

预算管理系统与其他信息管理系统的根本区别在于对管理个性化需求的满足程度。由于资源配置具有多变性和虚拟性的特征，因此预算管理信息化对系统的灵活性的要求非常高。预算系统建模针对预算管理个性化需求的特征，集成多种自定义开发工具，使系统调整与管理调整相匹配，以提高预算信息化的灵活性。系统建模工具包括预算维度建模工具、报表配置工具、流程管理引擎、数据权限管理和分析建模工具等。

全面预算管理信息化总体框架见图 7—2。

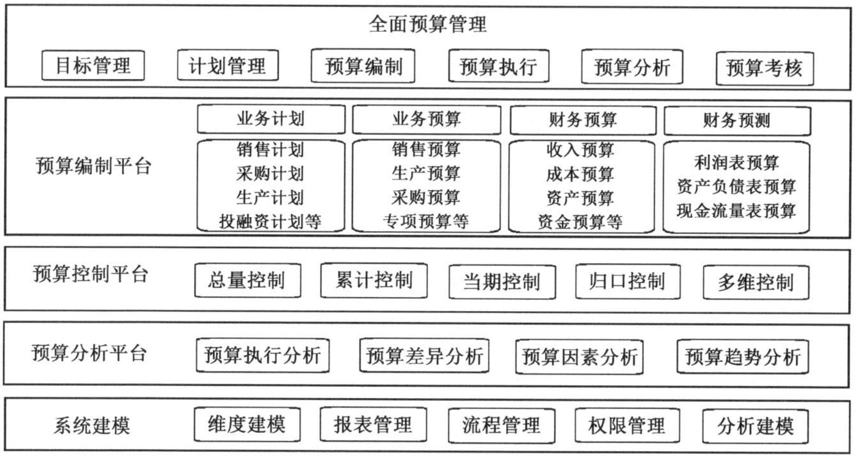

图 7—2　全面预算管理信息化总体框架

第二节 全面预算管理信息化基础建设

一、全面预算管理信息化发展过程

全面预算管理信息化是伴随我国企业全面预算管理变革和信息化技术手段的升级而不断地演变的，其发展过程大致可分为以下三个阶段：

（一）以 Excel 表为信息化工具的阶段

Excel 表是手工预算的代表。自微软的 Excel 面世以来，其操作简单、功能强大的表格处理和计算能力受到了广大财会人员的喜爱，在企业的预算编制工作中得到了广泛使用。直到今天，多数企业仍然使用 Excel 表编制企业预算。但是，随着预算管理在企业管理控制中的核心地位和企业管理精细化需求的不断提高，传统使用 Excel 表进行手工预算编制和管理的方式将越来越难以适应企业发展的要求。

1. 缺乏预算数据共享、交换和流程管理的平台，影响预算管理的效率

（1）全面预算是一个内部联系紧密的预算体系，既包括业务预算，又包括财务预算，需要企业的销售、生产、采购、人力资源、财务等各部门共同参与。其中某些部门的预算编制需要使用其他部门的预算数据，如生产部门编制生产预算一般需要销售部门编制的销售预算的数据。所以，预算编制过程中公司的上下级、部门之间的数据交换量和交换频率比较高。

（2）从全面预算管理的流程来看，它是一个“自上而下和自下而上”相结合、多次往复的过程。首先，公司的董事会从公司的战略出发，制定全年的预算目标。公司预算委员会将其分解至公司的各级预算单位，再由各级预算单位逐层向下分解。其次，由公司的各级预算单位自下而上逐级编制或汇总编制本部门的预算。另外，全面预算管理流程中还存在预算的逐级审批、驳回、下发、自下而上逐层汇总分析的过程。在传统的手工编制预算的情况下，这些流程管理只能通过人工传递的方式实现，效率低下。而且，越是规模较大、组织层级较多、预算管理精细、采用滚动预算的企业，这种数据共享、交换和流程管理的工作量

就越大,企业预算管理的效率就会受到严重影响。预算编制工作量巨大,调整程序繁复。

随着数据处理量的日益增加,公司下属分公司、各部门全面的业务和财务数据都需要在预算编制阶段全部测算、复核、审查一遍,其中工作量巨大且效率低下,是非增值的作业。在这种情况下,预算也不能及时地适应企业内外部环境的变化,造成预算信息滞后,缺乏时效性。

2. 难以实现预算的实时控制和自动分析

预算的实时控制是企业对各部门的预算进行控制的重要手段,而 Excel 缺乏对预算实时控制的重要功能。另外,定期对各预算单位的预算执行情况进行分析和总结,是企业在推行全面预算管理中的一个重要环节,它不仅为公司决策层提供决策依据,而且还是公司绩效考评的基础。一个完善的预算分析需要从不同的角度进行,如月度及累计月度预算与实际的对比分析、预算完成进度分析、预算完成情况的差异分析等。但在传统的手工分析的情况下,由于工作量比较大,缺乏有效的手段对预算执行进行事中控制,很难达到全面、及时和准确的要求,导致预算编制和执行"两张皮"的现象。由于实际数据分散,难以集中获取;而预算分析的周期过长,企业不能很快做出调整,以指导下一个预算周期等,因此预算分析和调整能力不足。

3. Excel 缺乏权限管理功能,难以满足企业预算信息保密的要求

预算数据包括企业的经营和财务目标与计划数据,属于公司的机密文件之一。但预算工作又需要各部门的参与,这就需要设定不同部门和人员的权限,而 Excel 定位于通用办公软件,不具备权限管理的功能。

4. 其他预算管理工作难以用 Excel 实现

Excel 毕竟是一般的办公软件,并不是针对企业预算管理的需求设计的,所以,除了编制预算的功能使用起来比较简单、方便以外,预算管理的其他职能,如预算目标的制定与分解、预算审批、预算下发、预算调整和预算分析等仍然需要手工去做,所以 Excel 不具备预算管理的功能。

(二)财务管理软件过渡阶段

向全面财务预算过渡财务管理软件是为了满足企业财务会计核算的需要开发的,同时具有财务分析、固定资产管理、财务预算管理等其他功能的软件。

与传统的手工预算相比，它具有明显的优势：

（1）一般来说，财务管理软件具有预算编制、预算分析、弹性预算、预算实施控制等功能。

（2）其预算功能一般能够灵活定义预算科目，并为该科目确定预算额。

（3）在预算的执行控制方面，它能够与核算系统紧密集成，从而在某个部门的某项费用超过预算额时，系统实现自动报警，达到控制的效果。

（4）在预算分析方面，系统能够自动实现财务实际发生数与本年预算数或其他年份预算数的对比分析。

与 Excel 相比，财务管理软件在预算管理的信息化方面前进了一步。但是财务管理软件中预算功能也存在不足：由于财务管理软件涉及对象主要是会计科目、会计账簿和会计报表，不可能把企业的业务内容，如销售、生产等内容涵盖进来，因此，财务管理软件的预算功能只包括财务预算，如收入预算、费用预算、利润预算等。而对于销售预算、生产预算、采购预算、存货预算等业务方面的预算，财务管理软件却无能为力。所以，仅仅实现了财务预算的信息化，而与现代预算管理所倡导的包括财务部门和业务部门在内的各级部门和组织共同参与、各预算之间紧密关联的全面预算管理的思想相距遥远，难以起到有效的预算控制的效果。

所以，从某种意义上我们可以认为，在企业推行全面预算管理的过程中，应用财务管理软件中的预算管理的功能是不够的。在企业预算管理的信息化道路上，财务管理软件只能定位为一个过渡型的预算管理产品。

（三）专业预算管理软件阶段

实施全面预算管理专业预算管理软件是针对企业预算管理的需求而设计的软件系统，与一般的财务管理软件相比，它弥补了财务管理软件在业务预算方面功能不足的缺陷，能够使全面预算管理的各项工作实现信息化管理。其一般架构包括预算基础设置、预算方案设置、预算的权限和流程设置，以及预算的管理流程四层结构。其中，从预算管理的基本流程来看，它包括预算目标制定和分解、预算编制、预算的审批和下发、预算调整（含滚动预算）、预算查询和分析。与 Excel 和财务管理软件相比，它具有以下特点：

1. 它为推行全面预算管理的企业提供了一个专业的预算管理平台

专业预算管理软件为企业推行全面预算管理提供了一个专业的平台,使企业的各部门可在该软件平台上协同工作,共享和交换数据。另外,系统根据客户的需求灵活设置,自动实现预算目标的制定和分解、预算编制、多级审批、下发等流转过程管理,并可以根据企业组织和人员的变化进行灵活调整,彻底改变了传统的预算管理模式,大大提高了预算编制和管理的效率。

2. 支持与财务软件及其他管理软件的无缝集成

专业预算管理软件能够支持与企业的财务、销售、生产、采购等其他信息系统进行数据接口,可以实现对企业各部门的预算执行情况进行自动报警,从而达到实时监控的目的。另外,系统支持自动导入或手工输入其他信息系统的实际发生数,通过自定义的分析报表格式和分析方法,自动进行多维度、深入的预算分析,从而大大提高分析的效率和准确性。

3. 支持预算调整、弹性预算、滚动预算,大大提高了预算对企业外部环境的适应性

在软件的功能上,专业预算管理软件能够灵活支持企业进行预算调整,解决了手工条件下调整工作量大、调整效率低的问题。同时,软件也支持弹性预算、滚动预算等现代预算管理思想,大大提高了预算对企业外部环境的适应性。

4. 灵活的权限控制,确保企业预算文件的信息安全

在专业的预算管理平台上,企业预算管理流程中的每一个关键步骤如预算的编制、审批、下发、查询等都在预先设定的管理权限的控制之下,确保了企业的预算信息的安全性。

5. 直观的公式定义和公式查询,提高公式定义的效率

专业预算管理软件支持客户灵活、直观地定义各预算表内和预算表间预算项目之间的计算关系,并支持方便、直观地进行公式修改和查询,提高公式定义的效率和准确性,彻底弥补传统 Excel 公式定义不直观、出现错误难以查找的缺陷。

6. 支持集团预算管理,实现集团下属分、子公司预算的汇总或合并

专业预算管理软件支持企业预算账套数据的导入和导出,灵活实现集团型企业下属分、子公司预算的汇总或合并,提高了集团预算管理的效率。

专业预算管理软件从功能来看融入了现代全面预算管理的思想,基本覆盖

企业日常预算管理中的所有功能，而且管理灵活、信息安全，从其技术特点来看，具有高度的集成性、可扩展和跨平台的特点，因此，从真正意义上满足了现代企业，特别是大型集团企业的预算管理的需求，也是真正意义上的全面预算管理的信息化工具。

二、全面预算管理信息化发展现状

根据前述分析，导入全面预算的信息化管理系统，对提高企业整体信息化管理水平、增加企业效益，是非常有帮助的。借助计算机技术，依赖网络信息系统，实行全面预算的信息化，是推行全面预算的高效选择。在实施过程中，企业能通过多次自上而下、自下而上以及上下结合的编制流程，使企业各级管理者、各层面员工逐渐在公司总战略目标之下达成共识，形成一种思维方式、一种行为方式，最终形成一个全面、有效的管理控制体系。管控一体化是利用计算机软件、网络管好企业的人财物协调发展，是信息化应用的高级阶段；全面预算管理是信息化管理的具体体现，是企业做大做强、精细化管理过程中必不可缺的管理手段。

当前，我国全面预算管理软件市场已经热起来。全面预算管理软件市场是继 ERP、CRM、SCM、BI、协同、中间件等企业管理软件应用之后又一个引起行业、企业尤其是大中型企业追捧和关注的企业信息化管理软件。全面预算管理软件是企业实现预期战略目标的重要保障；是保障企业资金灵活周转，合理控制企业的日常经济活动在预期范围之内的主要方法；是企业实现先进管理、价值导向，确保战略计划执行与完成的重要手段；是企业管理信息化的切入点和突破口。

随着我国信息化的深入发展和应用需求的不断升级，企业尤其是大中型企业对全面预算管理软件的应用需求显得越来越迫切，原先单纯的财务软件、ERP 软件、CRM 软件、人力资源软件等系统越来越难适应现代企业管理变化的需要。推广和应用全面预算管理软件，对当前企业管理信息化市场而言，是一场“及时雨”，它关系到企业管理风险的降低与否，关系到企业信息化实施成功与否，关系到企业的综合竞争力的提升与否等。随着信息科技的进步，我国企业管理信息化市场越来越成熟，管理软件市场正朝着细分化方向发展，全面预算管理软件作为一种新的市场需求,被推到了企业面前,已经引起社会各界的关注。全面预算管理软件的崛起,必将引领管理软件市场的潮流,必将与 ERP、SCM 等管理软件一道成为企业管理信息化的核心软件。

面对激烈的市场竞争,企业信息化水平的高低直接影响企业的经营状况。目前,完全独立自主开发的全面预算管理系统的厂商,市场上并不多,一些管理软件大部分已经集成全面预算管理系统,但是从具体的使用效果来讲,也并不理想,因此在这种背景和条件下,市场迫切需要一套第三方的基于非财务为核心的预算管理软件及服务体系来满足整个预算管理市场和企业用户的需求。

目前市场上,全面预算管理软件从应用需求层面来划分,大概分为四类:

第一类是以"财务为中心"的全面预算管理软件,如用友、金蝶等。这类软件的功能侧重财务管理。

第二类是以"流程为中心"的全面预算管理软件,如厚盾、久其等。这类软件的功能侧重企业业务流程数据管理。

第三类是以"协同为中心"的全面预算管理软件,如浪潮等。这类软件的功能侧重部门业务协作管理。

第四类是以"数据分析为中心"的全面预算管理软件,如海波龙等。这类软件的功能侧重数据分析管理。

事实上,这几类全面预算管理软件都在不同程度上满足了客户的需求。譬如,海波龙给中石油所做的预算管理主要侧重数据分析,因为中石油公司太大,跨部门的业务多,只能侧重数据分析与管理,这是它的长处;而用友、金蝶等为企业所提供的全面预算管理却仅仅局限于财务预算管理层面,对于现代企业来讲,单纯的财务预算管理是无法满足企业的发展需求的,也无法适应企业的发展。

全面预算管理的核心是管理,而利用财务软件的管理是在遵守国家会计制度的前提下进行的财务管理,这样的预算管理是受限制的。但是企业全面预算管理不一样,每一家企业在业务、管理等许多方面大不相同,各有特点。这是两个不同的概念。全面预算管理软件侧重管理,尤其是业务管理,反映的是企业战略实施和业务流程等管理特点。事实上,全面预算管理软件体现的管理思想一定是反映企业老板和管理决策人员的想法,代表着企业管理层的利益,从某种程度上来讲，这是适应现代企业管理需要的，这样的管理思想和方法也是对的。只有这样，全面预算管理软件在企业不同的管理模式下推广应用起来才是最有效的，也是最成功的。

全面预算管理不仅靠软件技术支撑，更重要的是要靠管理思想、管理方法支撑，其核心是管理，软件只是辅助管理的工具。全面预算管理软件更多体现的是管理方法，而财务软件更多体现的是软件应用工具。企业全面预算管理流程和企业会计制度中规定的财务管理不一样，它符合现代企业业务发展管理流程，而不是符合企业财务部门的管理习惯，因为财务管理是非常专业的，也是非常格式化的，把财务放在业务部门来管理，这是不现实的。项目预算的立项、申请等应该由业务部门提出，财务部门只作为支撑和辅助，这是可行的。目前来讲，国内大多数企业预算管理都是由财务部门"一手包办"，由于部门隔阂或信息不对称，因此造成业务部门的人员对项目预算管理不明白，对预算编制、申请等业务部门不清楚。财务部门的这种全面预算管理完全是按照国家会计制度来实行的。事实上，业务部门是不懂会计制度管理的，所以最后做出的全面预算不科学，也很难执行。全面预算应该是企业业务部门和财务部门共同参与制定，并以业务部门的意见为主，以财务部门的意见为辅，这样才能真正做好企业的全面预算管理工作。

当前，国内企业在全面预算管理方面还不如国外企业成熟，很多企业无法定位自己的战略等，多数企业仍处于发展期，所以，国内企业首先要做好预算编制管理工作。预算编制的前提是做好销售预测，没有科学的销售预测，是不可能判断分析生产预算的。但是，目前国内很少有几家企业可以做到销售预测这一点，除了少数的几家垄断企业之外。可见，预算编制对于企业做好全面预算管理工作是多么重要。目前，市场上少数几家包括厚盾公司在内的厂商提供的全面预算管理软件就可以帮助企业进行预算编制、预算控制、预算分析等，帮助企业判断预算编制是否合理、预算分析是否科学等，让企业及时了解全面预算管理情况，包括预算差异、预算趋势分析等，做好企业的全面预算管理控制工作。

三、选择合适的全面预算管理软件

（一）主流的全面预算管理软件介绍

全面预算管理信息化是未来的一个重要发展趋势。现阶段我国也出现了诸多优秀的全面预算管理软件,在帮助预算信息化改革的先行者提高企业管理效益、提升经济效益方面做出了重要的尝试。下文选取其中较为突出的几个软件作详细的比较和介绍。

1. LK 全面预算管理软件

LK 起步于商业智能(Business Intelligence,BI)分析,是纯技术公司,后来延伸到集团管控信息化。LK 发现全面预算管理是集团财务管控的重要内容,于是发挥其技术优势,注重数据分析,从支持集团管控角度开发全面预算管理系统。其定位于企业财务分析平台组件之一,通过计划制订,预算多维编制、多维分析管理,使预算和财务报告相结合,为管理者提供企业绩效分析支持。

LK 的发展重点是数据业务,多系统数据整合、复杂性报表合并、报表编制机器人、多维度分析、商业智能应用等。集团管控、全面预算管理仅是其附属产品和载体产品。

LK 软件追求编制平台化,支持多维预算指标建模,支持业务预算,自动推导出财务预算,支持预算多维分析的快速实现;在数据分析方面有着强大的功能和极高的便捷性,尤其是可以便捷地建立调整业务预算与财务报表之间的逻辑关系,为财务人员开展预算分析提供了便捷的工具。

由于产品平台化,灵活度较高,但交付工作量大且周期长,对项目经理的要求高,交付质量受项目经理的经验能力影响较大。

2. YN-C1 预算管理软件

YN 起源于 Hyperion 软件中国代理商和实施交付商。2007 年,中国开始注重国家信息安全。YN 为了继续发展,推出 E7 全面预算管理产品。经过多年消化,结合互联网经济,通过和 IBM 合作,2017 年,YN 推出自主产品 C1-Planning,为企业提供了专业的预算管理解决方案。

YN 全面预算管理系统延续 Hyperion 的数据分析平台优势,采用平台化开发,通过实施交付,完成场景应用,实现技术驱动产品,与具体的环境相适应。

YN 软件追求编制平台化。其基于 Hyperion 预算产品的本土化改造,很好地吸收了国外预算管理软件基于数据多维分析的特点,将预算数据多维建模、预算方案和流程自定义等功能面向客户前台化,同时针对国内企业预算管理的特点进行改造,使界面风格和操作习惯更贴合国人的习惯,适应性更强。它可以根据业务变化进行灵活调整，易用性较国外的预算软件有大幅的改善。

由于产品平台化，交付现场配置，灵活度较高，但交付工作量大，周期长，对项目经理的要求高，因此交付质量与项目经理的经验能力关联度高。

3. JQ全面预算管理软件

JQ全面预算管理系统起步于财政管理，是一套针对财政预算管理的信息平台。该系统按照财政预算的需要，实现由基层预算单位编制，逐级上报、审核、汇总，经财政部门审核后提交立法机关依法批准的涵盖部门各项收支的综合财政工作任务。后来JQ全面预算管理软件被国资委采用，用于对一级企业监管需要的预算管理，主要是财务预算；之后被一级企业借用，形成对二三级企业的预算管理，也主要是财务预算。

JQ软件追求产品标准化，所需预算科目维度少，表格样式简单，报表和流程在产品中固化。好处是产品简单易用；弊端是产品适应性差、灵活度低，业务融合度低。

由于产品标准化程度高，实施难度低，因此实施周期通常较短。但在满足客户个性化需求方面，灵活度较低，二次开发必然导致工作量大、成本高。

4. 视野全面预算管理软件

视野软件起源于管理咨询，长期从事全面预算管理咨询，对全面预算管理有深刻的理解。在信息化的过程中，国内外基于数据化平台的预算产品，无法与中国企业复杂的场景相结合，以至于使用效果不好。视野全面预算管理系统以管理控制理论为基础，结合咨询实践，把全面预算管理作为管理控制系统的核心，以战略为引领，从业务出发，通过计划管理实现业财融合，解决企业战略落地问题，优化企业资源配置。

视野全面预算管理系统涵盖从年度目标—计划编制—预算编制—预算执行—预算分析—预算考核一体化的全过程管理控制活动，并发挥其对企业业务活动的引领作用。其非平台化开发，是产品化、行业化开发，因此，更加适应企业复杂的环境。

视野软件追求平台化和标准化相结合，平台配置工具增强适应性，分行业实现标准化，产品功能涵盖预算管理全流程，包括预算管理本身（如预算编制、调整、分析等）及延伸功能（如战略目标、计划编制及预算考核等）。产品提供大量的自定义功能,提高预算管理的灵活性,如报表配置工具、流程自定义引擎、预算维度建模工具等。软件具有专业的预算管理工具,如预算假设、预算凭证、BOM(Bill of Material)成本预算、预算实时台账、预算归口管理等。

视野有行业标准产品,在增强行业适应性的同时,交付现场以调整为主,工作量小,周期短。

5. 产品功能分析

以上四种软件产品功能比较分析如表 7—1 所示。

表 7—1　　四种软件产品的功能对比

功能对比	LK	YN	JQ	视野
一、战略目标	无	无	无	有
二、预算方案				
2.1 预算方案	无	无	无	有
2.2 预算假设	在预算编制中	在预算编制中	在预算编制中	独立于编制,是编制前提
2.3 预算版本	有	有	有	有
三、预算目标	无	有	有	有
四、预算编制				
4.1 预算编制管理				
4.1.1 预算编制控制台	无	无	无	有
4.1.2 预算编制进度查询	弱	有	有	有
4.1.3 预算编制数据查询	有	有	有	有
4.1.4 预算编制结果审批	有	有	有	有
4.2 年度计划编制	弱	需要配置表单及逻辑	弱	有
4.3 年度预算编制				
4.3.1 特别说明				
4.3.1.1 项目概况	需要配置	需要配置	需要配置	预置
4.3.1.2 往来概况	需要配置	需要配置	需要配置	预置
4.3.2 业务预算编制	需要配置(有部分预算模型)	需要配置	需要配置	按行业预置

续表

功能对比	LK	YN	JQ	视野
4.3.3 资源初平衡	无	无	无	预置
4.3.4 项目预算	无	有	无	有
4.3.5 预算合并和汇总	需要配置	需要配置	需要配置	按行业预置
4.3.6 财务预算	需要配置（有部分预算模型）	需要配置	需要配置	按行业预置
4.3.7 国资委预算	需要配置	需要配置	有	预置
五、预算执行				
5.1 实际数导入	有	有	有	有
5.2 中期预算调整	通过版本处理	需要配置	有	有
5.3 预算控制政策	无	有	有	有
5.4 预算调整	无	有	有	有
5.5 预算执行台账	有	有	有	有
六、预算分析	需要配置，有财务分析模型	需要配置	有，非标需求需定制开发	按行业预置，非标需求可配置
七、预算考核	无	无	弱，考核结果反应	有，考核流程管理
八、功能配置				
8.1 预算表单配置	有	有	弱	有
8.2 预算分析配置	强	强	无	有
8.3 业务功能配置	无	无	弱	有

注：产品功能个别项目可能与实际不符，仅供参考。

(二)选择预算管理软件

当前国内预算软件层出不穷，多种多样的选择使用户眼花缭乱。但预算软件的选择是企业实行全面预算管理信息化首先要解决的问题。预算软件必须能够满足多维性、智能性、灵活性、易整合性的预算管理要求。

1. 多维性

全面预算管理的特点决定了全面预算信息化系统是一个分析的管理系统，而不是一个单纯交易的业务系统。在分析的管理系统中，数据是从多个维度（角度）描述的，如销售收入的数据是从产品、时间、渠道、客户、区域、部门、人员等多个角度进行定义的。例如，烟台万华的收入预算就是由很多维度构成的。

收入预算表在信息系统中是一个动态的预算表,预算的每一个维度(列)都可以灵活地拖拉,可从不同的角度查看销售收入的实现,从而方便地实现从预算编制到预算分析的多维度预算管理。

2. 财务智能性

企业全面预算管理是涉及从业务、资本到财务预算的一个完整体系,而且业务预算和资本预算、财务预算之间紧密关联。这就要求预算管理信息系统必须具有一定的财务智能性:业务部门只要编制完成业务预算,财务预算就能够自动完成;在相关预算科目编制完成的情况下,不需要依靠任何公式设置就能够自动生成预算财务报表,能够实现集团型企业内部关联交易的自动抵消等。

3. 支持预算模型灵活调整

企业的预算管理主要是满足企业管理层加强企业内部管理的需要。由于企业的战略、业务规模、管理水平是不断地变化的,这就决定了企业对预算管理的要求也会随之不断地调整变化。因此,企业所选择的预算信息系统必须能够支持对企业的预算模型进行灵活调整,如企业预算由"以产定销"转变为"以销定产"。企业组织结构的变化需要对企业的预算责任单位进行调整,企业实际成本计算基础的改变要求对企业预算成本计算方法进行改进等。

4. 易整合性

企业全面预算管理系统需要和企业的相关业务系统进行整合,以进行数据交换。企业的业务系统的数据库及其数据结构可能是复杂多样的,因此,要求预算系统必须具有一定的柔性,能够方便地与其他系统进行无缝整合。

(三)企业在具体设计维度的过程中需要考虑的因素

1. 从企业自身的特点出发设计预算维度

不同行业、不同规模、不同商业模式的企业在业务特点上差异很大,如客户集中度如何、产品是标准化的还是定制化的,这些因素对于我们设计预算的维度都会产生直接的影响。如果客户非常分散,销售对象不确定性大,那么很难将客户作为一个预算维度;相反,如果企业的销售额有一定的集中度,那么,我们就可以将大客户作为销售预算的一个维度,其他零散客户作为其他客户在预算中进行反映。

2. 从企业对决策信息的需求出发设计预算维度

预算维度的设置还需要考虑管理层的分析和决策对信息的需求。也就是说，我们所选择的预算维度必须有助于管理层或预算管理部门在预算编制和沟通阶段详细了解预算责任单位的编制预算思路，在预算执行控制阶段对预算执行过程进行控制，在预算分析阶段细化分析角度。

3. 会计核算及业务系统能够支持多维度预算管理

企业要使多维度预算管理有效地发挥决策支持作用，需要改进现有的会计核算系统和业务系统，使之能够提供多维度、精细化的核算和业务信息。例如，目前的主流财务系统都能够支持辅助核算的功能，辅助核算项目类似于预算管理的维度。我们需要按照预算分析所需要的信息对现有的核算体系进行调整，使之能够满足精细化预算管理对明细核算信息的要求。

四、全面预算管理系统的环境构建

服务器 CPU 型号：主频 2.4GHz 及以上

CPU 数量：1 颗

内存容量：8GB DDR3 及以上

硬盘容量：500GB 及以上

操作系统：Window 2003 server 版及以上

JAVA 环境：Jdk1.6.0_27 及以上版本

WEB 服务器：Tomcat6.0 及以上版本

数据库服务器：Oracle 9i 及以上/MySQL 5.0 及以上/SQLServer 2005 及以上

第三节　全面预算管理系统的规划

一、预算方案

1. 应用场景

预算方案是系统定义和管理预算编制归属期间（包括年、季、月起止时间定义）、适用组织范围，以及定义该方案下需要使用的预算编制表样的功能。预算方案围绕企业年度目标建立。企业有多套目标时，如保守目标、进取目标，需要建立多个预算方案，用于记录不同预算方案下的数据。

2. 功能特征

（1）预算方案能支持围绕年度目标建立多套预算方案；

（2）通过预算方案确定预算期、预算编制分期及所属组织等基本信息（见图7—3）。

图7—3　预算方案

二、预算目标

（一）战略导入

1. 应用场景

预算管理从战略目标开始，预算目标需要结合战略规划目标制定。

2. 功能特征

（1）战略导入功能支持企业战略规划方案的导入（见图7—4）；

（2）支持战略规划目标的录入；

(3)支持战略规划目标的执行监控和目标对比分析。

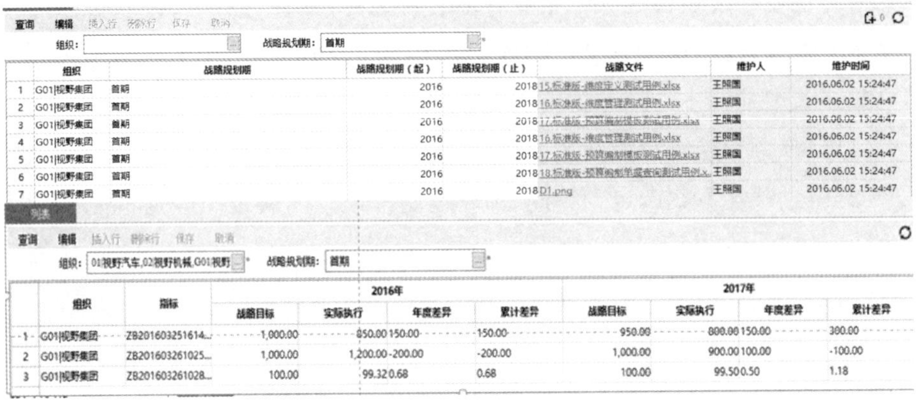

	组织	战略规划期	战略规划期（起）	战略规划期（止）	战略文件	维护人	维护时间
1	G01|视野集团	首期	2016	2018	15.标准版-维度定义测试用例.xlsx	王照国	2016.06.02 15:24:47
2	G01|视野集团	首期	2016	2018	16.标准版-维度管理测试用例.xlsx	王照国	2016.06.02 15:24:47
3	G01|视野集团	首期	2016	2018	17.标准版-预算编制模板测试用例.xlsx	王照国	2016.06.02 15:24:47
4	G01|视野集团	首期	2016	2018	16.标准版-维度管理测试用例.xlsx	王照国	2016.06.02 15:24:47
5	G01|视野集团	首期	2016	2018	17.标准版-预算编制模板测试用例.xlsx	王照国	2016.06.02 15:24:47
6	G01|视野集团	首期	2016	2018	18.标准版-预算编制单据查询测试用例.x...	王照国	2016.06.02 15:24:47
7	G01|视野集团	首期	2016	2018	D1.png	王照国	2016.06.02 15:24:47

	组织	指标	2016年				2017年			
			战略目标	实际执行	年度差异	累计差异	战略目标	实际执行	年度差异	累计差异
1	G01|视野集团	ZB201603251614...	1,000.00	850.00	150.00	150.00	950.00	800.00	150.00	300.00
2	G01|视野集团	ZB201603261025...	1,000.00	1,200.00	-200.00	-200.00	1,000.00	900.00	100.00	-100.00
3	G01|视野集团	ZB201603261028...	100.00	99.32	0.68	0.68	100.00	99.50	0.50	1.18

图 7—4　战略方案

(二)环境分析

1. 应用场景

环境分析有助于企业制定科学、合理的经营目标(见图 7—5)。

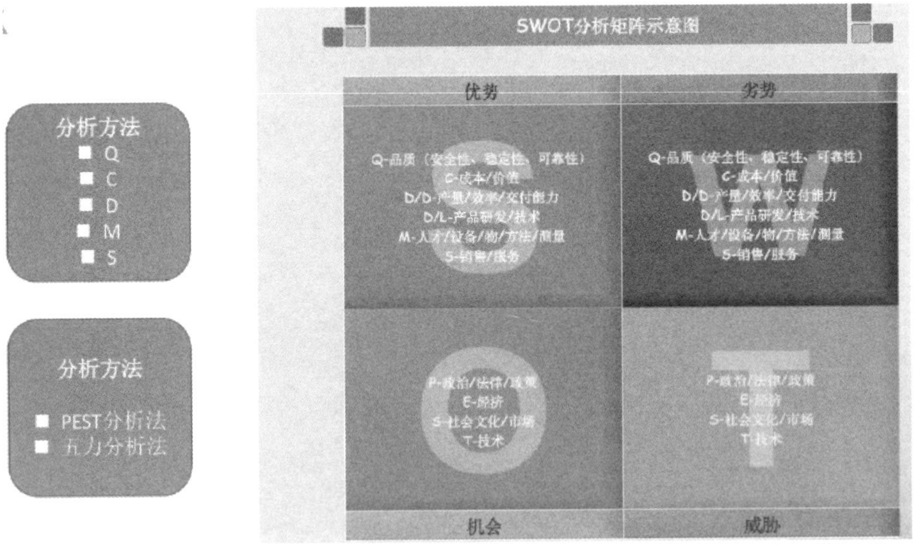

图 7—5　环境分析

2. 功能特征

(1)支持 SWOT 分析方法的运用,内置 SWOT 分析路径,帮助企业开展环

境分析;

(2)系统内置 PEST 外部评估要素和 QCDMS(Quality、Cost、Delivery、Morale、Safety)内部评估要素(见图 7—6);

(3)支持自定义环境分析模型。

	年度	组织	评估因素	评估判断	影响分析
1	2019	视野软件	政治环境		
2	2019	视野软件	产业政策		
3	2019	视野软件	税收政策		
4	2019	视野软件	经济环境		
5	2019	视野软件	社会环境		
6	2019	视野软件	技术环境		
7	2019	视野软件	品质(安全、稳定、可靠)		
8	2019	视野软件	成本(价格)		
9	2019	视野软件	交付(产量、效率)		
10	2019	视野软件	设计(技术、研发)		
11	2019	视野软件	管理(人才、设备、物料、方法、测量)		

图 7—6　环境评估因素分析

(三)目标预测

1. 应用场景

目标预测主要依据环境分析结论和历史数据趋势分析(见图 7—7)。

2. 功能特征

(1)支持目标历史数据的录入和查询;

(2)支持目标历史增长率的计算。

	组织	年度	指标	2012年	2013年	2014年	2015年	2016年	历史平均增长率	2017年预测	增长率
1	视野机场管理集团	2017	主营业务收入	37,900,000.00	40,800,000.00	45,500,000.00	49,800,000.00	55,000,000.00	9.77%	65,000,000.00	18.18%

	组织	年度	指标	目标值	维护人	维护时间
1	视野机场管理集团	2015	主营业务收入	49,800,000.00	admin	2017.07.31 10:59:24

图 7—7　目标预测

(四)目标制定

1. 应用场景

设定年度目标，包括定量目标和定性目标，实现目标设定，分解、下发流程（见图 7—8）。

2. 功能特征

（1）支持自上而下、自下而上的目标制定流程；

（2）支持两个层级的目标制定和分解：公司级目标制定（集团到公司级目标）和部门级目标制定（公司到部门级目标）；

（3）支持量化目标对预算编制的控制，即预算编报时系统校验对应目标对比，当突破目标时给予提示。

图 7—8 目标分解

三、预算假设

1. 应用场景

预算编制前，需对客观环境决定的预算要素做出判断假设，体现在预算假设中，如汇率、税率、稀有材料价格等。预算假设不对目标责任产生影响，应与预算编制相分离（见图 7—9）。

	货币	汇率
1	港币	0.90
2	美元	7.07
3	日元	0.06
4	欧元	7.80
5	英镑	8.83

图 7—9 预算假设

2. 功能特征

(1)支持各类预算假设的录入;

(2)支持预算假设作为变量指标参与预算编制计算。

四、预算编制

(一)系统功能

1. 期初数据

(1)应用场景:预算编制期企业实际的期初数据并未产生,所以期初数据需要预测;预测期初数并不对目标责任产生影响,应与预算编制相分离;实际期初数产生后需对预测数进行调整。

(2)功能特征:

①支持期初数据按会计科目和报表项目录入(见图 7—10);

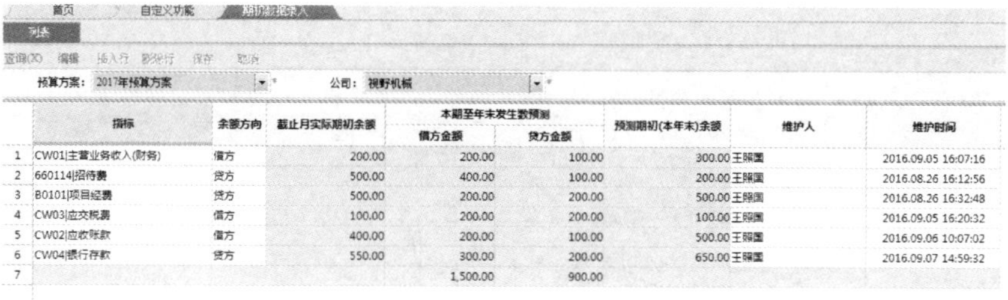

	指标	余额方向	截止月实际期初余额	本期至年末发生数预测		预测期初(本年末)余额	维护人	维护时间
				借方金额	贷方金额			
1	CW01|主营业务收入(财务)	借方	200.00	200.00	100.00	300.00	王照国	2016.09.05 16:07:16
2	660114|招待费	贷方	500.00	400.00	100.00	200.00	王照国	2016.08.26 16:12:56
3	B0101|项目经费	贷方	500.00	200.00	200.00	500.00	王照国	2016.08.26 16:32:48
4	CW03|应交税费	借方	100.00	200.00	200.00	100.00	王照国	2016.09.05 16:20:32
5	CW02|应收账款	借方	400.00	200.00	100.00	500.00	王照国	2016.09.06 10:07:02
6	CW04|银行存款	贷方	550.00	300.00	200.00	650.00	王照国	2016.09.07 14:59:32
7				1,500.00	900.00			

图 7—10 期初数据录入

②支持审计后对期初数据的修正(见图 7—11),减少对预算数据完整性的干扰。

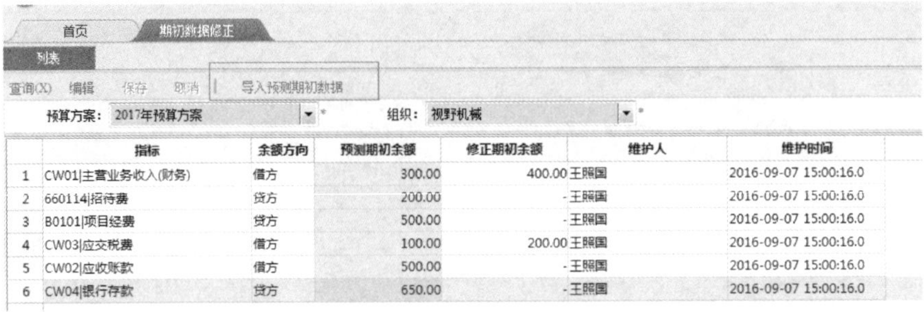

图 7—11　期初数据修正

2. 支持从业务计划到财务预算的编制过程，支持预算数据的逻辑关联，实现预算与业务的衔接(见图 7—12)

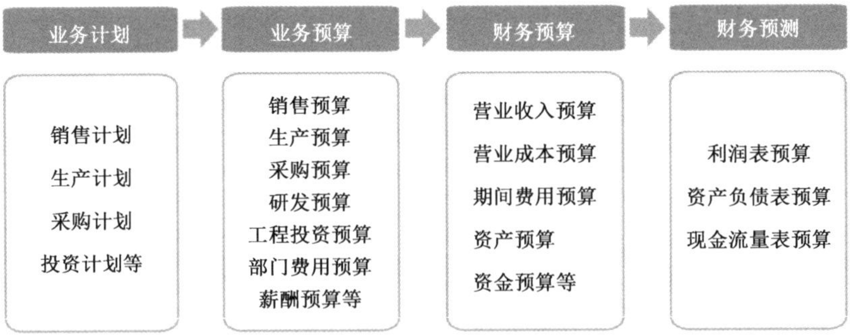

图 7—12　预算与业务衔接

3. 为预算编制提供功能丰富的操作(见图 7—13)，界面直观易用

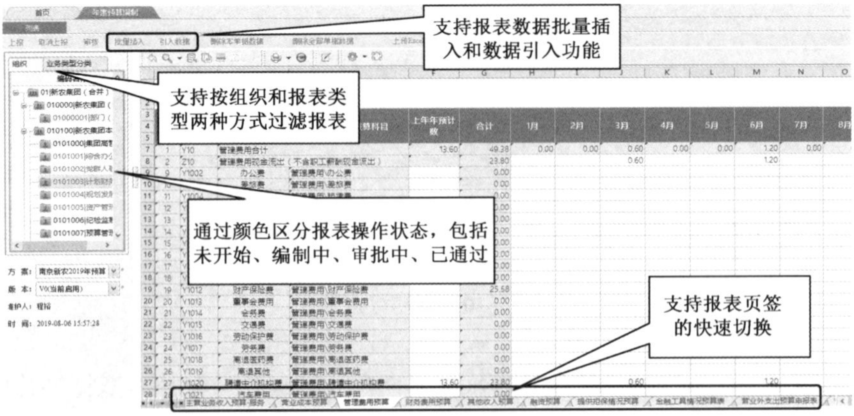

图 7—13　预算编制界面

4. 支持对填报数据进行系统校验(见图 7—14),如超目标校验、超标准校验、必填项校验等

管理费用预算申报表

南京新农发展置业有限责任公司（母公司）

行次	指标	预算项目	对应的财务核算科目	上年年预计数	合计	1月	2月	3月	4月	5月	6月	7月
1	Y10	管理费用合计		17.00	12.00	12.00	0.00	0.00	0.00	0.00	0.00	0.00
2	Z10	管理费用现金流出（不含职工薪酬现金流出）			0.00							
9	Y1002	办公费	管理费用\办公费	10.00	12.00	12.00						
10	Y1003	差旅费	管理费用\差旅费	3.00	0.00							
11	Y1004	租赁费	管理费用\租赁费	4.00	0.00							
12	Y1005	能源费用	管理费用\能源费用		0.00							
13	Y1006	物耗费用	管理费用\物耗费用		0.00							
14	Y1007	业务宣传费	管理费用\业务宣传费		0.00							
15	Y1008	业务招待费	管理费用\业务招待费		0.00							
16	Y1009	邮电通讯费	管理费用\邮电通讯费		0.00							
17	Y1010	折旧费	管理费用\折旧费		0.00							
18	Y1011	无形资产摊销	管理费用\无形资产摊销		0.00							
19	Y1012	财产保险费	管理费用\财产保险费		0.00							
20	Y1013	董事会费用	管理费用\董事会费用		0.00							
21	Y1014	会务费	管理费用\会务费		0.00							
22	Y1015	交通费	管理费用\交通费		0.00							
23	Y1016	劳动保护费	管理费用\劳动保护费		0.00							

人工成本预算申报表(新)　管理费用预算　固定及无形资产投资预算

系统校验不合格项信息，提示错误说明

序号	错误说明	报表名称
1	办公费，本年预算超出上年预计发生数的10%，请在单元格U9填写说明	管理费用预算

图 7—14　预算数据校验

5. 支持主表和明细表之间的穿透查询(见图 7—15 和图 7—16)

主营业务收入预算汇总

南京农垦产业（集团）有限公司（合并）

行次	ZB	预算项目	上年预计数	全年合计	1月	2月	3月	4月	5月	6月
1	Z01	销售现金流入合计(含税)		10,674.44	916.60	817.10	893.12	880.95	875.95	921.75
2	Z0101	当期现销现金流入		10,623.44	867.60	817.10	893.12	880.95	875.95	919.75
3	Z0102	以前年度应收账款的现金流入		[illegible]	[illegible]	0.00	0.00	0.00	0.00	2.00
4	Z0103	预收下一年度销售的现金流入		[illegible]	[illegible]	0.00	0.00	0.00	0.00	0.00
5	Y01	销售收入合计	[illegible]	[illegible]	[illegible]	697.40	736.90	776.90	746.90	768.90
6	Y0101	产品销售收入小计	[illegible]	[illegible]	[illegible]	677.40	676.90	726.90	691.90	702.90
7	Y010101	自产产品	395.61	200.00	1.00	0.50	0.00	50.00	15.00	26.00
8	Y010102	外购产品	7,569.65	8,122.80	676.90	676.90	676.90	676.90	676.90	676.90
9	Y0102	服务类收入小计	725.00	750.00	70.00	20.00	60.00	50.00	55.00	66.00
10	Y010201	租赁收入	0.00	0.00	0.00	0.00	0.00	0.00	0.00	0.00
11	Y010202	物业收入	725.00	750.00	70.00	20.00	60.00	50.00	55.00	66.00
12	Y010203	服务费收入	0.00	0.00	0.00	0.00	0.00	0.00	0.00	0.00
13	Y010204	酒店业务收入	0.00	0.00	0.00	0.00	0.00	0.00	0.00	0.00
14	Y010299	其他主营收入	0.00	0.00	0.00	0.00	0.00	0.00	0.00	0.00

点击项目，可穿透至关联的预算明细表

图 7—15　预算数据穿透查询——上层

主营业务收入预算汇总-自产(公司)

南京农垦产业（集团）有限公司（合并）

行次	指标	预算项目	公司	上年预计数	全年合计	1月	2月	3月	4月
1	Y0101	产品销售收入		395.61	200.00	1.00	0.50		50.00
2	Y010101		南京七里岗果牧综合场有限责任公司	172.33	0.00				
3	Y010101		南京青泉茶业有限责任公司	223.28	200.00	1.00	0.50		50.00
4	Z01	销售现金流入合计			140.00	1.00	0.50		30.00
5	Z0101	当期现销现金流入			138.00	1.00	0.50		30.00
6	Z0102	以前年度应收账款的现金流入			2.00				
7	Z0103	预收下一年度销售的现金流入			0.00				

图 7—16　预算数据穿透查询——下层

6. 支持预算版本管理

预算版本是对预算数据的多版本的记录。预算版本针对单项预算编制表，当不同的预算编制数据对预算结果产生不同的影响时，为满足预算平衡需要，通过版本对多套预算数据进行记录，并根据测算结果选择最优的生效版本。

7. 支持预算模拟凭证

通过模拟记账规则，加强业务预算与财务预算的数据勾稽关系，保证财务预算结果的准确性和报表间的数据平衡。功能特征包括：

(1)支持模拟凭证记账规则的设置(见图 7—17)；

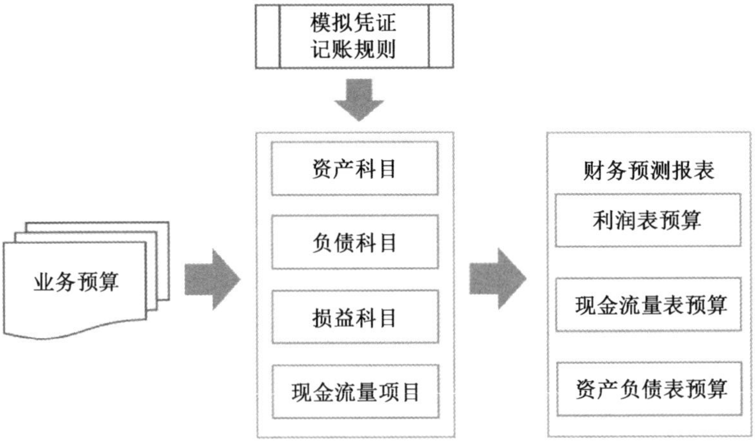

图 7—17　预算模拟凭证

(2)支持根据预算编制数据生成预算模拟会计分录(见图 7—18)；

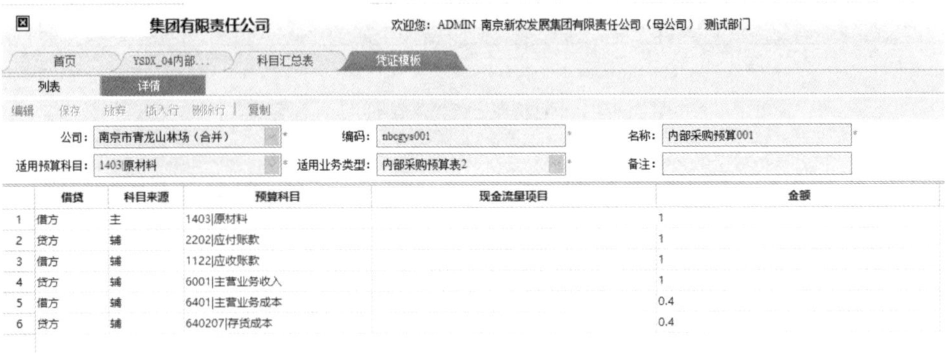

图 7—18　预算凭证模板

③支持财务预算表自动生成和表间数据的勾稽平衡;

④支持凭证的生成和数据汇总查询功能。

8. 支持预算审批功能

(1)支持单表上报、批量表上报模式;

(2)支持直接审批和工作流审批模式;

(3)支持上报审批状态色彩识别。

预算评审流程见图 7—19。

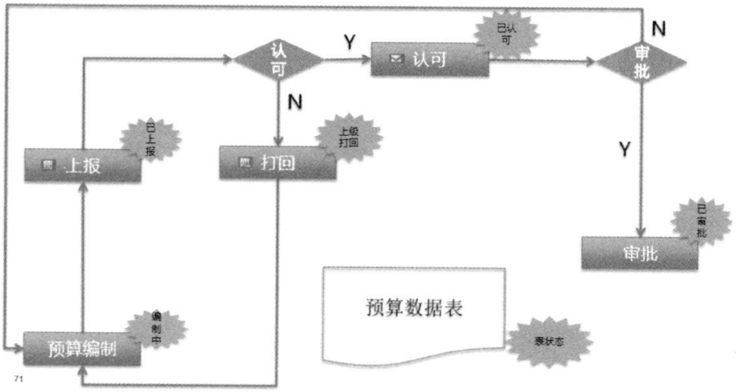

图 7—19　预算评审流程

(二)系统解决方案示例

1. 业务预算

(1)主营业务收入预算。

①主营业务收入预算申报表(自产产品)。

功能说明:用于生产型企业编制自产产品销售收入预算以及预计资金流入情况。

原型展示见图 7—20。

主营业务收入预算申报表-自产产品

行次	代码	指标	自产产品	上年预计数	销量单位	全年合计			一季度			二季度			三季度			四季度		
						销量	单价	销售收入	销量	单价	销售收入	销量	单价	销售收入	销量	单价	销售收入	销量	单价	销售收入
1	Z01	销售现金流入合计						-			-			-			-			-
2	Z0101	当期现销现金流入						-												
3	Z0102	以前年度应收账款的现金流入						-												
4	Z0103	预收下一年度销售的现金流入						-												
5	Y0101	自产产品销售收入合计		-		-		-	-		-	-		-	-		-	-		-
6	Y010101	自产产品销售收入	WD产品1	-		-		-												
7	Y010101	自产产品销售收入	WD产品2	-		-		-												
8	Y010101	自产产品销售收入	WD产品3	-		-		-												
9	Y010101	自产产品销售收入	WD产品4	-		-		-												
10	Y010101	自产产品销售收入	WD产品5	-		-		-												
11	Y010101	自产产品销售收入	WD产品6	-		-		-												
12	Y010101	自产产品销售收入	WD产品…	-		-		-												

图 7—20　收入预算——自产产品

功能要求：

● 根据选择的销售“产品”，带出“销售单位”，填写“销量”“销售收入”，自动计算销售“单价”。其中对销售收入能够扩展显示含税收入、不含税收入，对销售单价能够显示含税单价、不含税单价，以满足不同用户查看数据分析的习惯。

● 根据经营预估资金流入情况。

②主营业务收入预算申报表(外购产品)。

功能说明：用于零售贸易型企业编制外购产品销售收入预算以及预计资金流入情况。

原型展示见图 7—21。

主营业务收入预算申报表-外购产品

行次	ZB	指标	外购产品	上年预计数	销售单位	全年合计			一季度			二季度			三季度			四季度		
						销量	单价	销售收入	销量	单价	销售收入	销量	单价	销售收入	销量	单价	销售收入	销量	单价	销售收入
1	Z01	销售现金流入合计						-			-			-			-			-
2	Z0101	当期现销现金流入						-												
3	Z0102	以前年度应收账款的现金流入						-												
4	Z0103	预收下一年度销售的现金流入						-												
5	Y0101	外购产品销售收入合计		-		-		-	-		-	-		-	-		-	-		-
6	Y010102	外购产品销售收入	WD产品	-		-		-												
7	Y010102	外购产品销售收入	WD产品	-		-		-												
8	Y010102	外购产品销售收入	WD产品	-		-		-												
9	Y010102	外购产品销售收入	WD产品	-		-		-												
10	Y010102	外购产品销售收入	WD产品	-		-		-												
11	Y010102	外购产品销售收入	WD产品	-		-		-												
12	Y010102	外购产品销售收入	...	-		-		-												

图 7—21　收入预算——贸易业务

功能要求：

● 根据选择的销售“产品”，带出“销售单位”，填写“销量”“销售收入”，自动计算销售“单价”。其中对销售收入能够扩展显示含税收入、不含税收入，对销售单价能够显示含税单价、不含税单价，以满足不同用户查看数据分析的习惯。

● 根据经营预估资金流入情况。

③主营业务收入预算申报表(服务类)。

功能说明：用于服务型企业编制销售收入预算以及预计资金流入情况预算。

原型展示见图 7—22。

主营业务收入预算申报表-服务类

行次	ZB	指标	上年预计数	全年合计	一季度	二季度	三季度	四季度
1	Z01	销售现金流入合计		-	-	-	-	-
2	Z0101	当期现销现金流入		-				
3	Z0102	以前年度应收账款的现金流入		-				
4	Z0103	预收下一年度销售的现金流入		-				
5	Y0102	服务类销售收入合计	-	-	-	-	-	-
6	Y010201	租赁收入		-				
7	Y010202	物业收入		-				
8	Y010203	服务费收入		-				
9	Y010204	酒店业务收入		-				
10	Y010299	其他主营收入		-				

图 7—22　收入预算——服务业务

功能要求:

● 根据本企业业务填写预计销售收入预算。其中对销售收入能够扩展显示含税收入、不含税收入,以满足不同用户查看数据分析的习惯。

● 根据经营预估资金流入情况。

(2)生产/采购预算申报表。

功能说明:用于企业编制涉及生产/采购业务的各产品生产/采购情况。

原型展示见图 7—23。

生产/采购预算申报表

行次	产品	数量单位	一季度				二季度				三季度				四季度			
			预计销量	期初库存	期末库存	预计产量/采购量	预计销量	期初库存	期末库存	预计产量/采购量	预计销量	期初库存	期末库存	预计产量/采购量	预计销量	期初库存	期末库存	预计产量/采购量
1	合　计		-	-	-	-	-	-	-	-	-	-	-	-	-	-	-	-
2	自产产品小计		-	-	-	-	-	-	-	-	-	-	-	-	-	-	-	-
3	WD产品1		-			-	-	-		-	-	-		-	-	-		-
4	WD产品2		-			-	-	-		-	-	-		-	-	-		-
5	WD产品3		-			-	-	-		-	-	-		-	-	-		-
6	WD产品4		-			-	-	-		-	-	-		-	-	-		-
7	WD产品5		-			-	-	-		-	-	-		-	-	-		-
8	WD产品6		-			-	-	-		-	-	-		-	-	-		-
9	WD产品…		-			-	-	-		-	-	-		-	-	-		-
10	在产品小计		-	-	-	-	-	-	-	-	-	-	-	-	-	-	-	-
11	WD产品1					-		-		-		-		-		-		-
12	WD产品2					-		-		-		-		-		-		-
13	WD产品…					-		-		-		-		-		-		-
14	外购产品小计		-	-	-	-	-	-	-	-	-	-	-	-	-	-	-	-
15	WD产品1		-			-	-	-		-	-	-		-	-	-		-
16	WD产品2		-			-	-	-		-	-	-		-	-	-		-
17	WD产品3		-			-	-	-		-	-	-		-	-	-		-
18	WD产品4		-			-	-	-		-	-	-		-	-	-		-
19	WD产品5		-			-	-	-		-	-	-		-	-	-		-
20	WD产品6		-			-	-	-		-	-	-		-	-	-		-
21	WD产品…		-			-	-	-		-	-	-		-	-	-		-

图 7—23　生产/采购预算

功能要求:

● 根据销售预算中编制的"产品"及"预计销量"情况,结合"期初库存"以及需要控制的"期末库存",倒推"本期产量"或"本期采购量"。

(3)直接生产成本预算申报表。

功能说明:用于编制自产产品原材料耗用、直接人工成本情况。

原型展示见图 7—24。

直接生产成本预算申报表

预算方案：　　　　公司：　　　　部门：

产品品种：自产产品　　产品：

行次	产品品种	项目	ZB	合计	一季度	二季度	三季度	四季度
1	预计原材料生产耗用合计		Y0301	-				
2	预计直接人工成本合计		Y0302	-				
3	材料采购现金流出合计（自产产品）		Z02	-	-	-	-	-
4	当期支付的采购材料现金流出（自产产品）		Z0201	-				
5	本期支付的以前年度采购材料现金流出（自产产品）		Z0202	-				
6	当期预付的采购材料现金流出（自产产品）		Z0203	-				
7	WD产品1	预计产品产量（数量）	Y0204	-	-	-	-	-
8		一、直接材料耗用：						
9		1、单位产品原材料耗用金额	Y030101					
10		2、预计原材料生产耗用金额	Y030102	-	-	-	-	-
11		加：原材料期末余额	Y03010201	-	1.00			
12		减：原材料期初余额	Y03010202	-				
13		3、预计原材料采购金额	Y030103	-	1.00	-	-	-
14		二、直接人工成本：						
15		1、单位产品人工成本金额	Y030201					
16		2、直接人工成本金额合计	Y030202	-	-	-	-	-
17	WD产品2	预计产品产量（数量）	Y0204	-	-	-	-	-
18		一、直接材料耗用：						
19		1、单位产品原材料耗用金额	Y030101					
20		2、预计原材料生产耗用金额	Y030102	-	-	-	-	-
21		加：原材料期末余额	Y03010201	-				
22		减：原材料期初余额	Y03010202	-				
23		3、预计原材料采购金额	Y030103	-	-	-	-	-
24		二、直接人工成本：						
25		1、单位产品人工成本金额	Y030201					
26		2、直接人工成本金额合计	Y030202	-	-	-	-	-

图 7—24　直接生产成本预算

功能要求：

- 通过选择“产品”，自动带出其在【生产/采购预算申报表】中编制的“产量”。

（4）制造费用预算申报表。

功能说明：用于编制制造费用预算，如相关的直接生产部门或者辅助生产部门发生的相关费用。

原型展示见图 7—25。

制造费用预算申报表

行次	指标明细项目	对应的财务核算科目	ZB	上年预计数	合计	一季度	二季度	三季度	四季度	变化幅度	专项说明（超出上年预计发生数10%以上时）
1	合　计			-	-	-	-	-	-	0.00%	
2	制造费用现金流出（不含职工薪酬现金流出）		Z04		-					0.00%	
3	人工成本	制造费用\职工薪酬	Y0401	-	-	-	-	-	-	0.00%	
4		制造费用\职工薪酬-工资	Y040101	-	-	-	-	-	-	0.00%	
5		制造费用\职工薪酬-福利费	Y040102	-	-	-	-	-	-	0.00%	
6		制造费用\职工薪酬-统筹保险	Y040103	-	-	-	-	-	-	0.00%	
7		制造费用\职工薪酬-教育经费	Y040104	-	-	-	-	-	-	0.00%	
8		制造费用\职工薪酬-住房费用	Y040105	-	-	-	-	-	-	0.00%	
9	维修费	制造费用\维修费	Y0402		-					0.00%	
10	折旧费	制造费用\折旧费	Y0403		-					0.00%	
11	包装费	制造费用\包装费	Y0404		-					0.00%	
12	燃料费	制造费用\燃料费	Y0405		-					0.00%	
13	能源费用	制造费用\能源费用	Y0406		-					0.00%	
14	机物料	制造费用\机物料	Y0407		-					0.00%	
15	差旅费	制造费用\差旅费	Y0408		-					0.00%	
16	辅助材料	制造费用\辅助材料	Y0409		-					0.00%	
17	长期待摊费用	制造费用\长期待摊费用	Y0410		-					0.00%	
18	物耗费	制造费用\物耗费	Y0411		-					0.00%	
19	运输费	制造费用\运输费	Y0412		-					0.00%	
20	其　他	制造费用\其他	Y0499		-					0.00%	

图 7—25　制造费用预算

功能要求：

- “职工薪酬”从【人工成本预算申报表】中获取。

● 相比上年预计数增幅较大的，须填写“专项说明”，否则无法上报。

(5)产品成本预算申报表。

功能说明：用于编制与自产产品有关的产品成本。

原型展示见图 7—26。

产品成本预算申报表

预算方案：　　　　公司：　　　　部门：
产品品种：自产产品　　产品：

行次	产品	项目	ZB	一季度	二季度	三季度	四季度	备注
1	产品销售成本合计		Y05					
2	材料采购现金流出合计（外购产品）		Z05	-	-	-	-	
3	当期支付的采购产品的现金流出（外购产品）		Z0501					
4	当期支付的以前年度采购产品现金流出（外购产品）		Z0502					
5	当期预付的采购产品的现金流出（外购产品）		Z0503					
6	WD产品1	期初在产品成本金额	Y050101					
7		原材料生产耗用金额	Y050102	-	-	-	-	
8		直接人工成本金额	Y050103	-	-	-	-	
9		应分配制造费用金额	Y050104					
10		期末在产品成本金额	Y050105					
11		完工产品成本金额	Y050106					
12		产品期初库存金额	Y050107					
13		加权平均产品单位成本	Y050108					
14		产品期末库存金额	Y050109					
15		产品销售成本金额	Y0501					
16	WD产品2	期初在产品成本金额	Y050101					
17		原材料生产耗用金额	Y050102	-	-	-	-	
18		直接人工成本金额	Y050103	-	-	-	-	
19		应分配制造费用金额	Y050104					
20		期末在产品成本金额	Y050105					
21		完工产品成本金额	Y050106					
22		产品期初库存金额	Y050107					
23		加权平均产品单位成本	Y050108					
24		产品期末库存金额	Y050109					
25		产品销售成本金额	Y0501					

图 7—26　产品成本预算

(6)营业成本预算申报表。

功能说明：用于编制主营业务成本、其他业务成本。

原型展示见图 7—27。

营业成本预算申报表

行次	项目	ZB	上年预计数	合计	一季度	二季度	三季度	四季度	备注
1	营业成本合计	Y06	-	-	-	-	-	-	
2	材料采购现金流出合计（不含自产和外购产品）	Z06		-	-	-	-	-	
3	当期支付的计入采购材料的现金流出（不含自产和外购产品）	Z0601		-					
4	本期支付的以前年度采购材料现金流出（不含自产和外购产品）	Z0602		-					
5	当期预付的采购产品的现金流出（不含自产和外购产品）	Z0603		-					
6	主营业务成本	Y0601	-	-	-	-	-	-	
7	自产产品	Y060101		-	-	-	-	-	
8	外购产品	Y060102		-					
9	租赁成本	Y060103		-					
10	服务费成本	Y060104		-					
11	酒店业务成本	Y060105		-					
12	…	Y060199		-					
13	…	Y060199		-					
14	其他主营业务成本	Y060199		-					
15	其他业务成本（请自行填写）	Y0602	-	-	-	-	-	-	
16	租赁成本	Y060201	-	-					
17	物业成本	Y060202	-	-					
18	停车费成本	Y060203	-	-					
19	服务费成本	Y060204	-	-					
20	仓储成本	Y060205	-	-					
21	中转成本	Y060206	-	-					
22	劳务成本	Y060207	-	-					
23	存货成本	Y060208	-	-					
24	…	Y060299	-	-					
25	…	Y060299	-	-					
26	其他成本	Y060299	-	-					

图 7—27　营业成本预算

(7)人工成本预算申报表。

功能说明：用于人力部门编制用工成本，根据编制内容将费用分解至不同的费用类型。

原型展示见图 7—28。

人工成本预算申报表

行次	预算指标类型	上年平均人数（人）	本年平均预算人数（人）	对应的成本核算科目	上年预计数	合计	一季度	二季度	三季度	四季度	专项说明（超出上年预计支出数）	备注
1	人工成本合计											
2	职工薪酬现金流出											
3	一、职工人工成本总额											
4	（一）工资总额			工资总额小计								
5				生产人员								
6				工程人员								
7				辅助生产人员								
8				销售人员								
9				管理人员								
10				研发人员								
11	其中：在职职工											
12	离岗职工											
13	自行发放的劳务/临时人员											
14	（二）统筹保险费用合计			统筹保险小计								
15				生产人员								
16				工程人员								
17				辅助生产人员								
18				销售人员								
19				管理人员								
20				研发人员								
21	其中：在职职工											
22	离岗职工											
23	自行发放的劳务/临时人员											
24	（三）住房费用			住房费用小计								
25				生产人员								
26				工程人员								
27				辅助生产人员								
28				销售人员								
29				管理人员								
30				研发人员								
31	其中：在职职工	-	-		-	-	-	-	-	-		
32	离岗职工	-	-		-	-	-	-	-	-		
33	自行发放的劳务/临时人员	-	-		-	-	-	-	-	-		
34	（四）福利费用	-	-	福利费小计	-	-	-	-	-	-		
35				生产人员		-						
36				工程人员		-						
37				辅助生产人员		-						
38				销售人员		-						
39				管理人员		-						
40				研发人员		-						
41	其中：在职职工	-	-		-	-	-	-	-	-		
42	离岗职工	-	-		-	-	-	-	-	-		
43	自行发放的劳务/临时人员	-	-		-	-	-	-	-	-		

图 7—28 人工成本预算

功能要求：

- 相比上年预计数增幅较大的，须填写“专项说明”，否则无法上报。

(8)销售费用预算申报表。

功能说明：用于编制销售费用预算。

原型展示见图 7—29。

销售费用预算申报表

行次	总账明细科目或经营项目名称	对应的财务核算科目	ZB	上年度预计数	合计	一季度	二季度	三季度	四季度	变化幅度	专项说明（超出上年预计）	备注
1	销售费用合计		Y09	-	-	-	-	-	-	0.00%		
2	销售费用现金流出（不含职工薪酬现金流出）		Z09		-	-	-	-	-	0.00%		
3	职工薪酬	销售费用\职工薪酬	Y0901	-	-	-	-	-	-	0.00%		
4		销售费用\职工薪酬\工资	Y090101	-	-	-	-	-	-	0.00%		
5		销售费用\职工薪酬-福利费	Y090102	-	-	-	-	-	-	0.00%		
6		销售费用\职工薪酬-统筹保险	Y090103	-	-	-	-	-	-	0.00%		
7		销售费用\职工薪酬-教育经费	Y090104	-	-	-	-	-	-	0.00%		
8		销售费用\职工薪酬-住房费用	Y090105	-	-	-	-	-	-	0.00%		
9	办公费	销售费用\办公费	Y0902		-					0.00%		
10	差旅费	销售费用\差旅费	Y0903		-					0.00%		
11	能源费用	销售费用\能源费用	Y0904		-					0.00%		
12	物耗费用	销售费用\物耗费用	Y0905		-					0.00%		
13	业务宣传费	销售费用\业务宣传费	Y0906		-					0.00%		
14	业务招待费	销售费用\业务招待费	Y0907		-					0.00%		
15	业务经费	销售费用\业务经费	Y0908		-					0.00%		
16	邮电通讯费	销售费用\邮电通讯费	Y0909		-					0.00%		
17	折旧费	销售费用\折旧费	Y0910		-					0.00%		
18	装修费	销售费用\装修费	Y0911		-					0.00%		
19	广告宣传费	销售费用\广告宣传费	Y0912		-					0.00%		
20	汽车费	销售费用\汽车费	Y0913		-					0.00%		
21	修理维保费	销售费用\修理维保费用	Y0914		-					0.00%		
22	咨询费	销售费用\咨询费	Y0915		-					0.00%		
23	运输费	销售费用\运输费	Y0916		-					0.00%		
24	其他	销售费用\其他	Y0999		-					0.00%		

图 7—29 销售费用预算

功能要求：

- “职工薪酬”从【人工成本预算申报表】中获取。
- 相比上年预计数增幅较大的，须填写“专项说明”，否则无法上报。

(9)管理费用预算申报表。

功能说明：用于编制管理费用预算。

原型展示见图 7—30。

管理费用预算申报表

行次	指标明细项目或经营项目名称	对应的财务核算科目	ZB	上年年预计数	合计	一季度	二季度	三季度	四季度	变化幅度	专项说明（超出上年年预计发生数10%以上时）	备注
1	**管理费用合计**		**Y10**	-	-	-	-	-	-	0.00%		
2	**管理费用现金流出（不含职工薪酬现金流出）**		**Z10**		-	-	-	-	-	0.00%		
3	职工薪酬	管理费用\职工薪酬	Y1001	-	-	-	-	-	-	0.00%		
4		管理费用\职工薪酬\工资	Y100101	-	-	-	-	-	-	0.00%		
5		管理费用\职工薪酬\福利费	Y100102	-	-	-	-	-	-	0.00%		
6		管理费用\职工薪酬-统筹保险	Y100103	-	-	-	-	-	-	0.00%		
7		管理费用\职工薪酬-教育经费	Y100104	-	-	-	-	-	-	0.00%		
8		管理费用\职工薪酬-住房费用	Y100105	-	-	-	-	-	-	0.00%		
9	办公费	管理费用\办公费	Y1002		-					0.00%		
10	差旅费	管理费用\差旅费	Y1003		-					0.00%		
11	租赁费	管理费用\租赁费	Y1004		-					0.00%		
12	能源费用	管理费用\能源费用	Y1005		-					0.00%		
13	物耗费用	管理费用\物耗费用	Y1006		-					0.00%		
14	业务宣传费	管理费用\业务宣传费	Y1007		-					0.00%		
15	业务招待费	管理费用\业务招待费	Y1008		-					0.00%		
16	邮电通讯费	管理费用\邮电通讯费	Y1009		-					0.00%		
17	折旧费	管理费用\折旧费	Y1010		-					0.00%		
18	无形资产摊销	管理费用\无形资产摊销	Y1011		-					0.00%		
19	财产保险费	管理费用\财产保险费	Y1012		-					0.00%		
20	董事会费用	管理费用\董事会费用	Y1013		-					0.00%		
21	会务费	管理费用\会务费	Y1014		-					0.00%		
22	交通费	管理费用\交通费	Y1015		-					0.00%		
23	劳动保护费	管理费用\劳动保护费	Y1016		-					0.00%		
24	劳务费	管理费用\劳务费	Y1017		-					0.00%		
25	离退医药费	管理费用\离退医药费	Y1018		-					0.00%		
26	离退其他	管理费用\离退其他	Y1019		-					0.00%		
27	聘请中介机构费	管理费用\聘请中介机构费	Y1020		-					0.00%		
28	汽车费用	管理费用\汽车费用	Y1021		-					0.00%		
29	党建经费	管理费用\党建经费	Y1022		-					0.00%		
30	诉讼费	管理费用\诉讼费	Y1023		-					0.00%		
31	土地费用	管理费用\土地费用	Y1024		-					0.00%		
32	物业管理费	管理费用\物业管理费	Y1025		-					0.00%		
33	修理维保费	管理费用\修理维保费用	Y1026		-					0.00%		
34	其他	管理费用\其他	Y1099		-					0.00%		

图 7—30　管理费用预算

功能要求：

- “职工薪酬”从【人工成本预算申报表】中获取。
- 相比上年预计数增幅较大的，须填写“专项说明”，否则无法上报。

(10)财务费用预算申报表。

功能说明：用于编制财务费用预算。

原型展示见图 7—31。

财务费用预算申报表

行次	指标明细项目或经营项目名称	对应的财务核算科目	ZB	上年年预计数	合计	一季度	二季度	三季度	四季度	变化幅度	专项说明（超出上年年预计发生数10%以上时）	备注
1	**财务费用小计**		**Y11**	-	-	-	-	-	-	0.00%		
2	**财务费用现金流出（不含利息收入流入）**		**Z1101**		-	-	-	-	-	0.00%		
3	**利息收入现金流入**		**Z1102**		-	-	-	-	-	0.00%		
4	利息支出	财务费用\利息支出	Y1101		-					0.00%		
5	利息收入	财务费用\利息收入	Y1102		-					0.00%		
6	金融机构手续费	财务费用\手续费	Y1103		-					0.00%		
7	其他	财务费用\其他	Y1199		-					0.00%		

图 7—31　财务费用预算

功能要求：

● 相比上年预计数增幅较大的，须填写“专项说明”，否则无法上报。

(11)在建工程投资预算申报表。

功能说明：用于编制工程项目投资总体预算情况。

原型展示见图 7—32。

在建工程投资预算申报表

行次	ZB	项目名称	是否重点项目	项目预计投资总额	其中自有资金	开工年月	竣工年月	上年实际完成投资额	上年年末累计完成投资额	合计	其中：自有资金	对外借款	其他	一季度	二季度	三季度	四季度	备注
1	Y15	一、在建工程投资预算		-	-					-	-	-	-	-	-	-	-	核对无误
2	Y1501	(一)新开工项目：		-	-			-	-	-	-	-	-	-	-	-	-	核对无误
3	Y150101	1、								-								核对无误
4	Y150101	2、								-								核对无误
5	Y150101	3、								-								核对无误
6	Y150101	4、								-								核对无误
7	Y150101	……								-								核对无误
8	Y1502	(二) 续建项目：		-	-			-	-	-	-	-	-	-	-	-	-	核对无误
9	Y150201	1、								-								核对无误
10	Y150201	2、								-								核对无误
11	Y150201	3、								-								核对无误
12	Y150201	4、								-								核对无误
13	Y150201	……								-								核对无误
14	Z1501	在建工程投资现金流出								-								
15	Z1502	资本化利息支出现金流出								-								

图 7—32　在建工程投资预算

(12)固定资产及无形资产投资预算申报表。

功能说明：用于编制固定资产、无形资产、生物资产投资总体预算情况。

原型展示见图 7—33。

固定资产及无形资产投资预算申报表

行次	ZB	预算指标名称	项目预计投资总额	其中自有资金	上年实际完成投资额	合计	其他：自有资金	对外借款	其他	一季度	二季度	三季度	四季度	备注
1	Y16	一、固定资产购置预算	-	-	-	-	-	-	-	-	-	-	-	
2	Y1601	(一) 房屋、建筑物购置预算	-	-		-	-	-	-	-	-	-	-	
3	Y160101	1、				-								
4	Y160101	2、				-								
5	Y160101	3、				-								
6	Y1602	(二) 电脑等办公设备购置预算	-	-		-	-	-	-	-	-	-	-	
7	Y160201	1、				-								
8	Y160201	2、				-								
9	Y160201	3、				-								
10	Y160201					-								
11	Y1603	(三) 车辆购置预算	-	-		-	-	-	-	-	-	-	-	
12	Y160301	1、				-								
13	Y160301	2、				-								
14	Y160301	3、				-								
15	Y1604	(四) 其他（请列明其他项明细）	-	-		-	-	-	-	-	-	-	-	
16	Y160401	1、				-								
17	Y160401	2、				-								
18	Y160401	3、				-								
19	Y17	二、生物性资产	-	-		-	-	-	-	-	-	-	-	
20	Y1701	1、				-								
21	Y1701	2、				-								
22	Y1701	3、				-								
23	Y18	三、无形资产购置预算	-	-		-	-	-	-	-	-	-	-	
24	Y1801	1、				-								
25	Y1802	2、				-								
26	Y1803	3、				-								
27		合　计	-	-	-	-	-	-	-	-	-	-	-	
28	Z16	固定资产购置现金流出				-								
29	Z17	生物性资产购置现金流出				-								
30	Z18	无形资产购置现金流出				-								

图 7—33　固定资产及无形资产投资预算

(13)股权投资预算表。

功能说明：用于编制股权投资预算。

原型展示见图 7—34。

股权投资预算表

序号	ZB	项目	投资主体	方式	投资类别	被投资企业所属行业	是否主业投资	上年末已完成投资额	合计	一季度	二季度	三季度	四季度	年末预计累计投资额	年初持股比例(%)	年末预计持股比例(%)	预计当年投资收益	投资说明
1	Y2101	一、对合并范围外企业投资						-	-	-	-	-	-				-	—
2	Y210101	1、							-									
3	Y210101	2、							-									
4	Y210101	3、							-		-							
5	Y210101	4、							-									
6	Y210101	5、							-									
7	Y2102	二、对合并范围内企业投资						-	-	-	-	-	-				-	—
8	Y210201	1、							-									
9	Y210201	2、							-									
10	Y210201	3、							-									
11	Y210201	4、							-									
12	Y210201	5、							-									
13	Y210201	6、							-									
14	Y210201	7、							-									
15	Z21	股权投资现金流出							-									

图 7—34　股权投资预算

功能要求:

- 手工填写股权投资项目,并填写该项目的情况。

(14)其他收入预算申报表。

功能说明:用于编制其他业务收入、资产处置收益、其他收益、营业外收入预算。

原型展示见图 7—35。

其他收入预算申报表

行次	预算指标类型	ZB	指标明细项目或经营项目名称	上年年预计数	合计	一季度	二季度	三季度	四季度	备注
1	其他收入合计			-	-	-	-	-	-	
3	现金流入合计				-	-	-	-	-	
4	其他业务收入现金流入	Z24			-					
5	资产处置现金流入	Z25			-					
6	其他收益现金流入	Z26			-					
7	营业外收入现金流入	Z27			-					
8	一、其他业务收入(其中项请自行填报)	Y24		-	-	-	-	-	-	
9	其中:租赁收入	Y2401			-					
10	物业收入	Y2402			-					
11	停车费收入	Y2403			-					
12	服务费收入	Y2404			-					
13	仓储收入	Y2405			-					
14	中转收入	Y2406			-					
15	劳务收入	Y2407			-					
16	存货收入	Y2408			-					
17	其他收入	Y2499			-					
18	二、资产处置收益(损失以“-”号表示	Y25		-	-	-	-	-	-	
19	(一)持有待售非流动资产处置利得或损失	Y2501			-					
20	(二)无形资产处置收益利得或损失	Y2502			-					
21	(三)债务重组中处置非流动资产利得或损失	Y2503			-					
22	(四)非货币性资产交换中换出非流动资产利得或损失	Y2504			-					
23	(五)未划分为持有待售的非流动资产处置利得或损失	Y2505			-					
24	三、其他收益	Y26			-					
25	四、营业外收入	Y27		-	-	-	-	-	-	
26	(一)债务重组利得(不含在债务重组中的处置非流动资产利得)	Y2701			-					
27	(二)盘盈利得	Y2702			-					
28	(三)捐赠利得	Y2703			-					
29	(四)与日常经营无关的政府补助	Y2704			-					
30	(五)其他(需自行填写明细)	Y2799		-	-	-	-	-	-	
31	1、	Y279901			-					
32	2、	Y279901			-					
33	3、	Y279901			-					

图 7—35　其他收入预算

功能要求:

- 手工填写每项业务预计发生情况,其中,“营业外收入——其他”科目自行列示明细进行填写。

(15)对外捐赠支出预算申报表。

功能说明:用于编制对外捐赠情况。

原型展示见图 7—36。

对外捐赠支出预算申报表

序号	捐赠单位	ZB	受赠对象	捐赠性质	是否为经常性项目	上年预计数	本年预算数	一季度	二季度	三季度	四季度	备注
1	合计	Y35	—	—	—	-	-	-	-	-	-	—
3		Y3501					-					
4		Y3501					-					
5		Y3501					-					
6		Y3501					-					
7		Y3501					-					
8		Y3501					-					
9		Y3501					-					
10		Y3501					-					
11		Y3501					-					
12		Y3501					-					

图 7—36　对外捐赠支出预算

功能要求:

● 对接受捐助对象进行填写。

(16)融资预算申报表。

功能说明:用于编制融资预算。

原型展示见图 7—37。

融资预算申报表

行次	ZB	预算指标类型	融资说明	年利率	上年年初数	上年年末数	本年预算增加数	本年预算减少数	年末预算数	筹资费用	备注
1	Y3001	一、短期借款			-	-	-	-	-	-	
3	Y300101	其中:银行借款			-	-	-	-	-	-	
4	Y30010101		(1)　　银行								
5	Y30010101		(2)　　银行								
6	Y30010101		(3)　　银行								
7	Y30010101		(4)　　银行								
8	Y30010101		(5)　　银行								
9	Y300102	其中:非银行金融机构借款			-	-	-	-	-	-	
10	Y30010201		(1)								
11	Y30010201		(2)								
12	Y3002	二、长期借款			-	-	-	-	-	-	
13	Y300201	其中:银行借款			-	-	-	-	-	-	
14	Y30020101		(1)　　银行								
15	Y30020101		(2)　　银行								
16	Y30020101		(3)　　银行								
17	Y300202	其中:非银行金融机构借款									
18	Y3003	三、应付债券									
19	Y3004	四、融资租赁									
20	Y3005	五、其他带息非流动负债									
21	Y3006	六、股权筹资									
22	Y300601	其中:股票筹资									
23	Y300699										
24	Y3007	七、其他筹资(需自行填写明细)			-	-	-	-	-	-	
25	Y300701		(1)								
26	Y300701		(2)								
27	Y30	合　计			-	-	-	-	-	-	
28	Z3001	股权融资现金流入									
29	Z3002	外部债权融资现金流入									
30	Z3003	内部债权融资现金流入									

图 7—37　融资预算

功能要求:

● 按照融资项目进行填写,可在“融资说明”中列示具体的融资渠道。

(17)提供担保情况预算申报表。

功能说明:用于编制公司对外担保情况。

原型展示见图 7—38。

提供担保情况预算申报表

序号	ZB	担保单位	标志	担保对象					担保方式	担保种类	反担保措施	上年末担保金额	本年预算增加数	本年预算减少数	本年末预算数	是否按股权比例担保	备注
				名称	企业性质	是否为上市公司	贷款用途	资产负债率(%)									
1	Y31	合计	Y									-	-	-	-		
2	Y3101	一、集团内	Y									-	-	-	-		
3	Y310101		Y												-		
4	Y310101		Y												-		
5	Y3102	二、集团外	Y									-	-	-	-		
6	Y310201		Y												-		
7	Y310201		Y												-		

图 7—38　提供担保情况预算

功能要求:

● 按担保对象进行编制。

2. 预算汇总

由于在对预算进行编制时,各单位及部门的数据随时都会发生变化,因此作为各级预算管理部门及公司的相关领导,对下级单位、部门数据的填写情况,需要及时跟进、了解,同时需要支持在约定时间各级填报单位无法随意修改数据。因为我们认为预算系统需要做到:

(1)预算编制控制。

功能说明:控制各个公司和部门能否对指定功能内的预算表格数据进行修改。

原型展示见图 7—39。

查询(X)　编辑　保存　取消　锁定　解锁　|　刷新

上级公司:新农集团(合并)

	组织编码	组织	单据状态	锁定按钮	控制功能	维护人	维护时间
1	01	南京新农发展集团有…	正常		年度预算编制,年度预算财务报表	ADMIN	2020.03.02 23:01:20
2	010000	南京新农发展集团有…	锁定		年度预算编制,年度预算财务报表	ADMIN	2020.03.02 23:01:34
3	0100…	财务抵消	锁定		年度预算编制,年度预算财务报表	ADMIN	2020.03.02 23:01:34
4	010100	南京新农发展集团有…	锁定		年度预算编制,年度预算财务报表	ADMIN	2020.03.02 23:01:34
5	0101…	集团高管	锁定		年度预算编制,年度预算财务报表	ADMIN	2020.03.02 23:01:34
6	0101…	综合办公室	锁定		年度预算编制,年度预算财务报表	ADMIN	2020.03.02 23:01:34
7	0101…	党群人事部	锁定		年度预算编制,年度预算财务报表	ADMIN	2020.03.02 23:01:34
8	0101…	计划财务部	锁定		年度预算编制,年度预算财务报表	ADMIN	2020.03.02 23:01:34

图 7—39　预算编制控制

(2)预算编制汇总。

功能要求:能够对预算编制的数据进行实时汇总,同时还需要结果编制数据,进行多维度的数据展示,方便各级预算管理部门及各级公司领导查看本级企业内的预算编制情况。

以下仅以主营业务收入预算汇总为例。

①主营业务收入预算汇总。

功能说明:用于按收入类型汇总各公司的预算编制数据(见图 7—40)。

图 7—40 收入预算汇总

②主营业务收入预算汇总——自产(公司)。

功能说明:用于汇总展示自产产品在每家公司的预算编制情况(见图 7—41)。

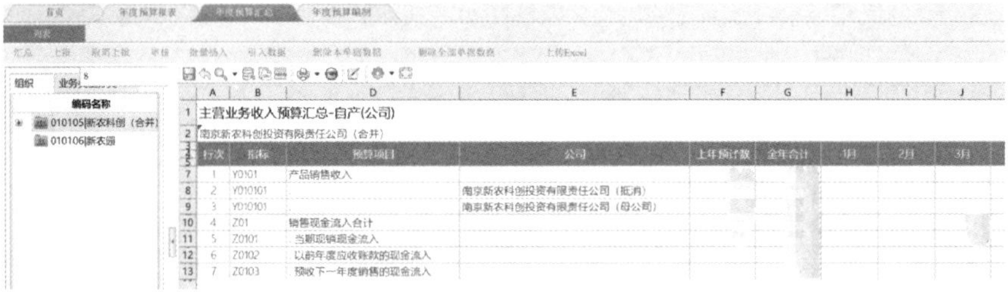

图 7—41 自产(公司)收入预算汇总

③主营业务收入预算汇总——自产(产品)。

功能说明:用于汇总展示每一个自产产品在每家公司的预算编制情况(见图 7—42)。

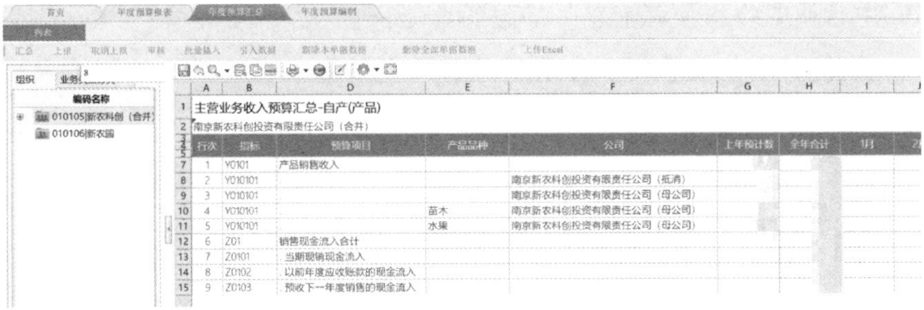

图 7—42　自产(产品)收入预算汇总

④主营业务收入预算汇总——外购(公司)。

功能说明:用于汇总展示外购产品在每家公司的预算编制总额(见图 7—43)。

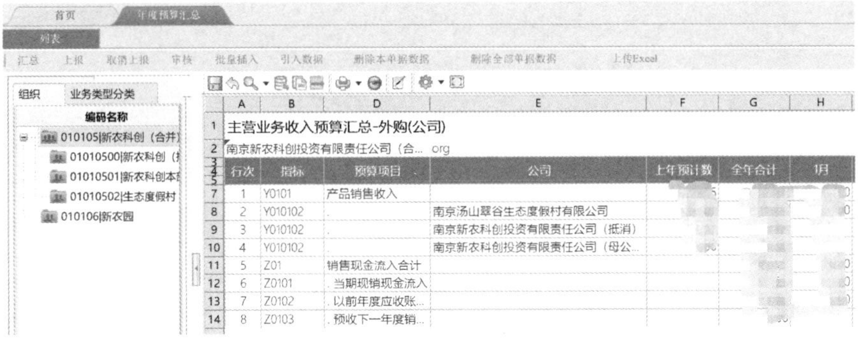

图 7—43　外购(公司)收入预算汇总

⑤主营业务收入预算汇总——外购(产品)。

功能说明:用于汇总展示每一个外购产品在每家公司的预算编制情况(见图 7—44)。

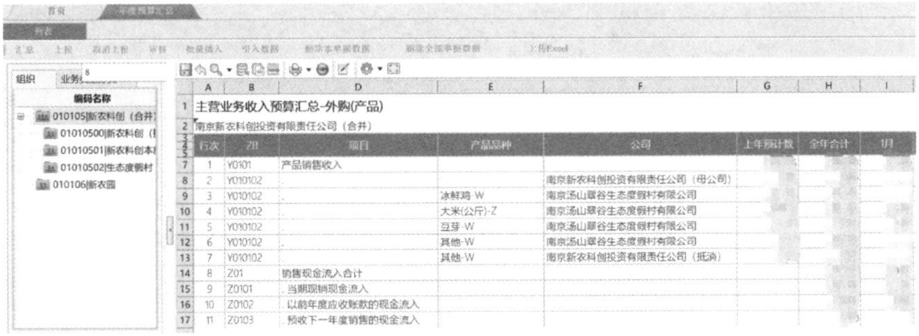

图 7—44　外购(产品)收入预算汇总

⑥主营业务收入预算汇总——服务类(公司)。

功能说明:用于汇总展示各项服务收入在每家公司的预算编制情况(见图7—45)。

图7—45　服务类(公司)收入预算汇总

其他预算编制数据的汇总不再详细列示。

3. 预算报表

(1)资金预算申报表。

功能说明:用于单体公司编制本公司的年度资金预算报表。

原型展示见图7—46。

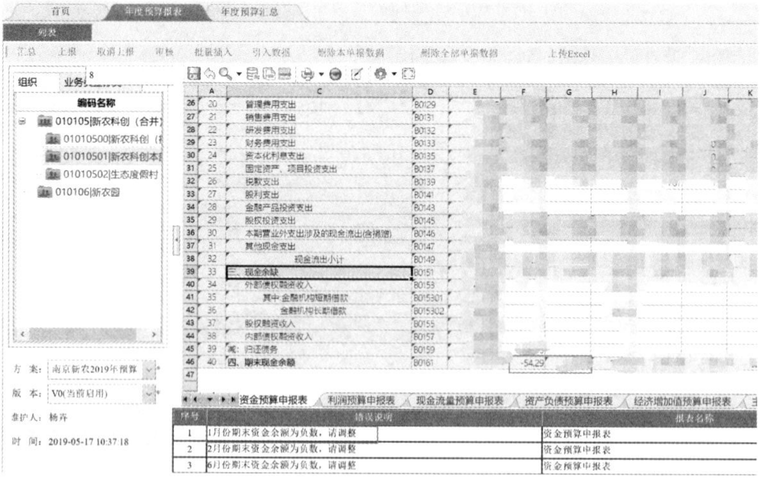

图7—46　资金预算申报

功能要求：

● 当期末现金余额出现负值时，系统需提示“X 月份期末资金余额为负数，请调整”。

（2）利润预算申报表。

功能说明：用于单体公司编制本公司的年度利润预算报表。

原型展示见图 7—47。

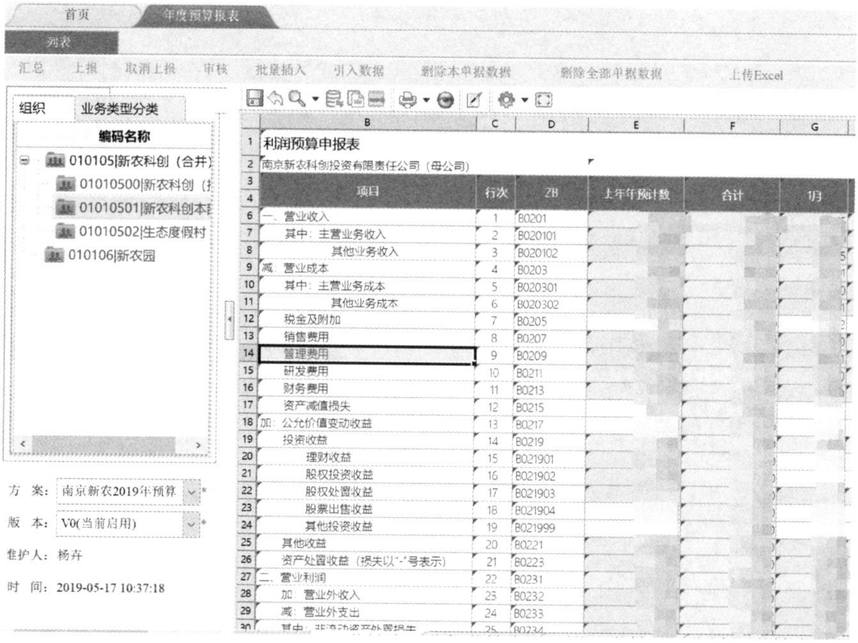

图 7—47　利润表预算申报

（3）现金流量预算申报表。

功能说明：用于单体公司编制本公司的年度现金流量预算报表。

原型展示见图 7—48。

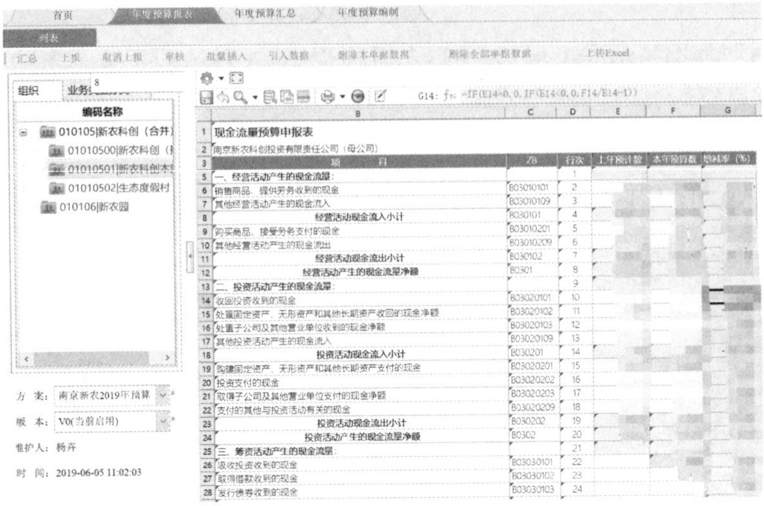

图 7—48　现金流量表预算申报

功能要求：

● 当期末现金余额出现负值时，系统需提示“第 X 行期末现金及现金等价物余额为负数，请调整”。

(4)资产负债预算申报表。

功能说明：用于单体公司编制本公司的年度资产负债预算报表，其中，白色数据区域需要手工填写。

原型展示见图 7—49。

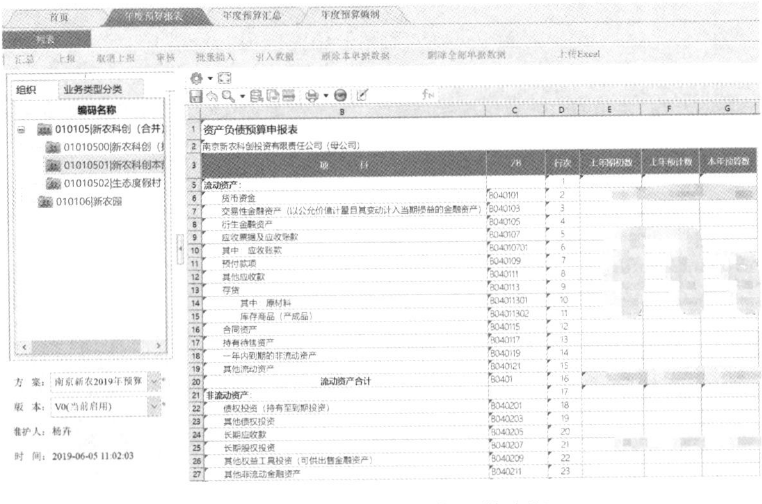

图 7—49　资产负债表预算申报

功能要求：

● 当资产总计与负债和所有者权益合计不相等时，系统需提示“X 列资产总计与负债和所有者权益合计不相等，请检查”。

(5)主要预算指标分析表。

功能说明：用于单体公司汇总计算本单位的各项指标编制情况。

原型展示见图 7—50。

图 7—50　主要预算指标

五、预算合并

(一)系统功能

1. 应用场景

满足集团企业管控需求并实现企业既定的战略目标，编制合并预算报表，以此来规划、监控集团企业整体战略目标的实现。

2. 功能特征

(1)支持内部采购、内部付款、内部借贷、内部股权购置等关联交易事项的预算合并处理；

(2)系统功能包括合并组织设置、关联交易编制、抵消凭证处理、抵消差异报表生成、合并报表汇总等合并处理功能；

(3)抵消差异表由子公司关联交易预算表汇总形成，合并组织生成包括抵消汇总表和分部门汇总表(见图 7—51 和图 7—52)。

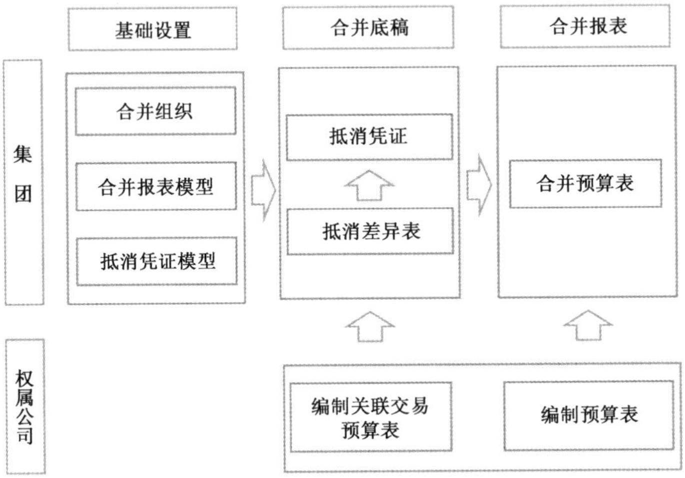

图 7—51　预算合并逻辑

图 7—52　预算合并抵消报表

(二)解决方案示例

1. 抵消数据的编制

对于如何编制预算抵消数，没有一个准确的方法，但建议预算只是一个预测数，应适当予以简化，如有发生，使用方法同【预算编制】，即通过在虚拟抵消组织填写抵消数,生成抵消报表,参与到合并报表计算中(见图 7—53)。

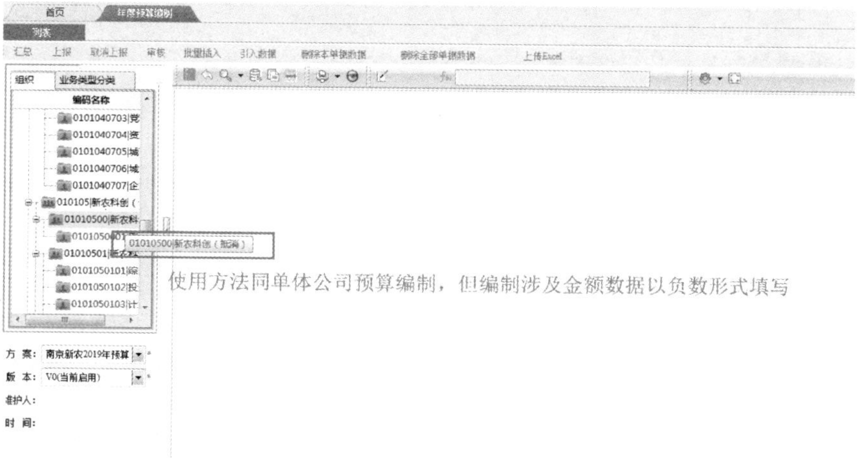

图 7—53 预算合并抵消数据

2. 资金预算合并表

功能说明:用于集团汇总本集团内的资金预算合并。

原型展示见图 7—54。

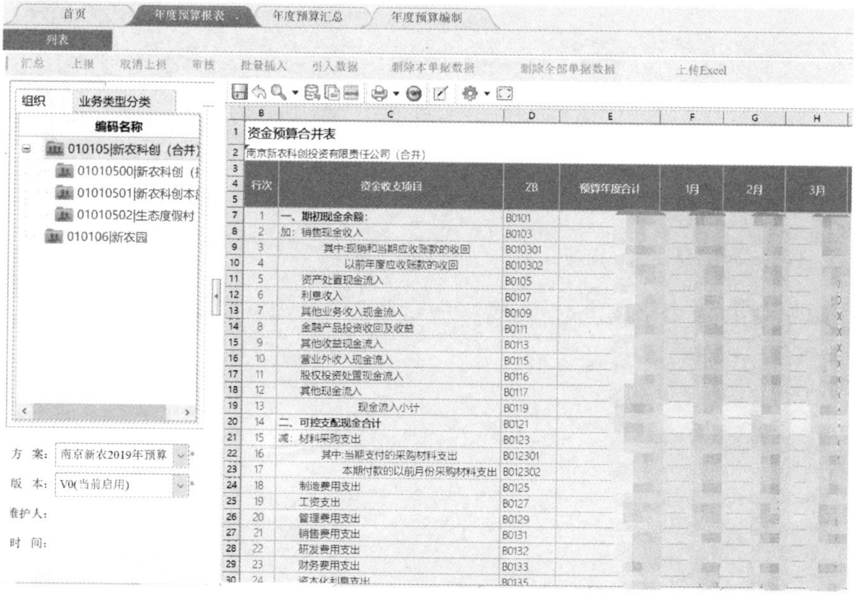

图 7—54 资金预算合并表

功能要求：

● 当合并中期末现金余额出现负值时，系统需提示“X 月份期末资金余额为负数，请调整”。

3. 利润预算合并表

功能说明：用于集团汇总本集团内年度利润预算合并。

原型展示见图 7—55。

图 7—55 利润预算合并表

4. 现金流量预算合并表

功能说明：用于集团汇总本集团年度现金流量预算合并。

原型展示见图 7—56。

图 7—56　现金流量预算合并表

功能要求:

● 当合并中期末现金余额出现负值时,系统需提示“第 X 行期末现金及现金等价物余额为负数,请调整”。

5. 资产负债预算合并表。

功能说明:用于集团汇总本集团年度资产负债预算合并。

原型展示见图 7—57。

图 7—57　资产负债预算合并表

功能要求：

● 当合并中资产总计与负债和所有者权益合计不相等时，系统需提示“X 列资产总计与负债和所有者权益合计不相等，请检查”。

6. 主要预算指标分析表

功能说明：用于集团公司汇总计算本单位各项指标编制情况。

原型展示见图 7—58。

图 7—58 主要预算指标汇总表

7. 年度预算编制结果

功能说明：用于将本单位的预算编制结果与上级单位制定的预算编制目标进行对比校验，以便检验本单位的预算编制结果是否满足上级要求。

原型展示见图 7—59。

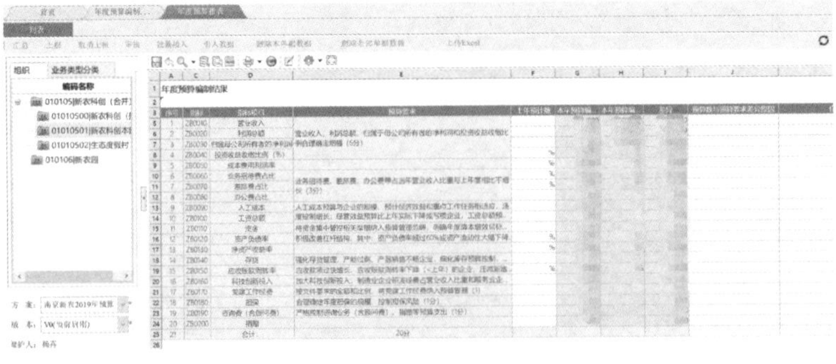

图 7—59 年度预算编制结果

功能要求：

● 由财务部门牵头，根据预算编制结果进行说明，特别是对有差异的部分进行重点说明。

六、预算调整

1. 应用场景

为应对重大环境变化对预算产生的影响，需建立预算调整机制。预算调整分为年度预算调整和经常性预算调整(见图 7—60)。

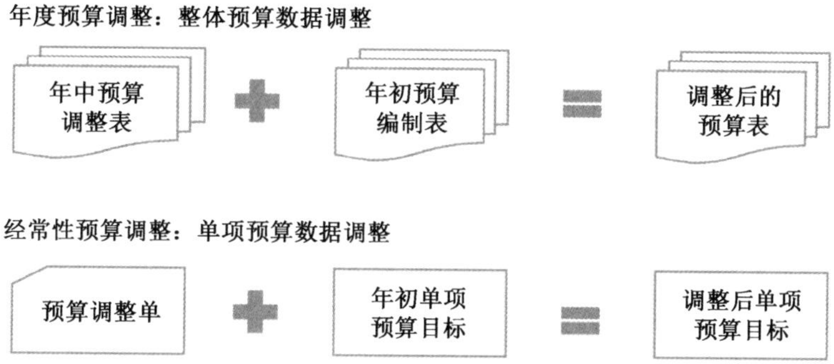

图 7—60　预算调整

(1)年度预算调整。

①预算调整数录入。预算调整数录入以差额的形式进行调整，即按照年度预算编制结果需要调增或调减多少，即填写多少。

②预算调整数汇总。能够对预算调整数据进行实时汇总，同时还需要结果编制数据，进行多维度的数据展示，方便各级预算管理部门及各级公司领导查看本级企业内的预算调整情况。

应用效果同【四、预算编制】。

③预算调整报表。能够根据预算调整的差额数据实时生成差额报表，方便各级预算管理部门及各级公司领导查看本级企业内的预算调整情况。

应用效果同【四、预算编制】【五、预算合并】。

④预算调整后汇总。能够对预算调整前的数据进行实时汇总。

应用效果同【四、预算编制】。

⑤预算调整后生成的报表。能够根据预算调整前的报表及调整的差额报表实时生成调整后的报表。

应用效果同【四、预算编制】【五、预算合并】。

(2)预算应急调整。

①预算期间间调整(见图 7—61)。

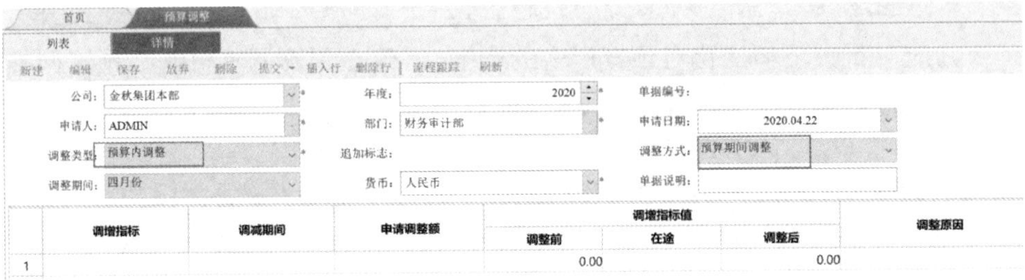

图 7—61 预算期间间调整

②预算科目间调整(见图 7—62)。

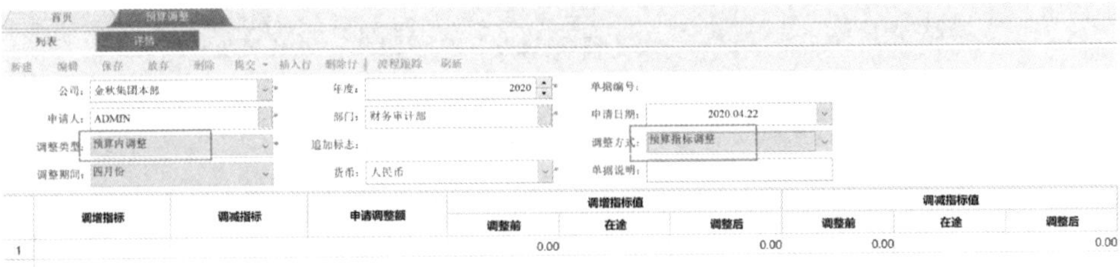

图 7—62 预算科目间调整

③预算外追加(见图 7—63)。

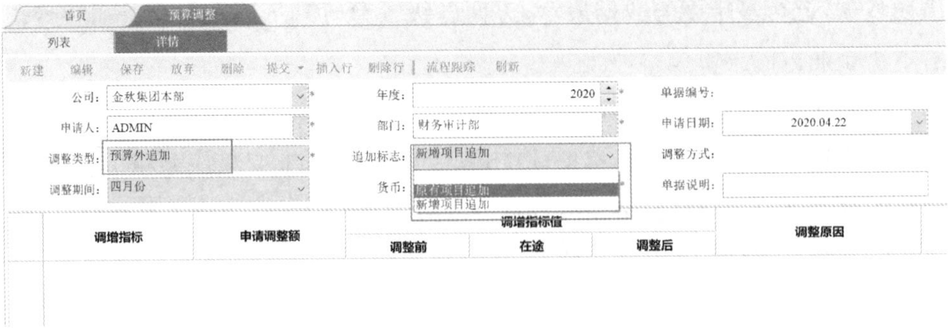

图 7—63 预算追加

④预算准备调拨(见图7—64)。

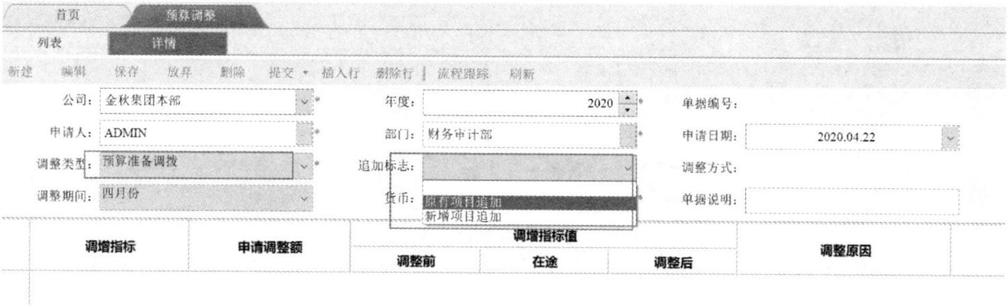

图7—64　预算准备调拨

2. 功能特征

(1)年度预算调整通过预算调整表方式实现;

(2)经常性预算调整通过预算调整单方式实现。

七、控制政策

控制政策是在确定预算控制范围和方法后对预算执行的具体业务事项采取不同的预算控制手段和方式,主要包括控制节点、控制方式、控制属性、柔性幅度。集团性企业集团应提供标准预算控制政策,支持各下属单位根据自身的管理需求调整预算控制方式。同时,通过控制政策应确定多种预算控制方法,加强预算总额控制,包括控制主体、控制依据、控制目标、控制方式、控制强度等(见图7—65)。

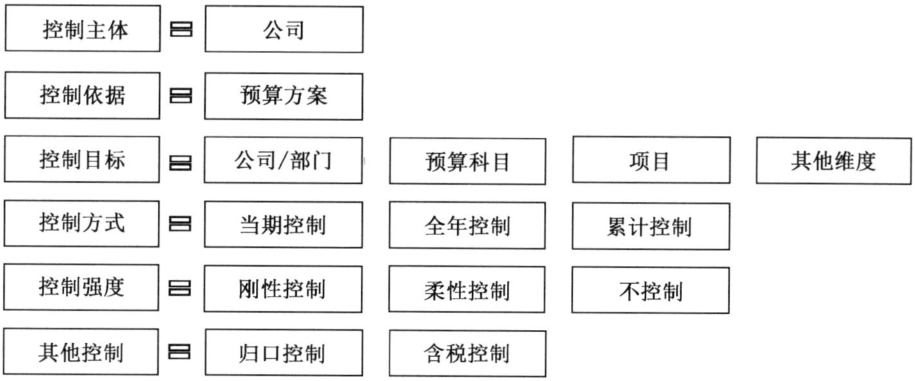

图7—65　预算控制政策

原型展示见图 7—66。

首页　控制政策

列表　详情

编辑　插入行　删除行　保存　取消 | 数据复制

公司：集团本部 *　年度：2020 *　执行预算方案：2020年预算 *

类别：预算控制政策 *　控制依据：年度预算 *　启用：☐

	部门	指标	控制节点	分权金额	额度指标		控制方式	控制幅度	控制强度
					关系	额度指标			
1		福利费	先申请后报销		本指标	福利费	累计控制	0.00%	刚性
2		差旅费用	先申请后报销		本指标	差旅费用	累计控制	0.00%	刚性
3		业务招待费	先申请后报销		本指标	业务招待费	当期控制	0.00%	刚性
4		办公费	先申请后报销		上级指标	办公费用	累计控制	0.00%	刚性
5		电话费	实报实销		上级指标	办公费用	全年控制	0.00%	刚性
6		邮寄费	实报实销		上级指标	办公费用	全年控制	0.00%	刚性
7		书报资料费	实报实销		上级指标	办公费用	全年控制	0.00%	刚性
8		水电能源费	实报实销		本指标	水电能源费	全年控制	0.00%	柔性
9		维修费	先申请后报销		本指标	维修费	累计控制	0.00%	刚性
10		咨询审计诉讼费	先申请后报销		本指标	咨询审计诉讼费	全年控制	0.00%	刚性
11		广告宣传费	先申请后报销		本指标	广告宣传费	全年控制	0.00%	柔性
12		汽车费用	实报实销		本指标	汽车费用	累计控制	0.00%	刚性
13		交通费	实报实销		本指标	交通费	累计控制	0.00%	刚性

图 7—66　控制政策设置

八、预算台账

1. 应用场景

预算台账应反映预算执行情况，为预算管理者提供即时的预算执行情况数据（见图 7—67）。

首页　预算台账查询

列表

查询(X) | 刷新

公司：农村商业银行 *　承担部门：办公室,计划财务部,人力资源部,业　预算科目：

显示维度：承担部门　期间类型：月份　年度：2020

季度：　月份：　数据为零不显示：☑

查询类型：

	承担部门，预算科目	预算数	调整数	预算占用数	核销数	期末剩余预算
1	⊞ 行长室	28,327,330.00	0.00	27,000.00	516.00	28,299,814.00
13	⊞ 计划财务部	0.00	0.00	3,067.00	0.00	-3,067.00
15	⊟ 人力资源部	16,993,200.00	0.00	1,300.00	1,865,200.00	15,126,700.00
16	业务宣传费	0.00	0.00	0.00	42,000.00	-42,000.00
17	业务招待费	20,000.00	0.00	500.00	4,000.00	15,500.00
18	咨询费	700,000.00	0.00	0.00	0.00	700,000.00
19	差旅费	120,000.00	0.00	0.00	0.00	120,000.00
20	职工工资	12,660,000.00	0.00	0.00	1,020,000.00	11,640,000.00
21	职工福利费	600,000.00	0.00	0.00	18,000.00	582,000.00
22	职工教育经费	253,200.00	0.00	800.00	1,200.00	251,200.00
23	工会经费	960,000.00	0.00	0.00	0.00	960,000.00
24	基本养老保险金	480,000.00	0.00	0.00	0.00	480,000.00
25	劳务支出	1,200,000.00	0.00	0.00	780,000.00	420,000.00
26	⊞ 办公室	29,880,000.00	0.00	0.00	0.00	29,880,000.00

图 7—67　预算执行台账

2. 功能特征

(1)根据控制政策建立内部逻辑,可直观地查看预算目标额、预算占用额、预算核销额、预算调整额、预算余额等信息;

(2)预算台账包括预算汇总台账和预算明细台账,并支持按控制维度自定义专项预算台账;

(3)支持从汇总账向明细账、明细账向执行单据的穿透查询。

九、预算分析

1. 月度会计报表录入

功能说明:预留用于各单体公司、集团将本单位的实际报表数据导入或手工录入,包括利润表、现金流量表、资产负债表。预算实际执行的数据信息,用于预算分析相关报表直接取数使用。

2. 单户企业填写

功能说明:用于填写或展示与预算执行相关的数据,具体见表7—2。

表7—2　　预算分析目录(单户)

序　号	名　　称
1	主要指标情况
2	资金使用情况
3	融资执行情况
4	人工成本预算执行情况
5	在建工程投资执行情况
6	固定资产投资执行情况
7	股权投资执行情况

3. 企业合并汇总

功能说明:用于汇总展示预算执行的相关数据,具体见表7—3。

表7—3　　预算分析目录(合并)

序　号	名　称
1	主要指标情况

续表

序 号	名 称
2	资金使用情况
3	营业收入预算执行情况
4	管理费用预算执行情况
5	销售费用预算执行情况
6	财务费用预算执行情况
7	融资执行情况
8	人工成本预算执行情况
9	在建工程投资执行情况
10	固定资产投资执行情况
11	股权投资执行情况

4. 分析报告生成

功能说明：根据分析报表数据，填入分析报告模板，生成各企业的 Word 版或者 PPT 版分析报告。

十、预算考核

1. 术语解释

(1)预算考核类型。预算考核从预算管理、预算偏差和预算执行考核三个方面进行考核。

- 预算管理考核：用于对预算责任主体的预算管理工作完成进度和完成质量进行考核，多为定性考核；
- 预算偏差考核：用于对预算责任主体的预算目标执行偏差率进行考核，多为定量考核；
- 预算执行考核：用于对预算责任主体的预算目标执行完成率进行考核，多为定量考核。

(2)预算考核维度。预算考核维度指预算考核对象的类型。系统支持公司考核和部门考核两类考核维度。

- 公司考核是集团公司对下属分子公司开展的预算考核；

● 部门考核是公司对内部各部门开展的预算考核。

(3)考评周期。考评周期指预算考核的频次,系统支持以年度、半年度、季度、月度为周期开展预算考核。

2. 预算考核操作流程(见图 7—68)

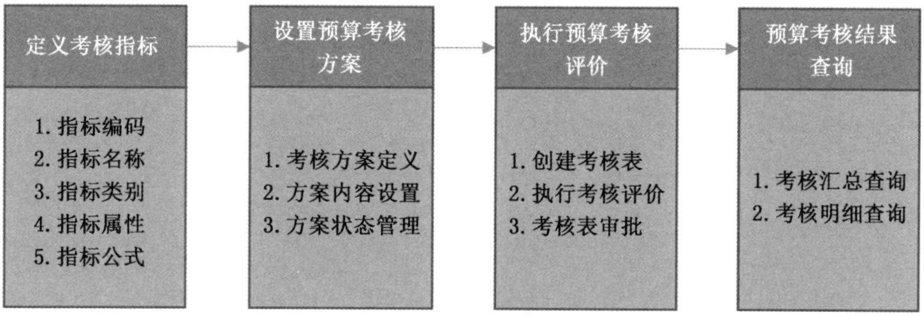

图 7—68　预算考核流程

3. 预算考核指标管理

功能介绍:用于新建考核指标及对应的取值公式,以及包括对预算考核指标进行查询、编辑、删除等操作处理。

原型展示见图 7—69。

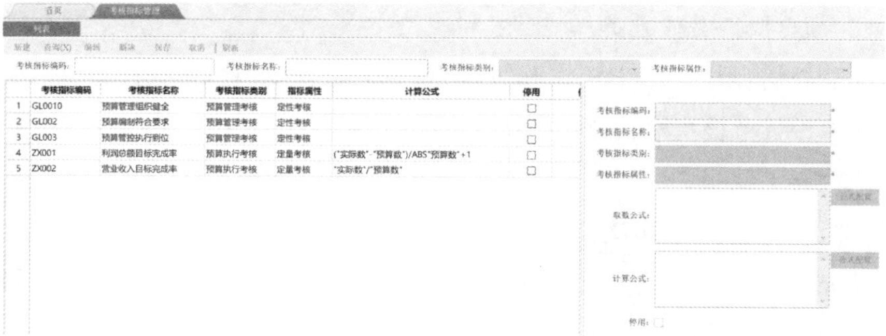

图 7—69　创建考核指标

4. 预算考核方案管理

(1)预算管理考核方案。

功能介绍:创建预算管理考核方案,并对考核方案内容进行设置,包括针对考核对象设置考核指标、标准分值、执考部门、评价标准及分档系数等内容。

原型展示见图 7—70。

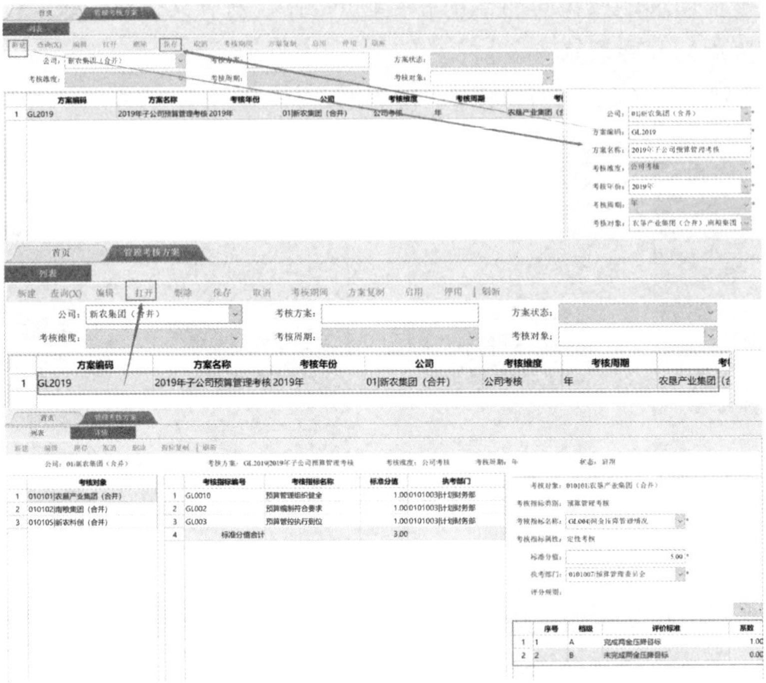

图 7—70　创建预算管理考核方案

(2)预算执行考核方案。

功能介绍:创建预算执行考核方案,并对考核方案内容进行设置,包括针对考核对象设置考核指标、标准分值、执考部门、评价标准及分档系数等内容。

原型展示见图 7—71。

(3)预算偏差考核方案。

功能介绍:创建预算偏差考核方案,并对考核方案内容进行设置,包括针对考核对象设置考核指标、标准分值、执考部门、评价标准及分档系数等内容。

原型展示见图 7—72。

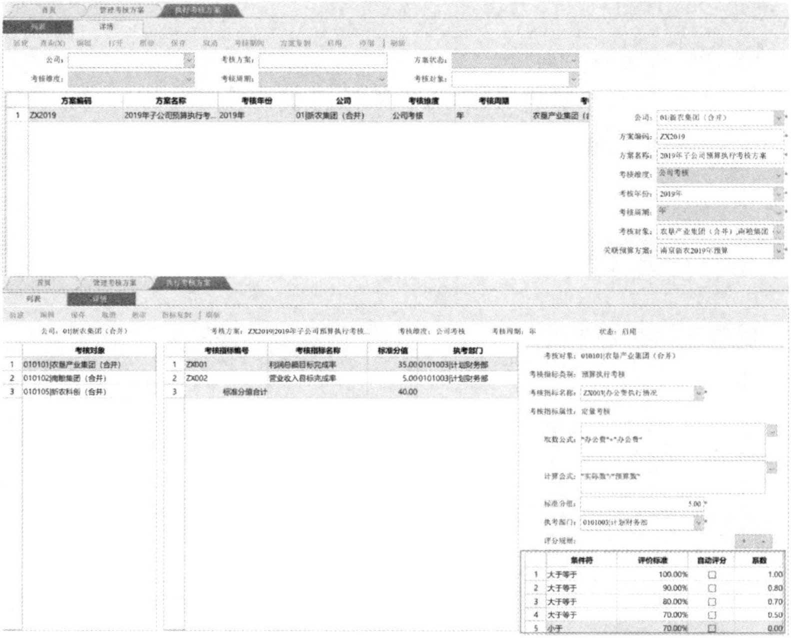

图 7—71　创建预算执行考核方案

图 7—72　创建预算偏差考核方案

5. 预算考核评价

(1)管理考核评价。

功能介绍:创建预算管理考核表,下发给各被考核单位进行自评价,对各被考核单位自评价结果进行审核并再打分。

原型展示见图 7—73 和图 7—74。

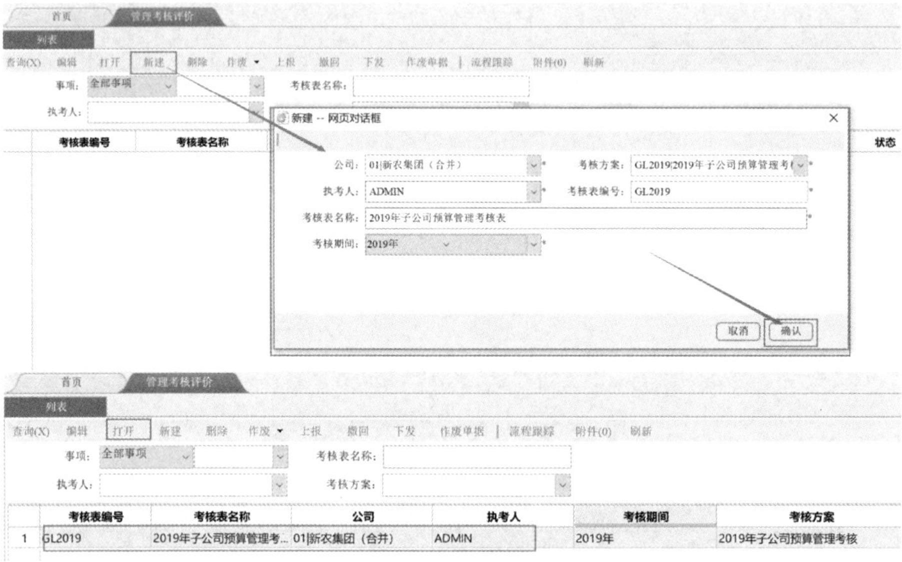

图 7—73 创建考核表

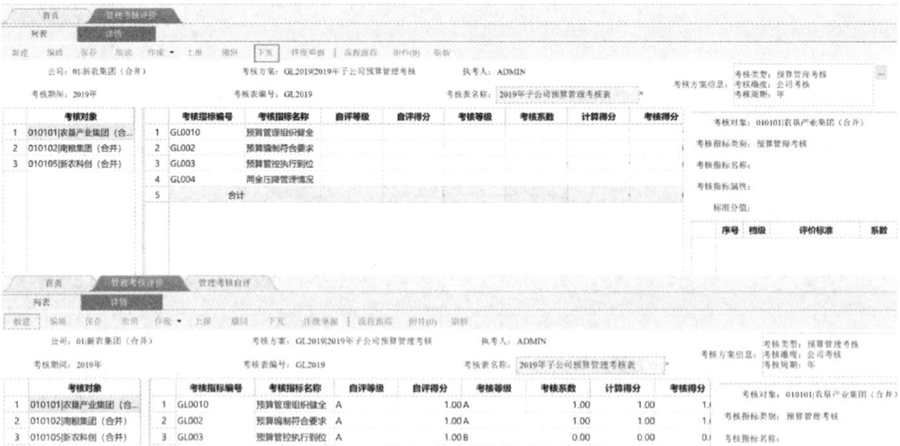

图 7—74 选择考核方案

(2)管理考核自评。

功能介绍:对上级单位下发给被考核单位的考核方案进行自评价。

原型展示见图 7—75。

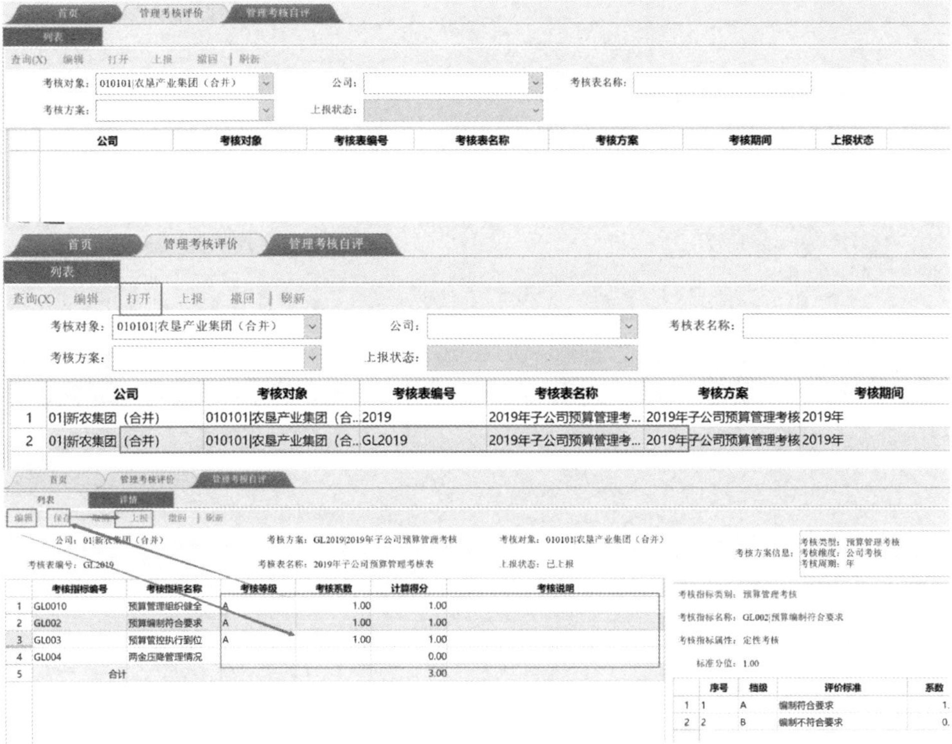

图 7—75　考核自我评价

(3)执行考核评价。

功能介绍:由考核单位根据考核方案自动抽取预算数、执行数,并按照考核方案设计的考核标准及分析,进行自动打分计算,考核单位可对自动计算结果进行手工修正。

原型展示见图 7—76。

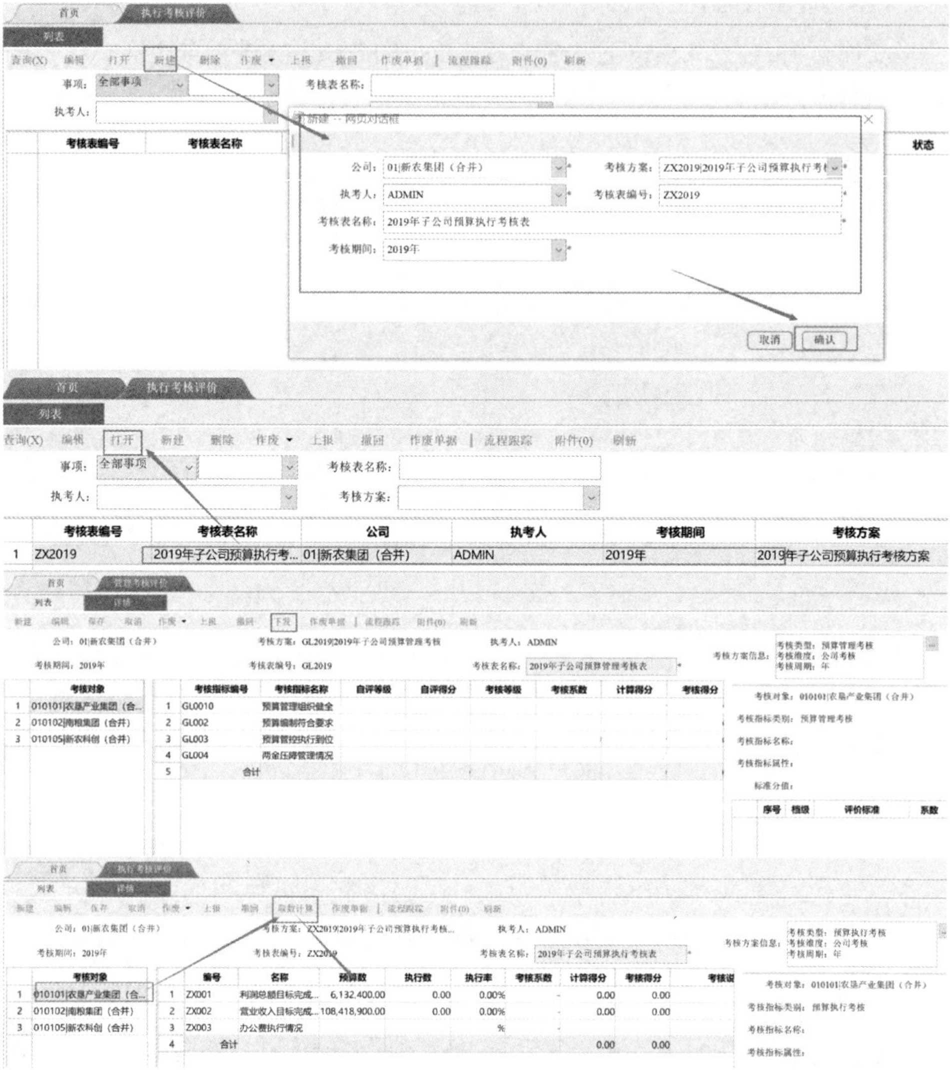

图 7—76 执行系统考核评价

(4)偏差考核评价。

功能介绍：由考核单位根据考核方案自动抽取预算数、执行数，并按照考核方案设计的考核标准及分析进行自动打分计算，考核单位可对自动计算结果进行手工修正。

6. 预算考核表审批

功能介绍:考核审批人对执考部门编报的考核表进行查看和审批。

原型展示见图 7—77。

	公司	考核表类型	考核表编号	考核表名称	考核方案	考核期间	执考人	考核周期
1	01|新农集团(合并)	预算管理考核	GL2019	2019年子公司预算管理考...	GL2019|2019年子公司预算管理考核	2019年	ADMIN	年

	考核对象	考核指标	考核指档级	考核系数	计算得分	考核得分	考核说明
1		GL0010|预算管理组织健全	A	1	1.00	1.00	
2	010101|农垦产业集团(合并)	GL002|预算编制符合要求	A	1	1.00	1.00	
3		GL003|预算管控执行到位	B	-	0.00	0.00	
4	小计				2.00	2.00	
5		GL0010|预算管理组织健全	A	1	1.00	1.00	
6	010102|南粮集团(合并)	GL002|预算编制符合要求	B	-	0.00	0.00	
7		GL003|预算管控执行到位	B	-	0.00	0.00	
8	小计				1.00	1.00	
9		GL0010|预算管理组织健全	B	-	0.00	0.00	
10	010105|新农科创(合井)	GL002|预算编制符合要求	A	1	1.00	1.00	
11		GL003|预算管控执行到位	B	-	0.00	0.00	
12	小计				1.00	1.00	

图 7—77　考核评价表审批

7. 考核结果查询

(1)考核汇总查询。

功能介绍:根据公司、考核方案、考核期间等条件过滤查询各考核对象的考核结果,支持数据追溯至【考核明细查询】查看明细结果。

原型展示见图 7—78 所示。

	考核对象	标准分值	计算得分	考核得分	排名
1	010101|农垦产业集团(合井)	3.00	2.00	2.00	1
2	010105|新农科创(合井)	3.00	1.00	1.00	2
3	010102|南粮集团(合井)	3.00	1.00	1.00	3

图 7—78　考核结果汇总查询

(2)考核明细查询。

功能介绍:根据公司、考核方案、考核期间等条件过滤查询各考核对象的考核明细结果。

原型展示见图 7—79 所示。

	考核指标	标准分值	考核档级	考核系数	计算得分	考核得分
1	GL0010|预算管理组织健全	1.00	A	1	1.00	1.00
2	GL002|预算编制符合要求	1.00	A	1	1.00	1.00
3	GL003|预算管控执行到位	1.00	B	-	0.00	0.00
4	合计	3.00			2.00	2.00

图 7—79 考核结果明细查询

第四节 全面预算管理系统的实施

一、预算编制表格设计

在手工编制预算的前提下,预算表格的样式可以灵活多变,但通过软件系统实现时会受到技术、安全、标准以及后期维护等多方面的制约。因此企业要根据自身的要求和条件进行预算表格设计,把握以下几个要素:

1. 满足管理要求

一般来说,收入、成本、费用、固定资产投资、资金是各企业管理的重点,因此预算表格中这些方面都较为详细;而累计折旧、资产减值准备、其他应收款、其他应付款等并不是管理的重点,因此预算表格中这些方面较为粗放,有些情况下甚至可以不单独使用。

另外,不同企业的管理重点也不相同,即使同一企业在不同的发展时期也有不同的管理重点,这一点从每年的预算主题中就可以看出来,因此,针对不同的企业,或者同一企业的不同时期,对预算表格的设计也应该有所侧重。比如,生产型企业的管理重点一般是成本费用,表格的重点应放在生产成本及管理费用方面,企业往往会根据需要增加相关的生产成本预算明细表。再比如,企业正处于投资建设期,长期资产投资是其管理重点,对于固定资产投资、无形资产投资方面的表格应该设计得更加详细一些,甚至可以根据需要增加一些分项目的预算明细表。

2. 符合系统条件

不同厂商提供的预算软件对预算表格支撑的功能不同,实施时应充分了解软件功能,进行表格设计或改造,以符合系统条件;反之,对软件的选择应考虑系统对预算表格设计的支持。首先,不建议采用软件工程人员直接开发的固定表格,因为这种实现方式不具有灵活性,一旦对表格进行调整,后期的运行与维护成本极高;而应采用提供表格配置工具的软件系统,通过配置工具,可实现对表格样式、表格内容、取数公式、权限分配等的配置和调整功能,并且操作简单易用。其次,系统应至少具备对三类表格形式的支持,即固定表,如资产负债表;浮动表,如物资采购明细预算表;固定区域插入浮动行表,如融资项目明细及分类汇总预算表。

3. 表格层次清晰,数据关系清楚

预算表格大致分为三个层次:一级表格是预算表格的总表,数据基本上来源于二级预算表格。二级表格是分项预算表,相关业务数据基本上来源于三级预算表格。三级表格是部门预算表,主要提供的是各个责任中心的业务预算数据。这些数据是预算编制的基础数据,也是各个责任中心预算考核数据的主要来源。三个层次的关系基本上层层细化,下级为上级表格提供数据支撑的关系。当然有些非重点的预算数据可以直接在上级数据表中反映或者根据勾稽关系计算得出,例如累计折旧、无形资产摊销等。

4. 填报取数方便

企业在设计完预算表格的格式后,还要根据数据的勾稽关系设置好相应的取数公式,即当一个数据发生变动的时候,在触发联动机制后,相关数据也会跟着变动,做到数据之间的联动。

5. 部门职责划分清晰,表格权限分配得当

预算编制权限包括编制权、审批权、查看权、修正权等。

6. 预算模拟凭证记账规则的设计

预算模拟凭证是保证财务预算结果的准确性和报表间数据平衡的重要工具。

二、预算管理维度建模

1. 根据企业管理需要梳理设计预算维度

预算维度的类别取决于企业管理的幅度，预算维度的程度取决于企业管理的深度、精细度。预算管理维度与层次见表 7—4。

表 7—4　　预算管理维度与层次

宽度	组织	期间	科目	项目	销售	区域	产品	……
深度（管理颗粒度）	集团	年度	一级科目	一级项目	区域	大区	产品	……
	公司	季度	二级科目	二级项目	产品	省份	系统	……
	部门	月度	三级科目	三级项目	规模	地市	总成	……
	科室	周	四级科目	四级项目	销售员	县市	部件	……
	班组	天	五级科目	五级项目	新品	乡镇	零件	……

2. 预算维度系统建模需要考虑的要素

(1)根据维度使用频次区分系统维度和扩展维度。系统维度是指使用最稠密的维度，如期间、方案、版本、公司、部门、科目等，是系统存贮每个数据都会用到的维度。扩展维度是指使用频率不高，仅为某些数据服务，由用户自定义的维度，如产品、区域等。

(2)维度的数量控制。大量维度的使用会造成系统运行负荷的增加，导致效率降低甚至系统崩溃。通常，系统维度数量控制在 10 个以下，扩展维度数量控制在 30 个以下，维度层级控制在 5 级以下较为安全。通过合理的维度结构设计，此当量完全能够满足管理需要。

3. 预算维度系统的应用

企业根据维度设计方案录入系统，形成预算系统基础资料。这些资料被预算编制表格、预算控制政策、预算分析指标采用，而发挥管理效益。

图 7—80 为主营业务收入预算申报——自产产品示例图。

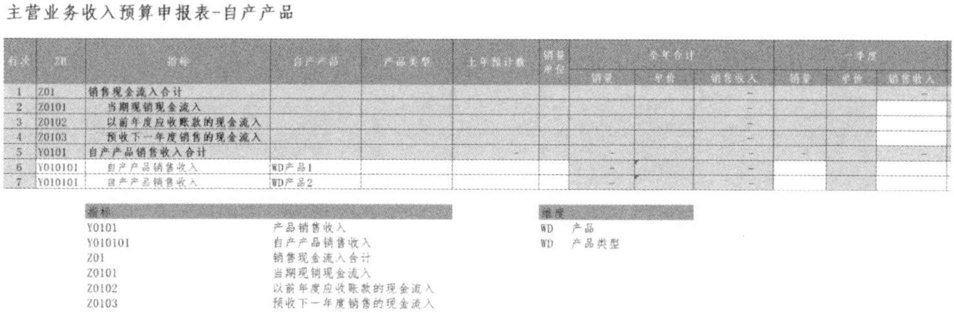

主营业务收入预算申报表-自产产品

行次	ZB	指标	自产产品	产品类型	上年预计数	销量单位	全年合计			一季度		
							销量	单价	销售收入	销量	单价	销售收入
1	Z01	销售现金流入合计							-			-
2	Z0101	当期现销现金流入							-			
3	Z0102	以前年度应收账款的现金流入							-			
4	Z0103	预收下一年度销售的现金流入							-			
5	Y0101	自产产品销售收入合计			-		-		-	-		-
6	Y010101	自产产品销售收入	WD产品1				-		-			
7	Y010101	自产产品销售收入	WD产品2				-		-			

指标	
Y0101	产品销售收入
Y010101	自产产品销售收入
Z01	销售现金流入合计
Z0101	当期现销现金流入
Z0102	以前年度应收账款的现金流入
Z0103	预收下一年度销售的现金流入

维度	
WD	产品
WD	产品类型

图 7—80　主营业务收入预算申报——自产产品

三、预算指标映射关系

预算指标映射在预算信息化方案中被广泛使用，是解决指标勾稽关系的主要手段，例如，预算科目与会计科目的对应，存在以下映射关系：

1. 相同的预算科目（如工资、差旅费）、不同部门编制的数据，对应管理费用、销售费用、制造费用、研发费用中的差旅费（见表 7—5）

表 7—5　　预算指标映射表

预算科目	维　度			会计科目	记账方向
	部门	内外销	在建工程类型		
Y0801|工资	01|总经办			660201|管理费用——工资	1|借方
Y0801|工资	02|销售管理部			660101|销售费用——工资	1|借方
Y0801|工资	04|计划财务部			660201|管理费用——工资	1|借方
Y0801|工资	05|研发部			530101|研发费用——工资	1|借方
Y0801|工资	06|生产管理部			510101|制造费用——工资	1|借方
Y0810|差旅费	01|总经办			660210|管理费用——差旅费	1|借方
Y0810|差旅费	02|销售管理部			660110|销售费用——差旅费	1|借方
Y0810|差旅费	04|计划财务部			660210|管理费用——差旅费	1|借方
Y0810|差旅费	05|研发部			530110|研发费用——差旅费	1|借方
Y0810|差旅费	06|生产管理部			510110|制造费用——差旅费	1|借方

2. 相同的预算科目(如产品销售收入)、不同的内外销类型对应营业收入——内销收入、外销收入(见表7—6)

表7—6　　映射关系类型1

预算科目	维度			会计科目	记账方向
	部门	内外销	在建工程类型		
Y01|产品销售收入		1|内销		600101|营业收入——内销收入	2|贷方
Y01|产品销售收入		2|外销		600102|营业收入——外销收入	2|贷方

3. 相同的预算科目、不同的在建工程类型对应不同的会计科目(见表7—7)

表7—7　　映射关系类型2

预算科目	维度			会计科目	记账方向
	部门	内外销	在建工程类型		
Y3101|在建工程投资额			1|工程类	1604|在建工程	1|借方
Y3101|在建工程投资额			2|机器设备类	1604|在建工程	1|借方
Y3101|在建工程投资额			3|软件系统类	1604|在建工程	1|借方
Y3103|在建工程转固			1|工程类	1601|固定资产	1|借方
Y3103|在建工程转固			2|机器设备类	1601|固定资产	1|借方
Y3104|在建工程转固			3|软件系统类	1701|无形资产	1|借方
Y3105|在建工程转长摊			1|工程类	1801|长期待摊费用	1|借方
Y3105|在建工程转长摊			2|机器设备类	1801|长期待摊费用	1|借方
Y3105|在建工程转长摊			3|软件系统类	1801|长期待摊费用	1|借方

四、预算分析模型搭建

预算分析有其固有的分析方法,但现实中预算分析的内容和形式往往根据管理者的意识、习惯、关注重点发生经常性的变化,因此可以认为预算分析模型的搭建是一项日常性工作而非系统初始性工作。

预算分析模型的系统搭建按以下步骤进行:

1. 设计预算分析模型

(1)选定分析主题;

(2)选择分析方法或工具;

(3)设计数据输入路径;

(4)设计结果呈现方式。

2. 选择系统建模工具

好的分析建模系统工具能协助分析人员轻松实现分析模型的搭建,并提供丰富的图表呈现功能。选择好的预算分析建模工具,应具备以下特点:

(1)与预算管理系统集成,使预算编制、预算执行、预算分析功能一体化;

(2)具备数据仓库功能,提供标准的数据接口,实时采集企业任务控制系统产生的原始业务数据,进行数据清洗、转换和存储;

(3)提供丰富的图表分析和驾驶舱功能,动态呈现分析结果。

如视野全面预算管理系统就是将数据共享平台与全面预算管理系统集成。视野数据共享平台采用中央数据库技术,打通企业管理控制与任务控制系统之间的数据壁垒,实时采集各系统数据,并提供强大的分析建模工具,支持主流的管理会计分析模型,使预算管理系统用户一站式获取预算分析实时资料。

五、预算系统与 ERP 系统集成

预算系统与 ERP 系统集成一般包括两个方面:一方面是预算系统基础数据从其他系统同步,另一方面是预算系统产生的数据需要传输给其他系统。其中,预算系统基础数据与其他系统同步主要包括:

(一)基础档案

基础档案以系统允许的为基础。相关的基础档案信息以 ERP 系统为准,时效不高的可以采用视图形式。预算系统定时同步更新，支持手工更新、时效要求较高的且条件允许可通过接口形式，一旦 ERP 系统信息有变化立即自动推送更新。

以下仅为举例使用，实际情况需要根据各公司的需求进行调整。

1. 组织

组织分为两种：一种为法人公司，一种为公司下的部门、科室。

(1)公司。

定义：预算系统需要使用到的集团、公司。

字段需求：公司 ID、公司编码、公司名称，以公司 ID 为唯一识别码。

预算系统如何处理：A. 直接以 ERP 系统为准，B. 建立两个系统的对应关系。

(2)部门档案。

定义：提供部门编码、部门名称、使用公司等。

字段需求：部门编码 ID、部门编码、部门名称、公司 ID、公司编码、公司名称，以部门编码 ID 为唯一识别码。

预算系统如何处理：①直接以 ERP 系统为准，②建立两个系统的对应关系。

2. 用户

定义：可以登录系统的用户信息。

字段需求：用户 ID、用户编码、用户名称、公司 ID、公司编码、公司名称，以用户 ID 为唯一识别码。

预算系统如何处理：①直接以 ERP 系统为准，②建立两个系统的对应关系。

3. 会计科目

定义：提供科目编码、科目名称(短称)、使用公司等。

字段需求：科目 ID、科目编码、科目长名称、科目短名称、公司 ID、公司编码、公司名称，以科目 ID 为唯一识别码。

预算系统如何处理：①直接以 ERP 系统为准，②建立两个系统的对应关系。

4. 人员档案

定义：人员编码、人员名称、人员账户信息、公司等，若人员未维护账号的，则账号信息不提供。

字段需求:人员 ID、人员编码、人员显示名称、人员姓名、个人开户行、个人账号、联行号、公司 ID、公司编码、公司名称,以人员 ID 为唯一识别码。

预算系统如何处理:建议直接以 ERP 系统为准。

5. 客户

定义:客户编码、客户名称、客户账户信息、使用公司等,若客户未维护账号的,则不提供账号信息。

字段需求:客户 ID、客户编码、客户显示名称、客户名称、客户开户行、客户账号、联行号、公司 ID、公司编码、公司名称,以客户 ID 为唯一识别码。

预算系统如何处理:建议直接以 ERP 系统为准。

6. 供应商

定义:供应商编码、供应商名称、供应商账户信息、使用公司等,若供应商未维护账号的,则不提供账号信息。

字段需求:供应商 ID、供应商编码、供应商显示名称、供应商名称、供应商开户行、供应商账号、联行号、公司 ID、公司编码、公司名称,以供应商 ID 为唯一识别码。

预算系统如何处理:建议直接以 ERP 系统为准。

7. 产品分类

定义:产品编码、产品名称、使用公司等。

字段需求:产品 ID、产品编码、产品名称、产品简称、规格型号、数量单位、产品分类 ID、产品分类编码、产品分类名称、使用公司 ID、使用公司编码、使用公司名称,以产品 ID 为唯一识别码。

预算系统如何处理:建议直接以 ERP 系统为准。

8. 产品

定义:产品编码、产品名称、使用公司等。

字段需求:产品分类 ID、产品分类编码、产品分类名称、使用公司 ID、使用公司编码、使用公司名称,以产品分类 ID 为唯一识别码。

预算系统如何处理:建议直接以 ERP 系统为准。

(二)会计核算结果

会计核算结果可以为预算系统提供数据补充,作为分析数据源之一,采用视图形式。预算系统定时同步更新,支持手工更新的。

1. 凭证读取

定义:获取会计凭证的核算结果。

凭证信息获取内容:公司(公司 ID、公司编码、公司名称)、会计期间(年、月)、凭证号、借贷科目(科目 ID、科目编码、科目长名称、科目短名称)、金额、摘要、部门(部门编码 ID、部门编码、部门名称)、客户(客户 ID、客户编码、客户显示名称)、供应商(供应商 ID、供应商编码、供应商显示名称)、人员档案(人员 ID、人员编码、人员名称)、制单日期(年月日)、凭证来源(手工制单、报销系统、资产系统等)。

2. 报表读取

定义:获取会计报表的核算结果。

凭证信息获取内容:公司(公司 ID、公司编码、公司名称)、会计期间(年、月)、报表项目(报表项目 ID、报表项目编码、报表项目名称)、金额。

第五节　新一代网报费控系统

传统的费控系统以 OA 为平台,主要解决自动化审批的问题,在互联网应用高度发达、集约共享经济盛行的今天,已经明显脱离时代的步伐。新一代网报费控系统应具备以下主要特征:

1. 预算与费控一体化

预算作为支持企业战略实现目标的工具,可为费用控制提供重要手段和依据。预算与费控体系的结合是企业开展费用控制的最佳选择。

2. 费控手段多样化

不同的费用类型需采用不同的费用管控方法,只有建立多级多层的组合费用管控方案,才能取得更好的管控效果。

3. 系统服务集成化

通过与票据影像系统、合同管理系统、财务核算系统、商旅平台、银企直联系统等的对接集成,为网报费控全流程提供一站式服务。

以下以视野网报费控系统为例,呈现新一代网报费控系统的核心功能和特点。

一、网报费控系统总体框架

网报费控系统总体框架见图 8—81。

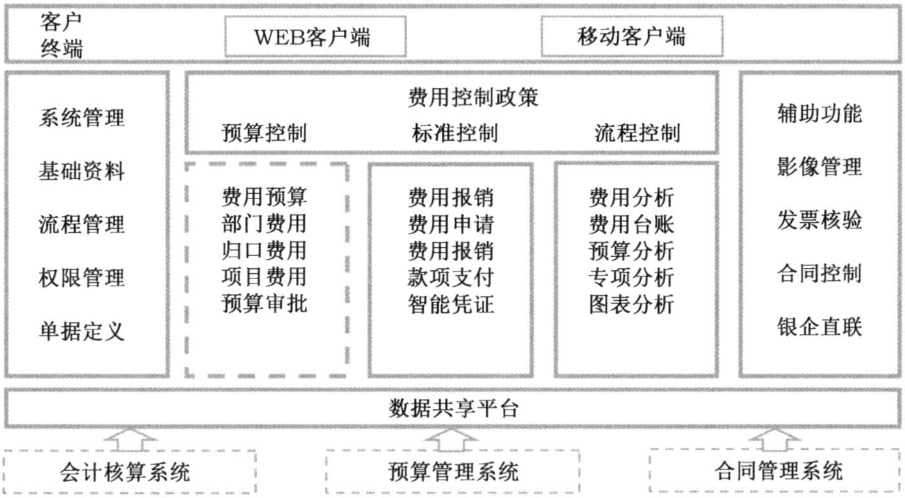

图 7—81　系统总体框架

二、支持多样化的费用报销业务

支持多样化的费用报销业务见图 7—82。

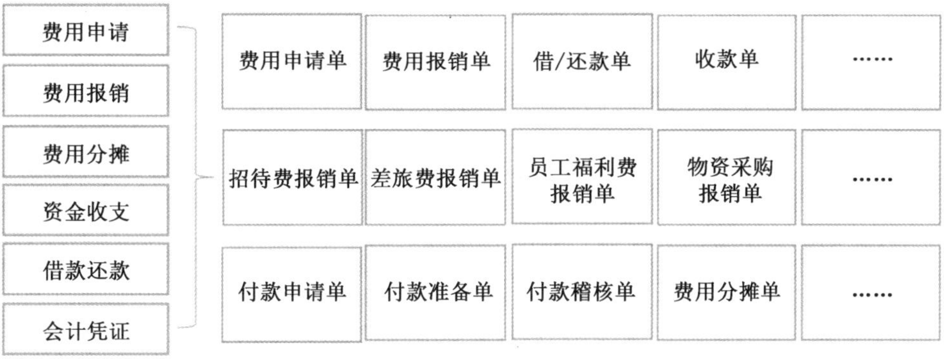

图 7—82　费用报销类型多样化

(一)费用申请单

1. 用途

费用发生前的业务申请填报,实现事前控制。

2. 核心要素

(1)明确申请事由;

(2)预估费用科目和金额;

(3)明确费用承担部门,申请金额受承担部门预算余额控制。

3. 单据样式(见图 7—83)

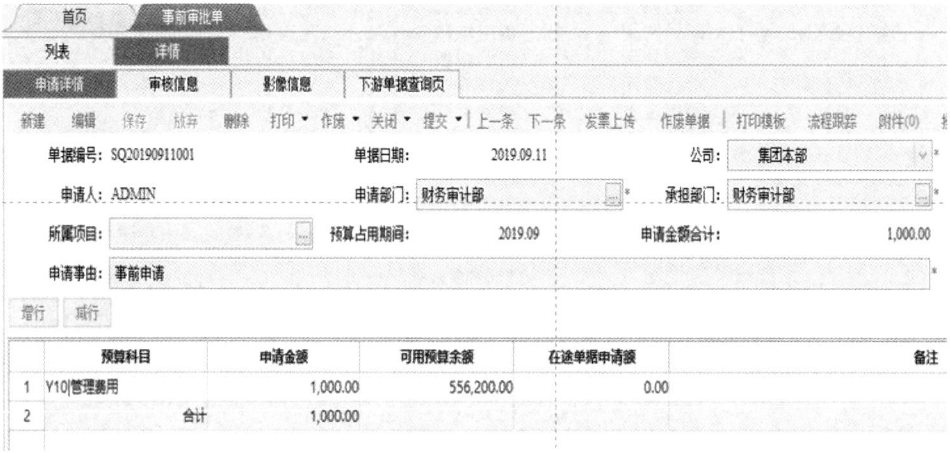

图 7—83 事前审批单

(二)费用报销单

1. 用途

费用发生后的报销申请填报。

2. 核心要素

(1)明确报销事由;

(2)明确费用报销发生部门和费用承担部门;

(3)关联上游申请单据,报销金额受申请单据余额控制;

(4)明确费用承担部门,报销金额受承担部门预算余额控制;

(5)报销金额可直接冲销个人借款。

3. 单据样式(见图 7—84)

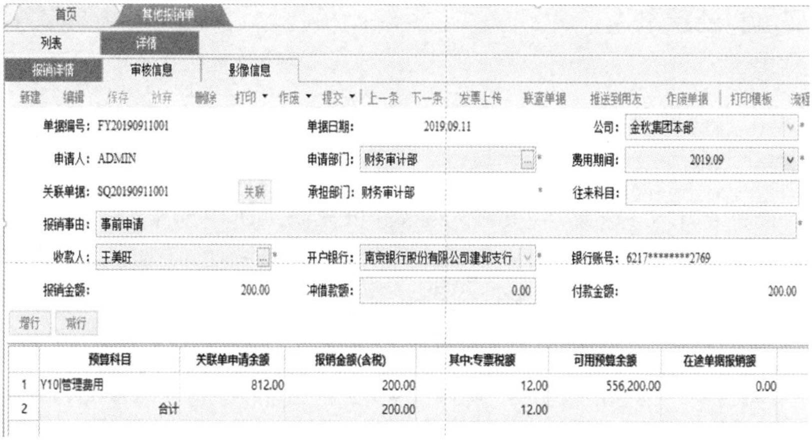

图 7—84　费用报销单

(三)专项费用报销单

1. 用途

各类专项费用报销，如差旅费报销单。

2. 核心要素

(1)针对专项费用特性设计报销单版式和关键字段，如差旅费报销设置交通费、住宿费、补贴、其他等子页签，用于填报明细信息；

(2)根据专项费用控制要素制定费用控制方法，如差旅补贴根据企业费用标准自动计算报销金额。

3. 单据样式(见图 7—85)

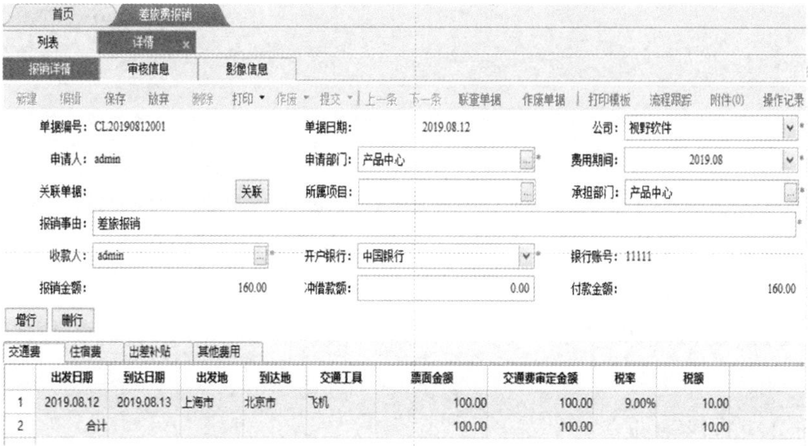

图 7—85　差旅费报销单

(四)借/还款单

1. 用途

员工个人的借/还款。

2. 核心要素

(1)借款单用于员工个人的借款申请,可关联上游申请单,借款金额受申请单据金额控制;

(2)还款单用于偿还员工借款,生效后自动扣减员工借款余额。

3. 单据样式(见图7—86和图7—87)

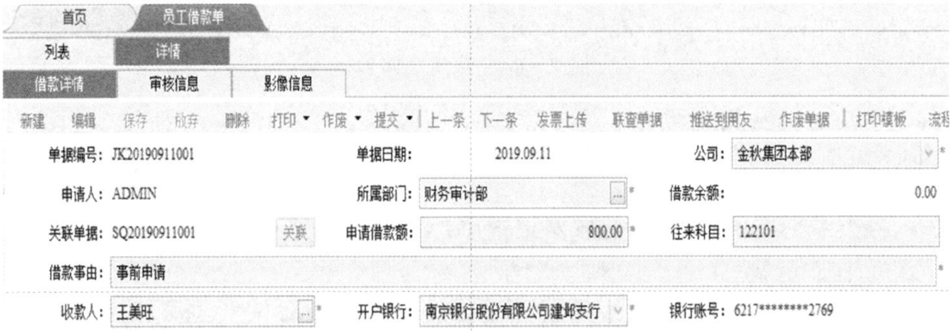

图7—86 借款单

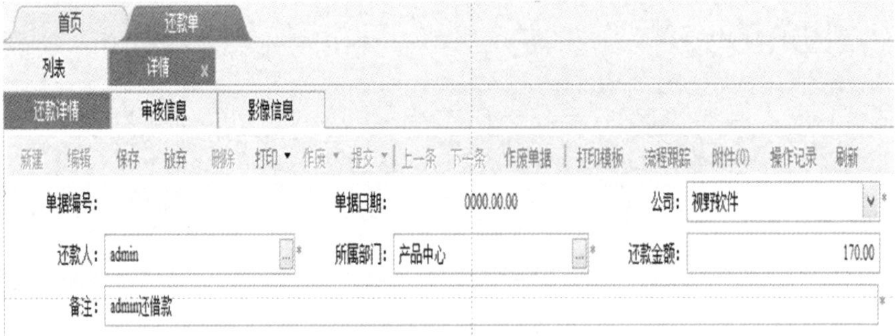

图7—87 还款单

(五)采购报销单

1. 用途

对外采购报销业务。

2. 核心要素

采购报销单可关联采购合同，采购报销金额受采购合同余额、上游关联申请单余额、部门预算可用余额控制。

3. 单据样式（见图 7—88）

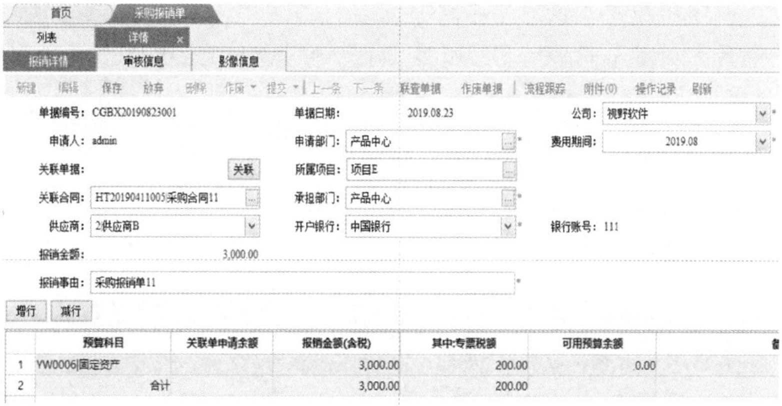

图 7—88　采购报销单

（六）费用分摊单

1. 用途

费用的分摊处理，如办公用品由采购部统一采购，根据领用部门分摊。

2. 核心要素

（1）分摊方式支持按部门分摊、按项目分摊、按期间分摊等；

（2）系统支持预置分摊规则和自定义分摊规则。

3. 单据样式（见图 7—89）

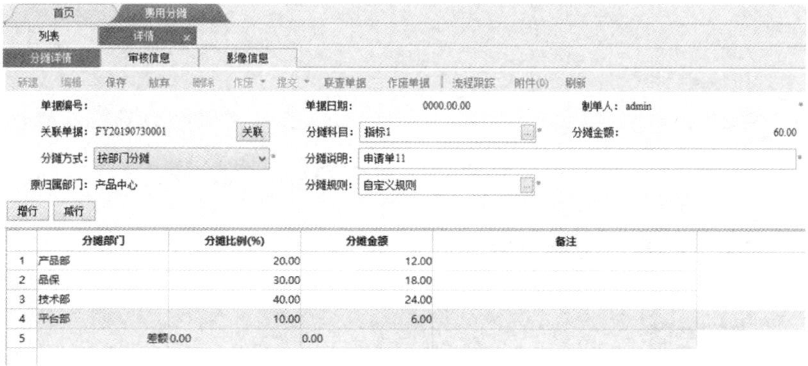

图 7—89　费用分摊

(七)付款准备单

1. 用途

财务人员根据报销单据安排付款。

2. 核心要素

(1)上游报销付款单据列表显示;

(2)财务人员填写付款方式、账号、摘要等付款信息,审核上游单据带入的收款方信息;

(3)提交审核后,支持通过银企直联一键支付。

3. 单据样式(见图 7—90)

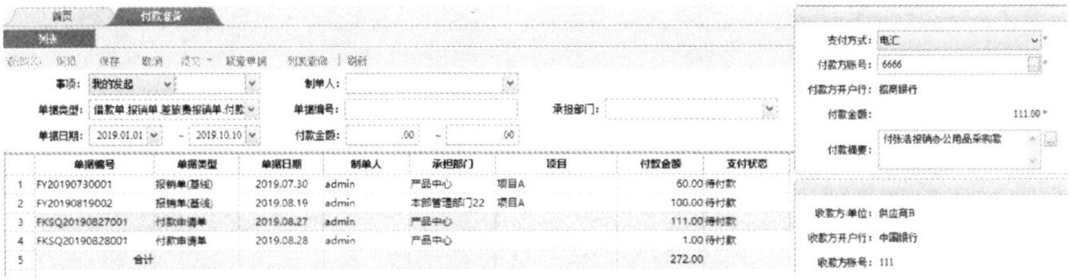

图 7—90 付款准备

(八)记账凭证

1. 用途

根据报销单、付款单生成会计分录,推送至总账系统自动记账。

2. 单据样式(见图 7—91)

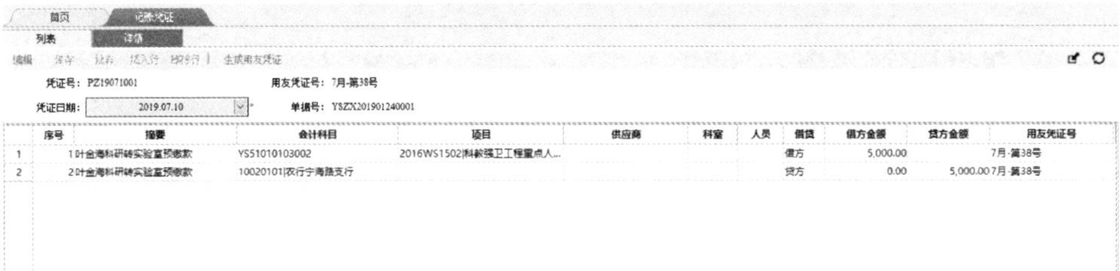

图 7—91 记账凭证

二、支持多种费用控制方案

(一)预算控制

1. 应用场景

预算控制以预算编制目标为依据，在费用发生的各个阶段，使费用支出受到严格、有效的约束。

（1）通过预算编制，制定部门、科目、项目等预算额度；

（2）费用申请时，申请金额占用预算额度，系统根据预算额度对申请金额进行控制；

（3）费用报销时，根据预算额度控制报销金额，若有前置单据占用预算，系统则自动释放预算占用额，再根据报销金额进行预算扣减。

2. 预算控制政策

预算控制政策围绕预算控制总额设定，包括控制主体、控制依据、控制目标、控制方式、控制强度等（见图7—92）。

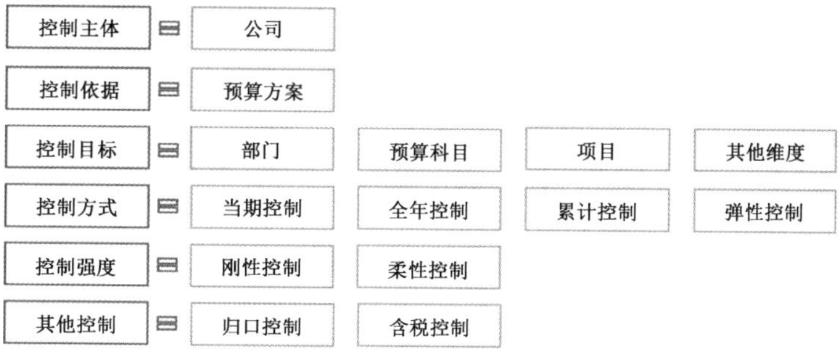

图7—92　控制政策

3. 费用单据超预算控制

费用申请单、费用报销单等对超预算额度的报销进行预警和提交限制（见图7—93）。

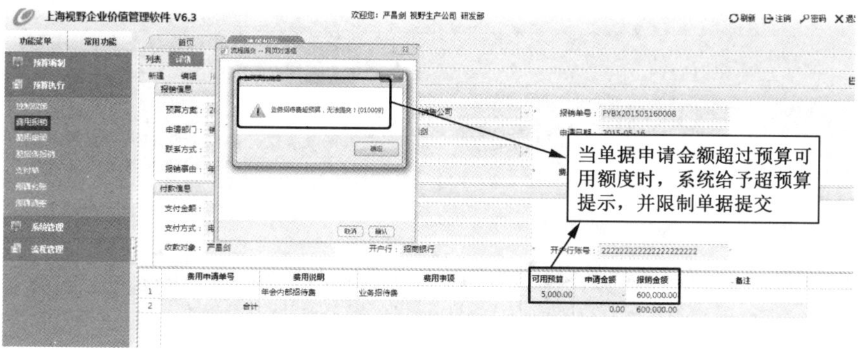

图7—93　预算控制

(二)定额标准控制

1. 应用场景

根据费用定额标准控制费用发生的金额，如差旅补贴、福利费等。

(1)根据标准自动计算：如出差补助，根据员工的职级、出差区域确立出差补助标准，报销时系统根据出差天数自动计算差旅费补助金额；

(2)根据定额系统控制：如住宿费，根据员工的职级、出差区域、季节等要素建立住宿费标准，报销时系统控制住宿费申报金额不得超过定额标准；否则，进行预警和限制提交。

2. 费用单据超定额标准控制

费用报销单对超定额标准的费用报销进行预警和提交限制(见图 7—94)。

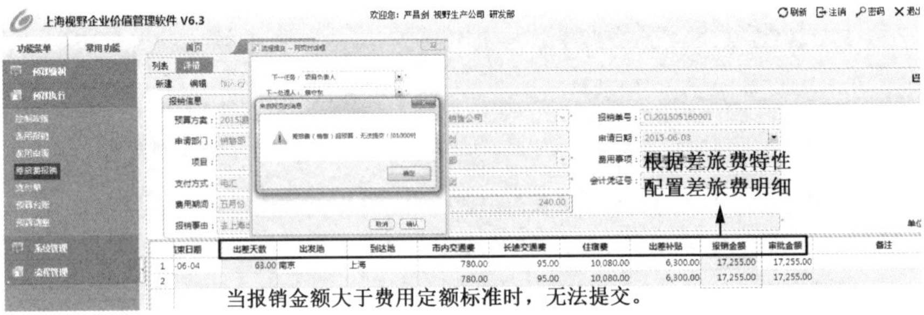

图 7—94　定额控制

(三)全流程控制

1. 从费用申请到报销、付款进行事前、事中、事后的全流程控制(见图 7—95)

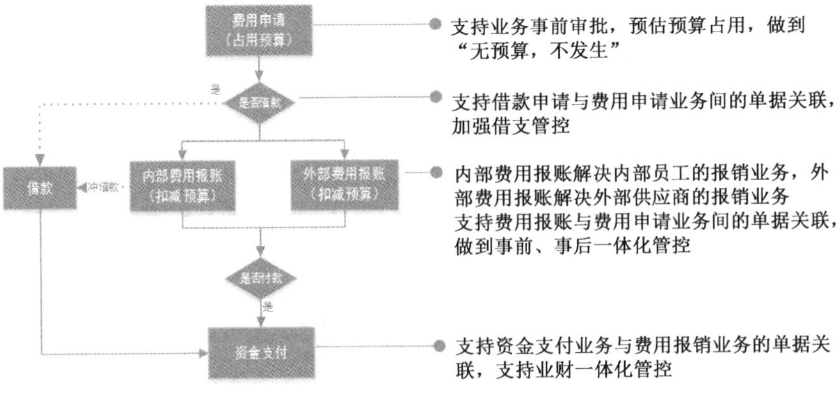

图 7—95　全流程控制

2. 上下游单据关联控制（见图 7—96）

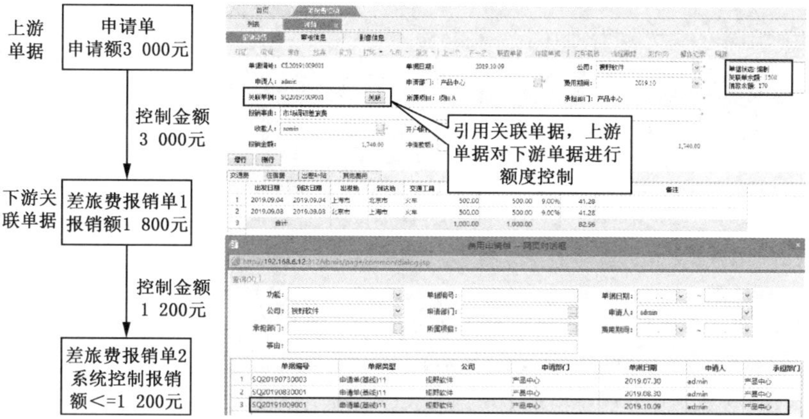

图 7—96　单据关联控制

（四）网上审批控制

1. 从业务到财务各环节的网上审批控制（见图 7—97）

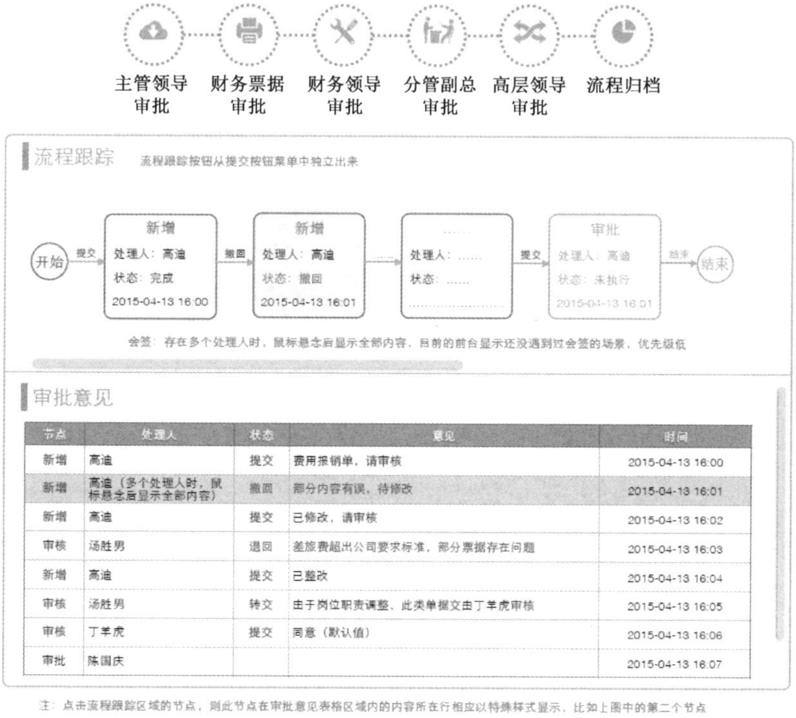

图 7—97　审批控制

2. 审批流程配置(见图 7—98)

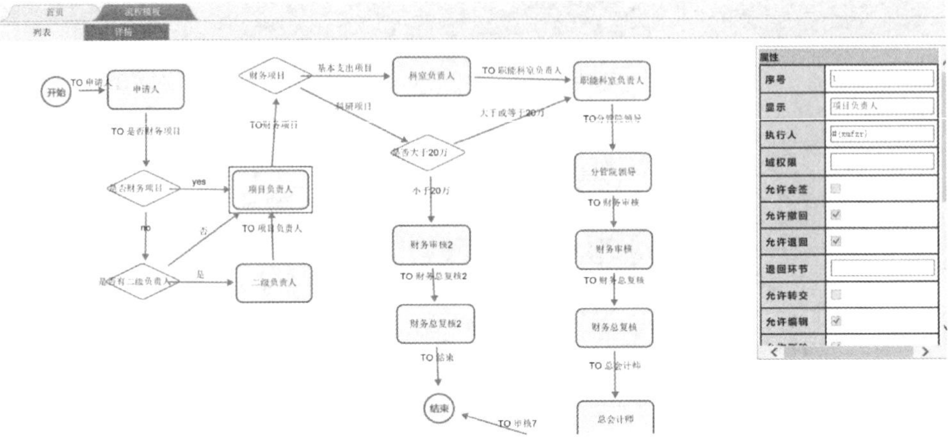

图 7—98　流程配置

(五)合同控制

报销单关联合同,根据合同余额控制采购报销合同付款(见图 7—99)。

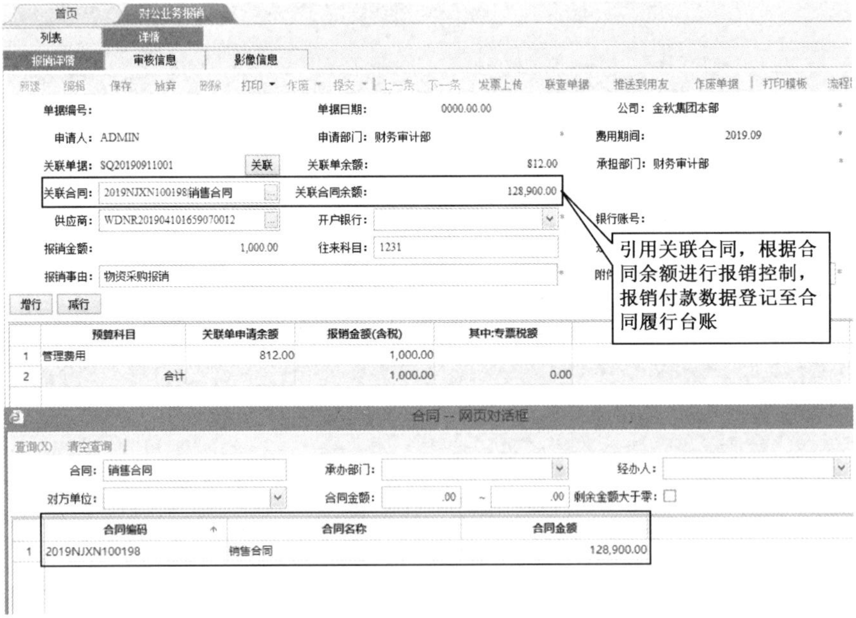

图 7—99　合同关联控制

(六)票据合规控制

对增值税发票、电子发票等多类发票进行验真、查重处理，防范票据管理风险（见图 7—100）。

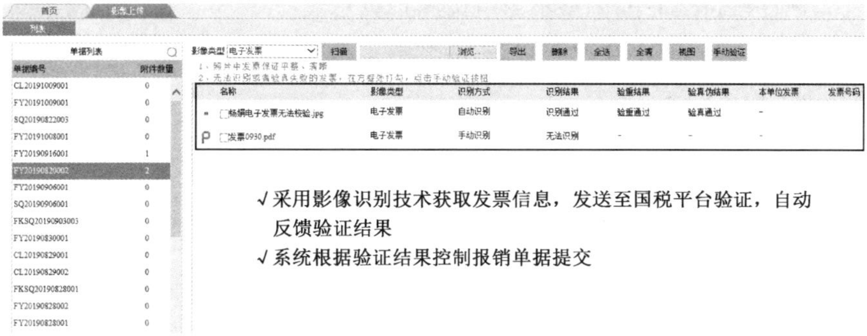

图 7—100　票据合规控制

三、预算与费控一体化

(一)费用预算编制

(1)建立自上而下、自下而上的费用预算编制和审批流程；

(2)支持从业务事项到预算科目的编制过程；

(3)费用管控维度与预算编制维度一体化；

(4)支持预算逐级编制、层层汇总、分级审批，最终形成费用控制的总额依据。

其界面参见图 7—101。

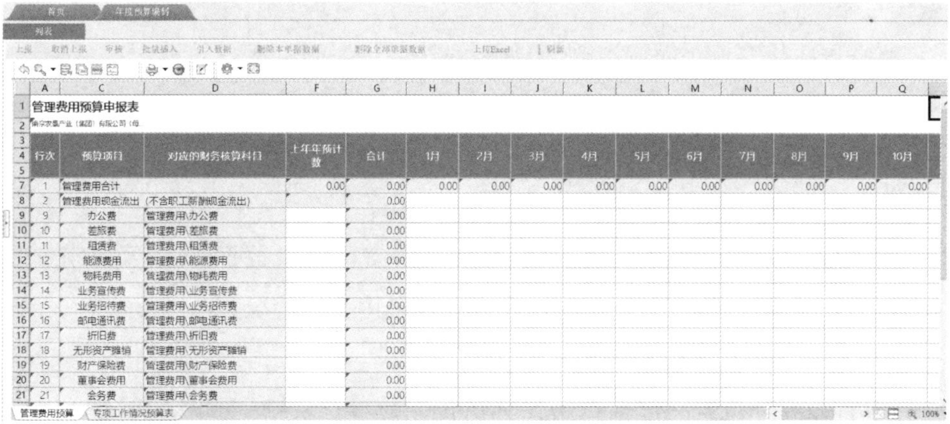

图 7—101　预算编制

(二)预算追加调整

预算追加调整支持多种方式：

(1)预算期间之间的调整不影响预算科目总额；

(2)预算科目之间的调整不影响部门预算总额；

(3)预算追加调整通过公司预算准备解决，不影响公司预算总额。

其界面参见图 7—102。

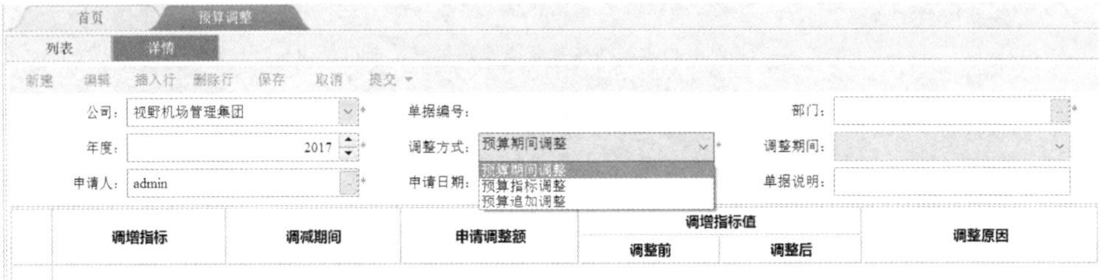

图 7—102　预算追加

(三)费用预算台账

费用预算台账根据费用发生情况即时生成，为管理者提供实时的费用执行情况查询。

(1)可直观查看部门费用预算目标额、实际发生额、预算调整额、预算余额等信息；

(2)费用预算台账包括汇总台账和明细台账，支持按控制维度自定义专项费用台账；

(3)支持从汇总账向明细账、明细账向费用单据的穿透查询。

其界面参见图 7—103。

(四)费用预算分析

1. 首页动态分析

费用预算分析可便于公司、部门直观查看费用发生数据、预算差异分析数据等，为管理账提供部门费用预警，及时掌控费用发生情况。

2. 支持多种预算分析方法

多种预算分析方法包括费用预算执行差异分析、执行进度分析、变动因素分析等，支持自定义的分析图表展示。

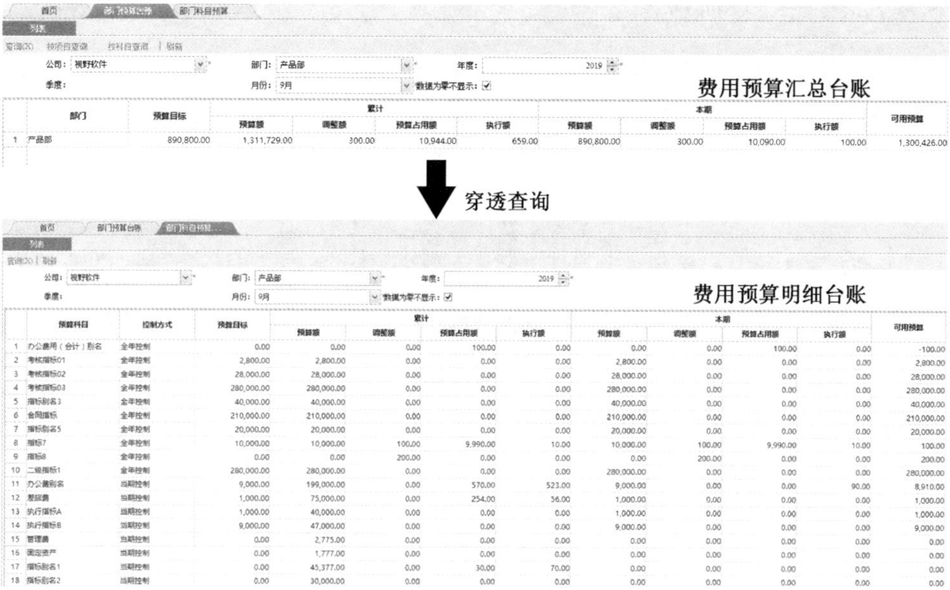

图 7—103　台账穿透查询

费用预算分析界面参见图 7—104。

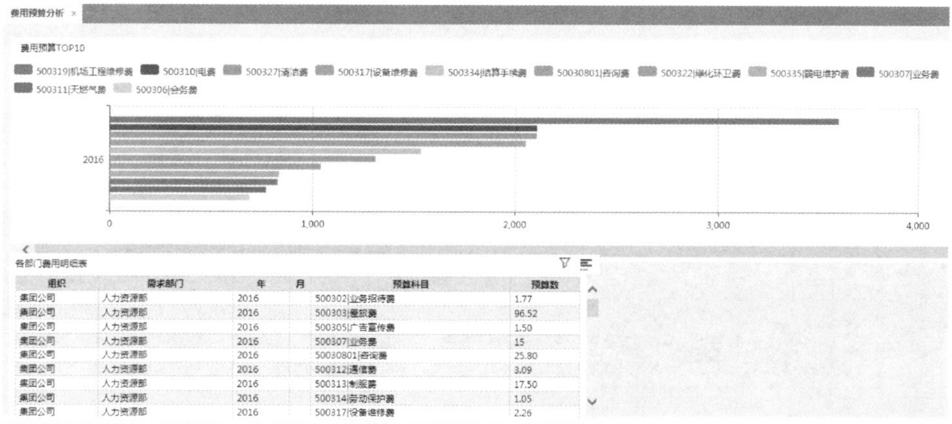

图 7—104　费用预算分析

(五)预算系统集成

使用网报费控系统自身的费用预算模块,可为费控系统提供完整的费用预算管理解决方案。网报费控系统也可与全面预算管理系统集成,成为预算执行模块，如图 7—105 所示。

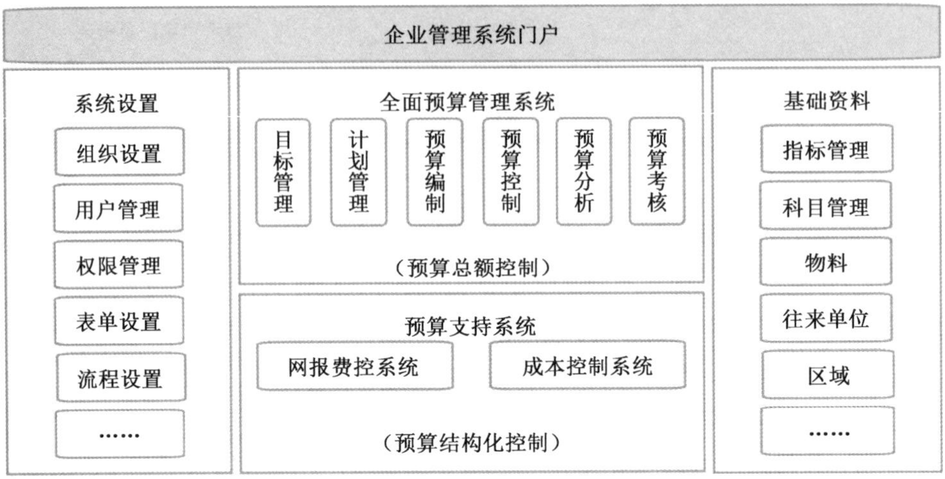

图 7—105　系统集成

四、系统服务集成化

（一）影像服务

1. 影像服务整合费用票据报销信息流、影像流、实物流（见图 7—106）

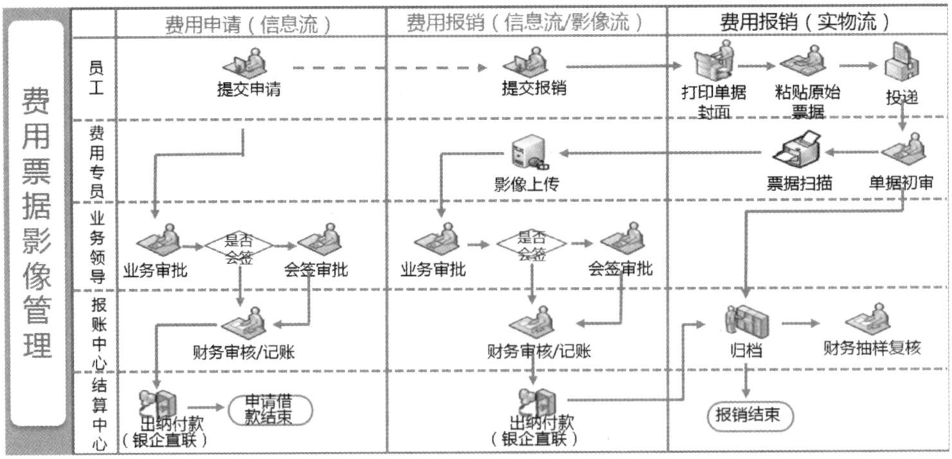

图 7—106　信息流、影像流、实物流整合

2. 影像服务辅助费用报销线上审批(见图7—107)

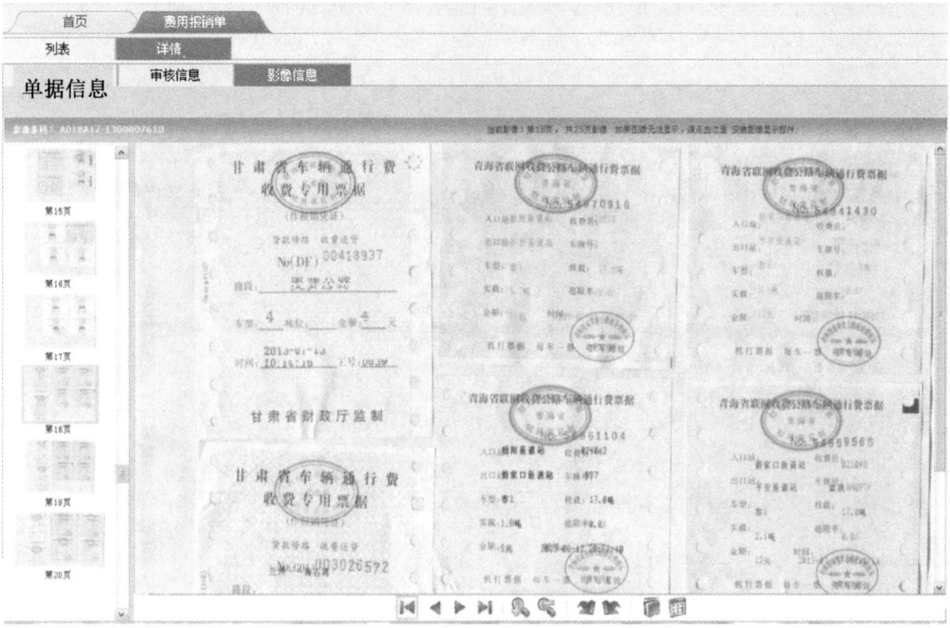

图7—107　线上单据影像查阅

3. 影像识别服务支持增值税发票、电子发票验真、查重处理,防范票据管理风险(见图7—108)

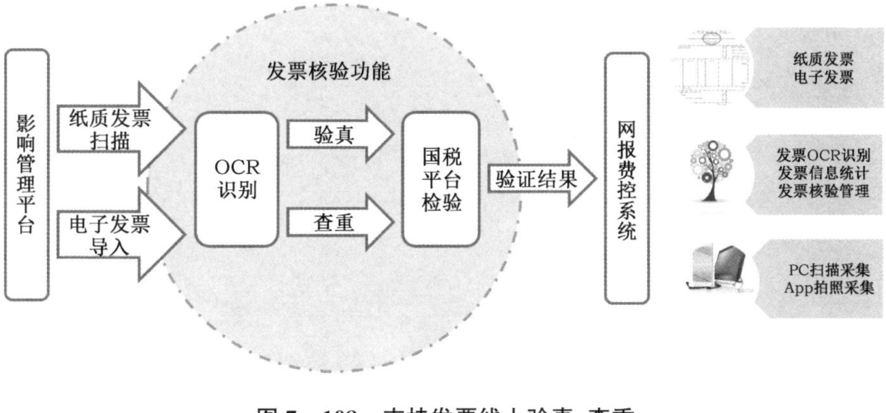

图7—108　支持发票线上验真、查重

(二)银企直联

搭建银企直联接口,支持结算支付自动化,打通费用报账与付款一站式服务(见图 7—109)。

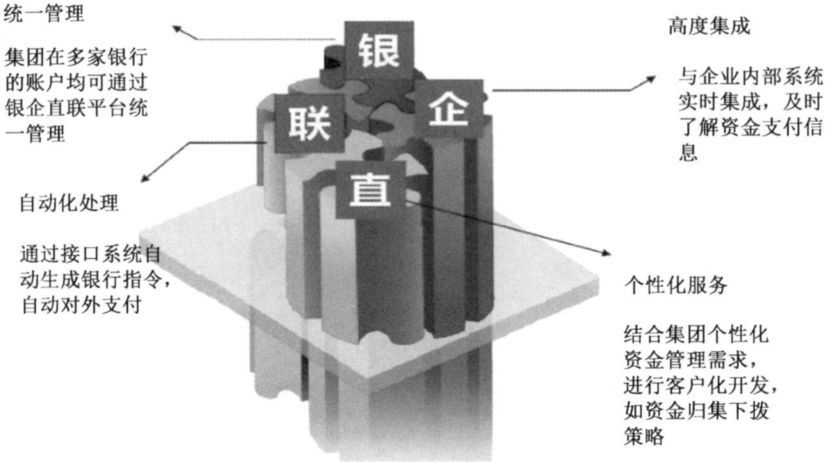

图 7—109　银企直联

(三)商旅服务

(1)自动提单。可通过差旅申请触发订票,自动提交订票专员统一购买。

(2)订票明细。录入出行人行程明细,交通工具、预订酒店自动过滤。

(3)自动关联第三方商旅。支持与途牛、携程等第三方商旅平台互联,自动出票、月结模式、对公报销。

商旅服务界面见图 7—110。

商旅订票申请

基本信息

流程标题	商旅订票申请流程-赵静-2015-10-21			紧急程度	正常
申请人员	赵静	申请部门	行政部	同行人员	杨文元
申请日期	2015-10-21	订票张数		订票金额	

订票信息

序号	往返	订票人	身份证号	出发日期	出发地	目的地	交通工具	座位类型	张数	金额
1	往	赵静	230282198506203689	2015-10-21	上海	北京	火车	硬座		
2	往	杨文元	230282198012111567	2015-10-21	上海	北京	火车	硬座		

订票事由：北京出差

图 7—110　对接商旅平台

(四)会计凭证

(1)报销流程结束,根据预置核算规则,系统支持会计凭证自动生成;

(2)系统支持会计凭证手工修改,支持会计凭证与费用单据的关联查询;

(3)系统预置主流会计核算系统接口,可进行选择配置,会计凭证无缝推送至核算系统。

其界面参见图 7—111。

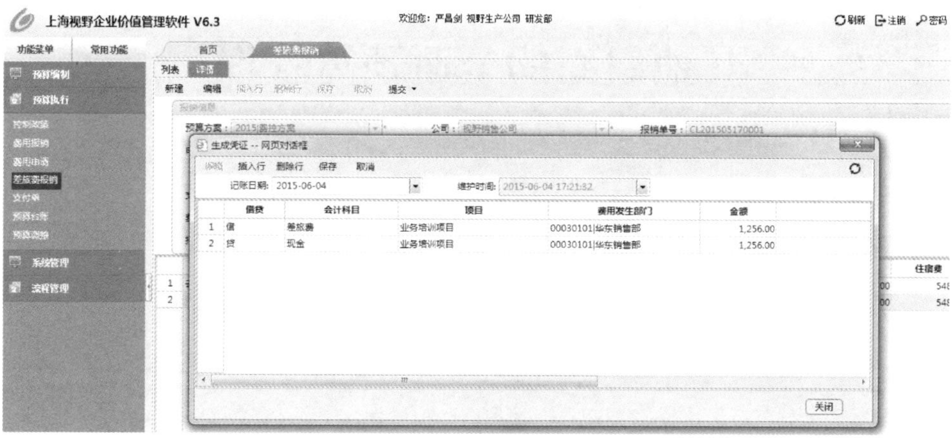

图 7—111　支持智能记账

第八章

其他组织的全面预算管理

第一节　金融企业的预算管理

一、商业银行

(一)商业银行全面预算管理的内容

商业银行是一类比较特殊的企业。在商业银行的全面预算管理过程中,重点关注的是各项货币业务的发展以及风险指标。商业银行的全面预算管理主要包括三方面的内容:

1. 资本预算

由于商业银行的管理包括资本筹集以及风险控制,因此资本预算管理是商业银行全面预算管理体系中的重要内容。资本预算包括资本筹集预算和风险加权资产预算,通过资本预算过程,可以对商业银行的筹资过程进行控制;另一方面,资本预算包括对风险加权资产的严格控制,保证商业银行可以达到最低的监管要求。

2. 业务预算

商业银行的三大基本业务为负债业务、资产业务、中间业务，而商业银行的业务预算主要是对这三个方面业务的发展以及业务的质量进行预算管理。在资产业务方面，一方面，通过对商业银行的总资产规模以及贷款等方面的预算，实现业务发展规模预算；另一方面，通过业务完成情况（如不良贷款率等指标分析），对业务完成的质量情况进行预算管理，从而控制和提升商业银行的业务质量。

3. 财务预算

盈利是商业银行产生和经营的基本前提，也是商业银行发展的内在动力。对商业银行的收支以及利润管理预算统称为财务预算，即商业银行在经营过程中对各项评价指标以及资金使用情况的预算管理。

（二）商业银行全面预算管理模式

此模式以商业银行总行为核心，进行全面预算管理的统筹工作，通常由银行总部负责制定年度战略规划，编制各项业务的预算目标，然后将编制好的战略规划传递给分行执行，并对各分行的业务活动进行统一管理和控制。各分行接到总部的预算目标之后根据指标编制自身的预算草案，并由考评机构对预算草案进行审计，然后将预算上传至商业银行总行，由总行审核后进行调整，保证各分行预算报告的科学性和合理性。

商业银行全面预算管理的模式将银行总部与各分行紧密连接起来，在总行掌握集权的基础上，分行不失对自身预算管理的掌控性，可以实现高效的全面预算管理，一方面，在预算执行过程中，商业银行总行可以通过制定统一的考评标准对分行的预算执行情况进行实时的监督和控制，从而规范各分行的全面预算管理执行情况；另一方面，各分行对自身的全面预算管理工作也有一定的灵活操作性，可以在一定范围内根据自身的情况灵活调整全面预算管理的措施，从而根据分行的现实情况，确保自身利益最大化。

（三）商业银行预算管理的重点

1. 建立多维度预算管理体系

银行在预算管理过程中，不仅要关注传统的机构执行者，还要关注影响价值创造过程的产品、客户、渠道等主要要素的运作情况，形成多维度预算管理。

所谓多维度预算管理，是指围绕商业银行的总体发展战略，按管理的机构编制分机构预算，按经营的业务条线编制分产品预算，按营销的客户类型编制分客户预算，按所在的地理区域编制分地区预算等，并在此基础上发挥预算管理的各项职能，形成完整的预算管理循环。相比多维度预算，传统的单一机构维度的预算管理模式已不能充分满足实现企业战略和经营发展目标的要求。

(1)商业银行的管理维度。根据商业银行的发展和业务需求的不同，其管理维度可从以下几个方面展开：

①机构维度。围绕总行、一级分行、二级分行、支行、网点，依据会计科目体系进行预算管理。

②产品维度。围绕商业银行多层级产品体系进行预算管理。

③部门维度。按照商业银行的部门划分或利润中心划分，围绕个人金融业务、公司业务、机构业务等，依据部门与产品的对应关系进行预算管理。

④客户维度。围绕公司客户、个人客户、机构客户等，依据客户与产品的对应关系进行预算管理。

⑤地区维度。围绕商业银行经营管理的区域(如某些商业银行设立的区域总部、地区分部)，依据会计科目体系进行预算管理。

⑥渠道维度。围绕商业银行的柜面、电子银行、机具设备等，依据渠道交易信息进行预算管理。实务中，上述预算管理维度会存在重叠或交叉，这时就需要对预算维度进行优化整合。例如，商业银行在部门和产品存在对应关系时(通常情况下为一个部门对应多个产品)，就可以将产品按部门汇总整合为部门预算；再如，我国大型商业银行的分支机构通常是按地理区域设立的，因此机构和区域之间也存在一定的对应关系，这时机构和地区维度的预算也可以进行整合。

(2)商业银行预算管理的维度选择。理论上讲，预算管理的维度越多，管理的精细化水平也就越高。但预算管理的维度选择也不是越多越好，需要坚持以下原则：

一是成本效益原则。多维度的预算能够满足管理精细化的要求。但是随着预算维度的扩展，预算编制的成本会大幅度上升，特别是信息系统投入成本、信息收集成本会成倍增加，因此预算维度的选择需要在成本与效益之间做出权衡。从实际情况看，选择 3 个左右的预算维度比较适宜。

二是关联不相容原则。预算的维度选择能够从不同视角反映商业银行的经营战略，各维度之间彼此勾稽、关联但又不存在重叠和包容关系。从我国商业银行的实际情况看，在总分行体制下，机构一般是按区域划分的，部门和产品之间也存在对应关系。因此，剔除这些重叠包容关系后，多维度预算一般可整合为机构、产品、客户、渠道等维度。

三是可行性原则。多维度预算管理是全面预算管理的创新，需要结合商业银行的实际情况，综合权衡商业银行的经营需求、管理能力及技术手段。

四是实效性原则。多维度预算管理的最终目的在于提升商业银行精细化管理的能力，因此在预算维度的选择上应以服务应用为根本前提，避免产生大量的无效数据，导致信息过载。

五是渐进性原则。多维预算管理数据的准确性、管理思路的合理性、配套机制的健全性均很难一蹴而就，需要在实践中不断地完善。因此，多维预算管理需要针对商业银行经营管理中最急需解决的问题为突破口逐步推进。

(3)商业银行的多维度预算管理体系。根据上述原则，结合现阶段的组织管理架构和以产品为中心、以市场为导向的经营状况，重点选择机构、产品和客户三个维度，建立多维度预算管理体系。这一体系是商业银行战略在多个维度之间进行分解的结果，其基本预算粒度由机构、产品、客户三维预算主体构成，表现为“某机构”的“某项产品”在“某类客户”上的预算目标。对比单一的机构维度预算管理，多维度预算体系使得预算管理职能能够在更精细的粒度层面得以发挥。

商业银行通过预算编制，优化资源配置模式，在坚持财务资源“分块”集中统筹配置的前提下，加强产品预算、客户预算在资源配置中的应用，探索“按产品计价、按机构清算”的业务分条资源配置机制，建立分客户的资源配置机制，使信贷、固定资产、人力、费用等的资源配置与机构预算、产品预算、客户预算挂钩，逐渐形成公开、透明、科学、精细、覆盖完整的多维度资源配置体系。

商业银行通过建立多维度的预算考评体系，进行分机构的业绩考核，完善境内分行、境外分支机构、控股公司、利润中心、网点的预算评价体系，适应集团化管理的需要；通过完善分产品、分部门的预算评价体系，进一步加大部门专业考核中产品预算完成情况的考核权重，适应商业银行综合化经营、专业化发展的需要；通过将客户贡献度评价引入绩效考核，为客户管理和结构优化提供支持，适应商业银行以客户为中心的价值创造模式的需要。

多维度预算管理体现了精细化的管理思想，使商业银行更加全面地关注影响其价值创造过程的主要要素，有助于将战略选择与战略执行更好地融合在一起，为商业银行实现复杂经营环境下的战略目标发挥重要作用。

2. 预算管理重视资本约束，资源配置考虑资本回报

资本管理一方面解决资本筹集问题，通过权衡不同工具的筹资成本，力争以最低的成本满足外部监管机构对资本充足率的要求，从而支持经营业务的开展；另一方面，在银行内部管理中，以经济资本的形式，按照风险调整后的资本收益率为基准进行资本分配，实现业务风险与收益的平衡。

3. 做好预算执行分析和滚动预测

预算执行分析体系要围绕预算项目展开监控，突出重点，关注外部环境和内部政策引发的重大偏离，并进一步提高预算执行分析频率。滚动预测要对未来宏观经济形势做出合理估计，通过设置不同的参数，实现多版本的情景预测，为管理层提供全面的预测视野。

二、非银行金融机构

全面预算管理由生产企业向金融企业推广，最早出现在 20 世纪 90 年代的美国商业银行，此后得到非银行金融机构（以下简称金融机构）的认可。各大金融集团也纷纷采用全面预算管理模式提升内部控制和管理效率。全面预算管理范围也扩展到风险领域和投资领域，形成以战略和风险为核心的全面预算管理体系。

（一）我国金融机构全面预算管理存在的问题

1. 缺乏全局观念，导致预算在编制时不能将战略规划、具体业务有机地结合

企业预算编制过程主要是由业务部门申报，财务部门汇总、审核，最后以公司决策会议通过的方式来完成。实际上，在整个过程中，战略及规划部门很难真正参与到预算编制过程中，预算编制要贯彻公司战略并不容易。

2. 预算编制不能将价值链和业务链有机地结合

预算编制实际上是价值分配的过程，对于申报部门来说，能够多报，会尽量多申报，超额申报，甚至可能会压缩其他部门的经费，造成公司资源的浪费。是否能够获批更多的预算经费也与申报部门在公司中的实际地位和话语权有关。影响力大、话语权强的部门，预算被压缩的可能性小，而那些急需资金投入的部门，由于话语权、影响力的关系，可能并不能获得足额的预算，这就造成了实际业务需求与预算不一致的情况，导致价值链和业务链不能有机地结合，不利于公司全面发展。

3. 较少考虑风险因素，预算管理难以与风险管理相匹配

对于金融机构来说，风险管控是各项业务开展的基础，如果不能对风险进行有效的管控，再多的利润也可能会成为泡影。预算管理与风险管理分属于不同的部门，如果预算管理的财务部门和风险管理部门不能很好地沟通和联系，再好的预算也可能因为无法对风险进行管控而不能达到预期的目标。随着金融创新的增加，以财务为主线的预算管理体系越来越受到金融风险的冲击。

4. 预算与实际执行情况存在差异，后续管理和监督不到位

预算编制和实际执行存在“两张皮”的情况，对预算管理和控制不到位。第一，不能将会计核算科目和预算科目一一对应。预算使用和会计核算不能很好地衔接，造成监督和实际管理难度提高。第二，预算管控意识不强。在实际使用资金时，并不考虑实际预算情况，“领导意志”很多时候也让预算成为摆设，难以执行。第三，管理粗犷化。预算调整成为“万金油”。只要预算不够，就申请预算调整，一改再改，预算便失去原有的作用。

5. 考核体系不健全，削弱了预算管理的作用

对金融机构来说，大多以利润为导向建立考核体系，预算只是作为资金使用的参考，这就削弱了预算的实际作用。如果不能让预算管理进入核心考核体系，预算编制、执行及管理的作用就难以真正发挥。各个部门只要完成了经营目标，达到相关的利润指标、财务指标，就不会在意预算编制和实际执行情况。

(二)金融机构全面预算管理的主要思路

针对当前金融机构预算管理中存在的问题，应该从战略的高度，重建预算管理体系，把战略、风险、绩效考核等多重目标整合起来，充分发挥预算管理在

金融机构内部管控中的作用。

1. 以战略为导向，把战略与年度计划和预算对应起来，逐级分解落实

在预算编制和下达时，金融机构应该将公司战略与年度计划协调起来，由计划对应该预算，逐级逐层落实，把战略融入全面预算中。战略规划是一个长期的、全局性的安排。战略规划的实现需要长期的过程和具体的步骤，分解到各年，构成年度计划，然后将年度计划再逐级分解为各部门、各业务条线计划，在细分计划的基础上安排预算。在此过程中，战略部门应该是预算的起点，由战略部门把战略分解为年度计划，下发到各业务板块，各业务板块按照年度计划来编制相应的年度预算。

2. 根据风控部门对各业务风险的容忍程度，将各业务的风险因素与业务预算结合起来核定预算水平

风险预算概念最早出现在 20 世纪 90 年代，主要针对投资业务，根据事先设定的风险水平，将风险配置于不同的资产类别中，再进行预算的核定。风险预算是动态的、多维的预算管理方法，通过对风险的跟踪和分析，对预算进行及时调整。风险预算改变了传统的财务预算模式，是把风险的观念引入预算体系，追求风险配置边际收益最大化的一种方式。对于金融机构来说，风险是在业务开展过程中不可回避和忽视的重要内容，也是预算管理中必须认真对待的重要因素。金融机构如果按照工业企业的预算管理方法，则很可能会忽视风险的影响，应该按照风控部门对股权、债权、夹层投资等不同业务的风险容忍程度来合理地确定业务中的预算分配水平，把实际业务中的风险和财务预算结合起来，在预先确定风险的情况下进行资源配置。

3. 将价值链和业务链有机地结合

在预算编制过程中金融机构应该更加注重价值链和业务链的结合，提升预算管理对价值创造的引导，而放弃单纯的节约成本费用的预算管理思想。价值链会计的本质是对企业价值及其更加深层的关系的研究，为企业创造最大化价值增值和价值分配的一种管理活动，是对业务流程的再造。如果预算管理只是关注组成各个部门的单个成本，而忽略了各个价值活动和跨职能的业务流程，便不能把整个企业有机地结合起来。金融机构各业务的有机程度更高，只有从价值链的角度把融、投、管、退业务结合进行分析，才能更加科学地分配各部门

间的预算。

4. 考虑采用滚动预算代替传统的年度预算模式

金融机构面临的市场相比传统企业来说更加复杂，市场变化也更加频繁，传统的年度预算的方式很可能难以应对多变的市场环境，年初设定的预算很可能无法适应年中市场的变化，因此不得不增加预算修改的次数和频率，这就导致预算管理成为摆设，而在采用滚动预算后，能够更好地对预算的短、中、长期进行协调，更加有助于绩效目标的实现。

5. 对预算执行过程进行严格的监控和管理，提升绩效考核中预算执行情况的权重

如果要让预算管理真正发挥效用，就应该提升预算管理在绩效考核中的影响力，引导各业务部门对预算管理的重视程度，把部门绩效和预算管理结合起来。

（三）构建以战略为导向的全面风险预算管理体系

金融机构要确保预算管理在公司内部管控中发挥应有的作用，就必须从全局高度构建以战略为导向的全面风险预算管理体系，通盘考虑战略规划、具体业务及以业务风险，为适应金融市场的变化，可采用滚动预算的编制方式，弥补传统年度预算的不足。

1. 搭建以战略部、风险部、财务部为主的预算管理机构

预算组织机构是实施预算管理工作的主体，包含机构设置、职能权责和人员配备等核心要素。首先，按照管理层级和业务类型，建立总部、分支机构多层级构成的由上至下、逐级分解的预算组织机构，在各层级中又按照不同的权责，划分为决策机构、工作机构和责任机构，各个机构履行不同的职能。其次，设立预算管理委员会。日常机构设立于财务部，增加战略部和风险部作为联席管理人，以保证预算编制能够符合公司整体的战略规划，需要风险部对各部门的业务风险进行核定，确保公司整体风险保持在可容忍的限度内，同时由财务部负责制定预算管理制度，组织编制各期预算并汇总平衡，形成预算草案，开展预算执行监控和考核等。再次，各基层预算管理人员由战略、财务、风险部门共同组成，相关人员既代表基层单位，又受到总部相关归口管理部门的指导，从源头上确保预算编制和实施过程受统一管理。

2. 确定以战略为导向的全面风险预算管理流程

以战略为导向的全面风险预算管理体系与传统的预算管理体系最大的区别在于提升了战略和风险在预算管理中的地位，让战略、风险、财务预算有机地结合起来，既从长远战略入手，又能够对当前的业务风险和财务资源进行把控，从而对企业进行全面管控。以战略为导向的全面风险预算管理流程按照金融机构业务的具体实践可分为四个层面：一是战略管理层面。该层面由公司预算管理委员会具体负责，战略部、风险部及财务部参与，主要工作流程包括从企业价值创造和风险防范的角度确定战略目标、战略目标及风险的分解、基于风险调整的战略目标的实施、战略目标与风险调整和评估。二是预算管理层面。它主要是预算的执行层面，主要由财务部负责，战略部和风险部协同，主要工作流程包括基于风险调整的预算目标的确定、基于风险调整的预算编制、基于风险调整的预算执行、基于风险调整的预算考核、基于风险调整的调整。三是信息技术层面。这主要是由信息部门负责相关信息系统的对接工作。四是业务管理层面。

预算管理流程由战略管理层下达预算的基本目标和方向，具体由总部财务部负责，并与业务运营层面就预算相关事宜进行对接，分解风险调整的战略目标。业务运营层面相关人员根据下发的风险调整战略目标对各业务的具体预算进行分配和编制，再上报给财务部。总部财务部汇总后会同战略部和风险部对上报的预算进行审核后报预算委员会审批，由预算委员会审批后，再向各业务部门下达实施。

3. 滚动编制与多维度考核相结合

面对复杂多变的金融市场，要发挥预算管理应有的作用就必须紧跟市场的变化，对市场情况进行快速的应变和调整，以提高预算管理的及时性和业务相关程度。鉴于此，金融机构在预算编制过程中采用滚动编制的方式，将预算期与会计年度脱离。预算执行不断地延伸补充预算，逐期向后滚动，提高预算的准确性和灵活性，使金融机构能够把握市场的动态，并针对市场的变化及时进行预算调整。

金融机构在做好编制工作的同时加强对预算工作结果的考核和评价，把财务指标和非财务指标结合、利润指标和风险指标结合、业务指标和战略指标结合，建立多维度、多角度的考核体系，改变单一的评价方式，提高预算管理的科学性和有效性；此外，针对预算管理工作的不同角色，把预算执行工作和预算组织工作分开，分别进行考核，提升考核的针对性，满足不同的考核要求。金融机构全面预算管理相比生产企业来说，更加突出战略和风险因素，系统性要求也更高，在实践中难度也更大。科学性和系统性是预算管理效益的重要方面，因此，以战略为导向的全面风险预算管理体系能够有效地符合预算管理要求。

第二节　非营利组织的预算管理

一、高校

长期以来，我国政府对高校实行高度集中的预算管理体制。政府代行高校的财务管理职能，使高校财务处于从属地位。随着财政管理体制和高等教育管理体制改革的不断深入，高校逐步由政府附属机构向自主办学的法人实体转化，高校预算管理的行为也由依靠国家财政平衡的政府行为转变为学校自求平衡的部门行为。

目前，高校面临的实际情况是财政资金供给日益紧缩，而高校资金使用效率较低，一方面是日益扩大的高等教育需求，另一方面是高等教育资金投入不足。因此，高校必须进行预算管理创新，建立完善的预算管理组织体系和保障机制，严格按照预算原则和程序编制预算，构建一个目标明确、程序严密、科学机构完备、责任分明、制度健全的预算控制系统。

（一）高校预算管理组织体系

高校预算管理组织体系在分层预算管理体系下通常由预算管理委员会、预算管理部门和预算责任中心构成。

1. 预算管理委员会

预算管理委员会是高校预算管理的最高权力机构，主要负责学校年度预算的审批、预算变更的审核和批准以及年度决算核准等。预算管理委员会由学校主要领导和各部门的专业人员组成，在民主集中制的原则下，通过集体决策对学校预算管理中的重大问题进行抉择。

2. 预算管理部门

预算管理部门是学校预算管理的常设机构，受预算管理委员会的委托，专门处理日常的预算管理事务。日常的预算管理通常以计划财务处为主，在相关部门的配合下专门负责处理日常的预算管理事务，以确保预算管理系统的有效运行。

3. 预算责任中心

高校内部的每一个预算执行单位就是一个预算责任中心。各中心应设立预算管理机构，负责本部门的预算管理，中心负责人对本中心的预算编制和执行结果负责。预算责任中心是高校预算管理体系的中心，各责任中心是预算的直接执行者。

（二）高校预算管理理念创新

1. 动态平衡理念

预算的实质是配置稀缺资源，而收支平衡是支出预算的基本前提。但是在信用经济条件下，从预算管理的技术考虑，预算完全可以通过负债的方式实现动态平衡。从一个预算年度看，预算平衡意味着收入大于或等于支出，但是如果扩大时间跨度，从若干个预算年度看，负债可以被看作实现不同预算年度收支平衡的手段；对于一个预算年度来说，负债意味着当期支出较多而用未来较多的收入归还，以达到预算平衡，这是一种跨时期的、动态的预算平衡。从现实情况看，负债筹资已经成为我国高校重要的资金来源，所以客观上要求高校树立动态平衡理念，进行预算管理。

2. 现金流量理念

与动态平衡理念相匹配，高校财务管理人员必须具备现金流量理念，以保证预算的科学性和完整性。我国高校利用银行借款发展教育事业已进行了多年的实践尝试。按照现金流量理念，高校预算平衡应该包括年度内全部的现金流入和现金流出，要求高校应将年度贷款计划和还款计划编入年度预算，实现一种新的“现金流量预算平衡”。这种包括负债现金流量在内的预算能够比较客观、完整、及时地反映学校预算年度的资金收支规模和财务状况，提高学校的财务信息质量，同时使高校能够全面、完整地统筹安排财务收支计划，提高财务活动的预见性，降低财务风险。

3. 资金效益理念

目前我国高校正在形成一种由政府、受教育者个人和家庭、社会多方构成的多元化筹资模式。学校理财主体地位的确立，要求高校财务管理人员必须树立资金效益理念，在财务管理实务中一方面应在可利用的资金来源与资金运用之间寻求自身平衡，另一方面必须将有限的资源进行合理配置，提高资金的使用效率，缓解资金供求矛盾。

(三)预算编制原则

1.“收支平衡，不留赤字”的原则

预算管理的实质是合理地配置稀缺资源。由于资源具有有限性，因此必须进行预算，预算本身就意味着平衡。预算管理委员会提出的预算，要求学校各预算责任中心搞好各自的收入预算和支出预算，使每个部门的费用支出都被控制在本部门预期获得的收入范围内，将学校总收支预算的平衡关系建立在各部门收支平衡的基础上，以确保学校总预算收支平衡。

2. 事权与财权统一原则

事权按照各部门的职能分工、业务性质进行划分，并以经济责任的形式得以体现。但是，事权的行使和经济责任的履行必须有财权做保障，否则，脱离了财权的事权，就是一种空洞的权利，履行职责就是一种被动行为。同时，责任中心进行业绩考核必须要求责任中心能够通过对支出权的行使调整其行为，以实现预算目标。所以高校必须坚持财权与事权相统一的原则，按照各部门的职责分工，将财权在各责任中心之间进行合理分配，以提高预算管理的有效性。

3. 预算审批的规范性原则

预算一经批准就具有权威性和严肃性，对预算执行部门的支出行为具有约束力。为了保证预算的严肃性和有效性，高校应制定严格的预算编制和审批程序，预算管理机构必须按照规定的程序组织预算编制并实施监督管理。任何部门和个人不得以任何理由超越权限，违反预算规程，影响学校预算的编制、调整和执行。

4. 预算执行的刚性原则

预算意味着收支平衡，预算管理的本质是实现资源的优化配置。预算的执行过程也就是预算的控制过程，所以，预算执行情况的好坏直接取决于预算控制效果。预算一经批准，对预算责任中心的支出行为就具有约束力，任何部门和个人都必须严格执行。如果情况变化，确实需要变更预算，则必须按照规定的程序调整预算，以保证预算的科学性和严肃性。高校预算只有通过制度化、规范化的管理，才能强化预算的刚性和约束力，保证预算的综合平衡。

5. 预算评价的效益原则

在计划经济体制下，高校预算作为政府预算的组成部分，其预算管理的目标是确保国家预算资金用于规定的用途，保证收支平衡。在这种体制下，因为预算执行部门往往以一种被动、消极的态度执行预算，形成了记账、算账、报账式的财务管理，所以高校财务管理不可能具备效益观念。在现行财政管理体制下，高校多元化资金来源模式的形成，客观上要求高校财务管理必须遵循效益原则，将提高资金使用效率贯穿于预算管理的全过程，充分发挥预算管理的控制、协调、核算和评价功能，促使各部门用好用活有限的资金，提高学校办学资金的使用效率。

6. 全员参与原则

学校所属各部门是预算的执行部门，也是实际业务支出的发生部门。因此，它们最了解业务运转情况和资金实际需求状况，由它们参与编制的预算会更切合实际，并能充分调动部门执行预算的积极性和主动性。在预算编制过程中高校应始终坚持以人为本和全员参与原则，以制度的形式规范预算编制程序，引导各预算责任中心及全体员工积极参与预算编制，培养人们的参与意识和成本控制意识。

(四)高校实现预算管理的保障机制

1. 建立完善的授权管理体系

授权管理体系是由授权结构和管理授权规则构成。建立规范的管理授权制度，就是要以制度的形式，明确规定预算管理委员会、预算管理部门和预算责任中心各自的管理权限，形成相互制约的授权结构和责权利链条，使各部门各司其职，实现预算管理的目标，促使高校建立预算管理、内部控制、会计核算三位一体的科学、有效的财务管理模式。

2. 建立顺畅的信息沟通系统

预算的编制过程也是学校内部上下级之间、部门之间信息沟通和关系协调的过程，所以高校预算的编制必须建立在完善的信息反馈系统上，坚持全员参与的原则，采取“上下结合”的方式。预算目标和预算总方案通常采用自上而下的方式下达到各预算责任中心，而具体预算的编制则采用自下而上的方式，由各预算责任中心根据学校的总体方案，并充分考虑本部门预算年度的实际情况编制部门预算，经过反复交流和反馈，最终形成学校总收支预算。

3. 建立严格的预算执行和控制机制

预算的执行过程就是对预算的控制过程，而控制过程实际上就是对偏离预算目标行为的监控，以及对偏差的矫正过程。这就需要建立及时、有效的信息反馈系统和职责明确的预算责任中心，随时监控预算执行部门的费用支出情况，及时发现偏离预算目标的问题，为矫正各责任中心的行为偏差和业绩考核提供可靠的依据，并借助科学、合理的绩效考核与评价，矫正偏差，实现预算收支平衡。

4. 建立有效的激励与约束机制

预算管理体系是由预算编制与审批、预算执行与控制、预算考核与评价三个环节构成的相互联系、互相制约的统一体。科学、合理的预算，为预算执行部门规定了行动目标。而预算的执行与控制则是对预算执行部门偏离预算目标的支出行为实施监控，及时发现行为偏差。但是，要实现预算管理的最终目的，还必须借助有效的激励与约束机制对各预算责任中心的业绩进行考核与评价，促使预算责任中心对其偏离预算目标的行为做出调整，矫正偏差，实现预算管理目标。

二、医院

(一)医院实施全面预算管理的政策要求

《关于深化医药卫生体制改革的意见》(中发〔2009〕6 号，以下简称《意见》)中首次提到预算管理，并将预算管理作为医院运营管理的有效工具。

2012 年开始实施的《事业单位财务规则》《医院财务制度》都将预算管理作为一个独立部分纳入管理。

《关于加强公立医院财务和预算管理的指导意见》(财社[2015]263 号)指

出，财务和预算管理是公立医院经济工作的核心，以加强财务和预算管理为抓手，深化公立医院体制机制改革，解决群众看病就医问题，推行全面预算管理，规范公立医院收支运行，强化预算约束，提高公共资源的利用效率。2016 年底，所有公立医院要建立并实行全面预算管理制度；2018 年底，全面预算管理制度进一步完善，预算约束作用逐步强化。

十八届三中全会通过的《关于全面深化改革若干重大问题的决定》，要求深化我国的医药卫生体制改革，加快对公立医院的改革。

国务院关于印发《“十二五”期间深化医药卫生体制改革规划暨实施方案》的通知中明确建立现代医院管理制度，完善公立医院的财务核算制度，加强费用核算和控制，推进公立医院体制综合改革，逐步建立维护公益性、调动积极性、保障可持续的公立医院运行新机制。

2015 年，国务院办公厅下发了一系列公立医院改革的文件，如《2015 年深化医药卫生体制改革重点工作任务》《关于城市公立医院综合改革试点的指导意见》等。特别是药品加成的取消和社会资本逐步涌入医疗市场，使医院增收难度加大，市场竞争日益激烈。

上述宏观层面医改政策的实施，需要医院加强内部管理，建立现代医院管理制度，完善法人治理结构，不断地提高运行效率与服务质量，而全面预算管理无疑是推动医院有效管理的工具之一。

(二)全面预算管理的内涵与功能

1. 全面预算管理的内涵

医院预算是医院按照国家规定，根据其事业发展计划和经营目标编制的年度财务收支计划，是对预算年度内医院的财务收支规模、结构比例和资金来源渠道进行的预估，是医院进行各项经济业务活动的依据和准绳。规范医院的各项事业发展计划和财务活动在预算范围内有序开展，是医院实现财务管理目标的重要依据和手段。

医院全面预算管理是全员、全面和全过程的预算管理，即医院的财务人员、医疗技术人员、管理人员等全员参与预算的编制过程；预算内容涉及医院临床科室、医技科室、医辅科室、科研教学、行政后勤等各层次职能科室。医院为了充分发挥全面预算对运营活动的指导和管理作用，对预算期内的投资、经营、筹资活动进行全面预计和测算，并通过预算目标的确定、编制、审批、调整、执行、核算、分析、考核等一系列管理活动对医院的经济运行进行全过程和多方位的管理。

2. 全面预算管理的功能与作用

全面预算促使各部门加强协调和内部沟通，增进了解，促使所有管理人员都参与医院目标的建立和计划的实施，促使管理人员和全体员工更多关注医院的整体发展、未来趋势和相应的对策。医院全面预算作为一种有效的管理工具，能够充分发挥管理会计的功能，反过来又会进一步提高预算在医院经营管理中的权威性和严肃性。其具体作用包括：第一，明确医院的目标，规划医院的发展。预算经过规划、分析以量化的方式规定医院在一定时期的预算目标和工作方向，促使医院各职能部门对内、外部环境的变数加以预测，了解未来潜在的机会与威胁，并采取相应的措施将风险降到最低，使医院有限的资源得到有效的运用。第二，明确责权体系，调动员工的积极性。全面预算通过对目标的量化和在分解落实到各部门的过程中进行充分的沟通、协商，加强部门之间的信息沟通，明确职责与权限，进而更好地调动全体员工的积极性。第三，监控经济活动，提高管理效率。通过对全面预算指标的分解，便于医院对经济活动进行事前预测、事中控制、事后反馈，实现全面管控，及时发现医院在运营过程中的问题，并予以纠正。第四，通过明确预算指标体系，对各部门的工作予以评价。医院通过对预算指标体系的制定，使各级管理人员都向着共同的目标而努力，增加了医院的凝聚力，将全面预算的考核与医院的绩效考评体系相结合，对各部门的工作进行客观、公正的分析评价与奖惩，以达到激励职工、提高工作质量、促进医院总体目标实现的作用。

(三)医院全面预算管理的执行与控制

1. 建立全面预算管理组织体系

在全面预算的管理要求下，医院建立预算管理组织显得尤为重要。一个良好、高效的组织体系是实现医院全面预算管理目标、保障预算有效运行的必要前提。合理的组织机构使组织中的各种要素形成一个相互依存、相互作用、相互补充、相互协调的有机整体。组织机构内的上行沟通、下行沟通、平行沟通，使组织内人员、部门之间达成思想和行动的一致，使组织中的人员能够人尽其才，协调分工。

医院预算决策机构是医院的主管部门、财政部门和医院的预算管理委员会。主管部门和财政部门是医院全面预算的审核及批复机构；预算管理委员会是预算方案的综合审定机构，是医院内部全面预算的最高权力机构，其审定后的预算将成为各责任中心的最终执行指标。

医院预算管理委员会下设立一个全面预算管理常务机构，作为预算管理委员会的组成部分，一般由财务、医务、人事、科研、技术等专业人员组成。预算管理办公室负责处理与预算相关的日常事务，包括传达医院的年度预算目标、对预算方案进行初步审核后报送预算管理委员会、调整预算草案、向各部门下达正式预算、对预算的执行进行监控、调整预算、对预算的执行进行分析和评估并提交报告等。预算管理办公室是预算管理委员会与各个预算责任中心沟通联系的纽带。

医院预算管理执行机构是各级预算责任的执行主体。医院预算责任中心的结构是以医院组织结构为基础的，以承担的责任是否可以单独辨认为标准。医院预算责任中心可分为院级责任中心、科室责任中心、单元责任中心三个层次。

科室及单元责任中心还应设置预算员。完善的组织体系为全面预算管理的顺利实施提供组织保证，但其功能的实现还必须依靠优秀的预算员在组织中正确、及时地完成工作。预算员是实现预算有效管理的关键因素。

2. 预算的编制流程与内容

预算编制是医院全面预算管理的中心环节。预算编制是否得当将决定医院预算能否得到落实并有效执行、预算能否起到良好的资源配置及监控作用。医院预算编制的时间一般为每年的 10 月份左右，由于时间短、涉及面广，因此需要在预算开始编制之前做好充分的准备。

预算编制应采用零基预算法，紧紧围绕医院的战略目标，将目标转化为工作计划，根据计划确定具体的业务量和费用金额。医院预算编制实行“两上两下”的工作程序。预算管理办公室部署医院预算编制任务，各科室编制完成后上报归口职能部门，职能部门在此基础上编制本部门的预算，并上报预算管理办公室，预算管理办公室对各职能部门的预算按照医院的财务状况和医院的发展总体规划进行汇总测算后，形成全院总预算方案，报送预算管理委员会审议；预算管理委员会审批后，预算管理办公室将经过审批的预算方案下达至各职能部门，此程序为“一上一下”。各职能部门对本部门预算根据预算管理委员会的审批意见进行调整后，再次由预算管理办公室上报预算管理委员会；预算管理委员会审议通过的预算报院长办公会批准后，经预算管理办公室逐级上报上级主管部门和财政部门审批，审批通过后，即形成医院下年度的正式预算，由预算管理办公室将正式预算下达至预算执行部门和各科室，此程序为“两上两下”。在医院具体编制预算时，收入预算的编制可以实行由上而下的程序，支出预算的编制应实行“两上两下”的程序。

预算管理的科学化依靠预算编制的精细化。要实现预算编制的精细化，则需要每一项预算都建立在既定目标之上，都有具体的事务为依托。例如，总务部门编制的维修费预算需要提供：(1)医院维修计划；(2)维修项目具体计划、时间安排；(3)维修费用报销管理办法、合同签订流程等。这样编制出的预算就会倒逼总务部门根据医院目标定位，详实规划本部门的工作，起到激励作用，也便于预算考核工作的开展。

3. 医院的全面预算管理信息化

医院的全面预算管理有权威性和强制性的特点，全面、综合、合理的预算管理必须依靠计算机软件辅助完成。医院开展全面预算管理必须选择预算管理信息化系统。预算管理信息化系统在医院预算管理中的应用可以解决如下问题：(1)预算编制内容不全面，如只重视收支预算，忽视部门预算；(2)预算在实际管理中缺乏可操作性，所做预算与实际业务相脱节；(3)预算执行不严格，对各部门没有约束性，预算考核不到位；(4)预算管理达不到预期的效果，无法实现各个业务领域数据的实时共享，影响预算管理的工作效率。

全面预算是从价值方面综合反映和监督医院的经济运行状况，将医院的会计核算、成本核算、物资核算、固定资产、收费、医嘱、医保等数据信息整合在一起，实现一体化管理。预算管理信息化可以刚性约束预算执行过程，将支出的范围、额度内置于信息系统中，实现质量管理和效率管理，对超出范围和额度的支出拒绝执行，防止人为因素的干扰；信息化系统信息的及时共享的特性可以提升医院管理层的控制能力，管理者可以随时获取预算执行信息，用于分析、控制经济事项，加强内部控制。

预算信息系统可以及时对预算的执行进行反馈，将预算的实际执行信息和预算测算数据进行比较，进而分析预算执行中存在的问题和预算执行进度，既便于医院管理者决策判断，也为预算执行层面提供了指标的绩效考评基础。

4. 医院的全面预算管理的考核评估

医院的全面预算管理的考核评估机制是对医院各级责任中心和职能管理部门的预算执行结果进行考核和评价的机制，是医院管理者对预算执行者实行的一种有效的激励和约束形式，在医院的整个预算管理循环过程中是一个承上启下的环节。预算考核评估的作用主要有以下几个方面：(1)预算目标是医院一切工作的核心，具有较强的约束作用，预算考核可以及时纠正医院的人力、财力、物力等资源的浪费与执行中的偏差，为预算目标的顺利实现提供保障；(2)衡量医院预算目标的实现程度，评估预算完成后的效益；(3)为医院编制下期预算提供有价值的资料，作为医院完善并优化预算管理系统的依据；(4)预算责任主体的工作业绩通过预算考核评估得以体现，将工作业绩与医院奖惩制度挂钩，增强被考核者的成就感和归属感，激发被考核者的工作能动性。

医院预算管理委员会直接指导预算考核评估机构，一般由财务部门、绩效部门、预算管理办公室等组成，其他预算职能部门配合。

预算考核评估采取定量与定性相结合的方法。预算的考核应与各预算责任中心的绩效挂钩，考评结果要及时反馈，以便于相关责任人及时查找原因，同时建立各种物质和精神奖励，调动医院各层级的积极性，发挥好预算管理的激励和约束作用。

三、行政机关

(一)行政机关开展预算管理的目的

行政机关开展预算管理的主要目的是降低行政机关的事业成本，提高资金的使用效率，促进现有资源的优化和整合，并严格履行国家规定的相关财务性法规。预算编制是整个预算管理工作的开端，是为了更加科学化、合理化地对有限的资金进行使用而制定的使用方案；预算执行管理的目的是克服预算管理和资金使用的随意性和盲目性，积极、稳妥地推进预决算工作；而预算考核是对该预算方案所带来的效益进行评价,通过预算考核,能够反映预算中的问题,并对今后的预算编制起到完善的作用。

(二)行政机关预算管理的功能

通常提到预算管理的功能,最先想到的就是可以提高资金的使用效率。除了可以合理地分配行政机关的预算资金,提高有限资金的使用效率以外,预算管理的另一个功能是强化行政机关的资金统筹,使有限的资源可以发挥更大的效用,将财力集中在重点工作上。通过施行预算管理,可以提高政府财政资源的配置效率,进一步保障民生支出,引导财政资源的流动方向,减少财政浪费。此外,预算管理的其他功能还有进一步完善预算支出的绩效评价体系、强化预算支出的责任和效率、提高财政资金的使用效率、督促实施绩效评价体系、完善预算管理流程和制度建设等功能。

(三)全面预算管理组织体系

预算管理组织体系分为三个层次:

1. 预算决策层——预算管理委员会

预算管理委员会是预算管理的最高决策和管理机构,委员会主任由机关最高领导者担任,成员由各职能部门负责人组成,其主要职责是:审议批准有关预算管理目标和规章制度;审议机关年度预算方案及年度预算执行情况;审议批准年度重大预算调整方案;审议年度预算执行结果分析报告;审批批准预算考评奖惩方案。

2. 预算管理职能部门——预算管理办公室

预算管理办公室主要负责单位预算管理工作的组织、指挥与协同。预算管理办公室一般设在单位财务部门,由具有预算管理职能的综合计划部门、财务部门相关人员组成,直接对预算管理委员会报告工作。其主要职责是:负责拟定单位预算编制总目标及预算管理规章制度;根据年度任务与改革要求,提出年度预算目标和预算编制纲要;组织和指导单位的预算编制工作,负责审核、汇总报批及批复单位年度预算等工作;负责单位预算执行调整的受理、汇总、报批及批复工作;负责单位预算执行结果的考核与分析工作;负责单位预算执行的监督管理工作,确保实现单位年度预算总目标;负责向预算管理委员会汇报有关预算管理工作。

3. 预算责任部门——单位内各基层部门

单位内各基层部门作为预算的具体实施部门，其主要职能是将预算指标具体落实到实际工作中，实现预算管理和其他基础管理的有机结合，并提供预算管理所需要的所有实际信息反馈，为预算管理委员会进行预算编制、预算考核提供基础数据。

(四)预算管理的内容及编制

行政机关预算分为收入预算、支出预算、政府采购预算三大部分。

收入预算包括财政拨款收入预算、预算外资金收入预算、其他收入预算。其他收入主要指上级补助收入、利息收入等。

支出预算包括基本支出预算、项目支出预算等。基本支出预算是各单位为维持机构的正常运转和完成日常的工作任务而编制的年度基本支出计划，包括人员经费支出、日常公用经费支出和对个人与家庭的补助支出；项目支出预算是各单位为完成特定的行政工作或事业发展目标，在基本支出预算之外编制的年度项目支出计划，包括行政事业类项目支出、基本建设类支出和其他类项目支出。行政事业类项目是指行政事业单位用于行政事业费开支的项目，主要包括专项计划项目、专项业务项目、大型修缮项目、大型购置项目、大型会议项目和其他项目。

1. 收入预算编制

行政机关在分析近年收入情况和下一年度收入增减变动因素的基础上按照收入来源，依法、合理、完整、稳妥地逐项编制收入预算。财政拨款收入按编制部门核定的机构职责、人员编制和实际人数、占用的资产情况、年度预算目标、核定的定额标准，结合财政承受能力，测算、编制、申请财政拨款，在财政部门预算控制数下达后，严格按下达的内容和金额编入预算；预算外资金收入按国家规定的征收范围和征收标准，分析影响收入变化的因素，进行合理的测算、编制；其他收入根据上年预算执行情况，结合单位自身的特点和其他相关因素，分析未来一年内可能影响单位的内、外部因素，并按来源逐项测算、编制。

2. 基本支出预算编制

人员经费支出反映单位支出的在职、在编人员的各类劳动报酬，以及为上述人员缴纳的各项社会保险等。人员数应按人事部门批准的人员数编制，实有人数小于编制数的，按实有人数计算和规定的工资、津贴标准测算、编制，具体标准依照财政核定的行政事业单位基本支出定额标准执行；日常公用经费支出反映单位购买商品和劳务的支出，包括办公费、水电费、电话通信费、物业管理费、交通费、差旅费、维修费、会议费、培训费、福利费、办公设备购置费及工会经费等。日常公用经费支出实行定员定额标准，按照财政部门下达的日常公用经费支出的定额标准及人事编制部门批准的人员编制数，实有人数小于编制数的，按实有人数计算测算、编制。具体标准依照财政核定的行政事业单位基本支出定额标准执行；个人和家庭补助支出反映对个人和家庭的无偿性补助支出，包括离休费、退休费等，应根据编制部门核定的标准测算、编制。

3. 项目支出预算编制

项目支出预算是行政事业单位为完成其特定的工作任务或事业发展目标，在基本支出预算之外编制的年度项目支出计划。在编制项目预算前，行政事业单位要认真地进行项目立项、申请、评估等有关工作，合理地编制本单位和部门的项目支出预算，要按照预算年度各责任中心的预算目标，依据财力按轻重缓急原则对项目进行综合排序；各责任中心申报项目都要填报《项目申请书》，提出项目的目标、组织实施计划和合理的预算。此外，编报项目按新增项目和延续项目分别编制。新增项目是指本年度新增的需列入预算的项目，必须填报项目申报书有关内容并附相关材料。延续项目是指以前年度预算批准的本年度预算中安排的项目，其中，项目计划及项目预算没有变化的，可以不再填写《项目申请书》；项目计划和项目预算发生较大变化的，需重新填写《项目申请书》并附相关材料，预计的上一年度预算结余应按规定编入预算草案。

4. 政府采购预算编制

行政机关在编制年度预算时对符合政府采购的项目须编制政府采购预算。政府采购预算要严格按照政府集中采购目录及党政机关公用设施配置标准执行，明确采购项目的名称、数量、资金来源、采购方式等，严禁超标准采购高档办公用品。各单位应按规定的内容和格式等编制预算报告。预算报告的内容应包括预算编制说明、预算报表、申报项目的文本和按要求应提供的其他材料。其中，预算编制说明主要说明编制的依据、原则和方法，单位或部门的基本情况和年度预算目标，预算收支的总体情况与各经费项目的具体预测编制说明，项目实施的措施与效果,预算管理中存在的问题及建议。

(五)全面预算执行与监督

预算一经批复下达,各预算执行机构必须认真组织实施,将预算层层分解,从横向和纵向落实到各单位、各部门、各岗位,形成全方位的预算执行责任体系,实行预算执行信息化管理,通过网络迅速反馈预算执行情况,及时纠正执行偏差,化解预算和财务风险,保障预算顺利完成。

1. 收入预算的执行

按收入的来源渠道不同,正确区分收入类别,确保及时、足额地实现各项预算收入,并依法按预算批复的经费科目、内容和程序等及时入账,不得隐瞒、坐支。

2. 支出预算的执行

支出预算分为人员、公用和项目经费三部分。年度预算执行中,三部分指标分别独立执行,相互之间不得调制,各责任中心必须严格执行批复的支出预算和规定的财务开支标准,贯彻“勤俭办一切事业”的方针,建立健全资金的申请、拨付与使用管理制度,严格控制预算支出,努力提高资金的使用效率。

3. 政府采购预算的执行

政府采购预算的执行,必须按照政府采购法律法规的规定和批复开展政府采购工作。

4. 预算调整

在预算执行过程中,一般不予调整,但因某些不可预见的事项导致预算编制基础发生变化或者影响预算目标实现的,必须分阶段对预算进行调整。预算调整应遵循的基本原则是:预算调整事项不能偏离单位发展规划和年度工作目标;在总预算控制的前提下,经过逐层审批,对项目预算进行调整;预算调整方案应做到有收有支、收支平衡。

预算执行监督是深化预算管理的关键环节,主要是对资金使用情况进行监督考核。加强预算执行监督,一是要制定必要的内部监督管理制度,完善单位内控机制,利用不相容职务分离控制、会计系统控制、风险控制等方法对预算执行过程进行自我检查、制约和调整,对资金使用过程进行监督,不能仅靠单位财务部门,还须制定相应的内部制约监督机制,让监督、审计、业务主办单位等参与到资金使用监督活动中，对资金使用的各个环节进行全方位、多角度的监督，确保资金安全、合理、有效使用。二是对资金使用效率，尤其是项目资金使用效率，要有考核评价机制，一方面，考核评价资金使用效率，是对预算编制水平的检验，实际执行情况与预算偏差较大或资金使用效率不理想的，应考虑调整预算编制的标准、方法；另一方面，在目前对多数项目资金采取以拨代支的预算管理模式下，项目主管部门和实施单位应建立项目资金使用效率评价机制。效益评价对项目实施的全过程进行综合评审，对项目资金使用效率进行考核。

(六)预算分析与考核

为发挥预算的作用、体现预算管理的权威性，行政单位必须对预算执行过程进行跟踪、分析和考核。如果没有以预算为基础的考核，预算就会流于形式，失去控制力。行政单位应建立与预算考核相配套的绩效考核制度，列入各处室年终综合考核指标中。

行政单位要对预算进行期末分析，运用比较分析、因素分析、回归分析等专业技术方法，结合有关财务、业务、技术、政策等信息资料，分析预算数与实际完成数之间的差异，找出差异存在的主、客观原因，并从定性与定量两个方面分析预算执行单位的现状、发展趋势及潜力，为下年度的预算编制提供依据；此外，还应建立完整的预算执行考核制度，明确考核内容、指标，将预算执行考核作为单位绩效考核的主要内容，作为责任人的经济责任考核重要内容和职工奖惩的评定依据，力求达到制度约束与人性化自我控制的有机统一，发挥人的积极性与创造性，促进预算管理水平及效益的不断提高。

参考文献

[1]陈永杰:《SPA战略绩效管理完全解决方案》,机械工业出版社2010年版。

[2]陈在维:《资本支出预算》,经济科学出版社2006年版。

[3]大卫·J.科利斯,辛西娅·A.蒙哥马利著:《公司战略——企业的资源和范围》,王永贵、杨永恒译,东北财经大学出版社2005年版。

[4]方振邦、罗海元:《战略性绩效管理》,中国人民大学出版社2010年版。

[5]高严:《预算松弛成因问题研究——一个权变视角》,西南财经大学出版社2009年版。

[6]侯龙文等:《现代全面预算管理》,经济管理出版社2005年版。

[7]胡正衡:《零基预算方法》,经济科学出版社2006年版。

[8]华莱士·斯特蒂纽斯等著:《战略规划与有效执行》,章佳译,中信出版社2006年版。

[9]杰·K.希穆等著:《预算管理手册》,胡学好译,经济科学出版社2006年版。

[10]杰里米·霍普著:《超越预算——管理者如何跳出年度绩效评估的陷阱》,胡金涛译,中信出版社2005年版。

[11]李娣、陈刚:《企业预算管理手册》,立信会计出版社2009年版。

[12]刘洪兵、陈正侠:《这样执行战略最有效——战略落地的学问》,凤凰出版社2010年版。

[13]鲁百年:《全面企业绩效管理》,北京大学出版社2007年版。

[14]罗伯特·M.格兰特著:《现代战略分析概念、技术、应用》,罗建萍译,中国人民大学出版社2005年版。

[15]罗伯特·卡普兰、戴维·诺顿著:《平衡计分卡战略实践》,中国人民大学出版社2009年版。

[16]尼尔·塞茨等著:《资本预算与长期融资决策》,刘力等译,北京大学出版社2007年版。

[17]尼尔斯·H.莱斯缪森等著:《预算流程改进指导》,高光夫译,经济科学出版社2006

年版。

[18]尼尔斯·H. 莱斯缪森等著:《预算软件解决方案》,王琳译审,经济科学出版社 2006 年版。

[19]潘飞、程明:《预算制定在国有企业经理人薪酬契约中的激励作用》,大连出版社 2010 年版。

[20]彭丽鹤、徐若鸿:《如何编制企业财务预算》,中国经济出版社 2010 年版。

[21]饶征等:《薪酬预算与薪酬总额管理》,复旦大学出版社 2008 年版。

[22]汤谷良等:《CEO 计划与预算系统——领导力和执行力的工具》,北京大学出版社 2010 年版。

[23]王斌:《公司预算管理研究》,中国财政经济出版社 2006 年版。

[24]王方华、陈继祥:《战略管理》,上海交通大学出版社 2003 年版。

[25]王磊:《有效制定年度经营计划》,机械工业出版社 2010 年版。

[26]王忠宗:《经营计划与预算管理》,厦门大学出版社 2004 年版。

[27]威廉·拉利:《预算管理手册》,王斌等译,人民邮电出版社 2007 年版。

[28]肖青:《企业全面预算管理实务》,西南财经大学出版社 2009 年版。

[29]运转:《企业全面预算管理》,机械工业出版社 2009 年版。

[30]张文胜:《企业全面预算管理》,北京大学出版社 2007 年版。

[31]张燕敏:《企业战略价值化——企业战略的制定、控制、评价与激励》,中国电力出版社 2003 年版。

[32]张友棠:《财务预算与绩效管理制度设计》,中国财政经济出版社 2008 年版。

[33]章显中:《企业预算控制》,中国人民大学出版社 2009 年版。

[34]郑石桥:《预算棘轮效应和预算松弛实证研究》,立信会计出版社 2010 年版。

[35]中天恒 3C 框架预算管理课题组:《预算管理实务操作应用——厘定预算管理实施的思路与路径》,中国时代经济出版社 2010 年版。

[36]周永亮:《战略执行体系构建手册》,机械工业出版社 2010 年版。

[37]朱东:《信息化条件下的企业经营与管理——基于 Oracle 应用软件的企业绩效改进》,经济科学出版社 2010 年版。